# 사회보장법과 헌법재판

전 광 석

집 현 재

# 머 리 말

개인과 가족의 경제적 생활은 기본적으로는 노동의 대가로 취득하는 소득을 기반으로 형성·유지된다. 그러나 자본주의 시장경제에서 질병, 장애, 노령, 사망, 그리고 실업과 같은 사회적 위험이 발생하여 이와 같은 기본적인 생활관계가 예정에 따라 기능할 수 없는 상황은 항상 존재해 왔다. 사회보장법은 사회적 위험을 보호하여 기본적인 생활을 보장하기 위하여 고안되었다. 사회보험은 이와 같은 구상을 이끄는 대표적인 수단이었다. 사회보험은 노동을 통해서 얻은 소득의 일부를 적립하고, 실제 사회적 위험이 발생했을 때 이를 보호한다. 이로써 노동은 사회보장이 기능하기 위한 기반이며, 또 사회보장은 노동을 유인하는 매체가 되었다. 우리 사회를 기준으로 보면 대체로 1990년대 이후, 보다 뚜렷하게는 2007~8년 거의 모든 나라가 재정 위기를 겪으면서 노동시장의 유연성은 강화되었고, 이에 따라서 노동의 안정성은 약화되었다. 이로써 노동과 소득, 그리고 사회보장의 순환관계가 유지되기 어렵게 되었다. 이에 국가는 노동의 안정과 소득보장을 지원하여 사회보장의 기능 조건을 유지하고, 동시에 이와 같은 순환구조에 편입될 수 없는 위험과 인적 대상을 포섭하여 보호하는 이중적 과제를 수행하여야 했다. 이와 같이 국가과제의 폭이 넓어지면서 여러 층위(層位)에서 다양한 방법에 대한 정책 선택이 필요하게 되었다. 또 이와 같은 다층적, 그리고 다원적 차원에서의 정책 결정에 있어서 그 타당성과 정책 집행의 효과를 예측하기는 어려워졌다.

위와 같은 상황은 사회보장법에는 이중적인 의미를 갖는다. 한편으로, 사회보장법에 의한 지원 혹은 조정이 필요한 영역과 적용대상, 그리고 방법론이 개방되어 있는 만큼 현실 정치적 필요에 따라 근시안적으로, 단기적인 정책 효과를 우선하고, 또 이로써 정치적 지지를 획득하기 위하여 사회보장법이 형성되는 우려가 있다. 다른 한편, 오늘날 사회보장법이 국가적 및 헌법적 정당성의 중요한 축을 이루고 있으며, 또 개인의 생활관계를 장기적으로 형성하는 중요한 매체라는 점을 염두에 두면 사회보장법의 입법 및 심사에 있어서 체계와 이론, 그리고 원리와 원칙과의 정합성이 검토되고, 제도의 안정성과 지속성이 유지되어야 한다. 이때 최고법으로서 헌법과의 정합성이 중요한 요소이다.

이 책은 헌법재판소에서 사회보장법에 관한 결정을 비판적으로 정리하여 개인의 헌법적 권리를 충실히 보장하고, 또 사회보장법을 균형 있게, 그리고 안정적으로 형성하는 규범적 기준을 탐색하는 목적을 갖는다. 이는 헌법과 사회보장법 모두의 과제로서, 다음과 같은 단계적 사고를 필요로 한다. 먼저, 사회보장법의 법률관계와 쟁점이 유형별로 정리되어 헌법 구조 및 규범에 편입하여야 한다. 다음, 헌법 규정 역시 사회보장법의 형성 및 심사기준으로 적용되도록 구성되어야 한다. 예컨대 인간의 존엄과 가치, 평등권 및 재산권, 그리고 인간다운 생활을 할 권리 등은 사회보장법의 법률관계와 연계되어 사회보장법의 특수한 규범 및 규범 구조를 반영할 수 있을 때 비로소 입법형성 및 심사기준으로 의미를 가질 수 있다. 이와 같은 작업에 있어서 헌법재판은 풍부한 소재(素材)를 제공한다.

이 책은 사회보장법의 분야별로 헌법재판소의 결정을 분류하여 서술하였다. 즉 헌법적 쟁점을 기준으로 사회보장법에 관한 헌법재판소의 결정을 분류하여 서술하는 방법을 택하지는 않았다. 사회보장법의 개별 분야들이 독자적으로 고유한 규범적 및 급여의 특성, 그리고 기능 원칙을 보유하고 있기 때문에 모든 분야를 통합하여 헌법적 기준에 따라 재정렬하는 방법에 비해서 뚜렷한 장점이 있다고 보았기 때문이다. 또 아마도 독자는 자신이 관심이 있는 분야를 선택하여 읽을 것이라는 점도 고려하였다. 다만 이 경우 일부 사회보장법 및 헌법적 쟁점과 서술이 중복되는 것은 피할 수 없었다.

필자는 사회보장법과 헌법을 연구 영역으로 하여 왔기 때문에 이 주제를 전체적으로 서술하는 책을 쓰려는 생각을 하였지만 이는 오랫동안 막연한 구상에 머물러 있었다. 구체적이고 직접적인 계기는 2016년 헌법재판소의 결정이었다. 이는 사회보장법에서 내부적 기능 원칙 사이에, 그리고 사회보장법의 목적과 헌법의 논리 사이에 긴장관계가 뚜렷하게 나타나는 사안이었다. 그로부터 거의 4년이 지났다. 연구의 범위는 넓었고, 또 경우에 따라서는 혼자 감당하기에는 쟁점이 다양했다. 그 과정에서 많은 분들의 도움이 있었다. 광운대학교 김진곤 교수, 가톨릭대학교의 남경국 강사, 연세대학교 대학원 박사과정에 재학 중인 김정민, 김지혜는 전체 원고를 자세히 읽어 주었다. 남경국, 김정민, 김지혜는 교정 역시 맡아 주었다. 연세대학교 법학전문대학원 김남철 교수와 손인혁 교수는 도움이 필요한 부분을 읽고, 또 격려해 주었다. 집현재 위호준 사장은 출판을 맡았을 뿐 아니라 세밀히 교정을 보아 필자의 부담을 덜어주었다. 모든 분들께 감사의 말씀을 남긴다. 이 연구가 여러 생활영역에서 헌법의 의미와 효력, 그리고 우리 사회의 진행 방향을 일깨워 주는 기여를 하여 왔던 헌법재판의 계속되는 항로(航路)에 도움이 되기 바란다.

2021년 2월 25일

전광석

# 차　　례

## 제 1 장　국민건강보험법

## 제 2 장 국민연금법



## 제 3 장 직역연금법

## 제 4 장 산업재해보상보험법



## 제 5 장 고용보험법

## 제 6 장 국가유공자법 – 독립유공자예우에 관한 법률, 고엽제후유의증 환자 지원에 관한 법률 등을 포함하여 –

## 제 7 장 최저생활보장법



## 제 8 장 사회복지법 – 아동복지법, 노인복지법, 장애인복지법 등

## 제 9 장 기초연금법

## 부록 사회적 기본권 이론의 형성과 전개 – 인간다운 생활을 할 권리를 중심으로 –

# 제 1 장

# 국민건강보험법

# Ⅰ. 머리말

## 1. 일반론

우리나라에서 최초의 의료보험법은 1963년 제정되었다. 그러나 이 법은 사회보험의 특징적인 요소인 강제가입을 포기하였기 때문에 국민건강보장에 전혀 기여할 수 없었다.[1] 강제가입을 도입하는 의료보험법은 1976년 비로소 제정되었고, 1977년 시행되었다. 이후 건강보험은 1988년과 1989년 농어촌 및 도시 지역에 확대되면서 거의 전체 국민이 건강보험 수급자격을 갖게 되었다.[2] 이로써 의료 및 건강문제가 사회화되었다. 건강보험의 구체적인 제도 및 법의 변화는 국민생활, 그리고 개인의 권리·의무에 민감한 영향을 주고 있다. 건강보험의 보장성을 강화하는 문제, 고령사회에서 노인의료비가 가파르게 늘면서 이에 따르는 재정 악화 혹은 위기의 문제가 정치적 주목을 받고 있다.

헌법재판과 관련해서 보면 이는 다음과 같은 의미를 갖는다. 헌법 제34조는 인간다운 생활을 할 권리, 제36조 제3항은 보건의 권리를 보장하고 있다. 그런데 건강보험이 국민생활과 밀접하게 관련을 갖게 되면서 헌법재판이 건강보험의 형성 및 개인의 이에 관한 권리·의무에 의미 있는 영향을 주며, 나아가서 헌법이 건강보험제도 및 건강보험법을 체계적으로 형성·선도하는 기준이 될 수 있다는 기대를 갖게 된다. 이때 비로소 국민은 제도와 자신의 법적 지위, 그리고 그 변화를 예측할 수 있다. 건강보험에서는 – 아

1) 1963년 이후 1977년 개정 의료보험법의 시기 이전까지 우리나라 의료보장의 현황에 대해서는 예컨대 전광석, 한국사회보상법의 역사(집현재, 2019), 156면 이하 참조.

2) 1977년 시행된 의료보험(법)은 1999년 국민건강보험(법)으로 이름을 바꾸었다. 이 글에서는 시기에 관계없이 건강보험(법)으로 용어를 통일하여 사용한다. 다만 법률의 명칭을 직접 언급할 필요가 있는 경우에는 이를 그대로 유지한다.

래에서 설명하는 바와 같이 – 급여 및 규범구조의 특수성으로 인하여 법률의 내용은 추상적이며, 또 현실적인 필요에 의하여 여러 단계에서 임기응변적이고 근시안적인 결정에 노출될 수 있다는 점을 고려하면 헌법이 이와 같은 문제상황에 규범적 기준으로서 어느 정도 긍정적인 영향을 미칠 수 있을 것이다.

그러나 위와 같은 기대에는 한계가 있다. 여기에는 두 가지 요소가 작용한다.

첫째, 헌법의 일반적인 문제로서 특히 사회적 기본권은 규범적 및 현실적 이유에서 헌법재판에서 심사기준 및 입법지침으로서 유용성이 제한적이다. 사회적 기본권은 사회적 보호의 과제를 제시할 뿐 보호의 구체적인 내용과 방법을 규정하고 있지는 않기 때문이다.[3)]

둘째, 헌법이 규범력을 갖기 위해서는 일반적으로, 그리고 특히 헌법재판에서 사회보장법 일반, 그리고 건강보험법 규정이 쟁점화되어야 한다. 이 점에서 헌법재판은 헌법의 규범력을 논의하는 유용한 소재(素材)를 제공한다. 또 관련 쟁점을 중심으로 사회보장법의 법률관계가 재구성될 수 있어야 한다. 재산권이 좋은 예이다. 사회보험에서 재산권은 사회보험의 기능을 주목하고, 법률관계를 중심으로 보호대상을 재구성한 결과 헌법심사의 기준으로 적용될 수 있게 되었다. 또 재산권의 제한을 정당화하는 사유인 공공복리는 사회보험의 기능과 사회적 성격, 보험의 원리와 사회연대의 원칙의 긴장관계에서 헌법적 논리가 될 수 있었다. 그 결과 재산권은 특히 사회보험법 규정에 대한 헌법재판에서 – 유용성이 제한적이었지만 – 필수적인 심사기준으로 적용되고 있다.

이에 비해서 건강보험공단과 가입자, 요양기관 등 당사자의 이익을 반영하기 위한 의사결정 조직 및 절차가 규범형식 및 위임의

3) 이와 같은 사회적 기본권의 일반적인 문제와 (부분적으로) 그 한계를 극복하는 가능성에 대해서는 이 책 부록 428면 이하, 447면 이하 등 참조.

구체성 판단에 미치는 영향은 아직 미지(未知)의 영역으로 남아 있다. 이와 같이 이론적 및 해석론적 기반이 성숙되어 있지 않은 상태에서 (재정운영위원회 혹은 건강보험정책심의위원회 등에서 관련 사안이 심의·의결을 거친다는) 조직법 및 절차법적 논리가 실체법적 헌법문제를 압도하고, 그 결과 위헌의 의심으로부터 도피하는 피난처가 되어 왔다.

이 글은 위와 같은 헌법재판에 대한 기대와 한계를 주목하면서 건강보험법에 관한 헌법재판소의 결정을 검토하는 목적을 갖는다.

## 2. 건강보험의 급여 및 규범구조의 특수성

사회보험에서 가입자는 법률에 정해지며, 이 점에서 개인이 자율적으로 가입 여부를 결정하는 민간보험과 차이가 있다. 그리고 사회보험은 가입자의 사회적 위험을 보호하여 인간다운 생활을 보장하여야 한다. 이와 관련하여 가입강제, 급여수준의 개정 등 사회보험의 일반적인 문제는 지금까지 여러 차례 헌법재판의 대상이 된 바 있다.[4] 그런데 건강보험은 일반적인 사회보험과는 구별되는 특징이 있으며, 이에 상응하여 헌법재판에서 특유한 쟁점들이 제기된다.[5]

건강보험에서는 질병 및 부상을 치료하기 위하여 서비스형태로 요양급여가 지급된다. 이 점은 예컨대 현금급여가 지급되는 국민연금과 차이가 있다. 그런데 서비스급여는 그 종류와 내용 및 수준을 법제화하는 데 한계가 있다. 요양기관은 환자의 개별적인 상태를 대면(對面)하여 전문 지식에 따라 구체적으로 판단하여 진단과 진료를 행한다. 그만큼 요양급여는 유형에 따라 추상화하기에 적

4) 급여의 변경에 관한 헌법심사는 특히 공무원연금법에서 빈번히 이루어진 바 있다. 예컨대 헌재 2003.9.25, 2001헌마93등, 15-2(상), 362면 이하; 2003.9.25, 2001헌마194, 15-2(상), 407면 이하; 2005.6.30, 2004헌바42, 17-1, 973면 이하 등 참조.

5) 이 점에 대해서 보다 자세히는 전광석, “건강보험법의 형성과 발전, 그리고 과제”, 의료법학 제20권 제3호(2019), 8면 이하 참조.

합하지 않은 규정대상이다(급여의 특성). 또 건강보험수급권은 요양기관에 적용되는 진료방법 및 진료의 종류와 내용에 관한 추상적인 지침, 그리고 이를 집행하기 위하여 혹은 관련 이익을 조정하기 위하여 제정되는 구체적인 기준입법과 밀접한 관련을 가지면서 실현된다(규범구조의 특성).

위와 같은 요양급여의 특성을 고려하면 '요양급여는 경제적이고 비용효과적인 방법으로' 지급되어야 한다는 기준 이외에 상세한 규정을 두기는 어렵다. 헌법재판소의 표현에 따르면 이에 관한 "복잡하고 전문기술적인 사항을 모두 입법화하는 것은 현실적으로 불가능하다".[6] 이와 같은 논리는 건강보험심사평가원이 비용청구를 심사하는 경우에도 적용되었다. 비용청구심사는 요양급여의 적정성에 대한 평가를 전제로 하고, 이때 요양급여의 특수성이 고려되어야 하기 때문이다.[7] 이에 건강보험에서 법률과 행정규칙이 함께 요양급여의 방법과 내용에 관한 법원(法源)이 되는 다층적 규범구조가 형성된다. 구체적으로 보면 건강보험에서 급여 및 비용보상관계는 국민건강보험법 – 국민건강보험법 시행령 – 국민건강보험 요양급여기준에 관한 규칙 – 요양급여의 적용기준 및 방법에 관한 세부 사항, 건강보험 행위 급여·비급여 목록표 및 급여 상대가치점수 등 고시의 규범구조를 종합적으로 관찰할 수 있을 때 비로소 충실히 파악될 수 있다.

건강보험의 급여 및 규범구조의 특성은 건강보험법의 헌법적 관련성에 다음과 같은 영향을 미친다. 즉 건강보험에서 가입자는 원칙적으로 법률을 직접 근거로 청구권을 행사할 수 없으며, 또 이에 대한 사법적 통제도 제한적이다. 이는 예컨대 청구권의 내용이 규범 자체에 직접 규율되어 있는 국민연금법과 비교된다. 또

6) 헌재 2000.1.27, 99헌바23, 12-1, 71면 이하; 2010.9.30, 2008헌마758, 22-2(상), 756면 이하 등 참조.

7) 이에 대해서는 헌재 2010.10.28, 2008헌바408, 22-2(하), 169면 이하 참조.

이와 같은 급여 및 규범구조의 특성에 따라 건강보험에서 법률은 일반적인 지침의 성격을 벗어날 수 없으며, 그 결과 규범형식 및 위임의 구체성에 대한 심사기준은 완화된다. 건강보험의 특성은 건강권 자체에도 영향을 미친다. 건강보험은 현재 발생한 질병 또는 부상을 즉시 혹은 적어도 적시(適時)에, 그리고 적합한 방법과 내용에 따라 진료하여 자유의 기본적인 조건을 회복시키는 과제를 갖는다. 또 이때 가입자가 차별 없이 진료를 받아야 한다. 그런데 건강보험의 규범구조에서 다음과 같은 구조적인 장애가 나타난다. 즉 건강보험에서 효율적인 진료의 방법과 내용에 관한 기준이 법률은 물론이고 고시 등 행정입법에 망라하여, 또 신속하게 편입될 수 없다. 따라서 건강보험의 입법목적과 규율 내용의 차이, 즉 규율 내용이 입법목적을 따라 갈 수 없어 발생하는 문제는 어느 정도는 피할 수 없으며(구조적 장애), 또 이를 헌법적 기준에 따라 교정할 수 있는 가능성은 제한적이다.

건강보험에서 급여는 보험자가 아니라 건강보험법에 편입되는 의료기관, 즉 요양기관에 의하여 지급된다. 따라서 사경제주체인 의료기관을 요양기관으로 지정하여 공법관계에 편입시키는 문제, 이때 적용되는 진료의 방법과 내용에 관한 기준, 그리고 진료비용에 대한 보상관계가 특히 직업의 자유를 기준으로 심사의 대상이 된다. 건강보험에서는 현물급여의 원칙이 적용되면서 가입자에 대한 진료의 필요성(수요)에 따라 의료공급이 결정되는 구조가 형성되어 있다. 이는 유사한 규범목적을 갖지만 예컨대 월한도액을 두어 수요에 따라 공급이 결정되는 구조를 배제하고 공급을 제한하여 재정 안정을 도모하려고 했던 노인장기요양보험법과 차이가 있다.[8)]

이와 같이 기본적으로 의료수요가 공급에 영향을 미치는 구조에서 다음과 같은 긴장관계가 나타난다. 한편으로는 의사의 직업

8) 이 점에 대해서는 아래 각주 61 참조.

및 진료의 자유, 환자의 자기결정에 의하여 (정확히는 의사와의 합의에 의하여) 진료를 받을 권리가 존중되어야 하며, 이에 관한 의료인의 재량이 인정되어야 한다.[9] 그러나 다른 한편으로는 모든 가입자에게 적절한 요양급여를 제공하고, 또 건강보험이 장기적으로 지속하기 위해서는 진료의 효율성과 동시에 어느 정도 비용 대비 효과, 즉 경제성이 있어야 하며, 이와 같은 기준에 따른 규제가 필요하다.[10] 이를 「국민건강보험 요양급여기준에 관한 규칙」(이하 '요양급여기준'으로 줄임)은 다음과 같이 선언하고 있다. 즉 "보건복지부장관은 의학적 타당성, 의료적 중대성, 치료효과성, 비용효과성, 환자의 비용부담 정도 및 사회적 편익 등을 고려하여 요양급여대상의 여부를 결정해야 한다"(요양급여기준 제1조의2). 구체적으로 보면 건강보험에서 진료의 방법과 내용에 관한 실체법적 기준 자체, 그리고 이를 조직 및 절차를 통하여 형성하는 가능성, 건강보험에서 급여와 비급여를 구분하고 후자에 해당하는 진료에 대해서는 의사와 환자 간의 사적(私的) 합의에 의하여 진료관계를 형성하는 가능성 및 한계, 그리고 이 경우 비용보상의 문제 등이 헌법적 쟁점이 된다. 아래에서 언급하는 이른바 '임의비급여'에서 이와 같은 긴장관계는 뚜렷하게 나타난다.[11]

9) 의사의 진료행위에 있어서 재량과 건강보험의 구조에서 가해지는 제한에 대해서는 예컨대 서울고등법원 2007.1.18, 2006누16382 참조. 의사의 진료가 갖는 재량행위의 성격 일반에 대해서는 대판 1996.6.25, 94다13046; 2010.7.8, 2007다55866; 2010.7.22, 2007다70445 등 참조.

10) 건강보험에서 경제성과 효율성의 개념 이해와 이에 따른 다양한 상관관계에 대해서는 예컨대 Stefan Huster, "Qualitätssicherung als staatliche Aufgabe – Zum Verhältnis von Qualität und Wirtschaftlichkeit im Recht der gesetzlichen Krankenversicherung", Vierteljahreschrift für Sozialrecht(2013), 331면 이하 참조.

11) 이에 대해서는 아래 VI.3. 참조.

## Ⅱ. 사건 및 결정의 유형

### 1. 사건유형

2019년 말까지 헌법재판소는 건강보험법 규정에 대하여 41개의 결정을 하였다. 이는 헌법재판소 판례집에 수록된 사건을 기준으로 한 것이며, 실제 사건은 이보다 더 많을 것이다. 그러나 중요한 결정은 모두 헌법재판소 판례집에 수록되었기 때문에 이를 벗어나는 특별한 성명이 필요한 독자적인 쟁점이 있지는 않을 것이며, 또 건강보험에 관한 헌법재판의 일반적인 경향을 이해하는 데 장애가 되지는 않을 것이다. 건강보험법에 관한 헌법재판소의 결정은 다음과 같이 유형화될 수 있다.

첫째, 건강보험수급권의 실체적 내용에 관한 결정이다. 이는 건강보험수급권 자체가 문제되는 경우와 평등권과 관련된 문제로 나누어 볼 수 있다. 진단의 효과성을 기하고, 진료남용을 방지하기 위하여 환자에게 부담이 되는 진단방법을 적용하고, 이에 관한 환자의 의사(意思)를 배제하는 것이 건강보험수급권을 침해하는가의 문제이다. 특정한 시점을 기준으로 급여의 지급 여부를 결정하는 규정에 대해서는 평등권이 심사의 기준이 되었다. 범죄행위에 의하여 질병 또는 부상이 발생한 경우에 급여를 제한하는 규정이 심사의 대상이 되었으며, 이 역시 건강보험수급권의 실체법적 내용과 관련되어 있다. 좀 더 범위를 넓혀서 보면 가입자가 교도소에 수용된 경우에 급여의 지급을 정지하는 규정의 위헌 여부가 문제되었지만 이는 건강보험수급권이 아니라 일반적인 건강권이 심사의 기준이었다.

둘째, 건강보험 강제가입과 관련된 문제이다. 이 문제는 사회보험에서 일반적으로 제기되어 왔다.[12] 여기에는 건강보험 강제가입

12) 예컨대 국민연금과 관련된 결정으로는 헌재 2001.2.22, 99헌바365, 13-1, 301면

및 보험료 납부의무에 관한 일반적인 문제, 그리고 특별히 직장가입자와 지역가입자에 보험료 부과방식을 달리 적용하는 데 따르는 평등권 심사가 포함되었다.

셋째, 건강보험의 조직 및 재정에 관한 헌법적 쟁점이다. 이는 건강보험에서 조합 단위의 관리운영방식이 1999년 제정된 국민건강보험법에 의하여 통합방식으로 전환되면서 나타났다.[13] 건강보험의 조직 및 재정통합 자체, 직장가입자와 지역가입자의 보험료 부과방식의 차이에 따르는 형평의 문제, 그 결과 건강보험재정이 직장가입자 혹은 지역가입자에 전가(轉嫁)되는 문제, 적립금이 통합되어 직장가입자의 재산권이 침해되는 문제 등이 쟁점이었다.

넷째, 요양기관을 건강보험에 편입하여 사경제주체에게 공적 과제를 부과하면서 제기되었던 문제이다. 요양기관 당연지정, 요양급여의 방법과 내용 및 비용보상에 관한 규정에 대한 헌법심사가 이에 해당한다. 이들 문제는 요양기관의 기본권, 건강보험급여의 효과성과 경제성, 그리고 건강보험의 지속가능성의 가치가 긴장관계에 있는 대표적인 지점(地點)이다.

마지막으로 급여 및 규범구조의 특수성, 그리고 법률관계의 복잡성으로 인하여 건강보험의 제도 내용을 상당 부분 법률에 직접 정하지 않고, 또 구체적인 범위를 정하지 않고 시행령 및 고시 등 하위 규범에 위임하는 문제가 심사의 대상이 되었다. 위임의 구체성에 관한 판단에서 건강보험의 특수성이 지나치게 단순하게, 또 포괄적으로 영향을 미치는 문제, 조직법 및 절차법의 논리를 통하여 실체법적 문제가 치유될 수 있는가 여부 및 정도의 문제가 검토되어야 한다.

---

이하 참조. 이밖에 도급관계에서 발생하는 산재보험법의 특수한 상황에 대해서는 헌재 2004.10.28, 2003헌바70, 16-2(하), 178면 이하 참조.

13) 건강보험 관리운영방식에 관한 오랜 논의와 변화에 대해서는 전광석, 위 각주 1의 책, 199면 이하, 208면 이하 및 261면 이하 등 참조.

## 2. 결정유형

헌법재판소의 41개 결정 중 위헌법률심판사건이 2건이었으며, 나머지 39건은 헌법소원심판사건이었다. 이 중 23건이 권리구제형 헌법소원심판, 16건이 위헌심사형 헌법소원심판이었다. 권리구제형 헌법소원심판에 있어서 12건이 법률을, 그리고 10건이 고시를 심판대상으로 하였다. 1건은 공권력의 행사 자체가 심판의 대상이었다. 고시를 심판대상으로 하는 헌법재판의 비율이 높은 것은 건강보험의 규범구조에서 행정입법의 비중이 크고, 또 직접 개인의 법적 지위에 영향을 미친다는 점을 알려준다. 법률에 대한 심판청구는 법률에서 구체적 범위를 정하지 않고 행정입법에 위임하고 있는 규범 상황과 관계가 있다.

한정위헌을 포함하여 위헌 혹은 인용결정은 5건이었다. 2건은 의료보험법, 그리고 「공무원 및 사립학교교직원 의료보험법」에서 요양기관의 지정취소에 관한 결정이었으며, 심판대상은 사실상 같았다.[14] 요양급여의 지급을 출생 시기를 기준으로 차별하는 규정은 평등권을 침해하여 위헌으로 결정되었다.[15] 국민건강보험공단이 환자의 건강상태에 대해서 총체적이며, 또 민감정보에 해당하는 요양급여내역을 수사기관에 과도하게 제공한 행위는 개인정보자기결정권을 침해하는 것으로 위헌으로 확인되었다.[16] 다만 이는 건강보험법에 특유한 사안은 아니었다. 범죄로 인하여 질병 또는 부상이 발생한 경우에 급여를 제한하는 규정에 대해서는 이와 같은 급여제한사유에 경과실의 범죄행위가 포함되는 한 헌법에 위반된다는 한정위헌결정이 내려졌다.[17] 이밖에 28건의 청구가 기각 또는 합헌으로 결정되었으며, 8건에 대해서 각하결정이 내려졌다.

14) 헌재 1998.5.28, 96헌가1, 10-1, 509면 이하; 2002.6.27, 2001헌가30, 14-1, 573면 이하 등 참조.
15) 헌재 2012.6.27, 2010헌마716, 24-1(하), 754면 이하 참조.
16) 헌재 2018.8.30, 2014헌마368, 30-2, 363면 이하 참조.
17) 헌재 2003.12.18, 2002헌바1, 15-2(하), 441면 이하 참조.

# Ⅲ. 건강보험수급권의 실체적 내용

## 1. 구체적 청구권성

일반적으로 헌법 규정으로부터 건강보험에 의한 진료의 종류와 방법 및 내용에 관한 구체적인 청구권이 도출될 수는 없다. 위에서 언급한 바와 같은 건강보험의 급여 및 규범구조의 특수성이 작용하기 때문이다.

예컨대 독일에서 연방헌법재판소는 일정한 조건 하에 특정한 진료방법에 대한 청구권을 헌법으로부터 도출한 바 있다(이른바 'Nikolaus' 결정).[18] 즉 (1) 생명에 대한 직접적인 위협이 있는 상태에서, (2) 일반적으로 인정된 의학수준에 상응하는 급여가 해당 질병에 대한 치료의 개연성이 있고 적어도 어느 정도 질병상태에 긍정적인 영향을 미칠 수 있는 경우에는, (3) 기존의 요양급여기준에 열거되어 있지 않다는 이유로 해당 급여의 지급을 거부하는 것은 자유로운 인격실현의 권리(제2조 제1항), 생명 및 신체불훼손의 권리(제2조 제2항), 그리고 사회국가원리(제20조 제1항 및 제28조 제1항)에 반하여 헌법에 위반된다. 그러나 이 결정은 일반적으로 비판을 받았다. 요양급여의 지급 여부는 추상적인 기준을 제시하는 법률 및 이를 구체화하는 하위규범으로 구성되는 단계적 규범구조에서 결정되어야 한다. 그런데 연방헌법재판소는 이와 같은 규범단계에 따른 결정을 대체(代替)하는 기능을 하게 되었으며, 이로써 사법권의 한계를 일탈하였다는 것이다.[19] 연방헌법재판소는 헌법 규정으로부터 건강보험수급권을 직접

18) BVerfGE 115, 25면 이하 참조.

19) 이에 대해서는 예컨대 Stefan Huster, Juristen Zeitung(2006), 466면 이하; Thorsten Kingreen, "Knappheit und Verteilungsgerechtigkeit im Gesundheitswesen", VVDStRL 70(2011), 181면 이하; Hans Michael Heinig, "Hüter der Wohltaten?", Neue Zeitschrift für Verwaltungsrecht(2006), 771면 이하 등 참조.

도출하는 데 따르는 부담을 우려하여 위에서 언급한 바와 같은 조건을 제시하기는 하였다. 그러나 '질병에 대한 치료의 개연성' 혹은 '질병상태에 긍정적인 영향을 미치는 경우' 등의 요건은 개방적이었다. 따라서 해석의 여지가 넓었고, 급여의 확대범위를 예측할 수 없었으며, 그 결과 건강보험의 재정 및 제도의 지속가능성에 부정적인 영향을 미칠 우려가 있다고 평가되었다.[20)]

헌법재판소에서 특정한 진료방법에 대한 청구권이 심사의 대상이 되었던 사례는 없다. 요양급여(요실금수술)와 관련하여 특정한 진단방법(요류역학검사)에 따르도록 하고, 그밖의 진단방법은 (법정) 비급여로서 수급권자가 그 비용을 전액 부담하도록 하였다. 그런데 이와 같이 진단방법을 한정하여 이를 간접적으로 강제하는 것이 환자의 인격을 모독하고 고통을 수반하며, 또 의사의 진료의 자유를 침해하여 헌법에 위반되는가의 여부가 쟁점이 되었다. 이와 같은 제한은 기존에 비해서 진단의 정확성을 높이고, 그 결과 (요실금수술의) 남용을 방지하여 건강보험의 재정부담을 억제하는 목적이 있었다. 진단행위는 적어도 주관적으로 불편한 것이고, 또 일반적으로 어느 정도 고통이 수반된다. 따라서 이와 같이 일반적으로 진단에 따르는 문제가 기본권을 침해하는 것은 아니다.[21)] 다만 특정한 진단방법이 생명 및 신체에 미치는 위험이 크거나 고통의 정도가 수인(受忍)의 한계를 넘는 경우에는 헌법적 판단은 달라질 수 있다.

헌법 제34조 인간다운 생활을 할 권리, 제36조 제3항 보건의

20) 이후 독일 건강보험법은 연방헌법재판소 결정의 취지를 반영하여 요양급여의 근거 규정을 보충하였다. 즉 생명에 대한 직접적인 위협이 있거나 이와 유사한 사안에서는 요양급여기준에 해당하지 않는 경우에도 급여를 청구할 수 있다(사회법전 제5권 제2조 제1a항). 독일 연방헌법재판소의 이에 관한 제한적 해석 및 적용의 예로는 2015.11.10, 1BvR 2056/12 참조. 이 결정에서 연방헌법재판소는 긴급한 상황에서 생명을 유지하기 위하여 시간적 여유가 없는 경우에 한하여 요양급여기준에 열거되어 있지 않은 의료조치에 대한 헌법상의 청구권이 성립될 수 있다는 내용으로 축소 적용을 한 바 있다.

21) 헌재 2013.9.26, 2010헌마204등, 25-2(하), 15면 이하 참조.

권리로부터 특정한 제도에 의하여 건강보장을 받을 권리가 도출되지는 않는다.[22] 따라서 건강보험 가입자가 교도소에 수용된 경우에 보험급여를 제한하는 규정(구 국민건강보험법 제49조 제4호, 현행법 제54조 제4호)이 헌법에 위반되는 것은 아니다.[23] 또 이 경우 수용자는 건강보험 보험료 납부의무가 없기 때문에 재산권이 심사기준이 되지도 않는다.[24] 이와 같은 내용의 청구는 의료급여법과 관련하여도 제기된 바 있으며, 같은 이유로 기각되었다.[25]

## 2. 심사의 기준; 재산권과 사회적 기본권, 평등권

### (1) 보험공동체에 위해한 행위와 재산권

사회보험청구권은 공법상의 권리로서 자기성취성, 사적 유용성 및 처분성을 갖춘 경우에는 재산권에 의하여 보호된다. 건강보험수급권은 이와 같은 요건을 갖추고 있다.[26] 다만 건강보험에서는 가입자가 납부하는 보험료의 다과(多寡)에 관계없이 모든 수급자에게 같은 수준의 급여가 제공된다는 점이 연금보험과 차이가 있다. 따라서 보험료와 급여의 비례관계, 보험료 대비 급여의 수익성, 물가 및 보수의 변동에 따르는 급여조정 등과 같은 쟁점이 건강보험에서는 제기되지 않는다.[27] 그만큼 건강보험에서 재산권은 유용한 심

22) 국가의 건강보장의 과제 및 건강권에 대해서는 예컨대 김주경, "건강권의 헌법학적 내용과 그 실현", 법학연구(연세대 법학연구원) 제23권 제4호(2013), 93면 이하; 박성민, "국민건강보험의 보장성에 관한 법적 고찰", 법무법인 태평양/재단법인 동천(편), 사회복지법연구(경인문화사, 2019), 102면 이하; 박지용, "인간다운 생활을 할 권리와 건강권", 의료법학 제20권 1호(2019), 5면 이하 등 참조. 이밖에 이에 관한 헌법재판소의 이해방법에 대해서는 헌재 2009.11.26, 2007헌마734, 21-2(하), 597면; 2012.2.23, 2011헌마123, 24-1(상), 371면 이하 등 참조.

23) 헌재 2005.2.24, 2003헌마31등, 17-1, 254면 이하 참조.

24) 헌재 2005.2.24, 2003헌마31등, 17-1, 260면 참조.

25) 헌재 2012.2.23, 2011헌마123, 24-1(상), 372면 이하 참조.

26) 예컨대 헌재 2000.6.29, 99헌마289, 12-1, 948면 이하; 2003.12.18, 2002헌바1, 15-2(하), 449면 이하 등 참조. 이에 비해서 건강보험 통합에서 문제가 되었던 적립금은 건강보험수급권에 영향을 주는 것은 아니기 때문에 가입자의 재산권이 심사기준이 될 수는 없었다. 아래 V. 참조.

27) 이들 쟁점의 재산권에 따른 평가에 대해서는 예컨대 Hans-Jürgen Papier,

사의 기준이 되지는 않는다. 요양급여가 현저히 낮아지거나, 또 그 결과 질병을 치료하고 건강을 보장하는 목적을 실현할 수 없기 때문에 가입자에게 가입의무 및 보험료 납부의무를 부과하는 의미를 상실시키는 정도에 이르면 재산권이 침해된다고 볼 수 있다. 이때에는 건강보험이 가입자에게 정상적인 생활에 필요한 경제적 기반을 더 이상 보장할 수 없기 때문이다. 그러나 이러한 가정은 현실성이 없다. 건강 및 질병의 치료는 가장 기본적인 자유의 조건이며, 특히 현재 우리 건강보험은 보장의 정도가 낮은 상태에 있다. 따라서 급여수준을 더 낮추는 형태로 변경할 제도적 탄력성이 있지는 않기 때문이다.[28)]

헌법재판소는 가입자가 자신에게 책임이 있는 사유로 발생시킨 보험사고는 보험공동체에 위해(危害)하며, 이 경우 건강보험의 재정건실성, 그리고 사회성과 도덕성 혹은 윤리성을 유지하기 위하여 급여의 제한은 정당하고(목적의 정당성), 또 다른 제재수단이 없기 때문에 적합한 수단이라고 보았다(수단의 적합성). 다만 경과실에 의한 범죄에 기인하는 질병 및 부상의 경우에도 보험급여를 제한하는 것은 최소침해의 원칙에 위반된다.[29)] 사회보험에서 수급권자가 스스로 급여사유를 발생시킨 경우에는 보험공동체와 가입자

---

"Der Einfluss des Verfassungsrechts auf das Sozialrecht", Ruland/Becker/Axer(편), Sozialrechtshandbuch(Nomos, 2018), 146면 이하; Ulrich Wenner, "Rentenniveau und Grundgesetz", Festschrift 50 Jahre Bundessozialgericht(Carl Heymanns Verlag, 2004), 632면 이하 등 참조. 이밖에 이에 관한 독일 연방헌법재판소의 결정으로는 BVerfGE 64, 87면 이하; 76, 350면 등 참조.

28) 이 점에 대해서는 전광석, 위 각주 5의 논문, 13면 이하 참조. 이와 같은 우리의 상황은 기본적으로 본인 부담이 없고, 또 비급여의 범위가 좁아 보장성이 높은 독일의 경우와는 차이가 있다. 즉 독일의 경우 건강보험체계 전체의 구성, 급여 제한 등의 문제에 있어서 재정적 관점을 고려할 여지가 어느 정도 있다는 것이다. 이에 대해서는 예컨대 Ulrich Becker, "Gesetzliche Krankenversicherung zwischen Markt und Regulierung; Reformen des Gesundheitssystems und ihre europäischen Perspektiven", Juristen Zeitung(1997), 534면 이하; Ingwer Ebsen/Astrid Wallrabenstein, "Krankenversicherungsrecht", Ruland/Becker/Axer(편), Sozialrechtshandbuch(Nomos, 2018), 815면 이하 등 참조.

29) 헌재 2003.12.18, 2002헌바1, 15-2(하), 452면 이하 참조.

의 신뢰관계는 더 이상 존재하지 않으며 보험법 관계는 단절된다. 그 결과 보험급여는 제한된다. 그러나 범죄행위로 인하여 질병 또는 부상이 발생한 경우가 이에 해당하는가는 의문이다.[30] 급여제한을 정당화하는 사유인 재정의 건실성, 그리고 건강보험의 사회성, 도덕성 및 윤리성의 논리는 모두 불명확하고, 또 타당하지도 않다.

헌법재판소는 경과실의 경우에도 급여를 지급할 때 보험재정에 부담이 된다는 실증자료가 없다고 하였지만 그렇다고 고의 혹은 중과실의 경우에 급여를 지급하면 보험재정에 부담이 된다는 구체적인 논증이 있지는 않다.[31] 건강보험의 사회성과 도덕성 및 윤리성은 공공성으로 포괄하여 표현되었다. 그러나 가입자의 도덕성 및 윤리성을 증진 혹은 유지하는 것이 건강보험의 과제는 아니며, 이를 인정하는 경우에는 공권력은 자의적이고, 또 통제할 수 없는 권한을 갖게 된다. 건강보험의 사회성은 이중적인 의미를 가질 수 있다. 먼저, 가입자의 사회적 상황 그 자체가 보호되어야 한다는 의미이다. 이러한 관점에서는 질병 또는 부상의 발생원인은 급여를 제한하는 사유가 될 수 없다. 다음, 수급권자가 스스로 질병 또는 부상을 발생시킨 경우에는 보험자와의 신뢰관계는 단절되고, 사회적 연대는 더 이상 기능할 수 없다는 의미를 가질 수도 있다.

헌법재판소는 후자의 입장에 있는 듯하다. 다만 다음과 같은 논리의 비약이 나타났다. 즉 질병 혹은 부상을 직접 발생시키는 행위 혹은 사고가 아니라 이와 구분되는 선행(先行)행위인 범죄행위

30) 이 규정은 그동안 법원에서 여러 차례 해석의 대상이 되어 왔다. 예컨대 대판 1990.2.9, 89누2295; 1990.5.22, 90누752; 2004.4.27, 2002두13079; 2010.6.10, 2010도1777 등 참조. 이 규정에 대한 종합적인 평가에 대해서는 전광석, 한국사회보장법론(집현재, 2019), 215면 이하 참조. 이밖에 김준래, "불법쟁의행위 진압과정에서 입은 부상과 건강보험 급여제한 – 서울행정법원 2011.9.9 선고, 2010구합39496 판결에 대한 평석을 중심으로", 사회보장법학 제2권 제2호(2013), 149면 이하; 김진, "싸움 등 상해와 건강보험급여의 제한", 사회보장법연구(2012, 제2호), 205면 이하; 윤기종, "국민건강보험법상 급여제한 사유의 해석 – 주요 사례의 분석을 중심으로", 사회보장법학 제2권 제2호(2013), 179면 이하 등 참조.

31) 헌재 2003.12.18, 2002헌바1, 15-2(하), 454면 이하 참조.

를 보험공동체에 위해한 행위라고 보았기 때문이다.[32] 가입자가 질병 혹은 부상을 발생시키는 행위 그 자체가 범죄행위일 수 있지만 대부분의 경우 범죄행위와 행위 중의 사고, 그리고 질병 및 부상의 발생은 구분된다. 범죄는 사회 전체의 안전을 위하여 승인된 행위기준을 위반한 행위이며, 이는 형법에 의하여 제재를 받는다. 형법의 가치를 건강보험법에 고려 혹은 적용할 것인가는 입법적 선택의 문제이다. 즉 형법의 가치기준을 사회보험에 도입하여 급여를 제한하는 입법이 (사회보험의 사회적 성격에 충실하지는 않지만) 헌법에 위반되는 것은 아니다. 이 점에 있어서 헌법재판소는 단정적이지만 의도하지 않게 절충적 입장을 취한 결과가 되었다. 즉 범죄에 의하여 질병 또는 부상이 발생한 경우에 급여를 제한하면서 사회보험의 (가입자의 상황 그 자체를 보호하는) 사회적 성격을 존중하여 비난가능성이 낮은 경과실의 경우에는 예외를 인정하였다. 이는 건강보험의 보장성을 강화하기 위하여 결과적으로 바람직하였지만 충실한 헌법논리는 아니었다. 이와 같은 헌법재판소의 논리는 부수적인 입법 부담을 남겼으며, 이 점에 대해서는 아래에서 서술한다.

헌법재판소는 급여를 제한하는 정당성과 관련하여 다른 법률, 즉 국민연금법과 공무원연금법, 산업재해보상보험법(이하 '산재보험법')의 예를 들었다. 그러나 이는 법조문에 대한 오해이거나 혹은 비교의 대상이 될 수 없는 경우에 해당한다. 2003년 당시 국민연금법 제70조 제1항에 의하면 가입자 또는 가입자이었던 자가 고의로 질병·부상 또는 그 원인이 되는 사고를 발생시켜 그로 인하여 장애를 입은 경우에는 장애연금을 지급하지 않을 수 있다.[33] 이는 건강보험법과는 달리 가입자가 사회적 위험을 발생시키는 행위 그 자체 혹은 원인이 되는 사고에 대한 비난가능성을 기준으로 급여

32) 헌재 2003.12.18, 2002헌바1, 15-2(하), 451면 이하 참조.

33) 이는 현행 국민연금법 제82조 제1항에 그대로 유지되어 있다

를 제한한 것이며, 범죄행위를 특별히 주목한 것은 아니다. 또 이는 재량규정이라는 점에서 건강보험과 차이가 있다.

공무원연금법과 산재보험법은 법체계적으로 건강보험법과 비교의 대상이 되지 않는다. 2003년 산재보험법 시행규칙 제32조 제3호는 고의·자해(自害)행위뿐 아니라 범죄행위 또는 그것이 원인이 되어 발생한 사상(死傷)은 업무상의 재해가 아니며, 따라서 급여의 대상에서 제외하였다.[34] 산재보험법은 고용관계에서 발생한 업무상의 재해를 무과실책임에 의하여 보호하고, 이때 사용자의 책임은 부분적으로 면제된다. 이와 같은 구조에서 근로자는 범죄행위를 하여 사용자와의 관계에서 성실의무를 위반했다는 구성을 할 수 있다. 이와 같은 산재보험법 규정이 바람직한가는 별개의 문제이지만 적어도 건강보험법의 법률관계와는 유의미한 차이가 있다. 2003년 당시 공무원연금법 제62조 제1항은 수급권자가 고의로 질병·부상 등을 발생시킨 경우 급여를 지급하지 않도록 하였다. 이에 비해서 범죄행위가 명시적으로 급여를 제한하는 사유로 규정되어 있지는 않다.[35] 이 규정 역시 건강보험법의 규정과 근본적으로 차이가 있으며, 국민연금법과도 다르다. 이는 공무원연금법이 사회보장법의 성격과 공무원법의 성격을 함께 가지며, 또 공무원은 일반 국민과는 달리 법령준수의무가 있다는 점을 고려하면 이례적이지만, 단기급여인 질병 및 부상에 대해서는 사회적 보호의 필요성이 크다는 점을 중시한 것으로 설명할 수 있다. 공무원연금법에서 공무원의 법령준수의무는 장기급여인 퇴직급여에 관한 규정에 반영되어 있다.[36] 이와 같이 헌법재판소는 비교의 대상을 잘못 선택하였고, 또

34) 이는 현행 산재보험법에서는 법 제37조 제2항에 옮겨져 그대로 유지되어 있다.
35) 현행 공무원연금법 제63조 제1항 참조.
36) 현행 공무원연금법 제65조 제1항 참조. 이 규정에 대한 합헌 및 헌법불합치결정에 대해서는 헌재 1995.7.21, 94헌바27등, 7-2, 91면 이하; 2007.3.29, 2005헌바33, 19-1, 211면 이하 등 참조. 헌법불합치결정 이후 개선입법에 대한 결정으로는 헌재 2013.8.29, 2010헌바354등, 25-2(상), 396면 이하; 2016.6.30, 2014헌바365, 28-1(하), 516면 이하 등 참조. 이밖에 관련 결정으로는 헌재 2019.2.28,

비교작업 그 자체도 충실하지 못했다.

### (2) 사회보험의 본질

건강보험수급권은 기본적으로 법률에 의하여 구체적으로 형성된다. 그럼에도 불구하고 위 결정에서 헌법재판소는 우연히 발생한 사회적 위험을 보호하는 것이 사회보험의 본질에 해당한다고 이해하였다. 그러나 우연성은 제도의 본질을 구성하기에는 모호한 개념이며, 또 우연성의 출현단계에 대한 이해가 필요하다. 건강보험의 사회적 성격을 고려하면 질병 또는 부상이 발생하는 원인이 되는 행위와 관련하여 급여를 제한하는 사유는 입법 및 해석에 있어서 엄격하여야 한다. 즉 사회적 위험을 수급자가 스스로 발생시킨 경우가 여기에 해당하며, 이에 선행(先行)하는 행위가 기준이 되어서는 안된다. 후자의 기준을 적용하는 경우에는 사회보험의 사회적 성격은 사회보장법에 이질적인, 혹은 적어도 친화적이지 않은 일반적인 관점에 따라서 흐려질 수 있기 때문이다.

우연성이 출현하는 단계의 문제를 헌법재판소가 전혀 인식하지 않은 것은 아니다. 즉 "범죄행위가 고의나 중과실에 의한 것이라고 하여 그로 인한 보험사고까지도 고의나 중과실에 의한 것, 바꾸어 말하면 우연성이 없는 것이라고 말할 수는 없다". 다만 이러한 이해가 일관되지는 않았다. "고의의 범죄행위와 같이 비우연적 범죄를 계기로 발생한 보험사고 중 적어도 비우연적 범죄와 상당한 인과관계가 있는 보험사고는 전체적으로 볼 때 우연성이 인정되지 않는다". 이로써 선행행위로서 '범죄행위'와 질병 혹은 부상을 발생시키는 '사고' 자체를 구분하지 않는 태도는 그대로 유지되었다.[37] 다만 인과관계를 언급하며 논리의 불완전성을 벗어나려고 하였지만 이 점이 헌법심사에서 의미 있는 영향을 미치지는 않았

2017헌마403등, 31-1, 181면 이하 참조.

37) 헌재 2003.12.18, 2002헌바1, 15-2(하), 455면, 451면 등 참조.

다.[38] 결국 헌법재판소는 급여의 제한이 사회적 위험의 발생에 대한 책임인지, 아니면 선행행위를 사회적으로 평가한 결과인지를 명확히 하지 못하였거나 혹은 논리의 일관성을 유지하지 못했다.

범죄행위를 기준으로 급여를 제한하는 경우에도 우연성의 요소가 헌법심사의 기준이 되는지는 의문이다. 우연성 여부를 규율하는 방법은 다양하다. 예컨대 단순히 고의와 과실을 구분하거나 혹은 과실을 다시 중과실과 경과실로 세분화할 수 있다. 그러나 이와 같은 우연성의 요소를 세분화하여 입법하는 의무가 헌법에서 도출된다고 볼 수는 없다. 이는 해당 결정의 반대의견에서 지적되었다. 다만 반대의견은 이와 같은 구분이 헌법문제는 아니기 때문에 중과실과 경과실의 구분이 없이 급여를 제한하는 규정이 헌법에 위반되지 않는다는 입장이었으며, 이에 따르면 보험급여의 제한사유는 더 넓게 된다.[39]

해당 사안에 있어서 고의와 중과실, 중과실과 경과실의 구분은 입법정책의 문제로 보아야 한다. 예컨대 헌법재판소는 공무원연금법에서 직무와 관련된 범죄가 발생한 경우 급여제한의 사유에 과실범을 포함시키는 것을 헌법불합치로 결정하면서, 이때 과실을 다시 중과실과 경과실로 구분하여 심사하지는 않았다.[40]

### (3) 건강보험수급권과 평등권

질병 또는 부상의 치료에 필요한 치료제의 지급을 제한하는 규정은 평등권을 기준으로 심사되었다. 치료제의 사용을 새로이 일부 허용하면서 이를 일정한 시점 이후에 출생한 사람에 한하여 적용하는 규정은 평등권을 침해한다.[41] 이 결정에서 헌법재판소는 해당

38) 심판대상인 규정이 건강보험의 사회적 성격과 조화될 수 없는 문제에 착안하여 법원에서는 범죄행위와 발생한 피해 간의 인과관계를 매개로 해당 규정을 제한적으로 적용하는 시도를 한 바 있다. 이에 대해서는 예컨대 대판 1990.2.9, 89누2295 참조.

39) 헌재 2003.12.18, 2002헌바1, 15-2(하), 463면 이하 참조.

40) 위 각주 36 참조.

41) 헌재 2012.6.27, 2010헌마716, 24-1(하), 754면 이하 참조.

진료의 방법과 내용에 대한 구체적인 청구권이 헌법적으로 인정되지 않는다는 입장은 유지하였다. 요양급여의 방법과 내용은 기본적으로 요양급여기준에 의하여 결정되며, 이때 효율성과 안전성, 그리고 경제성이 고려된다. 이에 의학 및 의료기술이 발달하면서 개별적으로 효능이 있다고 판단되는 경우에도 아직 일반적으로 안정성이 확인될 수 없거나 유사한 효능이 있지만 경제성에 현저한 차이가 있는 경우에는 안정성과 경제성이 확보될 때까지 급여를 제한하거나 혹은 점진적으로 적용범위를 확대할 수 있다. 이와 같이 점진적으로 급여를 도입하는 단계에서 나타나는 과도기적인 불평등이 평등권을 침해하는 것은 아니다.[42] 다만 이 경우에도 제도의 확대는 합리적인 기준에 따라야 한다. 즉 비합리적 기준에 따라서 적용대상에서 배제되어서는 안된다.[43]

헌법재판소는 심사대상 규정이 헌법적으로 허용되는 과도기적 불평등의 조건을 이중으로 벗어났다고 보았다. 첫째, 새로운 치료제가 기존의 것에 비해서 효능이 우월하며, 기존의 치료제가 새로운 치료제를 완전히 대체할 수 없었다. 또 새로운 치료제가 경제성이 없는 것도 아니다. 이 경우 환자별 특성에 따른 차별적 진료는 요양기관이 개별적으로 판단하여야 한다. 둘째, 출생 시기는 과도기적인 불평등이 허용되는 합리적인 기준이 될 수 없다. 헌법재판소는 요양급여의 효능성과 안전성, 그리고 경제성에 대한 독자적인 판단을 하였으며, 이 점에서 해당 결정은 헌법재판소의 적극적인 심사를 보여주는 예로 남을 것이다. 또 진료방법과 내용에 대한 구체적인 청구권이 헌법에서 직접 도출될 수는 없지만 평등권을 기준으로 행정적 결정을 통제하는 가능성을 열었다. 이 결정에

42) 일정한 조건하에 이를 인정하는 독일 연방헌법재판소의 결정 및 이에 대한 비판에 대해서는 위 각주 19 참조.

43) 이와 같은 취지의 결정으로는 예컨대 헌재 2011.6.30, 2008헌마715, 23-1(하), 438면 이하; 2011.11.24, 2009헌바356등, 23-2(하), 273면 이하; 2012.6.27, 2010헌마716, 24-1(하), 765면 이하 등 참조.

는 새로운 진료방법을 출생 시기와 관계없이 확대하는 경우에도 건강보험의 재정에 미치는 영향은 거의 없다는 논리가 부수적으로 제시되었다.[44] 따라서 재정적 관련성이 큰 경우에 평등권 위반의 판단이 계속 유지될 수 있을지는 의문으로 남는다.

## Ⅳ. 강제가입 및 보험료 부과

### 1. 소득재분배와 강제가입

건강보장의 방법은 비교법적으로 보면 사회보험과 국민보건제도(National Health Service; NHS)로 구분된다. 전자는 보험료를, 후자는 조세를 재원으로 운영된다. 위에서 지적한 바와 같이 사회보험에서는 민간보험과 달리 가입자는 법률에 정해지며, 가입이 강제되고, 또 탈퇴가 허용되지 않는다.[45] 가입자는 보험료 납부의무를 부담하며, 이를 이행하지 않은 경우 국세체납처분의 예에 따라서 강제징수가 이루어진다. 강제징수는 보험료 납부의무를 이행하지 않아 급여가 정지되는 경우에도 계속 적용된다. 급여가 정지된다는 이유로 보험료 납부의무와 강제징수에 관한 규정을 적용하지 않는다면 실질적으로 가입의무가 면제되는 결과가 되기 때문이다.[46] 직장가입자가 휴직하여 보수를 지급받지 않은 경우에도 가입자격은 유지되며, 보험료 납부의무를 계속 부담한다. 휴직은 일시적이며, 따라서 보험료 납부능력이 계속 의제되고, 또 가입자를 위하여 보험관계를 유지할 필요가 있기 때문이다.[47] 이는 위에서 언급한 교

44) 헌재 2012.6.27, 2010헌마716, 24-1(하), 767면 이하 참조.

45) 헌재 2001.8.30, 2000헌마668, 13-2, 296면 이하; 2013.7.25, 2010헌바51, 25-2(상), 47면 이하 등 참조.

46) 압류처분의 헌법적 정당성에 대해서는 헌재 2009.10.29, 2008헌바86, 21-2(하), 205면 이하 참조. 이밖에 아래 각주 69 참조.

47) 헌재 2001.2.22, 99헌마365, 13-1, 310면 이하; 2003.6.26, 2001헌마699, 15-1, 761면 이하 등 참조.

도소 수용자와 비교된다.[48] 또 건강보험은 질병 및 부상에 대해서 단기급여를 지급하기 때문에 보호의 필요성이 우선적으로 고려되어야 한다.[49] 이 점이 장기적으로 소득을 보장하는 국민연금에서는 휴직기간에 보험료 납부의무가 면제되는 것과 비교된다.[50]

사회보험 가입의무는 기본적으로 공법상의 단체에 가입하지 않을 일반적인 행동의 자유를 기준으로 심사되었다. 이에 비해서 소극적인 결사의 자유는 처음부터 심사의 기준이 아니었다.[51] 결사의 자유가 공법상의 단체에는 적용되지 않는다고 이해한 것으로 보인다.[52] 생각건대 (소극적인) 결사의 자유가 강제가입을 판단하는 기준이 될 수는 없다. 오히려 중요한 쟁점은 (강제가입 자체가 아니라) 강제가입에 따르는 보험료 납부의 부담이 기본권을 침해하는가의 여부이며, 이때 재산권이 심사기준이 된다. 다만 재산권이 심사기준으로서 유용성이 제한적이라는 점은 위에서 언급하였다.

헌법재판소는 건강보험에서 보험의 원리와 함께 사회연대의 원칙이 적용되고, 사회연대의 원칙은 소득재분배 및 위험분산을 통하여 실현된다고 이해하였다.[53] 그리고 후자의 논리에 따라 강제가입

---

48) 위 각주 24 참조.

49) 공무원연금법의 예에 대해서는 위 각주 35 참조. 건강보험이 단기급여를 지급하고, 재정이 부과방식으로 운영되는 점은 과오납의 보험료에 대한 환급에 단기 소멸시효, 즉 3년의 소멸시효를 적용하는 것을 정당화하는 논리가 되었다. 헌재 2012.11.29, 2011헌마814, 24-2(하), 245면 이하 참조. 그러나 이와 같은 단기의 소멸시효가 건강보험에서 예산 수립 및 운용의 합리성과 편의성에 어느 정도, 그리고 직접 관련성이 있는지는 의문이며, 따라서 적어도 입법정책적으로 타당하다고 볼 수는 없다.

50) 국민연금법 제91조 제1항 제1호 참조.

51) 헌재 2003.10.30, 2000헌마801, 15-2(하), 131면 이하 참조. 공법상의 단체에서 소극적인 결사의 자유에 대해서는 예컨대 강일신, 헌법상 결사의 자유에 관한 연구(헌법재판소 헌법재판연구원, 2018), 27면 이하 참조. 이밖에 Markus Kaltenborn, “Negative Vereinigungsfreiheit als Schutz vor Einbeziehung in die Sozialversicherung?”, Neue Zeitschrift für Sozialrecht(2001), 300면 이하 참조.

52) 이에 관한 헌법재판소의 일반적인 태도에 대해서는 헌재 2000.11.30, 99헌마190, 12-2, 342면 이하; 2008.10.30, 2006헌가15, 20-2(상), 689면 이하 등 참조.

53) 이에 비해서 국민연금법 규정에 대한 심사에 있어서는 사회연대의 원칙 대신 부양의 원리가 제시되었다. 부양의 원리는 강제가입 및 보험료 강제징수, 법률에

이 정당하다고 보았다.[54] 또 이는 사회보험에서 사용자에게 보험료를 부과하는 근거가 되었다.[55] 소득재분배의 논리는 국민연금에서

---

의한 보험관계의 내용 결정, 사용자 또는 국가가 보험비용의 일부를 부담하는 등을 내용으로 한다. 헌재 2001.4.26, 2000헌마390, 13-1, 984면, 987면 등 참조. 이밖에 부양의 원리는 국민연금법 규정에 대한 심사에서 자주 나타나는 논리이다. 헌재 2004.6.24, 2002헌바15, 16-1, 727면; 2013.10.24, 2012헌마906, 332면 등 참조. 이와 같은 용어의 차이와 그 이유에 대해서 헌법재판소가 직접 밝힌 바는 없다. 다만 국민연금에 적용되는 부양의 원리에는 소득재분배의 요소가 제외되어 있거나 강조되지 않은 점은 특징적으로 나타났다.

54) 헌재 2000.6.29, 99헌마289, 12-1, 942면 이하; 2001.8.30, 2000헌마668, 13-2, 294면 이하; 2003.10.30, 2000헌마801, 15-2(하), 131면 이하; 2009.10.29, 2008헌바86, 21-2(하), 207면 이하; 2013.7.25, 2010헌바51, 25-2(상), 49면 등 참조. 사회보험에서 소득재분배의 구조에 대해서는 예컨대 전광석, "사회보장의 소득재분배구조에 대한 헌법적 접근", 전광석, 사회보장법학(한림대 출판부, 1993), 53면 이하 참조.

55) 헌재 2000.6.29, 99헌마289, 12-1, 944면; 2001.8.30, 2000헌마668, 13-2, 295면 등 참조. 헌법재판소는 사용자의 보험료 납부를 '이질부담'이라고 표현하고 있다. 그러나 이는 이중적으로 오해의 여지가 있다. 첫째, 사용자의 보험료 납부의무는 자본과 노동의 연대, 노동자의 생활위험에 대한 자본의 책임과 부담을 제도화한 것으로서 가입자에 귀속되는 성격을 갖는다. 둘째, 이와 같은 관점에서 보면 사용자의 보험료 부담은 이질부담이 아니라 사회보험의 기능에 본질적인 부담이다. 따라서 사용자의 보험료 부담이 사회보험에서 사회적 조정의 요소라고 할 수도 없다. 사회보험이 사용자 간에 위험분산의 효과를 갖고, 따라서 사용자가 수혜자가 되는 경우에는 사용자의 부담금이 이질부담이 될 수 없는 것은 더욱 명확하다. 이에 대해서는 BVerfGE 14, 312면 이하 참조. 예컨대 독일에서 이질부담(Fremdlasten)에 관한 논의가 있기는 하다. 독일 연방헌법재판소가 예술인사회보험(Künstler-Sozialversicherung)에서 판매상(Vermarkter)이 예술인을 위하여 보험료를 부담하는 경우 이를 이질부담이라고 표현한 바 있지만 판매상이 예술인과 공생관계에서 특별한 책임관계에 있다는 논리가 보다 본질적이었다. BVerfGE 75, 108(157)면 이하 참조. 독일에서 이질부담은 보다 일반적으로는 국가과제를 수행하기 위한 재정의 부담이 특수한 과제를 갖는 사회보험에 부과되는 문제를 말하며, 이와 같은 과제는 보험료가 아니라 조세가 재원이 되어야 한다는 의미를 내포하고 있다. 이 점에 대해서는 예컨대 Karl-Jürgen Bieback, "Sozialversicherung und versicherungsfremde Leistungen in der Rechtsprechung des Bundessozialgerichts", Festschrift 50 Jahre Bundessozialgericht(Carl Heymanns Verlag, 2004), 117면 이하; Karl-Jürgen Bieback, "Begriff und verfassungsrechtliche Legitimation von Sozialversicherung", Vierteljahresschrift für Sozialrecht(2003), 20면 이하, 35면 이하 등 참조. 이 문제는 독일 통일과정에서 동독 주민의 사회보험급여에 관한 비용을 국가가 아니라 사회보험이 부담하면서 제기된 바 있다. 이에 관한 당시 상황에 대해서는 Gerhard A. Ritter, Wir sind das Volk! Wir sind ein Volk!(C. H.Beck, 2009), 59면 이하 참조. 우리 국민연금법에서는 군복무기간을 가입기간

도 적용되었다.[56] 그러나 소득재분배가 건강보험의 강제가입을 정당화하는 헌법적 논리인가, 소득재분배의 개념이 헌법심사의 기준으로 적용될 만큼 명확한가는 의문이다. 또 소득재분배의 논리는 정책형성에 혼란을 발생시킬 수도 있다.

건강보험에서는 일반적으로 개인이 질병을 치료하고, 건강을 회복하기 위하여 필요한 경제적 부담능력이 제한적이며, 따라서 보호의 필요성이 있다는 추상적인 의제에 기초하여 모든 국민을 강제가입시키고, 또 수급자로 하고 있다.[57] 구체적인 상황을 기준으로 보면 부분적으로는 개인 스스로 건강보장의 능력이 있으며, 따라서 건강보험에 의한 보호의 필요성이 부인될 수 있다. 그러나 이와 같은 개별적인 상황은 강제가입의 헌법적 정당성에 영향을 미치지 않는다. 입법은 개별적 상황 자체가 아니라 개별적인 상황을 유형에 따라 추상화하여 규율하는 작업이며, 부분적으로 비전형적인 상황이 입법적 의제를 벗어나는 것은 어느 정도는 피할 수 없다. 예컨대 건강보험에서 직장가입자가 휴직하는 경우에도 보호의 필요성을 의제하고 가입자격과 보험료 납부의무를 계속 유지시키는 문제에 대해서는 위에서 서술하였다.[58]

이에 비해서 소득재분배는 질병을 진료하는 경제적 부담을 분산시키는 건강보험의 정책효과다. 국민연금법에서는 수급자 개인의 소득비례부분과 전체 가입자의 균등(평균)소득부분이 함께 연금산정에 반영되고 균등부분을 통하여 가입자 간에 어느 정도 소득재분배가 이루어진다. 즉 가입자 전체의 평균소득에 비해서 가입자 개인의 소득이 낮은 경우에는 수급자에게 유리하게 연금이 산

으로 인정하면서 이에 대한 재원을 국가가 부담하는 것이 좋은 예이다(법 제18조).

56) 헌재 2001.2.22, 99헌마365, 13-1, 312면 이하; 2007.4.26, 2004헌가29등, 19-1, 367면; 2013.10.24, 2012헌마906, 25-2(하), 332면; 2014.5.29, 2012헌바248, 26-1(하), 419면 등 참조.

57) 독일 연방헌법재판소는 이러한 논리를 강제가입을 정당화하는 사유로 이해하였다. BVerfGE 11, 105(113); 63, 1(35); 75, 108(146) 등 참조.

58) 위 각주 47 참조.

정된다. 그러나 이와 같은 형태의 소득재분배가 국민연금의 본질적인 요소는 아니며, 헌법적으로 보면 이 규정에 의하여 국민연금의 강제가입이 비로소 정당성을 갖는 것은 아니다. 소득재분배가 국민연금의 본질적인 요소이며, 이에 의하여 국민연금 그 자체, 그리고 강제가입이 비로소 정당성을 갖는다면 국민연금을 (균등부분을 삭제하고) 순수하게 소득에 비례하여 급여를 산정하는 제도로 개편하고, 기초연금 등을 통하여 균등하게 노후소득을 보장하는 방안은 헌법적으로 허용될 수 없게 된다.[59]

소득재분배 자체가 강제가입을 정당화한다는 논리는 다음과 같은 헌법적 및 정책적 혼란을 가져 오고, 또 세법과의 체계적 차이를 상실시킨다. 건강보험에서는 보험료액의 상한이 설정되어 있다. 국민연금의 경우 보험료 부과기준인 소득에 상한이 있다. 이는 소득 전체를 보험료 산정의 기준으로 하는 경우에 비해서는 소득재분배 효과를 약화시킨다. 그러나 여기에는 다음과 같은 헌법적 및 정책적 의미가 있다. '헌법적'으로 보면 보험료 산정에서 제외되는 소득은 개인이 자율적으로 생활을 형성하는 기반이 된다. 국민연금에 관한 한 헌법재판소는 이 점을 직접 지적하였지만, 소득재분배의 논리와 긴장관계에 있다는 문제가 언급되지는 않았다.[60] 그만큼 국가는 사회보험에서 재정 부담을 덜고 균형 있는 재정투입을 할 수 있게 된다. '정책적'으로 보면 이로써 건강보험에서 – 그 구체적 내용의 정책적 타당성과는 별개로 현실적인 문제로서 – 법정비급여가 넓게 존재하고 진료비용의 일부를 본인이 부담하는 등의 이유로 보장성이 제한적이며, 국민연금에서 소득대체율이 낮은 구조가 설명될 수 있다. 이에 비해서 소득재분배가 강제가입을 정당화한다는 논리에서 보면 위와 같은 내용의 건강보험, 그리고 국민연금은 헌법에 위반되거나 적어도 헌법에 충실하지 않다는 평가를

59) 이에 대해서는 국민연금편찬사위원회, 실록 국민의 연금(2015), 423면 이하 참조.
60) 헌재 2001.2.22, 99헌마365, 13-1, 313면 이하 참조.

피할 수 없다.

이와 같은 이해방법에 따르면 2007년 제정된 노인장기요양보험법에서도 다음과 같은 정책적 충돌이 발생한다. 당시 노인장기요양 제도를 도입하면서 재정 안정은 우선적으로 고려하여야 하는 요소였다.[61] 이에 급여기준과 관련하여 본인부담을 부과하고, 동시에 월한도액을 두었으며(장기요양급여 제공기준 및 급여비용 산정방법 등에 관한 고시 제13조), 이를 초과하는 비용은 개인이 부담하도록 하였다.[62] 그런데 소득재분배의 논리에서 보면 이는 헌법에 우호적이지 않고, 그만큼 강제가입의 정당성은 약화된다. 그러나 헌법이 이와 같은 정책선택에 장애가 되어서는 안 된다.

세법에서는 개인의 경제적 부담능력을 기준으로 과세가 되며, 또 소득이 높을수록 누진율이 적용된다. 그 결과 소득재분배의 효과는 커진다. 다만 누진율에 헌법적 필연성이 있는 것은 아니며, 이는 입법정책의 문제이다.[63] 사회보험 강제가입의 헌법적 근거를 소득재분배로 이해하는 경우 입법자는 이를 되도록 강화하여야 한다. 이와 같은 논리에서 보면 세법과 마찬가지로 사회보험에서 가입자의 일반적인 경제적 부담능력을 기준으로 전체 재산과 소득을 보험료 부과대상으로 하고, 또 누진율을 적용하는 것이 헌법에 우호적이며, 적어도 이에 대한 결정은 입법정책의 문제가 된다.[64] 그

61) 이 점에 대해서는 예컨대 전광석, 위 각주 1의 책, 346면 이하 참조. 1995년 장기요양보험(Pflegeversicherung)의 도입 당시 재정 악화가 우려되었던 독일의 경우 재정수요를 제한하는 문제에 정책적 우선순위를 두어 제도를 설계하였다. 이 점에 대해서는 이 책 제8장 각주 45 참조.

62) 수요와 공급구조에 있어서 노인장기요양보험과 건강보험의 차이에 대해서는 위 각주 8 참조.

63) 헌재 1999.11.25, 98헌마55, 11-2, 609면 참조.

64) 건강보험 보험료 부과기준인 경제적 부담능력을 산출하는 정책적 문제에 대해서는 예컨대 정영훈, 국민건강보험법상의 보험료 부담의 평등에 대한 헌법적 검토(헌법재판소 헌법재판연구원, 2014), 29면 이하 참조. 우리 의료보험법의 역사에서 보면 1980년대 후반 국민의료보험법 제정과정에서 보험료 부과에 누진율을 적용하는 제안이 이루어진 바 있다. 이에 대해서는 예컨대 김연명, "국민의료보험법 입법과정에서의 쟁점에 관한 일고찰", 보건과 사회연구회(편), 한국 의료보

러나 사회보험은 특정한 생활 위험을 보호하는 목적을 가지며, 급여의 종류와 내용 및 수준은 해당 사회보험의 목적에 충실한 범위 내에서 정책적으로 결정된다. 그리고 이와 같은 사회보험의 과제와 기능에 적합하게 보험료가 산정·부과되기 때문에 개인의 전체적인 경제적 부담능력이 보험료 부과의 기준이 될 수는 없다. 이 점에서 보험료는 일반적인 소득재분배의 재원이 될 수 있는 조세와 법적 성격 및 기능에 있어서 차이가 있다.[65] 헌법재판소는 경제적 부담능력이 보험료 부과의 기준이 된다는 지적을 한 바 있다.[66] 그러나 이는 민간보험에서 보험료가 가입자 개인의 위험의 내용과 정도를 기준으로 산정된다는 점과 비교하여 갖는 사회보험의 특징이며, 조세의 산정기준으로서 경제적 부담능력과 같은 내용을 갖는 것은 아니다.

### 2. 직장가입자와 지역가입자의 보험료 부과방식의 차이와 평등권

건강보험은 1980년대 후반 실질적으로 전국민보험이 되었다. 이때 지역주민의 보험료 부과방식이 어려운 정책과제였다. 지역주민의 보험료를 직장가입자와 같이 소득을 기준으로 산정하는 방법은 정책적인, 그리고 현실적인 이유에서 적용될 수 없었다. 보수(표준보수월액)가 경제적 생활의 기초인 직장가입자와 달리 지역주민의 경우 이 점에 대한 명확한 구상이 없었다. 이에 소득과 재산이 함께 추정소득의 형태로 보험료 부과대상이 되었고, 피부양자가 독자적으로 가입자가 되어 보험료가 부과되었다. 헌법재판소는 균등부담의 원칙이 어느 정도 유지되어 있는 한 이와 같은 부과방식의 차이가 평등권을 위반하지 않는다고 보았다.[67] 적극적으로 보면

장 연구(청년세대, 1989), 170면 이하 참조.

65) 조세와 보험료의 이와 같은 차이에 대해서는 예컨대 전광석, “사회보장법과 세법의 기능적인 상관관계”, 공법연구 제32집 제1호(2003), 216면 이하 참조.

66) 헌재 2013.7.25, 2010헌바51, 25-2(상), 50면 참조.

67) 헌재 2003.10.30, 2000헌마801, 15-2(하), 134면 이하 참조.

"직장가입자와 지역가입자의 보험료 부담의 평등이 보장되지 않는 한, 의료보험의 재정통합은 헌법적으로 허용되지 않는다".[68] 그러나 소득형태의 차이를 고려하고, 또 균등부담을 실현하기 위하여 지역주민의 경우 소득과 재산을 모두 보험료 부과의 대상으로 하는 것도 타당하지는 않다. 예컨대 주택재산은 현재 가입자의 주거에 이용되기 때문에 처분의 가능성이 제한적이다.[69] 이는 특히 소득이 낮은 지역가입자에 부담이 되는 부과방식이었다. 이와 같이 지역가입자의 경제적 특성과 함께 당시 지역 주민의 소득파악률이 지극히 낮았다는 점이 함께 정책형성에 영향을 미쳤다.

직장가입자와 지역가입자의 보험료 부과방식의 차이는 2000년 건강보험 조직의 통합, 그리고 2003년 재정의 통합을 계기로 다시 헌법적 쟁점이 되었다. 건강보험이 직장조합과 지역조합으로 분리되었던 상황에서 지역조합은 두 가지 특수성이 있었다. 첫째, 직장가입자는 퇴직 후 일반적으로 노령에 이르러 혹은 실업상태에서 지역가입자로 편입된다. 따라서 직장가입자에 비해서 지역가입자는 질병 발생의 위험과 치료비용의 부담이 크다는 점에서 지역조합은 구조적으로 불리한 요소를 지니고 있었다. 둘째, 소득이 거의 100% 파악되는 직장가입자에 비해서 지역가입자의 경우 소득파악률이 크게 낮았다. 2000년 건강보험 통합 당시 지역가입자인 도시자영인과 농어민의 소득파악률은 각각 23%, 55%, 평균 28%에 불과하였다.[70] 이와 같은 문제는 건강보험조직이 통합되기 전에는 지역조합을 재정적으로 지원하는 방법으로 보완되었다.

건강보험이 통합되는 과정에서, 그리고 이후에도 직장가입자와 지역가입자 모두 보험료 부과방식에 대한 헌법심사를 청구하

68) 헌재 2000.6.29, 99헌마289, 12-1, 958면 참조

69) 지역가입자에 대한 보험료 부과방식과 체납시 부동산에 대한 압류처분에 관한 헌법적 문제에 대해서는 헌재 1998.8.27, 96헌마134, 10-1, 176면 이하 참조.

70) 헌재 2000.6.29, 99헌마289, 12-1, 952면 참조.

였다.[71] 직장가입자는 지역가입자의 소득파악률이 낮기 때문에 실제 경제적 부담능력에 따른 보험료가 징수될 수 없고, 이로 인하여 재정부담이 직장가입자에 전가되는 문제를 제기하였다. 또 기존에 직장가입자가 납부하여 적립된 준비금이 건강보험공단에 이전되어 지역가입자를 포함하여 전체 가입자를 위한 재원으로 사용될 수 있기 때문에 평등권과 재산권을 침해한다고 보았다.[72] 지역가입자는 재정이 통합된 후에도 보수뿐 아니라 재산 등의 요소를 여전히 보험료 부과대상으로 하는 문제, 그리고 소득파악률이 낮은 행정책임을 지역가입자에게 전가하는 것이 헌법에 위반된다고 보았다.[73] 이에 대한 심사기준은 기본적으로는 평등권이었으며, 재산권의 기능은 부수적이었다. 이 중 적립금의 문제는 아래에서 따로 다룬다.[74]

헌법재판소는 직장가입자와 지역가입자의 소득형태 및 소득파악률(그리고 소득신고의 방법, 소득결정방법, 보험료 부과대상인 소득의 발생시점 등)의 차이를 본질적인 문제로 보았다.[75] 그러나 소득파악률은 현실 행정의 문제이며, 직장가입자와 지역가입자의 경제적 기반 및 소득형태가 다르다는 점이 본질적인 차이였다. 헌법재판소는 이 문제에 대해서 비교적 낙관적인 예측을 하였다. 즉 조직의 통합 이후 재정통합은 아직 1년 6개월의 유예기간이 있으며, 또 재정운영위원회에서 직장가입자와 지역가입자 간에 보험료 분담률이 조정되고 이로써 균등부담이 실현될 수 있다고 보았다.[76] 그러나 1

71) 헌재 2003.10.30, 2000헌마801, 15-2(하), 133면 이하 참조.

72) 헌재 2000.6.29, 99헌마289, 12-1, 913면 이하; 2011.8.30, 2008헌마757, 23-2(상), 450면 이하; 2012.5.31, 2009헌바299, 24-1(하), 505면 이하 등 참조.

73) 헌재 2013.7.25, 2010헌바51, 25-2(상), 46면 이하; 2016.12.29, 2015헌바199, 28-2(하), 436면 이하 참조.

74) 아래 V. 참조.

75) 헌재 2003.10.30, 2000헌마801, 15-2(하), 134면 이하; 2012.5.31, 2009헌마299, 24-1(하), 517면 이하; 2013.7.25, 2010헌바51, 25-2(상), 50면 이하; 2016.12.29, 2015헌바199, 28-2(하), 443면 등 참조.

76) 헌재 2000.6.29, 99헌마289, 12-1, 959면 이하 참조. 1999년 제정된 국민건강보

년 6개월의 유예기간에 본질적인 차이가 극복된다고 기대할 수는 없었으며, 재정운영위원회의 기능은 예측하기 어려웠다. 또 – 아래에서 살펴보는 바와 같이 – 이에 대한 이론적 근거도 취약했다.

헌법재판소는 지역가입자의 경우 재산을 보험료 부과대상으로 하는 것 자체는 추정소득을 실소득에 가깝게 파악하기 위한 합리적인 방법으로 보았다. 또 직장가입자와 지역가입자 간에 재정부담의 차이가 여전히 있지만 균등부담을 실현하기 위하여 제도가 개선되고 있다는 점도 지적하였다. 즉 "지역가입자의 소득파악을 위한 노력이 계속되고 있고, 그 결과 직장가입자와 지역가입자의 소득파악률의 차이가 점점 좁혀지고 있다".[77] 명시적으로 표현을 하지는 않았지만 향후 지역가입자의 소득파악률이 높아지면 보험료 부과대상에서 소득의 비중이 확대될 것으로 기대하였다. 즉 지역가입자와 직장가입자의 균등부담을 실현하기 위해서는 실험이 계속 필요하며, 이 과정에서 헌법문제가 점차 개선된다고 본 듯하다. 실제 이에 관한 실험은 그 동안 몇 차례 있었다.[78] 이를 통하여 헌법재판소의 예측과 기대의 수준에 이르지는 못했다. 그러나 당시 시점에서 헌법재판소의 이와 같은 기대와 예측이 명백히 잘못되었다고 볼 수는 없었다.

그동안 부분적으로 지역가입자와 직장가입자의 균등부담을 위한 조치가 취해졌다. 그러나 그 방향은 헌법재판소의 예측과는 달랐다. 2012년 직장가입자의 보험료 부과대상이 표준보수월액(보수월액보험료) 외에 '보수 외의 소득'으로 확대되었다(소득월액보험료).

험법은 2000년 7월 1일 시행되어 조직이 통합되었지만 재정은 2002년 12월 31일까지 구분하여 계리하도록 하였다. 재정통합의 유예기간은 다시 2003년 6월 30일까지 연장되었다.

77) 헌재 2012.5.31, 2009헌마299, 24-1(하), 518면; 2016.12.29, 2015헌바199, 445면 이하 등 참조.

78) 2012년 및 2017년 이 점에 대한 정책변화에 대해서는 예컨대 정창률/권혁창/남재욱, "한국 건강보험 보험료 부담의 형평성에 관한 연구", 사회보장연구 제30권 제2호(2014), 323면 이하; 정창률/문용필, "건강보험료 부과체계 개편 평가 및 향후 과제", 사회보장연구 제33권 제3호(2017), 232면 이하 등 참조.

이는 다음과 같은 새로운 문제를 제기하였다.

첫째, 직장가입자의 보수 외에 소득을 보험료 부과대상으로 하는 이론적 및 체계적 논리가 불분명했다. 즉 이들에게 보수 외에 소득이 일반적으로 전형적인 경제적 생활의 기초인가, 그리고 건강보험급여가 직장근로자의 '보수 외의 소득' 및 소득능력의 상실을 회복하는 기능과 연관성을 갖는가의 문제는 밝혀진 바 없다.[79] 거꾸로 지역가입자의 경우 소득 외에 재산, 세대원의 성·연령 등이 경제생활의 기초로서 경제적 부담능력을 측정 혹은 추정하는 기준이 될 수 있는가는 여전히 문제였다. 부분적으로 소득역진의 문제가 쟁점이 되었다.[80] 또 – 헌법재판소 반대의견이 지적한 바와 같이 – 직장가입자와 달리 지역가입자의 경우 피부양자가 독자적으로 보험료 부과대상이 되는 문제는 근본적인 검토가 필요했다.[81] 둘째, 이로써 사용자에 비해서 가입자의 보험료 부담이 커진다. 그런데 전통적으로 자본과 노동의 연대, 그리고 자본의 노동에 대한 책임과 지원을 통하여 사회통합을 추구했던 사회보험에서 자본과

79) 이 규정은 헌법재판의 대상이 되었지만 주로 위임의 구체성이 심사의 기준이었다. 아래 Ⅶ.1.(2). 참조. 독일에서 이 문제는 주로 연금수급자의 건강보험(Krankenversicherung der Rentner)에서 보험료 부과의 대상을 확대하는 규정에 대한 헌법재판소의 결정과 관련하여 활발하게 논의된 바 있다. BVerfGE 69, 272면 이하; 79, 223면 이하; 102, 68면 이하 등 참조. 이밖에 이에 대한 논의로는 Ulrich Becker, "Verfassungsrechtliche Vorgaben für die Krankenversicherung der Rentner – zur Bedeutung des Gleichheitssatzes bei der Bemessung von Sozialversicherungsbeiträgen", Neue Zeitschrift für Sozialrecht(2001), 281면 이하; Stefan Huster, "Die Beitragsbemessung in der gesetzlichen Krankenversicherung", Juristen Zeitung(2002), 373면 이하; Karl Peters, "Fragen zu einer Verbreitung der Beitragsbemessungsgrundlage in der Gesetzlichen Krankenversicherung", Festschrift 50 Jahre Bundessozialgericht(Carl Heymanns Verlag, 2004), 459면 이하 등 참조.

80) 이에 관한 실증 연구로는 예컨대 홍백의/배지영/박미희/강준모, "국민건강보험제도의 직장, 지역가입자간 보험료 부담 형평성 연구", 한국사회정책 제19권 제1호(2012), 특히 224면 이하 참조.

81) 헌재 2016.12.29, 2015헌바199, 28-2(하), 449면 이하 참조. 건강보험에서 피부양자의 문제에 대한 근본적인 검토의 필요성에 대해서는 예컨대 전광석, 위 각주 5의 논문, 36면 이하 참조.

노동의 재정부담이 균형을 상실하는 문제는 국회에서 충분한 공론화를 거쳐 결정되어야 한다. 이와 같이 사회보험에서 가입자의 부담이 커지면서 자본이 건강보험의 재정에 기여하는 문제가 새롭게 제기되었다.[82] 셋째, 건강보험에서 새로운 보험료 부과방식, 특히 직장가입자의 경우 소득월액에 대해서 보험료를 부과하는 방식이 국민연금과 같은 다른 사회보험에 확대 적용될 수 있는가에 대한 검토를 필요로 했다.

## V. 건강보험의 조직 및 재정통합

건강보험의 관리운영방식은 이미 1976년 의료보험법을 제정하는 과정에서 핵심적인 쟁점이었다. 이는 1980년대 초에 다시 점화(點火)되었지만 공론화 단계에 이르지 못하고 소멸하였다.[83] 이후 1997년 말 대통령선거, 그리고 외환위기의 상황 및 정치적 위기의 국면에서 관리운영방식의 변화에 관한 사회적 합의의 압력이 거셌으며, 이와 같은 배경에서 1999년 제정된 국민건강보험법에 의하여 기존의 조합방식은 통합방식으로 전환되었다.[84] 이와 관련하여 다음과 같은 헌법문제가 제기되었다.

첫째, 건강보험 통합 자체의 헌법문제이다. 둘째, 직장가입자와 지역가입자의 소득파악률이 현저한 차이가 있음에도 불구하고 통합하는 경우 직장가입자가 지역가입자의 재정부담을 떠안게 되며, 이는 직장가입자의 재산권 및 평등권을 침해한다. 이에 대해서는 위에서 서술하였다. 셋째, 건강보험의 조직 및 재정이 통합되면

82) 이에 관한 근본적인 문제의 제기에 대해서는 예컨대 Hans F. Zacher, "Der Sozialstaat an der Wende zum 21. Jahrhundert", Vierteljahresschrift für Sozialrecht(2000), 199면 참조.

83) 당시 논의의 배경, 과정 및 결과에 대해서는 전광석, 위 각주 1의 책, 208면 이하 참조.

84) 이에 관한 당시 정치적 상황에 대해서는 예컨대 최영기/전광석/이철수/유범상, 한국의 노동법 개정과 노사관계 – '87년 이후 노동법 개정사를 중심으로(한국노동연구원, 2000), 239면 이하 및 432면 이하 참조.

서 지역가입자에 국고가 지원되었는데 이로 인하여 직장가입자의 평등권을 침해하는가의 문제이다. 넷째, 기존 직장조합에 가입자가 납부한 보험료를 재원으로 상당한 규모의 적립금이 있는데, 조직 및 재정의 통합으로 인하여 이를 가입자 전체가 공동으로 사용하게 됨으로써 직장가입자의 재산권을 침해한다.

건강보험의 통합 자체에 대한 헌법문제는 쉽게 극복되었다.[85) ] 우선 건강보험의 조직 및 기능원리는 기본적으로 입법정책의 문제이며, 이와 관련하여 기존 제도 자체 및 그 형태의 존속이 보장되지는 않는다. 헌법재판소는 건강보험에서 조합방식과 통합방식의 장·단점을 비교하고, 통합방식이 위험 분산, 소득재분배, 그리고 국민연대의 면에서 우월한 측면이 있다고 보았다. 그리고 – 헌법재판소가 명확히 하지는 않았지만 – 거의 전체 국민이 수급자인 상황에서 건강보험은 더 이상 경제활동 및 위험의 동질성이 있는 집단 간에 위험을 분산시키는 방법으로 운영될 수 없었다. 건강보험은 이제 오히려 국민적 연대가 조직 및 운영의 기반이 되어야 한다.[86)]

건강보험이 국민적 연대에 기초하여 조직·운영되어야 한다는

85) 그러나 정책적으로 보면 당시 건강보험의 통합은 의약분업, 수가인상 등의 문제와 연관되면서 적지 않은 문제를 남겼다. 이들 문제가 혼재하였던 당시 의료보험, 특히 의료보험의 재정 상황에 대해서는 예컨대 이종찬, "건강보험 재정위기에 대한 분석 – 의료정책사적 관점", 보건과 사회과학 제22집(2007), 37면 이하 참조. 이밖에 당시 의료계의 입장과 저항을 보여주는 문헌으로는 예컨대 송호근, 의사들도 할 말 있었다(삼성경제연구소, 2001); 이종찬, 한국의료 대논쟁(소나무, 2000) 등 참조.

86) 역사적으로 보면 1963년 의료보험법 제정과정에서 전문가집단에서는 의료보험이 국민적 연대에 기반하여야 한다는 구상이 지배하였고, 이는 요양기관 지정방식, 국고지원, 관리운영방식에 반영되었다. 이 점에 대해서는 전광석, 위 각주 1의 책, 143면 이하 참조. 이밖에 전체 국민을 보편적으로 보호하는 필요성의 입법적 의제에 대해서는 위 각주 57 참조. 독일 헌법에서 사회보험, 예컨대 건강보험 및 산재보험 조직 및 기능원리에 관한 헌법적 개방성에 대해서는 BVerfGE 39, 314면 이하(건강보험); 36, 383(393)면(산재보험) 등 참조. 이밖에 Ulrich Becker, Der Finanzausgleich in der gesetzlichen Unfallversicherung(Nomos, 2004), 47면 이하 참조.

정치적 및 입법적 결정에서 균등부담의 원칙은 국고지원을 통하여 어느 정도 변형될 수 있다.[87] 지역가입자의 불리한 인구구조는 국민연대에 기초하여 지원되어야 하며, 이는 이에 관한 건강보험의 재정이 전적으로 직장가입자에게 전가되지 않는 한 합리적인 차별에 해당한다. 실제 지역가입자에 대한 국고지원은 당시 건강보험통합의 전제조건이었다. 2002년 한시법(限時法)으로 「국민건강보험재정건전화특별법」이 제정되어 지역건강보험의 급여비용 및 사업비의 40%를 국고에서, 그리고 10%를 국민건강증진법에 의한 국민건강증진기금에서 지원하도록 하였다.[88]

직장가입자가 납부하여 적립된 준비금이 지역가입자를 포함하여 전체 가입자를 위한 예비재원으로 사용되는 것이 직장가입자의 재산권 및 평등권을 침해하지는 않는다.[89] 재산권은 가입자가 납부한 보험료가 전체적으로 보험재원을 형성하고 이에 기초하여 적절한 요양급여가 지급되는 것을 보장한다. 이는 보험급여가 가입자의 건강을 보장하고 질병 및 부상을 치료하는 데 현서히 미치지 못히여 강제가입의 의미가 더 이상 실현될 수 없는 경우에 침해된다. 그런데 적립금은 보험급여의 예비재원의 성격을 가질 뿐 가입자에 귀속되지 않으며, 따라서 사적 유용성이 있지는 않기 때문이다.

---

87) 집단적 동질성을 기반으로 다원적 사회보험조직을 운영해 왔던 독일의 경우 이러한 기준이 헌법적 효력이 있는가는 논란이 있어 왔다. 이에 대해서는 예컨대 Josef Isensee, “Sozialversicherungsfreiheit bei geringfügiger Beschäftigung”, Zeitschrift für Rechtspolitik(1982), 140면 이하; Michael Kloepfer, “Sozialversicherungsbeiträge und Gruppensolidarität”, Vierteljahresschrift für Sozialrecht (1974), 156면 이하 등 참조.

88) 이후 시기, 즉 2007년 국고지원의 기준은 변경되었다. 즉 이제 당해 연도 보험료 예상수입액의 14%를 국고에서 지원하고, 6%는 국민건강증진기금에서 부담하도록 하였다. 이밖에 이 법에서 규율되었던 국고지원 및 건강보험정책심의위원회에 관한 규정은 이후 국민건강보험법에 편입되었다.

89) 헌재 2000.6.29, 99헌마289, 12-1, 947면 이하 참조.

# Ⅵ. 요양기관의 직업의 자유

## 1. 요양기관의 공법관계와 사법관계

건강보험은 가입자가 요양기관에 자유롭게 접근하고, 또 부담할 수 있는 비용으로 진료를 받을 수 있을 때 그 목적을 실현한다. 이를 위하여 의료기관은 요양기관으로 지정되어 공법관계에 편입된다. 그러나 의사와 환자 사이에는 여전히 사법적 법률관계가 유지되며, 그 결과 사적 자치 및 과실책임의 원칙이 존중되어야 한다.[90)]

건강보험에서 의사와 환자의 사법상의 법률관계는 헌법재판소의 결정에서도 부분적으로 확인된 바 있다. 제3자의 불법행위로 인하여 가입자에게 질병 또는 부상이 발생한 경우 가해자에 대한 책임 실현에 우선하여 건강보험에서 급여를 할 수 있다. 이때 건강보험공단은 급여에 소요된 비용의 한도 내에서 제3자에 대한 손해배상청구권을 갖는다. 즉 건강보험급여를 지급하였다고 해서 제3자의 불법행위책임이 면제되는 것은 아니다. 그렇지 않을 경우 제3자의 불법행위책임은 피해자 혹은 보험공동체가 부담하는 결과가 되기 때문이다.

이와 관련하여 의사가 경과실에 의하여 의료사고를 발생시킨

---

90) 건강보험공단이 이와 같은 공적 과제를 담당하기 때문에 공단 근로자는 공무원은 아니지만 공무원에 가까운 지위를 가지며, 공단의 임직원은 형법 제129조에서 제132조까지의 규정을 적용할 때 공무원으로 본다(법 제28조). 이와 같은 건강보험의 공적 과제에서 단체교섭에 있어서 자율성이 제한된다. 1999년 당시 국민건강보험법 제27조(현행법 제29조)에 의하면 공단의 조직·인사·보수 및 회계에 관한 규정은 이사회의 의결을 거쳐 보건복지부장관의 승인을 얻어 정하도록 하였고, 이에 따라 이에 관한 단체협약은 보건복지부장관의 승인을 얻은 때 효력을 발생하도록 하였다. 이 점에 대한 헌법심사에 대해서는 헌재 2004.8.26, 2003헌바58등, 16-2(상), 260면 이하 참조. 건강보험심사평가원의 직원과 관련하여 같은 취지의 결정으로는 헌재 2019.8.29, 2017헌바262, 31-2(상), 136면 이하 참조.

경우에 건강보험공단이 의사에게 구상권을 행사하는 규정이 심사의 대상이 되었다.[91] 의사의 전문적인 지식과 이에 기초하여 개별적인 상황에 대한 구체적인 판단이 존중되어야 하며, 따라서 진료에 있어서 원칙적으로 의사의 재량이 인정된다. 그러나 경과실을 포함하여 의사의 과실이 있는 경우에 불법행위책임이 면제되는 것은 아니다. 이는 경과실에 의한 범죄행위에 기인하여 발생하는 질병 또는 부상에 대해서는 가입자의 책임을 묻지 않고 급여를 제한하지 않는 규정과의 관계에서 평등권을 침해하는 것도 아니다.[92] 보험자와 가입자의 공법관계에서는 보호의 필요성이 가장 중요한 기준이지만, 이러한 기준이 가입자와 요양기관의 사법관계에 확대적용되는 것은 아니기 때문이다. 또 의료인의 과실에 의하여 발생한 비용을 가입자가 부담한 경우에 건강보험공단이 의사에게 부당이득의 반환을 청구하여 가입자에게 환수시키는 공법상의 수단이 적용되는 경우에도 요양기관과 환자 사이에 과실상계 등의 방법으로 민법상의 불법행위책임을 조정하는 가능성은 여전히 남아 있다.[93]

## 2. 요양기관 당연지정

1963년 제정된 최초의 의료보험법은 요양기관(당시 표현에 따르면 '보험의료기관')의 양적 · 지역적 분포가 건강보험의 목적을 실현하기 위한 전제조건이라는 점을 충분히 인식하고 있었다. 이에 보험자의 신청에 의하여 보건사회부장관이 보험의료기관을 '지정하여 계약'하는 방식을 채택하였다. 그런데 보험의료기관은 지정의 취소를 요구할 수 있기 때문에 의료보험이 원활히 기능할지는 의문이었다. 1977년 시행된 의료보험법은 처음에는 기존의 계약지정방식을 그대로 유지하였으나, 1979년 강제지정방식으로 바꾸었다. 이는

91) 헌재 2012.5.31, 2011헌바127, 24-1(하), 480면 이하 참조.

92) 위 Ⅲ.2. 참조.

93) 이에 대해서는 예컨대 헌재 2011.6.30, 2010헌바375, 23-1(하), 399면 이하 참조.

위에서 언급한 일반적인 목적 외에 환자가 필요한 과목에 대한 진료를 받을 수 없기 때문에 종합병원을 이용하여야 하는 부담을 덜어주는 효과가 있었다. 의료기관이 지정을 거부하는 우려도 작용하였다. 강제지정방식은 1999년 당연지정방식으로 바뀌었다. 강제지정의 효과는 같으면서 요양기관이 지정절차를 밟아야 하는 불편이 있었기 때문이다.

헌법재판소는 요양기관 당연지정제를 합헌으로 결정하였다.[94] 이는 충분히 예상할 수 있는 결론이었다. 건강보험이 기능하기 위해서 환자가 요양기관에 쉽게, 그리고 평등하게 접근할 수 있어야 하며, 특히 우리나라와 같이 공공의료기관에 비해서 민간의료기관이 압도적으로 높은 비중을 차지하고 있는 상황에서(당시 공공의료기관은 의료기관 수를 기준으로 8.8%, 병상 수를 기준으로 15.5%에 불과했다) 당연지정제는 건강보험의 기능에 불가피한 조건이었다. 요양기관의 기본권의 관점에서 보면 당연지정제는 직업에의 접근 그 자체가 아니라 직업수행을 제한하는 조치이기 때문에 이에 관한 입법형성권은 넓게 인정되었다.[95]

헌법재판소는 계약지정제를 채택하는 경우 의료기관이 이원화될 수 있다고 우려하였다. 즉 고급·고가의 특성화된 진료를 행하는 의료기관이 건강보험을 탈퇴하고 그렇지 않은 의료기관이 남아 전체적으로 진료수준이 양분화될 수 있다. 그리고 이와 같은 예측이 명백히 잘못된 경우가 아닌 한 입법자의 (예측)판단은 존중되어야 한다(명백성 통제). 또 이러한 판단에는 1977년 당시 의료보험법

94) 헌재 2002.10.31, 99헌바76등, 14-2, 429면 이하 참조.

95) 이에 비해서 요양기관의 지정을 취소하는 조치에 대한 심사기준은 엄격하여야 한다. 거의 전국민이 수급권자인 현실에서 요양기관의 지정이 취소되면 의사로서 직업활동을 할 수 없게 되며, 이는 직업에의 접근을 차단하여 실질적으로 직업'선택'의 자유를 제한하는 효과를 갖기 때문이다. 지정취소에 대한 헌법심사에 대해서는 아래 Ⅶ.1.(1) 참조. 다만 이 결정에서 심사기준은 직업의 자유 자체가 아니라 위임의 구체성이었다. 현행 국민건강보험법에서는 요양기관이 법령에 위반하는 행위를 한 경우 업무정지 혹은 과징금 부과의 제재가 이루어질 뿐 지정취소제도는 더 이상 존재하지 않는다.

에서 의료기관이 지정을 거부하는 등 계약지정제의 부정적 경험이 영향을 미쳤다. 이 경우 건강보험의 양극화로 인하여 – 헌법재판소가 그러한 표현을 하지는 않았지만 – 사회통합을 저해할 뿐 아니라 건강보험제도가 오히려 사회분열을 깊게 하여, 그 자체의 정당성에 의문이 제기될 수 있었다.

헌법재판소는 의료기관이 건강보험에 편입되더라도 의사는 여전히 전문적 판단에 따른 진료를 할 수 있다는 점을 강조하였다. 사실 당시 당연지정제 자체보다는 의료기관이 요양급여기준에 따라 진료의 방법과 내용에 대한 규제를 받으며, 그 결과 새로운 방법에 따른 진료가 제한되고, 또 경직된 보험수가가 적용되는 문제가 청구의 실질적인 이유였다. 요양기관의 직업수행의 자유 및 수익(收益)의 기회를 보장하는 문제는 수가(酬價)의 불균형을 완화하는 등의 방법으로 계속 개선되어 왔다. 의약분업이 실시되고 건강보험의 조직이 통합되는 시기인 1999년 11월 이후 2001년 1월까지 수가의 누적 인상률은 거의 50%에 달했다. 새로운 의료기술을 신속히 요양급여기준에 반영하는 절차가 정비되었고, 환자의 경우 법정비급여에 의하여 어느 정도 진료의 방법과 내용을 선택할 수 있었다. 다만 법정비급여와 관련된 헌법재판소의 논리는 지나치게 단순했다. 법정비급여는 의료기관에게 수익성을 강화하는 유인이 되었다는 부정적 경험을 감안하면 이는 선택적 진료를 보장하는 긍정적 측면보다는 건강보험에 의한 보장률을 정체시키는 원인이 되었다. 이는 특히 경제적 부담능력이 낮은 국민에게 부정적으로 작용하였다. 진료의 방법과 내용에 대한 규제는 아래에서 서술하는 바와 같이 독자적으로 심사의 대상이 되었으며, 이때 문제는 헌법재판소의 이해범위를 넘는 것이었다.

### 3. 요양급여의 방법 및 내용

건강보험법은 한편으로는 모든 진료행위를 요양급여의 대상으로 하면서, 다른 한편으로는 '요양급여기준'에서 가장 경제적이고 비용효과적인 진료의 방법과 내용을 열거하여 정하고 있다. 이에 해당하지 않는 법정비급여에 대해서는 수급자가 비용의 전부를 부담하여야 한다.[96)]

이와 같이 진료의 방법과 내용은 행정규칙에서 구체적으로 규율되며, 그 결과 행정규칙은 그 구체적인 명칭에 관계없이 일반적으로 외부적 효력을 갖는다.[97)] 이때 '요양급여기준'이 의사의 전문적 판단에 따라 필요한 진료방법 혹은 아직 승인되지 않은 새로운 의료기술을 포섭하지 못하는 경우에는 – 위에서 서술한 바와 같이 – 구조적 장애가 발생한다.[98)] 이는 요양기관이 법정 기준과 절차를 위반하거나 초과하여, 혹은 법정 기준과 절차에 따르지 않고 진료를 하는 경우에 해당한다(임의비급여). 이때 법정 기준을 위반하여 진료를 하였다는 사실, 법정비급여가 아님에도 불구하고 수급자로부터 진료비용을 받았다는 사실이 모두 '사위 기타 부당한 방법으로'(현행법의 표현에 따르면 '속임수나 그밖의 부당한 방법으로') 보험급여를 한 경우로서 급여비용의 징수, 업무정지명령 혹은 과징금 부과 등의 제재가 가해진다. 이러한 상황이 의사의 진료의 권리, 그리고 환자의 자유로운 진료를 받을 권리를 침해하는가의 문제가 제기된다.[99)]

---

96) 이와 같은 가능성을 기준으로 특정한 진료 방법과 내용 혹은 중복처방의 금지조치가 의사 및 환자의 기본권을 침해하지 않는다는 결정으로는 헌재 2010.9.30. 2008헌마758, 22-2(상), 757면; 2013.9.26. 2010헌마204등, 25-2(하), 14면 이하 등 참조.

97) 이 점에 대해서는 헌재 2007.8.30. 2006헌마417, 19-2, 347면 이하; 2010.9.30. 2008헌마758, 22-2(상), 750면 이하; 2010.10.28. 2008헌마408, 22-2(하), 159면 이하 등 참조. 이밖에 행정입법의 규범형식으로 법규명령과 행정규칙의 관계에 대해서는 헌재 2016.2.25. 2015헌바191, 28-1(상), 164면 이하(다수의견), 170면 이하(반대의견) 참조.

98) 위 I.2. 참조.

99) 헌재 2007.8.30. 2006헌마417, 19-2, 347면 이하; 2008.7.31. 2007헌바85, 20-2(상), 205면 이하 등 참조. 후자의 결정에서는 '사위 기타 부당한 방법으로' 행한 진료행위에 대해서 의사면허정지처분과 과징금이 병과되는 제재가 이중처벌

헌법재판소는 이와 같은 제한에 대해서 목적의 정당성과 수단의 적합성을 쉽게 인정하였다. 요양기관의 전문적 판단은 새로운 진료행위를 추가하여 승인받는 절차를 통하여 어느 정도 보장될 수 있기 때문에 최소침해의 원칙 및 법익균형의 원칙 역시 침해되지 않는다고 판단하였다. 그러나 헌법재판소의 이와 같은 논리는 지나치게 단순했다. 이에 관한 건강보험법의 규범구조를 헌법적으로 재구성할 수 없었기 때문이다. 심판대상인 규정의 규범구조는 임의비급여의 주제로 오랫동안 논의되어 왔다.[100] 또 아래에서 살펴보는 바와 같이 법원 역시 이에 참여하여 왔다. 임의비급여의 문제에 대해서는 다음과 같은 세 가지 견해가 있다.

첫째, 법정급여와 법정비급여 외에 임의비급여는 예외 없이 허용되지 않는다는 입장이다. 이에 따르면 임의비급여는 재정을 안정화하고, 진료의 남용을 방지하는 데 장애가 되며, 따라서 허용될 수 없다. 헌법재판소의 입장이 여기에 해당했다.[101] 이는 또 아래에서 소개하는 대판 2012.6.18, 2010누27639 선고 이전까지 법원의 입장이었다.[102] 이 경우 의사가 전문적 판단에 따른 신속한 진

에 해당하는가의 여부가 쟁점이었다. 같은 취지의 사건으로는 헌재 2009.2.26, 2006헌바90, 21-1(상), 39면 이하 참조.

100) 헌법재판소의 결정 전후에 있었던 임의비급여 논의에 대해서는 강현철, "임의비급여 관련 진료비 청구요건으로서의 의학적 필요성에 대한 검토", 저스티스(2013.4), 201면 이하; 김나경, 의료보험의 법정책 – 기초법 이념과 법실무(집문당, 2012), 120면 이하; 김종수, "임의비급여에 관한 사회보장법적 검토", 사회보장법연구 창간호(2012), 137면 이하; 박지용, "건강보험에 있어서 임의비급여 규제에 대한 헌법적 평가", 법학연구(경상대 법학연구소) 제21권 제3호(2013), 63면 이하; 정철, "건강보험상 임의비급여 허용의 문제점", 법학논총(국민대) 제24권 제1호(2011), 306면 이하; 최호영, "건강보험체계와 임의비급여", 사회보장법연구 제2호(2012), 153면 이하; 하명호, "임의비급여 진료행위의 허용 여부에 관한 공법적 고찰 – 대법원 2012.6.18. 선고 2010두27639 전원합의체 판결에 대한 평석", 의료법학 제14권 제2호(2013), 173면 이하 등 참조.

101) 헌재 2007.8.30, 2006헌마417, 19-2, 347면 이하 참조.

102) 대판 1999.1.26, 97누14224; 2001.3.23, 99두4204; 2001.7.13, 99두12250; 2001.7.13, 99두12267; 2005.10.28, 2003두13434; 2007.6.15, 2006두10368 등 참조. 이미 이 문제를 쟁점화하는 단서가 되는 판결로는 서울행정법원 2009.10.29, 2008구합9522 등 참조. 이 결정에 대해서는 김나경, 위 각주 99의

료를 할 수 없고, 그 결과 환자의 진료를 받을 자유, 그리고 건강에 관한 권리가 최적(最適)으로 실현되지 못하는 문제가 남는다.

둘째, 의사와 환자가 자율적으로 사적 합의를 하여 요양급여기준을 초과하는 혹은 이에 따르지 않는 진료를 할 수 있다는 입장이다. 이에 따르면 건강보험법 및 '요양급여기준'은 법정급여와 법정비급여를 규율하며, 이에 해당하지 않는 임의비급여는 건강보험의 제도 밖에 있어 건강보험법의 규율대상이 아니다. 헌법재판소의 보충의견이 이러한 입장이었다.[103] 또 임의비급여를 원칙적으로 금지하면서 예외적으로 허용한 이후 대법원 판결에서 반대의견도 이러한 입장이었다.[104]

그러나 이와 같은 견해는 다음과 같은 우려를 남긴다. 즉 이 경우에 요양기관이 수익성을 높이기 위하여 환자와 사적 합의에 의한 임의비급여에 집중하고, 법정급여에서 임의비급여로 진료의 비중이 옮겨갈 수 있다. 그리고 그동안 요양기관에서 수익(收益)을 위하여 환자에게 법정비급여를 유인하는 경향이 있었고, 그 결과 환자의 부담이 컸다는 문제가 깊어질 수 있다. 이때 정보의 비대칭과 환자의 절박한 상황이 함께 작용하여 환자가 의료공급을 통제하는 능력이 제한적이라는 점도 영향을 미친다. 이로써 전체적으로 의료비가 통제할 수 없을 만큼 증가할 수 있다. 또 이와 같은 우려가 현실화되면 건강보험에서 일반적으로 요양급여의 확대와 발전이 정체되며, 이는 질병을 평등하게 진료하고 건강을 보편적으로 보장하는 건강보험의 목적에 역행한다. 나아가서 이는 건강보험의 개선에도 부정적으로 작용할 수 있다. 건강보험은 중장기적으로 법정비급여 중 치료와 건강보장을 위하여 보편적으로 인정되는 진료의 방법과 내용을 법정급여로 전환하여 보장성을 점차 향상시

책, 129면 이하 참조.

103) 헌재 2007.8.30, 2006헌마417, 19-2, 350면 이하 참조.

104) 대판 2012.6.18, 2010누27639 판결에서 전수안 대법관의 반대의견.

켜야 한다.[105] 그런데 임의비급여가 원칙적으로 허용되고, 그 결과 확대되는 경우에는 법정급여를 개선하는 유인은 그만큼 줄어들기 때문이다. 그리고 이와 같은 불균형은 상대적으로 경제적 부담능력이 낮은 국민의 건강보장에 부정적 영향을 주게 될 것이다.

마지막으로 임의비급여를 원칙적으로 허용하지 않으면서 특히 환자의 건강보장을 위하여 불가피한 예외적인 경우에 한하여 인정하는 입장이다. 2012년 법원은 기존의 판례를 변경하여 이러한 입장을 취하였다.[106] 법원이 제시한 임의비급여의 허용 조건은 다음과 같다. 첫째, 진료행위 당시 요양급여대상 또는 비급여대상으로 편입시키거나 관련 요양급여비용을 합리적으로 조정할 수 있는 등의 절차가 마련되어 있지 않은 경우이다. 또 그 절차가 마련되어 있더라도 비급여 진료행위의 내용 및 시급성과 함께 절차의 내용과 이에 소요되는 기간, 절차의 진행 과정 등 구체적 사정을 고려해 볼 때 이를 회피하였다고 보기 어려운 상황이어야 한다. 둘째, 진료행위가 의학적 안전성과 유효성뿐 아니라 진료의 의학직 필요성이 있어야 한다. 셋째, 가입자 등에게 미리 내용과 비용을 충분히 설명하여 본인부담으로 진료받는 데 동의를 받았어야 한다.[107]

헌법재판소가 임의비급여를 건강보험의 밖에 두고 요양기관과 환자의 사적 합의에 의하여 진료를 행하고 진료비용을 수급권자에게 부담하도록 하는 (보충의견과 같은) 방안을 인정할 수는 없었을 것이다. 그러나 임의비급여에 관한 오랜 논의를 심사에 반영하지 못한 결과 건강보험의 상황을 지나치게 단순화하였다. 법원의 판결에 의하여 임의비급여를 원칙적으로 금지하고 예외적으로 허용할 수 있게 되었지만 요양급여의 방법과 내용이 국민건강에 미치는 영향을 고려하면 이와 같은 원칙과 예외의 관계를 법률에 명확

105) 이러한 예에 대해서는 위 각주 41 참조.
106) 대판 2012.6.18, 2010누27639 참조.
107) 이러한 입장은 의료급여법에 관한 결정에서도 적용되었다. 대판 2012.9.13, 2010두27974 참조.

히 제시하도록 실체법적으로, 그리고 규범형식과 관련하여 헌법논리를 재구성하여야 했다.[108)]

## Ⅶ. 건강보험에서 위임입법의 가능성과 한계

### 1. 규율대상의 특수성과 위임의 구체성

#### (1) 선도적 결정 - 95헌마390 결정과 96헌가1 결정

건강보험법 규정에 관한 최초의 헌법재판은 위임의 구체성에 관한 것이었다. 이에 대한 심사에 있어서도 건강보험에서 급여 및 규범구조의 특수성이 영향을 미쳤다. 다만 부분적으로, 즉 사안에 따라서는 일반적인 심사기준이 그대로 유지되었다.

헌법재판소는 분만급여의 방법, 절차, 범위, 상한기준 등을 보건복지부장관이 정한다는 규정이 포괄위임에 해당하지는 않는다고 판단하였다.[109)] 그 근거로서 이후 결정에서 건강보험법뿐 아니라 다른 사회보장법에 관한 결정에서도 계속 반복되는 논리가 제시되었다.[110)] 첫째, 급부행정의 영역에서, 그리고 다양한 사실관계를 규율하거나 사실관계가 수시로 변화하는 것이 예상될 때에는 위임의 구체성의 요건이 완화된다. 이는 해당 사항을 법률에 상세하게 규율하는 것이 입법기술상 매우 어렵다는 논리와 연계되어 있다. 그

108) 독일에서 이에 관한 사법적 판단과 입법화의 예에 대해서는 위 각주 20 참조. 이밖에 임의비급여의 예외적 허용과 관련하여 사전 및 사후적 절차에 관한 입법적 보완의 필요성에 대해서는 예컨대 정철, 위 각주 100의 논문, 333면 이하 참조.

109) 헌재 1997.12.24, 95헌마390, 9-2, 817면 이하 참조. 이 결정에 대해서 자세히는 전광석, "법률유보의 문제와 위임입법의 한계 - 헌재 95헌마390 의료보험법 제31조 제2항 위헌확인사건을 중심으로", 전광석, 헌법판례연구(법문사, 2000), 325면 이하 참조.

110) 예컨대 헌재 2000.6.29, 99헌마289, 12-1, 952면; 2003.10.30, 2000헌마801, 15-2(하), 134면 이하; 2003.12.18, 2001헌마543, 15-2(하), 581면 이하; 2007.4.26, 2005헌바51, 19-1, 458면 이하; 2012.5.31, 2009헌마299, 24-1(하), 517면 이하; 2013.7.25, 2010헌바51, 25-2(상), 52면 이하; 2014.5.29, 2011헌바384, 26-1(상), 295면 이하; 2016.2.25, 2015헌바191, 28-1(상), 165면 등 참조.

러나 아래에서 서술하는 바와 같이 사실관계의 가변성과 입법기술적인 한계가 필연적인 연관성이 있는 것은 아니다. 둘째, 당해 법률의 전반적인 체계나 관련 규정에 비추어 내재적인 위임의 범위나 한계를 객관적으로 분명히 할 수 있다면 포괄위임은 아니다.[111] 이후 이는 수권 규정 자체에 위임의 범위가 내재해 있다는 논리로 발전하였다.[112]

급부법의 논리가 침익적 효과, 즉 권리를 제한하거나 의무를 부과하는 법률 규정에 대해서도 적용될 수 있는지는 의문이다. 이 점은 아래에서 서술하는 96헌가1 결정과 비교된다. 사실관계의 다양성과 가변성의 논리에 대해서는 근본적인 검토가 필요하며, 특히 이 사안에 적용될 수 있는 것이 아니었다. 분만급여 자녀의 수를 결정하는 데 영향을 미치는 사회적 환경이 다양한 사실관계이거나 또 수시로 변화하는 것은 아니다. 분만급여 자녀 수의 제한은 우리 사회에서 오랫동안 인구증가를 억제하는 정책(산아제한정책)이 의료보험법에 반영된 것이다. 이와 같은 사실관계는 1980년대 중반 이후 인구증가율이 감소하기 시작하면서 변화를 겪게 되었다. 이를 반영하여 의료보험법은 1995년 분만급여 자녀 수의 제한을 폐지하였다. 그런데 이와 같이 입법에 직접 영향을 주는 사실관계의 변화에 대한 판단, 그리고 이를 입법에 반영하는 헌법적 필연성은 국회 입법과정에서 투명하게 공론화를 거쳐 결정되어야 한다.[113]

분만급여 자녀 수의 제한은 입법기술적인 어려움이 있는 문제도 아니다. 요양급여 및 이에 관한 규범구조의 특성상 요양급여의 방법, 절차, 범위, 상한기준 등을 보건복지부장관이 정하도록 위임하고(법 제29조 제3항), 또 이때 일반적으로는 구체적으로 범위를 정하여 위

111) 헌재 1997.12.24, 95헌마390, 9-2, 829면 이하 참조.

112) 아래 각주 122 참조.

113) 국민연금법에서 남녀평등과 관련하여 사실관계의 변화에 따른 입법의무에 관한 결정으로는 헌재 2008.11.27, 2006헌가1, 20-2(하), 138면 이하 참조.

임하는 데에는 한계가 있다. 요양급여에서는 환자의 개별적인 상황에 대한 구체적인 진단, 그리고 진료방법 및 내용에 있어서 의사의 전문적 지식에 따른 재량이 존중되어야 하기 때문이다. 그런데 분만급여 자녀 수에 관한 정책결정은 그 내용을 법제화하는 데 어려움이 있는 사안이 아니다. 그럼에도 불구하고 헌법재판소는 요양급여에 관한 규정을 분만급여에 준용하는 경우에도 입법기술적인 한계의 논리가 그대로 타당하다는 전제를 하였다. 이 결정 반대의견은 이와 같은 점을 적확하게 지적하고 있다.[114)]

분만급여 자녀 수와 관련하여 당해 법률의 전반적인 체계나 관련 규정에 비추어 위임조항의 내재적인 범위나 한계를 분명히 할 수 있다는 논리의 실체가 무엇인지는 파악할 수 없다. 헌법재판소는 이 문제가 건강보험의 본질과 외연으로부터 도출될 수 있다는 인상을 준다.[115)] 그러나 이러한 논리는 비현실적이며, 또 이러한 입장에 있다면 이를 적극적으로 논증하여야 한다. 이밖에 헌법재판소는 분만급여의 기준과 비용에 관한 주요 사항이 의료보험심의위원회의 심의를 거친다는 점을 언급하였다. 그러나 조직법적 논리가 (독자적으로 혹은 보충적으로) 위임의 구체성에 대한 판단에 미치는 영향이 적극적으로 설명되지는 않았다. 이로써 다음과 같은 사항이 해명되지 못한 채로 남았다. 즉 위임의 범위와 한계가 전체 법률체계 혹은 관련 규정에 내재해 있는가, 아니면 이는 조직법적 특성에서 예측할 수 있는가, 혹은 이 두 가지 요소가 함께 작용하는가 하는 의문이다.

규율대상의 특수성을 기준으로 위임의 구체성을 완화하는 태도는 96헌가1 결정에서는 변형되었다. 요양기관의 지정을 취소하는 사유에 관한 규정이 심사의 대상이었다. 1995년 당시 의료보험

114) 헌재 1997.12.24, 95헌마390, 9-2, 833면 참조.

115) 이러한 논리는 의료보험법에 관한 다른 결정에서도 계속 나타났다. 예컨대 헌재 2000.1.27, 99헌바23, 12-1, 73면 참조.

법 제33조 제1항에 의하면 "보험자 또는 보험자단체는 보건복지부장관이 정하는 바에 따라 요양기관의 지정을 취소할 수 있다". 이 규정은 의사의 직업선택의 자유를 제한하는 것은 아니지만 거의 모든 국민이 건강보험수급권자인 상황에서 지정이 취소된 의사는 직업을 수행할 수 없으며, 이로써 실질적으로는 직업선택의 자유가 제한된다. 헌법재판소는 실질적인 기본권 제한의 정도가 헌법심사에 미치는 영향을 밝히지는 않았다.[116)]

이 규정은 포괄위임에 해당하여 위헌으로 결정되었다.[117)] 요양기관지정의 취소는 "다양한 사실관계를 규율하거나 사실관계가 수시로 변화할 것이 예상되는 등 사회적·경제적 여건에 따라 적절히 대처할 필요가 있는 경우"에 해당하지 않으며, 따라서 위임의 구체성에 대한 엄격한 심사가 필요하다고 보았다. 의료보험법에 의하면 보건복지부장관은 보험자 또는 보험자단체에게 요양기관의 취소를 명할 수 있다. 비용의 청구에 있어서 부정이 있을 때, 보험급여에 관한 서류의 제출명령을 위반하거나 허위보고를 하거나 관계 공무원의 검사 또는 질문을 거부·방해 또는 기피한 때가 이러한 사유에 해당한다(법 제33조 제2항). 이 규정은 보건복지부장관의 보험자 또는 보험자단체에 대한 감독규정으로 이해하였다. 따라서 지정취소의 직접적인 근거는 의료보험법 제33조 제1항인데, 이 규정은 지정취소의 사유를 구체적으로 정하여 위임하지는 않았다.

위임의 구체성을 엄격하게 심사한 위 결정 자체는 환영할 만했다. 다만 이 사안은 이후의 헌법재판소의 태도에 비추어 보면 이

116) 직업행사의 자유에 대한 제한이 실질적으로 직업선택의 자유를 제한하는 효과를 갖는다는 관점에서 엄격한 심사를 행한 독일 연방헌법재판소의 결정으로는 BVerfGE 11, 30면 이하 참조.

117) 헌재 1998.5.28, 96헌가1, 10-1, 509면 이하 참조. 「공무원 및 사립학교교직원의료보험법」의 해당 규정에 대해서도 같은 취지의 결정이 있었다. 헌재 2002.6.27, 2001헌가30, 14-1, 577면 이하 참조. 전자의 결정에 대해서 자세히는 전광석, "요양기관의 지정취소에 대한 위헌결정", 전광석, 헌법판례연구(법문사, 2000), 357면 이하 참조.

례적이었다. 첫째, 기존에 반복하여 제시되었던 급부법의 특수성이 심사에 영향을 미치지 않았다. 이는 급부법의 여부가 아니라 공권력 행사의 실질적인 효과가 침익적인가의 기준이 위임의 구체성 심사에 영향을 준 것으로 보인다. 둘째, 위임의 구체성을 판단하는 기준을 직접 법률의 해당 규정을 기준으로 심사하였다. 즉 "예측가능성 유무는 당해 특정 조항 하나만을 가지고 판단할 것은 아니고 관련 법조항 전체를 유기적·체계적으로 종합 판단하여야 한다"는 기존의 논리는 적용되지 않았다. 의료보험법 제33조 제2항이 지정취소의 직접적인 근거는 아니지만, 필요한 경우 서류의 제출요구 및 이를 비치하는 의무는 요양급여비용을 심사하기 위하여 필요하며, 이로부터 지정취소사유를 예측할 수 있다고 볼 수도 있었다. 위임의 구체성에 관한 이와 같은 엄격한 심사가 이후 결정에서 일관성 있게 유지되지는 못했다.[118)]

### (2) 보험료 부과방식

보험료 부과방식은 위에서 서술한 바와 같은 실체법적 문제 외에 해당 사안에 대한 규율이 시행령 혹은 정관에 위임되어 있는 문제와 관련하여 쟁점이 되었다. 보험료 납부의무는 개인에게 부담이 되기 때문에 급부법에 해당한다는 이유로 위임의 구체성이 완화된다는 논리가 적용될 수 없다. 이는 다양한 사실관계를 규율하거나 사실관계가 수시로 변화하는 사안도 아니다. 설혹 사실관계의 특수성을 인정하더라도 보험료 산정의 기준과 내용은 객관적으로 건강보험의 중요한 제도 요소이며, 주관적으로는 개인에게 경제적으로 직접 영향을 미친다. 또 보험료 산정의 기초인 부과표준소득

118) 이후 요양기관에 대한 제재조치와 관련된 위임입법의 가능성과 한계에 대해서는 헌재 2008.7.31, 2007헌바85, 20-2(상), 217면 이하 참조. 이에 비해서 부정한 방법으로 고용보험급여를 수급한 사용자를 제재하는 규정에 대한 심사에 있어서는 급부법의 특성에 따른 논리는 적용되지 않았고, 위임의 구체성의 일반적인 논리가 적용되어 위헌결정을 하였다. 헌재 2013.8.29, 2011헌바390, 25-2(상), 443면 이하; 2016.3.31, 2014헌가2등, 28-1(상), 324면 이하 등 참조.

은 이에 관한 정책적 합의에 어려움이 있지만, 유형에 따른 추상화의 가능성은 충분히 있기 때문에 입법기술적인 문제가 있는 것도 아니다. 헌법재판소는 이에 관한 결정에서도 당해 법률의 전반적 체계와 관련 규정에 비추어 위임조항의 내재적 범위와 한계를 분명히 확정할 수 있는 경우에는 심사가 완화된다는 논리를 유지하였다.[119)]

건강보험법은 소득, 재산, 생활수준, 직업, 경제활동참가율 등을 참작하여 지역가입자에 적용되는 부과표준소득을 정하도록 하였다. 그런데 소득 및 재산의 구성 요소, 소득과 재산의 반영비율 등은 가입자에게, 그리고 제도적으로 중요한 사항이면서 동시에 정책적 선택이 필요한 문제이다. 따라서 법률에서 직접 결정(선택)하지 않고, 시행령 혹은 정관에 위임하여 가입자가 이를 통해서 비로소 알거나 예측할 수 있다면 이는 중요한 정책사항을 개방하여 위임한 것으로 위임의 구체성을 충족하지 못한다. 이와 같은 문제는 보수가 지급되지 않는 사용자의 경우 표준보수월액의 산정 등에 관한 필요한 사항을 대통령령에 위임하는 규정에 대한 결정에도 나타났다.[120)] 우선 보수가 지급되지 않는 사용자의 소득형태와 보험료 부담능력 등은 다양한 사실관계에 해당하지만, 그렇다고 수시로 변화하는 사안은 아니다. 시행령에 의하면 사용자가 사업 및 자산의 운용에서 얻은 수입을 등급화하여 표준보수월액이 산정된다. 그런데 법률을 통해서는 이 자체 및 표준보수월액을 산정하는 구체적인 내용을 알 수 없고, 또 예측할 수도 없다. 더구나 보수가 지급되지 않는 사용자의 표준보수월액의 산정이 직장가입자 혹은 지역가입자의 예를 따를 것인가, 보험료 산정의 대상인 수입의 범위 등은 입법적 결정이 필요한 사안이다.

---

119) 헌재 2003.10.30, 2000헌마801, 15-2(하), 135면; 2013.7.25, 2010헌바51, 25-2(상), 52면 이하 등 참조.

120) 헌재 2007.4.26, 2005헌바51, 19-1, 459면 이하; 2014.5.29, 2011헌바384, 26-1(하), 306면 이하 등 참조.

헌법재판소는 직장가입자의 소득월액보험료 부과규정에 대한 심사에 있어서도 지나치게 완화된 심사를 하였다.[121] 건강보험법은 소득월액을 '보수를 제외한 소득'이라고 규정할 뿐 이를 산정하는 기준, 방법 등을 대통령령에 위임하였다(법 제71조). 이에 따르면 소득월액에는 이자소득, 배당소득, 사업소득, 근로소득, 연금소득, 기타소득 등이 포함된다. 실체법적으로 보면 보수 외에 이들 소득이 일반적으로 경제적 생활의 기초로서 가입자의 부담능력을 징표하는 전형적인 요소인가는 의문이 있었다. 실제 소득월액보험료는 2012년 도입된 이후 부분적으로 변화를 겪었으며, 이는 그만큼 소득월액에 포함되는 소득의 종류와 범위에 대한 정책선택의 범위가 넓다는 것을 보여준다.

헌법재판소의 합헌결정은 두 가지 논리에 기초하였다.[122] 첫째, 건강보험법이 '보수 외 소득'을 규정하여 소득월액의 핵심적인 내용을 직접 제시하였다. 둘째, 소득월액을 산정하는 구체적인 기준 및 방법은 대통령령에 규율될 것을 알 수 있다. 그러나 소득월액의 핵심적인 내용이 법률에 제시되어 있다는 판단은 문언의 이해범위를 벗어난다. 시행령에 규정되어 있는 부과대상의 내용과 범위가 법률 규정에 내포되어 있지 않은 것은 명확하며, 또 이들 사항이 법률 규정에 내재해 있거나 혹은 이를 기초로 예측할 수 있다고 볼 수도 없기 때문이다. 두 번째 견해는 위임의 구체성에 관한 낯선 논리였다. 이들 사항이 행정입법에 규율될 것을 알 수 있기 때문에 포괄위임에 해당하지 않는다는 논리는 위임의 구체성에 관한 헌법규정의 의미를 벗어난다. 행정입법에 규율되는 내용을 알거나 예측할 수 있도록 법률이 정하여야 한다는 것이 헌법의 요청이기 때문이다. 또 이와 같은 내용에 따라 헌법심사를 하는 경우에는 위임의 구체성을 기준으로 행정입법을 통제하는 가능성은 상실

121) 헌재 2019.2.28, 2017헌바245, 31-1, 73면 이하 참조.
122) 헌재 2019.2.28, 2017헌바245, 31-1, 78면 참조.

된다.[123)]

### (3) 요양급여 비용보상

국민건강보험법이 제정되기 전 시기에는 요양급여비용은 보건복지부 장관이 처분에 의하여 결정하였다. 1999년 제정된 국민건강보험법에서는 요양급여비용을 공단과 의약계 대표 간의 계약에 의하여 결정하도록 바뀌었다. 계약의 내용 기타 필요한 사항은 대통령령에서 정하도록 하였다. 시행령은 계약의 대상을 상대가치점수당 단가로 한정하고, 상대가치점수 자체는 보건복지부장관이 고시에 정하도록 다시 위임하였다. 헌법재판소는 이와 같은 위임 및 재위임이 포괄위임에 해당하지 않는다고 보았다.[124)]

헌법재판소는 요양급여비용의 결정을 계약방식으로 전환한 의미를 다음과 같이 이해하였다. 즉 요양급여비용이 '우선적으로' 공법상의 계약에 의하여 결정되지만 '최종적으로는' 고시에 의하여 결정되는 구조는 그대로 유지되었다.[125)] 이는 제도전환의 취지에 충실한 이해방법은 아니다. 계약방식으로의 전환은 건강보험에서 요양기관이 법률관계의 당사자로서 요양급여비용의 결정절차에 참여하고, 또 이익관계를 반영할 수 있을 때 건강보험이 제도적 안정성을 가질 수 있다는 인식을 반영한 것이다. 이는 계약방식을 도입한 배경에서 알 수 있다. 2000년 의약품 사용 및 처방의 남용을 방지하기 위하여 의약분업이 실시되었다. 진단과 처방을 하는 요양기관이 내부에서 의약품을 판매하게 되면서 의약품 공급자가 수요를 결정하는 구조가 나타났고, 이 경우 의약품의 처방과 사용이 남용될 우려가 내재되어 있었다. 그리고 이와 같은 구조에서 요양기관에서 약제 구입가와 판매가의 차액이 발생하였다. 그럼

123) 이와 같은 심사는 국민연금법 규정에 대한 결정에서도 관찰될 수 있었다. 예컨대 헌재 2007.4.26, 2004헌가29등, 19-1, 366면 이하 참조.

124) 헌재 2003.12.18, 2001헌마543, 15-2(하), 581면 이하 참조.

125) 헌재 2003.12.18, 2001헌마543, 15-2(하), 596면 참조.

에도 불구하고 그동안 이는 당시 요양기관에게 요양급여비용의 보상에 적용되는 낮은 수준의 수가를 어느 정도 보상하기 위한 편법으로 용인되었다.

그런데 의약분업으로 인하여 이와 같은 약가 차액의 관행이 사라지면서 이제 요양기관이 이익관계의 당사자로서 요양급여비용의 결정절차에 적극적으로 참여할 수 있도록 하였다. 이를 위해서는 다음과 같은 사항이 법률에 규율되어야 했다. 첫째, 계약내용이 요양기관의 직업의 자유를 실현하기 위하여 필요한 주요 사항을 포함하여야 한다. 상대가치점수 및 상대가치점수당 단가가 이에 해당한다. 둘째, 요양급여비용의 결정에 의약계 대표가 독자적으로 의견과 이해관계를 투입할 수 있도록 조직법 및 절차법이 정비되어야 한다. 여기에는 공단과 의약계 대표 간에 계약이 성립되지 않았을 때 중재하는 방법이 포함되어야 한다. 이 점에 있어서도 건강보험법의 이에 관한 규정은 새로이 도입된 계약방식과 정합성이 없었다.[126] 다만 이 점은 헌법재판에서 심사대상은 아니었다.

헌법재판소는 상대가치점수 및 상대가치점수당 단가가 모두 요양급여비용의 결정에 핵심적인 요소라는 점은 인정하였다. 따라서 이러한 사안이 법률에 전혀 언급되지 않은 것은 우선 의회유보의 원칙에 충실하지 않다. 위임의 구체성의 문제와 관련하여는 두 가지 문제를 심사할 필요가 있다. 첫째, 법률에 구체적 범위를 정하지 않은 상태에서 시행령이 계약의 대상을 상대가치점수당 단가에 한정하고 상대가치점수를 제외하며, 이를 정부가 고시에 의하여 결정하도록 하였다는 점이다. 둘째, 상대가치점수를 정부가 고시에 정하도록 하면서 법률에 이에 관한 구체적 범위를 정하지 않은 문제이다.

헌법재판소는 시행령에서 상대가치점수가 계약의 대상에서 제

126) 개정 국민건강보험법에서 계약방식과 계약의 대상 및 중재방법 사이의 부정합에 대해서는 전광석, 한국사회보장법론(집현재, 2019), 226면 이하 참조.

외되고 정부의 고시에 의하여 결정된다는 예측을 누구나 할 수 있으며, 따라서 위임의 구체성에 반하는 것은 아니라고 보았다.[127] 그러나 헌법재판소의 이와 같은 견해는 제도를 전환하는 취지에 반하며, 또 법률 문언 자체에 대한 이해범위를 벗어난다. 요양급여비용의 보상에 있어서 상대가치점수는 핵심적인 산정요소이기 때문에 시행령에서 이를 계약의 대상에서 제외하는 것이 오히려 제도 전환에 따라 예측할 수 있는 규범 내용에 적극적으로 반한다. 또 상대가치점수가 상대가치점수당 단가와 기능적으로 밀접하게 연계되어 정책효과를 갖는다는 이해도 필요했다. 즉 상대가치점수를 정하는 정부의 권한이 자의적으로 행사되는 경우에는 상대가치점수당 단가에 대한 합의가 갖는 이익조정의 기능이 훼손될 수도 있었다.[128] 이 결정에서는 상대가치점수를 법률에 규율하기에 적합하지 않다는 판단에 따라 이에 대한 위임이 구체적이어야 한다는 헌법적 요청이 희석된 것으로 보인다. 또 이에 관하여 공단과 의약계 대표가 합의에 이를 가능성이 제한적이기 때문에 이는 결국 정부가 결정할 것이라는 예측에 따라 상대가치점수를 계약의 대상에서 제외하는 규정을 체계정합성을 기준으로 심사할 수 없었다. 그러나 이는 건강보험에서 비용보상의 구조를 헌법심사에 적합하게 정렬하지 못한 결과였다.

상대가치점수를 산정하는 기준은 시행령에 비로소 구체화되었다. 즉 "상대가치점수는 요양급여에 소요되는 시간·노력 등 업무량, 인력·시설·장비 등 자원의 양과 위험도를 고려하여 산정한 요양급여의 가치를 각 항목 간에 상대적 점수로 나타낸 것으로 하되, 보건복지부장관이 건강보험심의조정위원회의 심의를 거쳐 보건

127) 헌재 2003.12.18, 2001헌마543, 15-2(하), 599면 이하 참조.

128) 이 점에 대한 지적으로는 예컨대 이상돈, "국민건강보험법상 상대가치점수 직권조정의 합법성에 대한 법이론적 분석", 고려법학(고려대 법학연구원) 제65호(2012), 38면 이하; 황선줄, "현행 요양급여비용 계약제(수가계약제)의 법률적 문제점", 의료정책포럼(2008.12), 27면 이하 등 참조.

복지부령이 정하는 바에 의하여 이를 고시한다". 요양급여의 상대가치점수는 의학 및 의료기술이 발달하면서 다양하고, 또 가변적이기 때문에 집중적이고 전문적 판단이 필요한 것은 사실이다. 이 점이 위에서 서술한 보험료 부과방식과 차이가 있다. 이 경우 헌법심사는 두 가지 점에 집중하여야 했다.

첫째, 상대가치점수의 제도적 및 기본권적 중요성을 고려하면 시행령에 규정되어 있는 바와 같은 기본적인 사항은 오히려 법률에 정하고, 시행령이 이를 구체화하는 형태로 규범 간에 기능이 배분되어야 한다. 둘째, 상대가치점수를 정부가 고시에 정하는 방식이 전환된 비용보상의 결정방법과 정합하지는 않지만 이를 헌법에 위반된다고 볼 수는 없다. 그러나 이와 같은 결정 주체 및 결정 절차에 관한 중요한 사항은 법률에 직접 규정되거나, 적어도 구체적인 범위를 정하여 위임되어야 했다.

헌법재판소는 심지어 법률에 근거 없이 개정된 요양급여비용에 관한 고시에 대해 헌법적 정당성을 긍정한 바 있다. 요양급여비용을 계약에 의하여 정하도록 전환하면서 새로운 방식에 의한 기준이 제정되기 전까지 입법 공백이 발생하는 것은 피할 수 없었다. 이에 개정 법률은 부칙에서 계약에 의한 새로운 산정기준이 적용될 때까지 기존의 고시를 계약에 의한 것으로 보고 적용하는 경과규정을 두었다. 그런데 보건복지부장관이 비용 산정의 기준을 변경할 필요성이 있다는 이유로 경과기간 중에 기존의 방식에 따라 고시를 개정하여 적용하였다. 이와 같은 개정 기준은 법률에 근거가 없었다. 헌법재판소는 요양급여비용을 인상 혹은 인하하여야 할 필요성이 있는 경우에도 기준을 개정할 수 없고, 종전의 고시를 적용하는 불합리가 발생하기 때문에 '종전의 기준고시를 적용'한다는 규정은 '종전의 방법에 의하여 산정한 기준고시를 적용'한다는 취지로 '유연하게' 해석하여, 기준고시의 개정과 적용을 합헌으로 결

정하였다.[129)]

그러나 이 경우 다음과 같은 두 가지 점에 대한 검토가 필요하였다. 첫째, 정책적으로 보면 건강보험법을 개정하면서 경과기간 내에 기준고시를 개정할 필요성을 인식하지 못한 것은 입법적 흠결이다. 이를 사후에 교정하는 필요성을 검토하고, 다른 방법으로는 건강보험이 기능할 수 없다는 평가가 보충되었을 때 헌법재판소의 결정은 설득력을 가질 수 있다. 둘째, 보다 근본적으로 보면 헌법재판소가 위임입법에 관한 헌법적 요청을 우회하여 입법적 불비(不備)를 교정하는 권한이 있는가는 의문이다.[130)]

## 2. 위임의 구체성과 조직법적 관련성

### (1) 민주적 정당성과 위임의 구체성

분만급여 자녀의 수, 그리고 요양급여기준에 관한 결정에서 헌법재판소는 포괄위임이 아니라는 결론을 내리면서 보충적으로 의료보험심의위원회(이하 '의보심')를 언급하였다. '의보심'은 요양급여 및 분만급여의 기준과 비용에 관한 주요 사항을 심의하며, 보건복지부장관의 자문에 응하기 위하여 각계를 대표하는 위원으로 구성된다. 이 규정으로부터 분만급여의 범위나 상한기준을 예측할 수 있으며, 따라서 심판대상인 규정이 포괄위임에 해당하지 않는다고 보았다.[131)] 이는 조례입법권과 관련하여 지방의회는 민주적 정당성이 있기 때문에 위임의 구체성의 기준은 적용되지 않으며, 포괄위임이 허용된다는 결정을 연상시킨다.[132)]

---

129) 헌재 2000.12.14, 2000헌마659, 12-1, 448면 이하 참조. 이 결정에서는 5명의 재판관이 위헌의견이었지만 위헌결정의 정족수에 이르지 못하여 기각되었다.

130) 헌법재판소가 법률의 흠결로 인하여 나타나는 불합리를 교정하는 권한을 갖지는 않는다는 결정으로는 예컨대 헌재 2012.5.31, 2009헌바123등. 24-1(하), 281면 이하 참조.

131) 헌재 1997.12.24, 95헌마390, 9-2, 830면 참조. 같은 취지의 결정으로는 헌재 2000.1.27, 99헌바23, 12-1, 73면 이하 참조.

132) 이에 대해서는 헌재 1995.4.20, 92헌마264등, 7-1, 572면 참조. 이밖에 법원의 판결로는 대판 1991.8.27, 90누6613 참조.

그러나 '의보심'은 지방의회와 비교될 수 있는 조직이 아니다. 우선 건강보험공단, '의보심'은 헌법에 의하여 자치입법권이 부여된 조직이 아니다. 또 '의보심'에 가입자 등 부분적으로 이익집단의 대표가 참여하고 있지만 주민 혹은 가입자에 의하여 선출되어 민주적 정당성 혹은 기능적 정당성이 있는 조직도 아니다. 그렇다면 이제 '의보심'에서 법률에 정한 바에 따라, 그리고 법률에서 구체적으로 범위를 정한 범위에서 중요한 사항이 심의되는가에 대한 심사만이 남는다.[133] 이 점에 대해서는 위에서 서술하였고, 건강보험법이 이러한 요건을 충족시키지 못한다는 점을 확인하였다.

'의보심'에 민주적 정당성을 부여하고 이와 같은 논리에 따라 헌법심사를 하는 경우에는 조례입법권에 있어서와 같이 위임의 구체성에 관한 헌법기준은 포기된 것이나 마찬가지이다. 그러나 이 결정에서 위임의 구체성이 심사기준으로 유지되었기 때문에 민주적 정당성과 구체적 위임의 관계는 모호한 상태가 되었다. 이 문제에 접근하기 위해서는 국가기관의 일부가 아니라 특수한 과제가 위임되어 있는 공단의 기능과 관련된 조직인 '의보심' 권한의 헌법적 근거, 의료보험조합의 조직법적 성격, '의보심'의 구체적인 구성방법 및 조직법적 성격 등이 먼저 밝혀져야 한다. 이 점에서 건강보험은 일반적인 민주주의의 의사결정구조에 편입되어 있는 국민보건제도(NHS)와 차이가 있다.[134] 또 무엇보다도 '의보심'이 아래에

133) 민주주의적 정당성의 구성요소, 그리고 자율적인 결정에 의한 기본권의 조직법적 실현에 대해서는 예컨대 Ernst-Wolfgang Böckenförde, "Demokratie als Verfassungsprinzip", Josef Isensee/Paul Kirchhof(편), Handbuch des Staatsrecht Bd. II (C.F.Müller, 2004), 437면 이하; Stephan Kirste, "Arbeitsteilige Herrschaftsausübung im Kontext der Demokratie", VVDStRL 77(2018), 171면 이하 등 참조. 이밖에 일반적인 정당성의 요건이 특별한 기능이 부여된 자치기관에서 변형되는 가능성과 한계에 대해서는 Winfried Kluth, "Demokratische Legitimation in der funktionalen Selbstverwaltung - Grundzüge und Grundprobleme", Friedrich E. Schnapp(편), Funktionale Selbstverwaltung und Demokratieprinzip – am Beispiel der Sozialversicherung(Peter Lang, 2001), 17면 이하 참조.

134) 일반적인 민주주의의 구조에서 기능적 특성을 고려하여 투명성을 강화하는 영

서 살펴보는 건강보험정책심의위원회와는 달리 의결기관이 아니라 심의기관이었다는 점이 헌법심사에 미치는 영향은 평가되지 못했다.

그런데 이와 같은 선행작업이 없었기 때문에 – 위에서 언급한 바와 같이 – 헌법재판소의 논리는 혼란스러웠고, 또 그 의도를 정확히 알 수가 없었다. 예컨대 헌법재판소는 위임의 구체성이 심사기준이 되었던 다른 사회보장법, 즉 산재보험법과 국민기초생활보장법의 결정에서는 조직법적 언급이 없이 같은 논리, 즉 다양한 사실관계를 규율하거나 사실관계가 수시로 변화할 것이 예상될 때에는 위임의 구체성이 완화된다는 논리를 유지한 바 있다.[135] 이 점에서도 건강보험에서 조직법적 특수성이 별도의 추가적인 논리가 되는지 명확히 했어야 했다.

### (2) 조직유보와 위임의 구체성

이후 헌법재판소는 두 가지 사안, 즉 지역가입자의 보험료 부과방식, 그리고 요양급여의 방법과 내용 및 비용보상에 관한 결정에서 조직법적 관련성을 다시 언급하였다.[136] 그런데 이 두 사안은 다음과 같은 공통점과 차이점이 있었다. 두 사안에서 모두 위임의 범위와 내용이 구체적이지 않았지만 이는 조직법에 의하여 보완된다고 보았다. 전자의 결정에서는 재정운영위원회 혹은 건강보험정책심의위원회(이하 '건정심'), 그리고 후자의 결정에서는 '건정심'의 기능을 주목하였다. 차이점은 다음과 같다. 전자의 결정에서는 재정운영위원회에 직장가입자 대표와 지역가입자 대표가 참여하고

---

국의 예에 대해서는 예컨대 이원영, "보건의료정책 결정과정에서 환자 및 시민참여 연구: 영국 신노동당 정부의 국영의료체계 내 환자 및 시민참여 사례를 중심으로", 한국사회정책 제19집(2012), 179면 이하 참조.

135) 헌재 2012.2.23, 2009헌바47, 24-1(상), 195면 이하(국민기초생활보장법); 1996.8.29, 95헌바36, 8-2, 97면 이하; 2003.7.24, 2002헌바51, 15-2(상), 113면 이하 등(산재보험법) 참조.

136) 헌재 2000.6.29, 99헌마289, 12-1, 960면 이하; 2003.10.30, 2000헌마801, 15-2(하), 134면 이하; 2012.5.31, 2009헌마299, 24-1(하), 518면; 2013.7.25, 2010헌바51, 25-2(상), 51면 이하, 53면 이하 등 참조.

있으며, 이 두 집단 간에 이익을 조정하는 절차가 예정되어 있다. 이는 가입자 간의 균등부담 및 소득재분배에 대한 합의에 관한 문제이다. 반면 후자의 사안에서는 공단과 가입자, 그리고 요양기관의 이익조정과 동시에 헌법적으로 보면 직업의 자유가 핵심적인 쟁점이 되었다.

재정운영위원회는 '보험료의 조정 기타 보험재정과 관련된 주요 사항'을 심의 · 의결하고, "보험급여비용의 변동 등으로 보험재정에 중대한 변화가 발생한 때에는 … 이를 반영하여야 한다". 이때 '보험재정에 중대한 변화가 발생한 때'의 구체적 내용은 시행령에 위임되어 있다. 보험료 부과방식에 관한 심사에서 헌법재판소는 위와 같은 의사결정구조에서 해당 사안에 대한 규율의 범위와 한계를 예측할 수 있다고 보았다.[137] 그러나 이 역시 논리의 비약이며, 또 이 경우 위임의 구체성에 관한 헌법 규정의 의미는 상실된다. 일정한 사항에 대한 결정이 재정운영위원회 혹은 '건정심'에 유보되어 있다는 사실과 그와 같은 조직에서 심의 · 의결되는 사항의 구체적인 내용을 알거나 예측할 수 있어야 한다는 요청은 전혀 다른 차원의 문제이기 때문이다. 이는 위에서 비판적으로 지적한 헌법재판소의 논리, 즉 해당 사안의 구체적인 내용이 시행령에 위임되어 있다는 것을 알 수 있기 때문에 위임의 구체성에 반하지 않는다는 결정을 연상시키며, 같은 이유에서 헌법적으로 유지될 수 없는 논리였다.[138]

재정운영위원회와 같이 다양한 이익관계를 대표하는 기구의 역할은 두 가지를 상정할 수 있다. 첫째, 건강보험의 운영에 관한 구성원의 이익과 의견을 투입 · 교환하여 위원회에서 기본권을 최적(最適)으로 실현하는 결정을 하며, 객관적으로는 건강보험의 합리성을 제고하고, 또 운영을 투명하게 할 수 있다. 그런데 이와 같은

137) 헌재 2003.10.30, 2000헌마801, 15-2(하), 135면 이하 참조.
138) 위 각주 123 참조.

관점이 위임의 구체성에 대한 판단에 영향을 미치는 것은 아니다. 국민 전체의 이익을 지향하는 입법적 결정에 의하여 개인의 법적 지위와 제도의 객관적 내용을 명확히 하거나 예측될 수 있도록 하여야 한다는 점과 조직법에 의하여 기본권을 실현하고, 또 제도의 합리성과 투명성을 확보하는 점은 함께 추구되어야 하며, 후자의 조치가 전자의 헌법적 요청을 대체할 수 있는 것은 아니다. 둘째, 공법상의 재단인 건강보험공단에서 구성원에게 자율적인 결정의 여지를 부여한 것으로 이해할 수 있다. 다만 이와 같은 가능성도 현재는 제한적이다. 과거, 즉 2000년 이전에는 의료보험이 조합 단위로 운영되었으며, 조합은 독자적으로 보험료율을 정할 수 있었다. 실제 당시 의료보험조합에는 민법상의 사단법인에 관한 규정이 준용되었고, 이 경우 구성원의 참여권은 제도적으로 보장된다. 그러나 건강보험의 통합 이후에는 보험료율 등이 조합 단위로 재정적 독자성에 기초하여 결정되는 구도는 더 이상 존재하지 않게 되었으며, 또 건강보험법은 민법상의 재단법인에 관한 규정을 준용하도록 하였다(법 제40조).

### (3) 정당성과 권한

보다 근본적으로 보면 재정운영위원회 혹은 '건정심'이 '피보험자의 대의기관'에 해당한다는 이해와 이들 위원회의 기능을 연계시키는 헌법재판소의 사고에 대한 검토가 필요하다.[139] 이는 사실관계가 다양하고 수시로 변화하는 현실상황과 '장막에 쌓여' 정의 관념이 불명확한 규범적 상황에서(veil of ignorance) 이해관계인 혹은 그 대표들의 참여에 의한 결정이 민주적 정당성을 대체 혹은 보충하고, 또 분배 정의가 실현될 수 있다는 구상으로 이해될 수 있다. 또 이로써 국가는 직접 과제를 실현하는 부담에서 어느 정도 벗어

139) 헌법재판소의 이와 같은 이해방법에 대해서는 2000.6.29, 99헌마289, 12-1, 960면; 2012.5.31, 2009헌마299, 24-1(하), 518면; 2013.7.25, 2010헌바51, 25-2(상), 51면 이하, 53면 이하 등 참조.

나 사전적 혹은 사후적 조치를 통하여 이를 보장하는 과제에 집중할 수 있다. 현대 국가의 성격과 과제 변화에 관하여 이에 관한 담론은 진행 중이다.[140)]

그러나 이와 같은 의사결정 구조의 변화에는 여러 가지 전제조건이 필요하다. 예컨대 건강보험에서 보험료 부과방식은 가입자의 재산권 및 평등권에 영향을 주며, 따라서 법률에 의한 규율대상이다. 이익집단인 가입자의 대표기관이 의사결정에 관여한다는 이유로 국회의 결정을 우회할 수 있다는 논거가 될 수는 없다.[141)] 이와 같은 조직법적 형성을 통하여 정치적 및 정책적 부담이 덜어질 수는 있겠지만 헌법적 정당성의 부담은 여전히 남는다.

위에서 언급했듯이 조직유보와 위임의 구체성은 논의의 지평(地平)이 다르다. 가입자 등 이해관계 당사자가 의사결정과정에 참여한다는 사실은 아직 헌법 심사를 극복하기에 충분한 논리가 아니다. 즉 이들 당사자의 대표성, 의사결정의 규범적 기준, 규범적 기준에 따른 결정을 위임주체에 환류하는 가능성 등이 갖추어져 있

140) 보장국가에 관한 그동안의 논의상황에 대해서는 예컨대 이부하, "보장국가에서 국민의 안전보호와 관련된 헌법이론", 헌법학연구 제22권 제1호(2016), 229면 이하; 홍석한, "보장국가론의 전개와 헌법적 의의", 헌법학연구 제15권 제1호(2009), 497면 이하, 520면; 홍석한, "보장국가론에 대한 헌법적 평가", 공법연구 제44집 제4호(2016), 167면 이하 등 참조.

141) 독일에서 건강보험에 관한 중요 사항을 의결하는 건강보험 연방위원회(Gemeinsamer Bundesausschuss)는 이른바 기능적 자치권한이 인정되어 있는 기관이었지만 이에 관한 근거규정이 법률에 정해져 있지 않다는 이유로 헌법적 문제가 제기된 바 있다. 이에 대해서는 Thorsten Kingreen, "Verfassungsrechtliche Grenze der Rechtssetzungsbefugnis des Gemeinsamen Bundesausschusses; Verteilungsgerechtigkeit im Gesundheitsrecht", Neue Juristische Wochenschrift (2006), 879면 이하; Thorsten Kingreen, "Legitimation und Partizipation im Gesundheitswesen – Verfassungsrechtliche Kritik und Reform des Gemeinsamen Bundesausschusses", Neue Zeitschrift für Sozialrecht(2007), 116면 이하; Eberhard Schmidt-Assmann, "Verfassungsfragen der Gesundheitsreform", Neue Juritische Wochenschrift(2004), 1693면 이하; Heinrich Amadeus Wolff, "Die Legitimationsveränderungen des Richtlinienerlasses durch den Gemeinsamen Bundesausschuss auf der Grundlage des GKV-Modernisierungsgesetzes", Neue Zeitschrift für Sozialrecht(2006), 283면 이하 등 참조.

지 않은 경우에는 의사결정의 헌법적 정당성이 긍정될 수는 없다.[142] 또 재정운영위원회 혹은 '건정심', 특히 후자의 기관이 이와 같은 권한을 갖고 기능하는 데 정당성이 있는가는 의문이다. 무엇보다도 이들 조직이 가입자를 대표하는 정당성은 취약하다. 그로 인하여 대표성과 권한의 비대칭이 뚜렷하고, 그 결과 '건정심'의 의사결정이 가입자 대표의 의사로 환류될 수 있는 구조가 아니다.[143] 그럼에도 불구하고 이들 조직에 대표성을 부여하고, 또 위임의 구체성을 완화하는 경우 대의민주주의는 (모호한 형태의) 이해당사자에 의한 직접민주주의 혹은 참여민주주의에 의하여 배척될 위험이 있다. 이해당사자의 참여는 대의과정에서 의사결정을 기본권적으로 보충하는 의미를 갖지만, 그 자체에서 규범적 결정의 정당성이 도출되는 것은 아니다.

## Ⅷ. 맺는 말

건강보험은 급여 및 규범구조의 특수성으로 인하여 상당 부분 법제화가 제한적이고, 개인의 법적 지위 및 지위의 변화, 그리고 제도 내용은 다층적 규범구조에서 규율되고 있다. 또 건강보험에서 급여는 요양기관으로 지정된 의료기관에 의하여 지급되기 때문에 국가 – 건강보험공단 – 요양기관 – 가입자 간에 넓은 범위, 그리고 여러 차원에서 법률관계가 복잡하게 형성된다. 이와 같은 급여 및 규범구조의 특수성, 그리고 복잡한 법률관계에서 다양한 헌법적 쟁점이 나타난다. 이들 쟁점에 대한 헌법재판소의 결정이 건강보험에

142) 의사결정의 다원적 단계와 정당성 구조에 대해서는 예컨대 Hans F. Zacher, "Erhaltung und Verteilung der natürlichen Gemeinschaftsgüter – eine elementare Aufgabe des Rechts", Hans F. Zacher, Abhandlungen zum Sozialrecht(Ⅱ) (C.F.Müller, 2008), 667면 이하 참조.

143) 이 점에 대해서는 예컨대 권오탁, "「국민건강보험법」상 의사결정구조의 문제와 개선점", 사회보장법학 제5권 제1호(2016), 28면 이하; 전광석, 위 각주 5의 논문, 39면 이하; 황선줄, 위 각주 128의 논문, 30면 이하 등 참조.

의한 보장을 제고하고, 요양기관과의 관계에서 진료의 방법과 내용을 객관화하며, 또 건강보험의 의사결정 구조를 체계화하는 계기가 될 것으로 기대한다.

이와 같은 기대가 충족되기 위해서는 건강보험의 쟁점을 헌법적 판단에 적합하게 정렬하고, 또 이와 같이 정렬된 문제를 헌법구조에 편입할 수 있어야 한다. 이와 같은 논의를 위한 이론적 기반이 아직 성숙되어 있지는 않다. 소득재분배의 구조, 진료의 방법과 내용에 관한 법률관계, 건강보험에서 기능하는 '피보험자 대의기관'의 (헌법적) 성격과 기능 등이 헌법적 판단을 위하여 충실하게 이해되고, 또 재구성되어야 한다. 헌법적 쟁점이 건강보험의 과제 전반에 관련이 있는 것은 아니며, 헌법적 판단과 정책적 타당성은 별개의 문제이기 때문에 이와 같은 기대는 부분적이다. 그러나 건강보험의 쟁점에 대한 헌법재판은 적극적으로는 건강보험의 체계 형성에 기여하여야 하며, 소극적으로는 적어도 해당 쟁점에 대한 최소한의 판단기준으로서 소모적인 논쟁을 피할 수 있게 하여야 한다. 이 점에서 헌법재판소의 논리를 비판적으로 검토하는 작업은 앞으로 헌법재판뿐 아니라 건강보험법과 관련된 헌법에 대한 이해, 그리고 나아가서 이에 관한 정책 논의에 필수적인 부분이 되어야 할 것이다.

제2장

# 국민연금법

Ⅰ. 머리말

Ⅱ. 사건 및 결정의 유형

Ⅲ. 국민연금 강제가입 및 가입자격 배제

Ⅳ. 국민연금 급여조건, 연계연금법의 적용 시점

Ⅴ. 국민연금기금의 관리운영

Ⅵ. 위임의 구체성과 포괄위임금지의 원칙

Ⅶ. 맺는 말

# Ⅰ. 머리말

## 1. 일반론

국민연금법은 오랫동안 시행 여부 및 제도 내용에 대한 논의를 거친 후 1986년 제정되어 1988년 시행되었다.[1] 처음에는 10인 이상 사업장 근로자에 한정하여 적용되었으나, 이후 사업장 근로자의 적용범위가 넓어졌다. 또 1995년과 1999년 농어촌 주민 및 도시지역 주민으로 적용이 확대되면서 전국민보험으로 발전하였다. 2019년 현재 사업장 가입자는 약 1,410만명, 지역가입자는 약 721만명, 임의가입자는 약 33만명, 그리고 임의계속가입자는 약 49만명에 이르고 있다. 이와 같이 적용대상이 넓어지면서 국민연금은 모든 국민에게 노후소득 보장의 주된 제도로서 자리 잡았다.

국민연금은 처음부터 재정의 지속가능성에 의문이 제기되었다. 이미 초기에 연금의 수입과 지출이 2025년 균형을 상실하고, 2033년 기금이 고갈될 것으로 예상되었다. 이에 1998년과 2007년 연금수준을 낮추는 개정을 하였다. 이후에도 현재에 이르기까지 국민연금 개혁 논의는 계속되고 있다. 개혁의 방향은 모수(母數)개혁과 구조개혁을 모두 포함하고 있다. 전자의 예로 현재의 연금수준을 유지하기 위하여 보험료율을 높이는 안, 보험료율을 유지하면서 연금수준을 낮추는 안, 그리고 연금수준을 소폭 높이면서 보험료율을 인상하는 안이 모두 논의되었다.[2] 구조개혁의 방안으로는 국민연금을 순수하게 가입자의 소득에 비례하여 연금을 지급하는 제도로 개편하고, 보편적인 노후소득 보장을 위하여 기초연금을 보완하

1) 국민연금법의 제정 배경과 경과에 대해서는 국민연금편찬사위원회, 실록 국민의 연금(2015), 110면 이하; 전광석, 한국사회보장법의 역사(집현재, 2019), 212면 이하 등 참조.

2) 이에 대해서는 예컨대 국민연금편찬사위원회, 위 각주 1의 책, 434면 이하 참조.

는 방법이 논의되었다.[3] 여기에 더하여 지난 몇 년간 전혀 새로운 차원에서 기본소득(basic income)이 기존의 체계와 연계 없이 새롭게 주목을 받고 있다.[4]

위와 같은 개혁 논의에는 헌법적 문제가 뒤따른다. 다음과 같은 요소들이 작용하기 때문이다.

국민연금이 전국민보험으로 발전하면서 국민연금의 개혁과 개정은 국가적 의제가 되었다. 이때 자율적인 결정에 의한 노후생활보장과 평등한 복지실현의 헌법과제가 대부분의 경우 국민연금과 관련성을 갖는다. 강제가입, 각종 연금 및 반환일시금의 수급요건, 연계연금법의 적용범위, 국민연금기금의 운용 문제 등이 이에 해당하는 주제들이다.

국민연금은 국가의 일방적인 급여가 아니라 가입자가 납부한 보험료에 대한 반대급부로서 지급된다. 그만큼 재산권 및 평등권이 국민연금의 제도 설계에 있어서, 그리고 국민연금법 규정에 대한 사후심사에 있어서 헌법적 기준이 되기에 적합한 소재(素材)이다. 이는 건강보험에서는 가입자가 납부하는 보험료의 다과(多寡)에 관계없이 동일한 급여가 지급되며, 따라서 재산권이 헌법재판에서 심사기준으로 유용성이 제한적이라는 점과 비교된다.

국민연금에 관한 헌법재판소의 결정은 특히 건강보험, 산재보험, 직역연금 등과 비교하면 아직 많지 않다. 그러나 모든 국민의

---

3) 이에 대해서는 국민연금편찬사위원회, 위 각주 1의 책, 423면 이하 참조.

4) 기본소득의 도입에 우호적인 논문으로는 백승호/이승윤, “기본소득 논쟁 제대로 하기”, 한국사회정책 제25권 제3호(2018), 37면 이하; 백승호/서정희, “제4차 산업혁명 시대의 사회보장 개혁: 플랫폼 노동에서의 사용종속관계와 기본소득”, 법과 사회 제56호(2017), 40면 이하 등 참조. 이밖에 기본소득과 헌법의 정합성에 대해서는 김주영, “기본소득제도의 실행가능성에 관한 소고”, 세계헌법연구 제24권 제2호(2018), 37면 이하; 노호창, “기본소득의 헌법적 근거에 관한 모색적 연구”, 헌법논총 제28집(2017), 111면 이하; 이재희, 기본소득(Basic Income)에 대한 헌법적 검토(헌법재판소 헌법재판연구원, 2018); 홍석한, “기본소득의 헌법적 정당성에 관한 시론적 고찰”, 공법학연구 제18권 제3호(2017), 190면 이하 등 참조.

노후소득을 보장하는 기본적인 제도로서 기능하면서 국민연금의 쟁점이 헌법문제로 인식되고, 또 분쟁으로 발전할 잠재력은 높아졌다. 고령사회가 깊어지고 국민의 평균수명이 연장되면서 국민연금에 의한 소득보장의 기대가 높아졌다. 이에 비해서 산업구조의 개편이 지속적으로, 빠르게 진행되고, 이 과정에서 비정규직 고용이 보편화되는 문제는 이미 예견되어 왔으며, 또 부분적으로 현실이 되었다.[5] 이와 같은 상황에서 국민연금의 사각지대가 그대로 남고, 국민연금이 장기적으로 재정을 안정화하기 위하여 보험료 부담을 높이고, 연금수급 요건이 엄격해지는 경우 이들 문제는 평등권, 그리고 재산권 및 신뢰보호의 원칙 등을 기준으로 헌법재판의 소재(素材)가 될 가능성이 높다.

이 글은 국민연금법 규정에 관한 헌법재판소의 결정을 비판적으로 정리·분석하며, 그 목적은 다음과 같다.

첫째, 국민연금법 규정에 관한 분쟁에 있어서 헌법재판소의 결정을 정리하면서, 국민연금법의 관련 규정을 헌법적으로 재구성하고, 헌법심사의 가능성을 제공하기 위한 목적이다. 이는 위에서 언급한 바와 같은 잠재적인 헌법분쟁을 예측하고 헌법심사와 관련된 이론적 및 체계적 자산을 쌓는 의미가 있다.

둘째, 헌법재판소의 결정을 비판적으로 검토하면서 국민연금법의 형성에 작용하는 원리를 추출하는 기대를 가질 수 있다. 이는 사회보장의 거시질서와 관련하여 건강보험법, 직역연금법, 산재보험법 등 사회보장법의 다른 분야와 비교하면서 국민연금법의 위상과 체계를 정비하는 계기가 될 수 있다. 이로써 특히 평등권 심사에 있어서 비교의 가능성에 관한 판단을 할 수 있다.[6] 또 미시적

5) 기존의 고용에 기초한 사회보장의 기반이 취약해지는 문제 외에 기술발전에 따른 복지국가의 진로 모색에 대한 각국의 논의상황에 대해서는 예컨대 이호근, "일의 미래와 '사회국가' 재구축 방안에 대한 연구", 사회복지연구회(엮음), 복지국가 쟁점 1(한울, 2019), 1면 이하 참조.

6) 예컨대 헌재 2004.6.24, 2002헌바15, 16-1, 738면 이하 참조. 이밖에 공무원연금법에서 이와 같은 체계 비교에 따른 심사의 예로는 헌재 2007.3.29, 2005헌바33,

으로는 제도의 목적, 그리고 참여 당사자의 지위 및 권리와 정합성을 갖도록 국민연금의 법률관계를 구성하고, 이를 헌법구조에 편입하여 평가하는 기반이 될 수 있다.

이와 같은 구조이해와 관련 헌법기준을 정렬하여 입법기준과 이에 관한 입법구속이 추출될 수 있다면 일반적으로 사회보장법에서 입법형성권이 넓게 인정되고, 그 결과 헌법적 심사가 완화되는 상황이 교정될 수 있을 것이다.[7] 이 글에서 다루는 국민연금 반환일시금의 수급요건, 자녀연금의 수급연령, 유족급여 수급요건에 관한 남녀차별, 분할연금에 관한 제도 내용의 차이 등은 모두 제도적 동질성과 이질성에 관한 논의를 거치고, 이로부터 원리 요소를 추출하여 입법권을 통제할 수 있는 중요한 소재가 될 수 있다.[8] 이로써 국민연금법을 비롯하여 사회보장법이 본질과 외연의 구분이 없이 현실정치 혹은 단기적인 정책적 필요에 의하여 임기응변적으로 형성·변화하고, 그 결과 제도적 안정성과 법적 지위에 대한 예측가능성을 상실하는 우려를 극복할 수 있을 것이다.

국민연금법 규정에 대한 헌법심사가 아직 활발하지 않아 소재(素材)가 제한적이고, 심사의 기준과 내용에 관한 자산(資産)이 축적되지 않은 상황에서 이와 같은 작업이 일반적인 의미를 가질 수 있는가는 의문이지만, 적어도 부분적으로는 입법정책에 기여할 수 있을 것이다.

## 2. 헌법재판과 관련된 국민연금의 특수성

1988년 헌법재판소가 설립된 이후 1996년에 비로소 국민연금

---

19-1, 224면 이하; 2011.11.24, 2010헌마510, 23-2(하), 513면 이하 등 참조.

7) 이와 같은 입법기준의 형성 및 적용가능성에 대해서는 예컨대 Ulrich Becker, “Selbstbindung des Gesetzgebers im Sozialrecht. Zur Bedeutung von Konsistenz bei der Ausgestaltung von Sozialsicherungssystemen”, Festschrift 50 Jahre Bundessozialgericht(Carl Heymanns Verlag, 2004), 82면 이하 참조.

8) 아래 각주 37(반환일시금), 각주 45(자녀연금수급연령), 각주 58(유족연금 수급요건에 있어서 남녀차별), 각주 69(분할연금의 기능) 등 참조.

법 규정에 대한 첫 번째 결정이 나왔다.[9] 그동안 국민연금법 규정에 관한 결정은 헌법재판소 판례집에 수록된 결정을 기준으로 12건으로 그리 많지 않았다. 이는 공무원연금법 등 직역연금법 규정에 대한 결정이 60건 이상이 되는 점과 비교된다. 산업재해보상보험법과 건강보험법 규정에 대한 결정은 23건, 41건에 이르렀다.

위와 같은 상황은 국민연금법의 다음과 같은 특수성과 관련이 있다.

국민연금은 1988년 시행되었지만 1999년 비로소 전국민보험으로 발전하였다. 따라서 가입기간 20년이 초과하여 연금수급권을 갖는 사람이 전국민에서 차지하는 규모가 아직 크지 않다. 이는 직역연금의 경우 1960년대 초 및 1970년대 중반에 시행되었기 때문에(공무원연금 및 군인연금: 1960년 시행, 사립학교교원연금: 1975년 시행) 이미 수급권자가 상당한 규모에 이르며, 이들의 급여관계가 헌법적 쟁점이 되었던 점과 차이가 있다. 건강보험과 비교하면 가입자와 함께 피부양자가 건강보험 수급권자이지만 국민연금에서 가입자만이 수급권자라는 차이도 있다. 그만큼 연금급여와 관련하여 (헌)법적 쟁점으로 제기되고 분쟁으로 발전하는 경우가 상대적으로 많지 않았다.

건강보험에서는 가입자가 가입과 동시에 수급권자가 되고, 또 해당 수급권은 현재의 질병 및 부상을 단기적으로 치료하는 내용을 갖기 때문에 당사자는 법률관계 및 그 변화에 민감하다. 이에 비해서 국민연금은 소득의 상실을 법률에 정한 바에 따라 추상적으로 보호하기 때문에 국민연금의 법률관계가 생활에 미치는 영향이 즉시적(卽時的)이지 않고, 또 그동안 개정을 통하여 연금의 소득대체율이 낮아지면서 제도에 대한 기대 수준이 높지 않다. 후자의 관점은 특히 상당한 급여수준을 유지하고 있었던 직역연금과 비교된다.

---

9) 헌재 1996.10.4, 96헌가6, 8-2, 308면 이하 참조.

공무원연금은 이미 1980년대 초중반 재정위기의 징후가 나타났으며, 이에 1995년 이래 재정을 건전화하기 위하여 다양한 조치가 계속 취해졌다.[10] 이 과정에서 재직 공무원 혹은 연금수급권자의 평등권과 재산권 등 기본권, 그리고 신뢰보호의 원칙 등을 기준으로 헌법심사가 여러 차례 이루어졌다. 이에 비해서 국민연금법에서는 이미 1998년과 2007년에 선제적(先制的)으로 재정 안정을 위하여 연금을 낮추는 조치가 취해졌고, 이 시점에는 아직 수급권자의 규모가 크지 않았다.[11] 그만큼 헌법적 쟁점과 관련된 인적 집단의 규모는 제한적이었다.

마지막으로, 국민연금 법률관계의 구조 및 법적 성격과 관련된 특수성이다. 국민연금은 가입자와 국민연금공단 사이의 공법상의 채권채무관계로 구성되는 단순구조를 띠고 있다.[12] 이 점에서 국민연금은 가입자와 국민건강보험공단과 함께 사경제주체인 요양기관이 법률관계의 당사자로 참여하여 복합적인 법률관계가 형성되는 건강보험과 차이가 있다.[13] 또 국민연금은 전형적인 사회보험으로서, 보상책임보험의 요소가 있는 산업재해보상보험, 그리고 공무원법의 성격을 함께 갖는 공무원연금과 법적 성격에 있어서 차이가 있다. 그런데 (산재보험법에서) 보험법과 보상법을 구성하는 요소들은 경우에 따라서 긴장관계에 있으며, (공무원연금법에서) 보험법과 공무원법의 구성요소들 간의 관계 역시 마찬가지이다. 그리고 이와 같은 지점(地點)에서 헌법문제가 발생한다.[14] 물론 국민연금에서 보

10) 1995년 이후 공무원연금법의 점진적인 개정 경과에 대해서는 전광석, 위 각주 1의 책, 279면 이하, 332면 이하, 390면 이하 등 참조.

11) 1998년과 2007년 국민연금법 개정에 대해서는 전광석, 위 각주 1의 책, 324면 이하 참조.

12) 이 점에 대한 헌법재판소의 이해방법과 문제에 대해서는 아래 V.2. 참조.

13) 건강보험의 급여 및 법률관계의 특수성에 대해서는 전광석, "건강보험법의 형성과 발전, 그리고 과제", 의료법학 제20권 제3호(2019), 11면 이하 참조.

14) 이 점에 대해서 자세히는 이 책 제3장 144면 이하, 제4장 172면 이하, 193면 이하; 전광석, "공무원연금법의 체계와 체계전환 – 입법사적 관점에서", 법학연구(연세대 법학연구원) 제28권 제1호(2018), 144면 이하 등 참조.

험의 원리와 부양의 원리가 함께 적용되지만 이와 같은 원리의 혼재는 사회보험에 내재해 있는 일반적인 특수성이다.[15] 즉 이 점이 제도 내에서 이질적인 체계요소를 조정하는 문제는 아니다. 그만큼 국민연금에서는 규범적 성격과 관련하여 헌법적 문제의 범주가 좁다.

## Ⅱ. 사건 및 결정의 유형

### 1. 사건 유형

사회보험으로서 국민연금에서는 가입이 법률에 의하여 강제되며, 여기에는 보험료 납부의무가 따른다. 이 점이 우선 쟁점으로 나타났다. 거꾸로 일정 연령, 즉 60세 이상의 국민에게 가입자격을 인정하지 않는 규정에 대한 위헌소원청구도 있었다. 가입자격을 상실한 자에게 60세에 이르기 전에는 원칙적으로 반환일시금을 지급하지 않고, 가입자격을 다시 취득하는 가능성이 제한적이라고 의제되는 경우에 한하여 예외적으로 이를 지급하는 규정의 위헌 여부가 문제되었다. 반환일시금은 국민연금의 성격과 기능, 그리고 넓게 보면 노후소득 보장의 전체 구도에서 중요성을 갖는 문제였다. 이 지점(地點)에서 국민연금의 사회보험의 성격과 강제 저축의 성격이 각축하였고, 기능적 연관성에 관한 고려가 필요했다. 유족급여와 관련하여 자녀의 유족급여 수급자격에 관한 규정, 남은 배우자가 처(妻)인 경우에 비해서 부(夫)의 경우 수급조건을 엄격히 하였던 규정의 위헌 여부가 심사의 대상이 되었다. 이는 가족에서 남녀의 역할과 역할의 분담, 여성의 소득활동에 따르는 부부 간 역할 및 역할분담의 변화 등과 같은 사회구조적 문제를 검토하는

15) 이 점에 대해서는 예컨대 Karl-Jürgen Bieback, "Begriff und verfassungsrechtliche Legitimation von Sozialversicherung", Vierteljahresschrift für Sozialrecht(2003), 28면 이하, 35면 이하 등 참조.

계기가 되었으며, 또 이에 관한 입법형성의 가능성과 한계에 대한 논의가 필요했다.

헌법재판소는 분할연금의 성격을 명확히 하는 기회를 가졌다. 분할연금은 노령연금수급권을 가족의 유지에 기여한 배우자 간에 조정하는 제도이다. 배우자의 기여 여부 및 정도는 실질적인 기준에 따라 판단하여야 하기 때문에 국민연금법은 사실혼관계에 있는 배우자에게도 분할연금청구권을 부여하였다. 그런데 거꾸로 법률혼관계에 있지만 별거 혹은 가출 등의 이유로 배우자가 가족생활의 유지에 실질적으로 기여하지 않은 경우에는 분할연금의 지급대상에서 제외될 수 있다. 이는 국민연금법 규정에 대한 심사에서 유일하게 헌법에 위반된다는(합치하지 않는다는) 결정이었다.

국민연금은 위에서 언급한 바와 같이 아직 수급자격자가 본격적으로 발생하기 이전 시기에 연금수준을 낮추는 개정을 하였기 때문에 기존의 수급권의 내용을 불이익하게 변경하는 개정 법률을 신뢰보호의 원칙 및 소급입법금지의 원칙을 기준으로 심사하는 경우는 거의 없었다. 이 점에서 공무원연금법 등 직역연금의 경우와 차이가 있었다.[16] 조기노령연금의 수급조건으로 가입기간을 줄이고, 수급연령을 높이는 개정, 그리고 반환일시금의 수급요건을 엄격히 하는 개정에서 이에 대한 기대권이 침해되었다는 청구가 있었다. 「국민연금과 직역연금의 연계에 관한 법률」(이하 「연계연금법」으로 줄임)은 국민연금과 직역연금 각각에서 연금수급을 위하여 필요한 가입기간 혹은 재직기간을 충족하지 못한 가입자 및 재직자가 기간의 합산을 통하여 연금수급권을 갖도록 하기 위하여 2009년 제정·시행되었다. 그런데 해당 법률을 소급하여 적용하는 기간을 제한하였기 때문에 연계연금법에 따른 합산의 대상에서 제

16) 특수직역연금법에서 신뢰보호의 원칙에 따른 심사의 예로는 예컨대 헌재 2003.9.25, 2001헌마93등, 15-2(상), 362면 이하; 2003.9.25, 2001헌마194, 15-2(상), 407면 이하; 2005.6.30, 2004헌바42, 17-1, 973면 이하 등 참조.

외되어 평등권이 침해되는가 여부가 문제되었다.

국민연금이 1999년 도시지역 주민으로 가입대상을 확대하면서 소득파악률이 낮은 지역가입자에 대한 보험료 부과방식이 어려운 과제가 되었다. 이 문제는 건강보험에서는 1988년과 1989년 지역 의료보험이 시행되면서 제기되었으며, 또 빈번하게 헌법심사의 대상이 된 바 있다.[17] 그러나 국민연금에서 이 문제의 정책적 비중은 낮았다. 헌법재판에서는 보험료 부과방식 자체가 아니라 보험료 산정에 관한 중요한 사항이 행정입법에 위임되어 있으며, 이는 포괄위임으로서 위임의 구체성에 위반된다는 점이 문제였다.

국민연금은 – 예컨대 건강보험과는 달리 – 장기적으로 소득을 보장하는 제도이고, 따라서 재정의 안정적 운용이 중요한 정책과제이다. 그런데 1993년 제정된 「공공자금관리기금법」은 국민연금기금 중 여유자금을 공공자금관리기금으로 강제 예탁하도록 하였다. 이는 연금기금의 수익률을 낮게 하고, 또 국민연금의 재정 기반을 취약하게 할 우려가 있었다. 이때 연금기금을 운영하는 실질적인 원칙과 절차 및 조직이 모두 헌법심사의 대상이 되었다. 이 사건에서 헌법재판소는 합헌결정을 하였지만 해당 규정이 갖는 정책문제를 부각시키고, 이를 헌법구조화하는 계기가 되었다.

## 2. 결정 유형

헌법재판소 판례집에 수록된 결정을 기준으로 국민연금법에 관한 결정은 12개이다. 여기에는 연계연금법 규정에 관한 2개의 결정이 포함되어 있다. 국민연금법 규정에 관한 결정이 양적으로 많지 않았으며, 그 이유에 대해서는 위에서 설명한 바 있다.[18]

17) 건강보험에서 지역의료보험 보험료 부과방식 자체, 그리고 직장의료보험과의 균등부담에 관한 헌법심사에 대해서는 헌재 2003.10.30, 2000헌마801, 15-2(하), 134면 이하; 2012.5.31, 2009헌마299, 24-1(하), 517면; 2013.7.25, 2010헌바51, 25-2(상), 46면 이하; 2016.12.29, 2015헌바199, 28-2(하), 436면 이하 등 참조.

18) 위 I.2. 참조.

위헌법률심판 및 위헌소원심판이 각각 3건이었다. 나머지 6건이 권리구제형 헌법소원심판이었다. 권리구제형 헌법소원에 있어서도 구체적인 공권력의 행사가 아니라 국민연금법 규정 혹은 연계연금법 규정이 직접 심판의 대상이었다. 이는 여러 규범 단계 및 집행단계에서 독자적으로 정책결정이 이루어지고, 따라서 고시 등 행정입법 자체가 빈번하게 헌법소원심판의 대상이 되었던 건강보험법과 차이가 있다. 그만큼 국민연금에서는 규범구조적으로, 그리고 급여의 특수성과 관련하여 법률이 직접 개인의 법적 지위를 규율하고 있다는 것을 알 수 있다. 아래에서 서술하듯이 이는 위임의 구체성 심사에 고려되어야 하는 요소이다.

위헌법률심판과 권리구제형 헌법소원심판은 모두 합헌 혹은 기각으로 결정되었다. 위헌심판형 헌법소원 중 2건은 합헌, 1건은 헌법불합치로 결정되었다.

## Ⅲ. 국민연금 강제가입 및 가입자격 배제

### 1. 강제가입

#### (1) 일반론

강제가입은 사회보험의 특성에 해당하며, 사회보험에서 일반적으로 강제가입 및 이에 따르는 보험료 납부의무가 헌법에 위반되는지 여부가 문제된다. 이 점에 대한 심사에서 행복추구권과 재산권, 그리고 경제질서에 관한 규정이 기준이 되었다.

강제가입에 의하여 개인의 위험을 전체 국민에 분산시키며, 이때 비로소 사회안전망으로서 사회보험이 기능할 수 있다는 논리가 행복추구권에서 도출되는 계약자유의 원칙에 대한 제한을 정당화하였다. 강제가입의 정당성과 관련하여 건강보험법에 관한 초기 결정에서 언급되었던 소극적인 결사의 자유는 국민연금법 결정에서는 심사의 기준으로 주목되지 않았다.[19] 공법상의 단체에는 결사의 자유가 적용되지 않는다는 전제를 하는 듯하다.[20] 헌법재판소는 강제가입에도 불구하고 국민연금에서 보험료 산정기준인 소득에 상한이 있기 때문에(당시 360만원) 가입자는 상한액을 초과하는 부분에 대해서 자율적으로 노후소득을 보장하기 위한 방법을 선택할 수 있으며, 따라서 최소침해의 원칙이 유지되었다고 보았다.[21] 경제질서와 관련하여 독자적인 논리가 제시되지는 않았다. 소득재분배가 사회적 시장경제질서에 부합하기 때문에 헌법에 위반되지 않는다는 점이 지적되었을 뿐이다.

### (2) 소득재분배, 재산권

국민연금법에서 강제가입 및 보험료의 부과·징수가 헌법에 위반되는 것은 아니다. 그러나 헌법재판소의 논리는 몇 가지 점에서 검토가 필요하고, 이는 정책적 관련성을 갖는다. 다른 사회보험과 마찬가지로 국민연금은 사회적 보호가 필요하다고 인정되는 국민의 인간다운 생활을 보장하는 목적을 갖는다.[22] 이에 비해서 소득재분배는 사회적 위험을 분산하여 가입자를 보호하는 사회보험의 효과일 수 있지만 사회보험의 목적은 아니다. 극단적으로 보면 소득재분배의 효과가 없거나 약한 사회보험이 헌법적으로 허용되지 않거나 그 정당성이 약화되는 것은 아니다.

---

19) 건강보험법에 관한 결정에서 이에 관한 언급으로는 헌재 2003.10.30, 2000헌마801, 15-2(하), 131면 이하 참조. 공법상의 단체에서 소극적인 결사의 자유에 대해서는 예컨대 강일신, 헌법상 결사의 자유에 관한 연구(헌법재판소 헌법재판연구원, 2018), 27면 이하 참조. 이밖에 Markus Kaltenborn, “Negative Vereinigungsfreiheit als Schutz vor Einbeziehung in die Sozialversicherung?”, Neue Zeitschrift für Sozialrecht(2001), 300면 이하 참조.

20) 이에 관한 헌법재판소의 일반적인 태도에 대해서는 헌재 2000.11.30, 99헌마190, 12-2, 342면 이하; 2008.10.30, 2006헌가15, 20-2(상), 689면 이하 등 참조.

21) 헌재 2001.2.22, 99헌마365, 13-1, 312면 참조.

22) 강제가입을 정당화하는 논리로 소득재분배의 논리에 비해서 이 점을 강조하는 독일 연방헌법재판소의 결정으로는 예컨대 BVerfGE 11, 105(113); 63, 1(35); 75, 108(146) 등 참조.

헌법재판소는 소득재분배가 국민연금의 기본원리에 해당하며, 다만 그 정도는 입법정책의 문제로 보았다. 즉 "국민연금제도에서 연금보험료와 급여의 관계를 어떻게 정할 것인가 하는 것은 … 사회적 효율성과 개별적 공평성을 고려하여 입법자가 적절히 선택하는 것"이다.[23] 이와 같은 이해방법에서 보면 소득재분배가 국민연금에서 강제가입을 정당화하는 정도는 약화된다. 건강보험법 규정에 대한 심사에서 헌법재판소가 소득재분배를 사회보험의 목적으로 이해하였다는 점과 어느 정도 차이가 있다. 이는 아마도 건강보험에서는 가입자가 납부하는 보험료의 다과(多寡)에 연계하지 않고 모든 수급자에게 같은 종류와 내용의 급여가 지급된다는 점이 영향을 미친 것으로 보인다.

다음과 같은 특이한 점도 보인다. 즉 헌법재판소는 건강보험법 규정에 대한 심사에서 보험의 원리 외에 이를 보충하는 사회연대의 원칙을 적용하였다. 사회연대의 원칙은 강제가입, 보험료와 급여 사이의 개별적 등가성 원칙의 수정, 급여수혜자가 아닌 제3자인 사용자의 보험료 납부의무, 보험자 간 재정조정 등을 내용으로 한다.[24] 이와 같이 건강보험에서 사회연대의 원칙은 주로 소득재분배의 이념과 원리를 포함한다. 이에 비해서 국민연금법 규정에 대한 심사에 있어서는 사회연대의 원칙 대신 부양의 원리가 제시되었다. 부양의 원리는 강제가입 및 보험료 강제징수, 법률에 의한 보험관계의 내용 결정, 사용자 또는 국가의 보험비용의 일부 부담 등을 내용으로 한다.[25] 건강보험법과 국민연금법 규정에 대한 심

23) 헌재 2001.2.22, 99헌마365, 13-1, 314면 이하 참조.

24) 이에 대해서는 헌재 2000.6.29, 99헌마289, 12-1, 942면 이하; 2001.8.30, 2000헌마668, 13-2, 294면 이하; 2003.10.30, 2000헌마801, 15-2(하), 131면 이하; 2009.10.29, 2008헌바86, 21-2(하), 207면 이하; 2013.7.25, 2010헌바51, 25-2(상), 49면 등 참조.

25) 헌재 2001.4.26, 2000헌마390, 13-1, 984면, 987면 등 참조. 이밖에 부양의 원리는 국민연금법 규정에 대한 심사에서 자주 나타나는 논리이다. 헌재 1996.10.4, 96헌가6, 8-2, 322면; 2004.6.24, 2002헌바15, 16-1, 727면; 2007.4.26, 2004헌가29등, 19-1, 363면; 2013.10.24, 2012헌마906, 332면 등 참조.

사에서 이와 같은 용어의 차이와 그 이유에 대해서 헌법재판소가 직접 밝힌 바는 없다. 다만 소득재분배의 요소가 제외되어 있거나 강조되지 않은 점을 확인할 수 있다.

강제가입을 정당화하는 재산권의 논리는 다음과 같았다. 국민연금의 산정에 있어서 소득재분배 요소가 적용되기 때문에 상대적으로 보면 고소득자의 경우 저소득자와 비교하면 소득대체율이 낮은 것은 사실이다. 그러나 절대적으로 보면 고소득자에 대해서도 보험료 대비 급여의 비율이 높기 때문에 고소득자의 재산권이 제한되는 것은 아니다. 그러나 이와 같은 수익률의 논리가 계속 유지될 수 있는지는 의문이다. 국민연금 강제가입은 노후소득을 보장하는 사회적 보호의 필요성이 모든 국민에게 의제될 수 있다는 입법적 판단에 기초하고 있다.[26] 또 국민연금에서 가입자가 연금기금의 배분에 참여하며, 이때 가입자 간에 소득의 차이에 따라 연금이 차별적으로 산정되어 상대적 평등이 실현되지만, 재산권 및 평등권에 의하여 보험료에 비해서 급여관계가 수급자에게 유리하게 형성된다는 것, 즉 수익(收益)을 보장하는 것은 아니다. 사회보험에서 일반적으로, 또 국민연금에서도 위험 분산이 이루어지면서 가입자에게 수혜와 함께 불이익의 위험이 발생할 수 있다는 점도 고려되어야 한다.[27] 앞으로 국민연금이 재정 안정을 위하여 보험료율을 높이고, 또 가입자 전체의 평균소득이 증감하면서 연금 수준이 변화할 수 있으며, 극단적인 상황에서는 수익률이 낮아질 수도 있다. 그러나 이와 같은 변화에 따라 강제가입의 정당성 여부가 달라지지는 않는다. 또 이는 보험료의 다과(多寡)가 급여의 내용과 수준

26) 위 각주 22 참조.

27) 이 점에 대해서는 예컨대 Hans-Jürgen Papier, "Der Einfluss des Verfassungsrechts auf das Sozialrecht", Ruland/Becker/Axer(편), Sozialrechtshandbuch(Nomos, 2018), 150면 이하; Ulrich Wenner, "Rentenniveau und Grundgesetz", Festschrift 50 Jahre Bundessozialgericht(Carl Heymanns Verlag, 2004), 633면 이하 등 참조. 이밖에 이에 관한 독일 연방헌법재판소의 결정으로는 BVerfGE 64, 105면 이하; 76, 350면 등 참조.

에 연계되지 않는 건강보험에서는 적용될 수 없는 논리이다.

위와 같은 헌법재판소의 논리는 다음과 같은 문제를 남긴다. 즉 소득재분배의 이념과 원리가 사회보험에 따라 차이가 있는지 여부 및 그 구체적인 의미가 분명하지 않았다. 예컨대 건강보험법과 국민연금법에서 소득재분배에 대한 헌법적 이해는 – 위에서 언급한 바와 같이 – 어느 정도 차이가 있었다. 다만 헌법재판소가 이를 직접 설명하지는 않았으며, 이와 같은 차이의 헌법적 의미 역시 분명하지 않다. 또 이와 관련하여 다음과 같은 정책문제가 제기된다. 예컨대 국민연금을 순수하게 소득에 비례하여 급여를 산정하는 제도로 전환하고, 이에 따르는 보장의 공백을 기초연금을 통하여 보완하여 노후소득을 보장하는 다층구조로 개편하는 방안이 논의되어 왔다.[28] 이때 소득재분배의 헌법적 의미와 효력에 대한 이해는 선결문제가 되며, 이 점이 해명되었을 때 비로소 입법과정에서 소모적인 논쟁이 피해질 수 있다.

## 2. 가입자격 배제

국민연금이 가입자격을 연령기준으로 18세 이상 60세 미만의 자에게 인정한 결과 60세 이상의 국민이 적용대상에서 제외되었다. 국민연금은 사회적 보호의 필요성을 기준으로 가입자격을 정하고, 또 보험료 납부능력을 기준으로 가입자격을 제한한다. 사회적 보호의 필요성을 기준으로 보면 60세를 기준으로 가입자격을 결정하는 것은 논의의 여지가 있다. 우선 국민연금법 자체가 연금수급자가 60세가 넘어서 소득활동을 하는 경우 연금을 감액하도록 하고, 이와 같은 연금감액에 관한 규정은 65세부터는 적용되지 않는다. 이는 60세 이후에 소득활동을 하는 경우가 더 이상 예외적이라고 볼 수 없다는 판단에 따른 것이다. 또 고용보험법은 65세 이후에 새로이 고용된 근로자를 실업급여의 적용대상에서 제외하여

28) 위 각주 3 참조.

65세 이전에 고용된 경우에는 (60세 이상의 근로자의 경우에도) 고용에 의하여 취득하는 소득이 실업으로 인한 임금상실을 보상하는 기반이 될 수 있도록 하고 있다.[29)]

다만 일반적으로 근로자는 60세를 전후(前後)하여 퇴직한다는 사실은 여전히 유형화에 따른 입법의 근거가 될 수 있다. 또 60세 이상인 국민이 계속 근로능력이 있더라도 안정적인 고용에 기초하여 지속적으로 보험료를 납부할 능력은 제한적이라는 입법적 판단이 명백히 자의적이라고 볼 수는 없다. 국민연금법은 60세 이상의 국민이 신청에 의하여 임의로 가입자격을 유지하는 가능성도 인정하고 있다(임의계속가입). 사회보험의 실질적 기능을 기준으로 다음과 같은 점도 고려되어야 한다. 60세 이상의 국민에게 국민연금 가입자격을 인정하는 경우 연금수급권을 취득하기 위해서 필요한 최소가입기간(조기노령연금의 경우 10년)을 충족하기 위해서는 70세 이상까지 소득이 있어야 하는데, 이는 일반적으로는 비현실적이다. 또 우리 국민의 평균수명(당시 74.9세)을 고려하면 연금수급기간이 짧을 것이기 때문에 보험의 원리에 충실하지도 않다. 결국 가입자격을 제한하는 연령기준은 입법정책의 문제로서 연령기준이 명백히 합리성을 벗어나지 않는 한 헌법, 특히 평등권에 위반되는 것은 아니다.[30)]

헌법재판소는 해당 규정을 인간다운 생활을 할 권리와 관련하여 최저생활보장의 권리를 기준으로 심사하였다. 이와 같이 심사기준을 확대하는 것이 타당한가는 의문이다. 이 경우 심판의 대상은 국민기초생활보장법 등으로 확대되어야 한다. 국민연금 가입자격은 노후 소득을 보장하는 필요성에 관한 추상적인 판단에 따라 결정된 것이다. 이에 비해서 최저생활보장의 권리는 개인의 개별적

29) 이에 관한 고용보험법 규정에 대한 심사로는 헌재 2018.6.28, 2017헌마238, 30-1(하), 719면 이하 참조.

30) 헌재 2001.4.26, 2000헌마390, 13-1, 987면 이하 참조.

인 상황, 그리고 이에 대해서 지급되는 구체적인 급여의 종류 및 내용, 그리고 수준에 대한 심사를 필요로 한다. 따라서 최저생활보장의 권리는 국민연금에 제기되는 질문이 될 수 없다. 또 이 사안에서 개별적인 상황과 구체적인 조치가 심사의 대상으로서 존재하지도 않는다. 그렇기 때문에 인간다운 생활의 권리에 따른 심사에 있어서 헌법재판소는 추상적인 논리를 제시하는 데 그쳤다.[31] 즉 인간다운 생활을 할 권리는 국민연금뿐 아니라 다른 법률 및 제도가 상호 대체 혹은 보완하면서 실현되며, 따라서 국민연금 가입자격을 배제하는 규정이 헌법에 위반되지 않는다. 그러나 이는 일반적인 사회적 기본권의 심사에서 제시되어 왔던 논리이며, 국민연금, 그리고 국민연금 가입자격의 배제에 관한 문제에 특유한 논리는 아니다.[32]

실제 헌법재판소의 심사 내용은 독자적인 의미를 갖지 못했다. 또 이와 같은 논리는 사회보장법의 체계에 충실하지도 않고, 또 헌법심사에 이질적인 요소로 적용되는 우려도 있다. 사회보장법에서 최저생활보장의 과제는 공공부조에 부과되어 있고, 공공부조는 개인의 소득 및 자산 조사를 거쳐 지급된다.[33] 이와 같은 특수성을 갖는 제도와 국민연금의 목표를 연계시키는 경우 국민연금에서 보험료에 상응하여 급여가 지급된다는 점에 대한 심사에 있어서 수급자의 구체적인 소득 및 자산 상황이 고려되어 사회보험에 대한 고유한 심사기준이 유지될 수 없게 된다. 그러나 이는 노후의 소득 상실을 추상적으로 보호하는 사회보험으로서 국민연금과 체계정합성이 없고, 가입자가 납부한 보험료에 대한 반대급부로서 연금

31) 헌재 2001.4.26, 2000헌마390, 13-1, 989면 이하 참조.

32) 실제 헌법재판소는 위와 같은 논리를 공무원연금법에 대한 심사에 있어서도 반복하여 제시해 왔으며, 역시 독자적인 의미를 가질 수는 없었다. 헌재 2011.11.24, 2010헌마510, 23-2(하), 524면 이하; 2012.8.23, 2010헌바425, 24-2(상), 501면 이하 등 참조.

33) 이와 같은 공공부조의 특성, 그리고 사회보험과의 체계적 차이에 대해서는 전광석, 한국사회보장법론(집현재, 2019), 74면 이하 참조.

청구권에 대한 재산권을 침해한다. 또 공공부조 수급권자와의 관계에서 평등권에 반한다.

## Ⅳ. 국민연금 급여조건, 연계연금법의 적용 시점

### 1. 급여조건의 강화

#### (1) 조기노령연금

1986년 제정된 국민연금법은 노령연금 수급연령을 60세로 하면서 가입기간이 20년이 되는 경우 조기에, 즉 55세에 연금을 수급할 수 있도록 하였다. 이는 당시 근로자가 일반적으로 55세 전후에 퇴직하였기 때문에 퇴직연령과 연금수급연령의 차이를 줄여서 소득의 공백이 발생하지 않도록 하기 위한 조치였다. 1990년대 이후 우리 사회의 고령화가 본격적으로 진행되고 평균수명이 연장되면서 예상보다 빠른 시기에 국민연금의 재정 적자 및 고갈이 예측되었다. 이에 1998년 개정 법률은 완전노령연금 및 조기노령연금의 수급연령을 각각 60세에서 65세로, 그리고 55세에서 60세로 하였다. 다만 경과규정을 두어 2013년부터 2033년까지 점차적으로 연금수급연령을 연장하도록 하였다. 2011년 개정 법률은 연금수급개시연령을 결정하는 기준을 기존에 수급연도에서 출생연도로 바꾸었다. 그리고 이 과정에서 1969년 이후에 출생한 자의 경우 조기노령연금의 수급연령이 59세에서 60세로 높아졌다. 이 규정이 재산권 및 신뢰보호의 원칙을 침해하는가의 여부가 쟁점이 되었다.[34)]

직역연금에서 급여조건이 엄격해지거나, 급여의 내용이 재직자 혹은 수급자에게 불이익하게 변경되면서 재산권, 신뢰보호의 원칙 및 소급입법금지의 원칙에 따른 심사가 빈번해졌다.[35)] 국민연금법에서 이러한 헌법심사의 예는 드물다. 이는 위에서 언급했듯이 공

34) 헌재 2013.10.24, 2012헌마906, 25-2(하), 327면 이하 참조.

35) 특수직역연금의 예에 대해서는 위 각주 16 참조.

무원연금과 달리 국민연금에서는 본격적으로 연금수급이 시작되기 이전 시기에 선제적(先制的)으로 재정 안정을 위하여 연금수준을 낮추는 조치를 취했기 때문이다. 그런데 개정 법률에서 입법기술적인 문제로 조기노령연금의 수급연령이 1세 연장되었다. 국민연금은 개인의 수급권뿐 아니라 미래 세대를 포함하여 가입자 모두의 노후소득을 보장하여야 한다. 그리고 후자의 공익은 중대하기 때문에 이를 위하여 개별 가입자의 수급권을 조정하는 조치의 헌법적 정당성은 쉽게 인정되었다. 또 이와 같은 사안은 이른바 부진정소급입법에 해당하여, 신뢰의 보호가치를 기준으로 형량이 이루어지는데, 이때 공익을 압도하는 개인의 이익이 존재한다고 볼 수는 없다.[36)]

### (2) 반환일시금

연금수급을 위하여 필요한 가입기간을 충족하지 못하고 가입자격을 상실한 경우에는 반환일시금이 지급된다. 1998년 국민연금법 개정 이전에는 가입자가 사망하거나, 국적을 상실하거나 국외로 이주한 때뿐 아니라 가입자격을 상실한 후 1년이 경과하거나 60세가 되는 때에 반환일시금을 지급하였다. 그런데 개정 법률은 가입자격을 상실한 후 1년이 지난 때를 수급요건에서 삭제하였으며, 이에 따라 개정 법률의 시행일인 1999년 1월 1일 이후에는 가입자격을 상실한 후 1년이 지났다는 사유로 반환일시금을 청구할 수는 없게 되었다. 개정 법률은 경과규정을 두었다. 가입자격을 상실한 자가 소득이 없는 경우에는 2000년 12월 31일까지 반환일시금을 지급받을 수 있다.

헌법적 쟁점은 두 가지였다. 첫째, 반환일시금 수급권은 연금급여와 마찬가지로 가입자의 보험료에 의하여 형성된 것으로 재산권에 의한 보호의 대상이 된다. 그런데 이를 과도하게 침해하였는

36) 헌재 2013.10.24, 2012헌마906, 25-2(하), 334면 이하 참조.

가 여부이다. 둘째, 가입자격을 상실한 후 1년이 지난 때에 반환일시금을 지급하지 않는 규정이 그밖에 반환일시금을 지급하는 사유에 해당하는 경우에 비해서 합리적인 이유 없이 차별에 해당하는가 여부이다. 소득이 없는 자에 한하여 경과규정을 적용하는 문제 역시 평등권 심사의 대상이 되었다.[37)]

반환일시금 규정은 1973년 제정되었지만 1975년 최종적으로 실시가 유보되었던 국민복지연금법의 제정과정에서 이미 주요 쟁점이었다. 당시 법률은 가입자가 가입자격을 상실한 경우에도 60세에 이르러야 비로소 반환일시금을 지급하도록 하였다. 다만 여성 가입자는 예외였다. 여성의 경우 소득활동을 중단하여 국민연금 가입자격을 상실한 후 소득활동을 다시 하여 국민연금에 가입하는 가능성이 높지 않다는 점을 고려하여 반환일시금을 지급하였다. 이와 같은 여성의 특수성은 감액노령연금 수급자격에도 반영되었다. 즉 여성은 가입기간이 10년 이상인 경우 가입자격을 상실한 후 1년이 경과하면 연령에 관계없이 일시금을 청구할 수 있었다. 이에 비해서 남성의 경우에는 이와 같은 상황에서도 소득활동을 계속하도록 유인하고, 이로써 국민연금 가입자격을 회복하여 국민연금에 의하여 소득을 보장하려는 목적이 있었다.

반환일시금의 수급조건은 1986년 국민연금법 제정에 있어서는 부처 간에 이견(異見)이 있었던 쟁점이었다.[38)] 이는 국민연금의 성격과 관련되어 있었으며, 또 제도의 국민적 수용성에 영향을 주는 요소였다. 국민연금에 대한 인식이 낮아 일종의 강제 저축으로 이해하는 때에는 가입자격을 상실하는 때 반환일시금을 지급하지 않는 것은 타당성이 없어 보였다. 또 가입자격을 상실한 경우에 납부한 보험료를 반환하지 않는 제도에 대한 저항이 있을 것을 우

37) 헌재 2004.6.24, 2002헌바15, 16-1, 719면 이하; 2014.5.29, 2012헌마248, 26-1(하), 416면 이하 등 참조.

38) 이에 대해서는 전광석, 위 각주 1의 책, 216면 참조.

려하였다. 이는 경제기획원의 입장이었다. 이러한 견해에는 초기에 국민연금의 가입대상이 좁았으며, 따라서 가입자격을 상실한 후 (예컨대 지역가입자로서) 다시 국민연금에 가입하는 가능성이 제한적이라는 상황도 작용하였다. 이에 비해서 보건사회부는 노후소득을 보장하는 국민연금의 기능을 중시하여 가입자가 가입자격을 상실한 경우에도 60세에 이르는 때에 비로소 반환일시금을 지급하도록 하였다.

1986년 국민연금법은 경제기획원의 견해에 따라 가입자격을 상실한 후 1년이 지나면 반환일시금을 지급하도록 하였다. 그런데 1998년 개정 법률은 국민연금의 가입대상이 확대되었기 때문에 가입자격이 과도기적으로 상실되더라도 해당 가입자가 소득활동을 다시 하여 국민연금에 가입하는 가능성이 열려 있고, 또 이를 유인하여 국민연금이 노후소득 보장의 기능을 할 수 있도록 반환일시금의 수급자격을 축소하였다.

헌법재판소는 반환일시금이 가입자가 납부하는 보험료에 의하여 형성되며, 따라서 재산권에 의한 보호의 대상임을 인정하였다. 그러나 이는 지나치게 단정적인 평가였다. 가입자격을 상실한 후 1년이 지난 경우에는 기존의 규정에 따라 반환일시금의 수급조건을 충족하고, 따라서 재산권에 의한 보호의 대상이 된다. 이에 비해서 가입자격을 상실한 후 아직 1년이 경과하지 않은 경우에는 가입자는 반환일시금 수급권이 성립된다는 기대를 가질 뿐이다.[39] 이는 신뢰보호의 원칙에 따른 심사가 필요하지만, 재산권에 의하여 보호되지는 않으며, 따라서 재산권이 심사기준이 될 수는 없다.

헌법재판소는 재산권을 심사기준으로 하면서 반환일시금에 대해서는 국민연금의 기능에 필요한 범위에서 입법적 형성의 범위가

---

39) 이와 같은 단순한 기대에 대한 재산권에 따른 심사의 한계에 대해서는 예컨대 Hans-Jürgen Papier, "Der Einfluss des Verfassungsrechts auf das Sozialrecht", Ruland/Becker/Axer(편), Sozialrechtshandbuch(Nomos, 2018), 156면 이하 참조. 이밖에 BVerfGE 14, 29면 이하 참조.

넓다는 점을 지적하였다. 이때 그동안 반환일시금과 관련된 경험이 반영되었다. 반환일시금은 어떠한 이유에서건 사회보장이 기능할 수 없거나 기능할 필요가 없는 경우 노후소득 보장을 위한 목적의 법률관계를 해체시키면서 그동안 형성된 법률관계를 청산하는 의미를 갖는다. 그럼에도 불구하고 1988년 국민연금이 시행된 이후 2001년 8월까지 반환일시금 수급자는 국민연금수급자 중 약 90%, 그리고 총급여액을 기준으로 약 77%를 차지했다. 국민연금이 노후의 장기적인 소득보장이 아니라 단기적인 생활자금으로 기능하였던 것이다. 다음과 같은 객관적인 문제도 인식되었다. 즉 반환일시금이 단기적으로 생활자금으로 쓰이고 가입자격을 상실하는 기간이 길어지면 국민연금에 다시 가입하는 유인, 그리고 (가입기간이 짧기 때문에 노후에 소득을 보장하는 기능이 약화되어) 의미가 사라진다.

이밖에 두 가지 상황의 변화가 있었다. 1995년 고용보험법이 시행되면서 실업급여가 실업으로 인하여 과도적으로 상실되는 소득을 보장하였고, 이는 반환일시금과 유사한 기능이었다. 또 국민연금은 가입자격을 상실한 자에게도 생활자금을 대여하는 제도를 도입하였다. 이와 같이 기존에 반환일시금의 기능을 대체 혹은 보완할 수 있게 된 변화를 배경으로 반환일시금의 지급요건을 엄격히 하여 국민연금 본래의 기능을 회복시키고, 또 가입자가 연금수급권을 충실하게 형성하도록 유인하는 데 정당성이 있었다.[40] 개정 법률은 가입자격을 상실한 후 소득이 없는 경우에는 예외적으로 반환일시금을 지급하는 경과규정을 두었다. 이는 고용보험의 실업급여 혹은 국민연금의 생활자금 대여제도 등이 반환일시금의 기능을 대체 혹은 보완할 수 없는 경우에 기존의 신뢰를 보호하기 위한 조치였다.

40) 헌재 2004.6.24, 2002헌바15, 16-1, 730면 이하; 2014.5.29, 2012헌마248, 26-1(하), 421면 이하 등 참조.

이미 가입자격을 상실하였지만 개정 법률의 시행 시점에 아직 1년이 경과하지 않아 반환일시금 수급자격이 인정되지 않는 경우에는 이른바 부진정소급입법에 해당한다. 그런데 사회보장수급권은 사회적 관련성과 사회적 기능이 크며, 국민연금의 기능을 회복·유지시키는 필요성과 공익에 비해서 개인의 신뢰는 크지 않고, 또 반환일시금은 사회보장의 기능과 정합성이 없다고 보았다.[41]

이밖에 공무원연금법 등 직역연금에서는 퇴직하는 경우 연령기준을 적용하지 않고 퇴직일시금을 지급하는데, 이 경우와 비교하여 국민연금법에서 가입자가 합리적인 이유 없이 차별되고 있는가가 쟁점이 되었다.[42] 그러나 직역연금은 국민연금과 차이가 있으며, 특히 당시 시점에서는 그랬다. 국민연금에서는 가입대상을 확대하면서 가입자격을 일시적으로 상실한 근로자가 재취업하여 국민연금에 다시 가입하는 가능성이 넓어졌다. 이에 비해서 직역연금에서는 직역종사자가 퇴직 후에 다시 해당 직역에 취업하고 재직기간을 합산하는 경우는 드물다. 당시는 아직 연계연금법이 제정되기 전이었기 때문에 재직기간을 국민연금 가입기간과 합산할 것을 예정하여 퇴직일시금의 지급을 제한할 수 있는 상황도 아니었다.[43] 이는 가입대상이 제한적이었던 국민연금법의 초기 상황과 유사하다. 이와 같이 국민연금과 직역연금은 뚜렷한 차이가 있었기 때문에 직역연금의 퇴직일시금과는 달리 국민연금에서 반환일시금 수급조건을 엄격히 하는 것이 자의적인 차별은 아니었다.

가입자격을 상실한 후 1년이 지났지만 수급자격을 가질 수 없는 자를 그밖에 반환일시금을 지급하는 사유에 해당하는 자와 차별하는 데에는 합리적인 이유가 있다. 두 집단의 상황은 국민연금에 다시 가입하는 가능성에 있어서 뚜렷한 차이가 있기 때문이다.

---

41) 헌재 2004.6.24, 2002헌바15, 16-1, 731면 이하 참조.

42) 헌재 2004.6.24, 2002헌바15, 16-1, 738면 이하 참조.

43) 연계연금법이 제정된 후 개정된 공무원연금법에서는 65세가 되는 때 비로소 퇴직일시금을 지급하도록 하였다(공무원연금법 제43조 제1항 제1호).

가입자가 사망한 경우, 그리고 국적을 상실 혹은 국외에 이주하는 경우에는 국민연금에 다시 가입하는 가능성은 기본적으로 더 이상 존재하지 않는다. 1999년 개정 국민연금법은 가입자가 직역연금으로 이동한 경우를 반환일시금 수급조건으로 추가하였다. 이는 위와 같은 논리의 연장선상에 있었다. 국민연금과 직역연금을 연계하는 법률이 제정되기 전 당시에는 국민연금 가입자가 직역연금으로 이동한 경우에는 기본적으로는 국민연금에 다시 가입할 가능성이 없다고 보았기 때문이다.[44] 이에 비해서 가입자격을 상실한 후 1년이 지난 자가 다시 국민연금에 가입하여 국민연금이 소득보장을 위한 수단으로 기능할 것인지는 불명확했다. 그러나 위에서 지적한 바와 같이 국민연금의 가입대상이 확대되었으며, 또 반환일시금의 지급을 제한하여 국민연금에 의한 노후소득 보장을 유인하는 목적은 두 집단을 달리 취급하는 합리적인 이유에 해당한다.

## 2. 유족연금 수급조건

### (1) 자녀의 유족급여 수급조건

가입자, 노령연금수급권자 등(이하 '가입자 등'으로 줄임)이 사망한 경우 유족은 유족급여수급권을 갖는다. 유족인 자녀가 수급권자가 되기 위해서는 가입자 등이 사망할 당시 생계를 유지하고 있던 자로서 25세 미만이어야 한다. 이에 생계유지조건 및 연령조건이 평등권을 침해하는가의 문제가 심사대상이 되었다.[45] 이 결정은 심사내용 및 결정 그 자체보다 유족급여의 성격을 검토하는 계기가 되었다.

지금까지 헌법재판소는 유족급여의 법적 성격을 명확히 하지는

44) 이 규정은 2007년 7월 23일 개정 법률에 의하여 다시 삭제되었다. 연계연금법의 시행이 예정되어 있었고, 이에 따르면 국민연금에서 직역연금으로 이동하는 경우에도 국민연금 가입기간이 공무원 재직기간과 합산되어 연금수급자격을 취득할 수 있게 된다는 점이 영향을 미친 것으로 보인다. 이와 관련된 연계연금법의 쟁점에 대해서는 아래 Ⅳ.3. 참조.

45) 헌재 2019.2.28, 2017헌마432, 31-1, 204면 이하 참조.

않았다. 유족급여수급권은 사회보장수급권의 성격과 재산권의 성격을 함께 갖는다든가, 혹은 연금수급권은 재산권적 성격보다는 사회보장수급권의 성격이 보다 강하고, 유족급여는 더욱 그러하다는 결정이 있었다.[46] 유족급여는 가입자가 납부한 보험료에 의하여 직접 형성된 것은 아니며, 따라서 유족급여는 – 헌법재판소의 표현과 같이 – 파생적 권리이다.[47] 그러나 사회보험은 가입자가 소득능력 혹은 소득을 상실한 경우 이를 보상하며(소득대체기능), 가입자 등이 사망하는 경우에는 가족이 부양을 상실하는 상황을 보상한다(부양대체기능).[48] 따라서 가입자 등이 사망하는 경우 유족에게 가입자의 연금수급권이 상속되는 것은 아니지만 이는 가족부양을 위한 수급권으로 전환되며, 이때 재산권적 성격이 변화하는 것은 아니다.[49]

위와 같은 이해에 따르면 유족급여가 자기성취성이 없는 국가의 일방적인 급여는 아니며, 또 가입자의 보험료는 사회보험의 기능에 비추어 유족에게 귀속된다는 점에서 보면 유족급여수급권은 여전히 재산권적 보호의 대상이다. 이 점에서 유족급여가 본인급여에 비해서 재산권적 보호의 정도가 약하다든가 혹은 이를 부인하는 듯한 헌법재판소의 견해는 사회보험의 기능에 대한 올바른 이해는 아니었다.[50]

---

46) 전자와 후자에 해당하는 결정으로는 예컨대 헌재 1999.4.29, 97헌마333, 11-1, 512면; 2008.11.27, 2006헌가1, 20-2(하), 10면 등 참조.

47) 헌재 2019.2.28, 2017헌마432, 31-1, 210면 참조.

48) 이와 같은 유족연금의 기능은 유족급여 수급자격에 관한 심사에서 특히 남녀평등의 관점에서 핵심적인 기준이 되었다. 이에 대해서는 아래 각주 58 참조.

49) 이에 비해서 공무원연금법에 관한 심사에서 헌법재판소는 연금수급권을 상속의 대상으로 보았으며, 다만 민법의 상속의 법리에 따라야 하는 것은 아니라는 입장이었다. 예컨대 헌재 1998.12.24, 96헌바73, 10-2, 866면 이하 참조.

50) 독일 연방헌법재판소는 유족급여를 재산권에 의한 보호의 대상에서 제외하는 결정을 한 바 있다. BVerfGE 97, 271(284) 참조. 이 결정에 대한 비판적인 평가로는 예컨대 Friedrich Hase, “Hinterbliebenenrente als Eigentum im verfassungsrechtlichen Sinn”, Juristen Zeitung(2000), 591면 이하; Franz Ruland, “Rentenversicherung”, Ruland/Becker/Axer(편), Sozialrechtshandbuch(Nomos, 2018), 909면, 963면 등 참조.

이와 관련하여 유족급여에 대한 헌법재판소의 이해 자체가 충실하지 못했다. 즉 유족연금은 가입기간에 따라 급여가 결정되기보다는 일정한 가입기간을 조건으로 생활을 일부 보조할 수 있는 급여액을 지급한다는 점에서 노령연금과 다르다고 보았다. 그러나 유족연금 역시 가입자의 가입기간에 따라 차등적으로 산정되며 (법 제74조), 해당 급여가 현실적으로 부양 상실을 충실히 대체하지 못하는 것은 국민연금 자체의 소득대체율이 낮기 때문이다.[51] 즉 유족연금의 수준과 법적 성격은 별개의 문제이다. 헌법재판소가 유족급여를 가입자의 가족에 대한 '원조'라고 표현한 것은 이와 같은 오해에서 비롯된 것으로 보인다. 이때 '원조'의 의미가 무엇인지는 명확하지 않지만 유족연금은 보험료에 대한 반대급부가 아니라 일방적인 지원으로 이해한 것으로 보인다. 이에 헌법재판소는 "… 유족연금 등 사회보장급부를 보다 절실히 필요로 하는 사람들에게 복지혜택을 주기 위해서는 그 필요성이 보다 절실하지 않은 사람들은 수급권자로부터 배제"할 수 있다고 보았다.[52] 이는 – 위에서 언급한 바와 같은 – 사회보험에 의한 급여로서 유족급여의 성격에 반하며, 또 헌법재판소가 유족급여수급권에 대한 재산권적 보호를 명시적으로 부인하지는 않았지만 재산권적 성격을 갖지 않는다고 이해하였고, 또 이를 전제로 했을 때 성립될 수 있는 논리였다.

국민연금의 – 위에서 언급한 바와 같은 – 기능에 비추어보면 유족연금의 수급자격은 가입자 등의 사망으로 인하여 기존에 가족부양이 상실되는가의 여부가 기준이 된다. 이 점에서 보면 '생계를 유지하고 있던 자'의 요건은 국민연금에 내재해 있는 요소이다. 이는 아래에서 살펴보는 배우자의 유족연금 수급자격에 관한 결정에

51) 이는 국민연금뿐 아니라 사회보험, 그리고 일반적으로 우리 사회보장이 갖고 있는 문제이다. 이 점에 대해서는 예컨대 한신실, "한국은 어떤 복지국가로 성장해 왔는가?", 한국사회정책 제27권 제1호(2020), 166면 이하 참조.

52) 헌재 2019.2.28, 2017헌마432, 31-1, 210면 참조.

서 보다 실질적으로 심사되었다.[53] 이에 비해서 자녀의 연령기준은 논란의 여지가 있다. 연령기준은 자녀가 독자적인 소득능력이 있는가, 따라서 가입자의 사망에도 불구하고 부양의 상실이라는 위험이 발생하지 않는가에 대한 유형적인 판단에 따른 규정이다. 이와 같은 원리적 명제를 떠나 구체적인 연령기준에 대한 판단은 입법정책의 문제이다. 실제 국민연금법은 자녀가 연금을 수급하는 연령을 처음에는 18세 미만으로 하였으며, 2011년 19세 미만, 그리고 2016년 25세 미만으로 점차 연장하여 왔다. 국민연금에서 처음에는 자녀의 연금수급 연령을 주로 신체적 노동능력을 기준으로 판단하였지만 이후에는 교육기간 등 사회경제적 요소를 고려하면서 연령기준은 연장되었다. 물론 25세 이후에도 자녀가 아직 교육과정에 있는 경우가 있으며, 이와 같은 개별적인 상황을 고려하여 연령기준을 차등화하거나 혹은 원칙에 대한 예외를 두는 것은 바람직하다.[54] 그러나 국민연금이 그동안 유족연금의 기능에 충실하게 연령기준을 연장하여 왔으며, 또 일반적으로 자녀는 25세 이전에 교육과정을 마친다는 상황을 고려하면 이와 같은 연령기준이 합리적인 유형화의 범위를 명확하게 벗어났다고 할 수는 없다.

이 결정은 사회보장법에서 자녀의 수급연령 기준을 균형 있게 형성하는 문제를 주목하는 계기가 되었다. 예컨대 공무원연금법에서 자녀의 연금수급 연령은 19세 미만이며, 국민연금법과 공무원연금법의 이와 같은 차이에 합리적인 이유가 있지는 않다. 헌법재판소는 이 문제를 인식을 하였지만 헌법적 판단에 영향을 미치지는 않았다.[55]

---

53) 아래 각주 69 참조.

54) 예컨대 독일에서 자녀연금의 수급연령은 원칙적으로 18세로서 우리 국민연금법에 비해서 낮다. 그러나 이를 보완하는 규정을 두고 있다. 즉 학교교육 및 직업교육과정에 있는 경우에는 27세까지 연장될 수 있으며, 병역복무를 이행하여야 하기 때문에 학교 및 직업교육이 중단되는 경우에는 그에 해당하는 기간 동안 자녀연금의 수급연령은 다시 연장될 수 있다(사회법전 제6권 제48조 제4항).

55) 이에 대해서는 헌재 1999.4.29, 97헌마333, 11-1, 516면 이하; 2014.5.29, 2012

### (2) 유족연금 수급조건에 있어서 남녀 차별

#### 1) 남녀차별입법이 전제하였던 상황

국민연금법이 제정된 1986년 시점에서 아직 우리 사회, 그리고 입법에서 남녀차별에 대한 민감성은 높지 않았다. 남녀평등의 선구적인 입법이었던 남녀고용평등법은 1987년 제정되었다.[56] 그밖의 생활영역에서 남녀평등에 관한 입법은 미루어지고 있었고, 이를 국민연금법에 반영하는 데에는 더욱 그랬다. 1986년 제정된 국민연금법에서 다음과 같은 규정이 이에 해당하는 예이다. 노령연금의 수급연령이 성별에 따라 차등화되어 있었다. 즉 남자는 60세, 여자는 55세였다. 위에서 언급한 바와 같이 반환일시금의 수급자격에 있어서도 남성과 달리 여성은 가입자격을 상실한 후 1년이 지나면 반환일시금을 지급받을 수 있었다. 가족에서 남녀의 소득활동과 가사활동에 평등한 가치를 부여하기 위한 분할연금에 대한 인식과 구상은 아직 없었다. 1990년 민법에 이혼시 재산분할청구권이 도입된 후에도 남녀평등을 실현하는 추가 입법은 오랫동안 미루어지고 있다가 1998년 비로소 국민연금법에 반영되었다. 직역연금법에서 이에 관한 입법은 더욱 늦었다. 즉 2015년 비로소 공무원연금법에 분할연금이 도입되었다.

국민연금에서 유족연금의 수급자격이 남성과 여성에 있어서 차이가 있었다. 즉 여성이 수급자인 경우에는 특별한 조건 없이 가입자의 사망 후 5년간 유족연금이 지급되고, 이후 50세에 이를 때까지 연금지급은 중단된다. 다만 18세 미만 혹은 장애등급 2급 이상의 자녀가 있는 경우에는 연금지급은 정지되지 않는다. 이에 비해서 남은 배우자가 남성인 경우에는 60세 이상이거나 장애등급 2급 이상에 해당하는 경우에 한하여 유족연금이 지급된다. 이와 같

---

헌마515, 26-1(하), 432면 이하 등 참조.

56) 이 법은 2007년 「남녀고용평등과 일·가정 양립지원에 관한 법률」로 이름을 바꾸었다.

은 성별에 따른 차별은 기본적으로 가정에서의 전통적인 남녀의 역할 분담, 즉 남성이 소득활동을, 그리고 여성은 가사활동을 하며, 남성 가입자가 사망한 경우에 유족연금이 지급되면 부양이 대체될 수 있다는 구상, 즉 이른바 남성부양자모델(male breadwinner model)에 따른 것이었다.[57)]

위와 같은 국민연금법의 규정은 그동안 사회 및 가족구조의 변화, 그리고 그러한 변화에 따른 의식이 성장하면서 대부분 남녀평등의 이념에 맞추어 개정되었다. 노령연금 수급연령의 성별에 따른 차이는 없어졌다. 반환일시금 지급에 있어서 여성에 대한 예외규정이 삭제되었다. 1998년 개정 법률에 의하여 분할연금이 도입되었다. 2007년 개정 법률에 의하여 유족연금의 수급조건에 있어서 남은 배우자의 성별에 따른 차이는 없어졌다. 개정 법률에 의하여 배우자는 남녀 차이 없이 수급권이 발생한 때로부터 3년간 유족연금을 지급받으며, 이후 55세에 이를 때까지 연금의 지급이 정지된다. 다만 수급자가 장애등급이 2급 이상인 경우, 가입자 또는 가입자였던 자의 25세 미만인 자녀 또는 장애등급 2급 이상인 자녀의 생계를 유지한 경우, 배우자의 사업소득 및 근로소득이 기본연금의 산정요소인 평균소득월액의 평균치를 넘지 않는 경우에는 연금이 계속 지급된다(법 제76조 제1항, 시행령 제49조).

### 2) 상황의 변화와 입법의 지체

개정 전 유족연금 수급조건에 관한 남녀차별 규정이 평등권을 침해하는가 여부가 심사의 대상이 되었다.[58)] 이 사건은 입법의 배

57) 사회보험에서 남성부양자모델의 제도화 및 (특히 가족관계의 변화에 따른) 문제상황에 대해서는 전광석, 복지국가론 – 기원·발전·개편(신조사, 2012), 169면 이하, 190면 이하, 232면 이하 등 참조. 1990년대 이후 독일에서 남성부양자모델의 개편과 부부소득자(dual earner model)모델로의 전환 노력에 대해서는 예컨대 이미화, "독일 보육정책과 양육휴가정책의 성격: 남성생계부양자모델 혹은 이인소득자모델", 사회복지연구회(엮음), 복지국가 쟁점 1(한울, 2019), 263면 이하 참조.

58) 헌재 2008.11.27. 2006헌가1, 20-2(하), 138면 이하 참조.

경이 되었던 사실관계 및 사실관계의 변화가 헌법심사에 영향을 미치는 전형적인 예에 해당한다. 여성의 사회경제적 지위, 소득활동 참가율, 소득활동 기간 및 소득수준, 가정에서의 역할 분담이 그동안 크게 변화하였고, 이 점이 중요한 심사요소였다. 헌법재판소는 남성 배우자와 여성 배우자의 유족연금 수급조건을 2007년 비로소 동일하게 한 것이 헌법에 반하여 사실관계에 대한 판단이 지체된 것은 아니라고 보았다.[59] 이 결정에서 주목할 만한 점은 해당 규정에 처음부터 차별 의도가 있었던 것은 아니며, 사회적 변화에 따라 법률이 차별적 효과를 갖게 되었다는 헌법재판소의 인식이다. 그런데 사회적 변화가 뚜렷하여 헌법이 더 이상 용인할 수 없는 차별적 효과가 발생하는 시점에 이른 때 헌법에 합치하도록 법률을 개정하는 입법의무가 발생하는데, 그 시점은 기본적으로 입법정책의 문제라고 보았다.[60] 이 결정에는 4인의 반대의견이 있었으며, 이에 따르면 남녀를 차별하는 입법의 배경이었던 사회관계의 변화가 이미 입법적 전환을 필요로 하는 상태에 이르렀나.[61]

이 규정은 사실관계의 변화와는 관계없이 처음부터 불평등의 요소를 내포하고 있었고, 적어도 그동안 사실관계의 변화로 인하여 뚜렷하게 평등의 원칙과 조화되기 어려웠다. 유족연금은 가입자 혹은 연금수급권자인 배우자의 사망으로 인하여 상실된 소득을 대체하는 기능보다는 그로 인한 가족부양의 공백을 보호하는 목적을 갖는다.[62] 그런데 위에서 언급한 바와 같은 남성부양자모델에서는

---

59) 독일 연방헌법재판소 역시 여성에 비해서 남성에게 유족연금의 수급조건을 엄격하게 하였던 규정에 대해서 합헌 및 입법촉구 결정을 내리면서 유사한 논리를 제시한 바 있다. 이에 대해서는 BVerfGE 17, 18면 이하(합헌); 39, 169면 이하(입법촉구) 등 참조.

60) 헌재 2008.11.27, 2006헌가1, 20-2(하), 146면 이하 참조.

61) 헌재 2008.11.27, 2006헌가1, 20-2(하), 148면 이하 참조.

62) 이에 대해서는 위 각주 48 참조. 위 각주 59에서 인용한 독일 연방헌법재판소의 결정에서 일부 견해는 유족연금을 부양대체급여가 아니라 소득대체급여로 이해하였다는 점을 언급하였지만 이를 인정하지는 않았다. 연방헌법재판소가 심판대상 규정을 합헌, 그리고 입법 촉구를 수반하는 합헌으로 결정한 데에는 가장

남성배우자가 소득활동을 통하여 가족을 부양한다는 점을 주목하였으며, 이에 비해서 가사 및 양육과 같은 활동이 수행하는 부양기능과 그 경제적 의미를 인식하는 데에는 소극적이었다.[63] 그 결과 부부 중 소득활동을 하였던 배우자가 사망한 경우에 한하여 유족연금의 수급자격을 부여하였다. 그러나 이는 합리적인 차별은 아니다. 일반적으로 여성이 그러하지만 사망한 배우자가 가사 및 양육활동을 하였던 경우에도 해당 배우자가 사망한 경우에는 남은 가족에게 부양의 공백이 발생한다. 즉 이제 남은 배우자는 가사 및 양육을 직접 담당하거나(그리고 그 결과 소득활동을 축소 혹은 단절하거나), 혹은 대체서비스를 시장에서 구입하여야 하기(그리고 그 결과 실질 소득이 감소하기) 때문이다.

그동안 진행된 사실관계의 변화에 비추어 보면 해당 규정의 정당성은 더욱 약화된다. 입법에 영향을 미치는 사실관계가 변화했는가 여부, 그리고 이를 반영하는 시점과 관련하여 입법적 판단은

---

기본적으로는 당시, 즉 (첫 번째 결정 시기인) 1963년에 아직 여성은 기본적으로 가사활동을 담당하는 것이 부부 간의 역할분담의 정형이었으며, 또 남성배우자는 여성배우자가 사망한 경우 가사활동을 담당할 대체인력을 쉽게 구할 수 있다는 상황을 주요한 헌법사실로 전제하였다. 이와 같은 사실관계는 두 번째 결정의 시기, 즉 1974년에는 상당히 달라졌지만 아직 진행 중에 있으며, 이에 관한 결정은 입법에 유보되어 있다고 보았다. 이와 같은 사실관계 및 그 변화에 대한 헌법재판소와 입법권의 결정권한의 배분은 우리의 경우와 유사하다고 볼 수 있다. 그러나 당시 (그리고 현재에도) 독일의 규범상황은 우리 국민연금법과는 차이가 있다. 독일의 연금보험법은 유족연금 외에 자녀연금(Waisenrente)을 지급하였고, 위 첫 번째 결정에서 연방헌법재판소는 남은 배우자가 남성인 경우에 자녀연금의 수급자격을 엄격히 하였던 규정에 대해서는 위헌으로 결정하였다. 이와 같이 자녀연금이 어느 정도 상실된 부양을 대체하는 기능을 수행하였다. 국민연금법이 유족연금 수급자 이외의 가족에게 부양가족연금을 지급하기는 한다. 그러나 이는 지극히 상징적인 수준에 머물러 있기 때문에(2019년 자녀 및 부모에게 연 168,020원) 부양를 대체하는 기능은 거의 없다. 이 점에서 국민연금에서 기존에 유족연금의 수급자격에 관한 규정은 상실된 소득을 대체하는 성격이 강했으며, 부양을 대체하는 성격은 미약했다.

63) 보다 넓은 시각에서 소득보장과 서비스급여가 상호 대체할 수 없으며 보완관계에 있다는 분석에 대해서는 예컨대 문진영/김윤영, “소득보장(현금급여)인가?, 사회서비스(현물급여)인가?”, 사회복지연구회(엮음), 복지국가 쟁점 1(한울, 2019), 213면 이하 참조.

기본적으로 존중되어야 한다. 그러나 이 사건 결정 시점에서 입법적 전환은 지나치게 지체되어 있었다. 이는 두 가지 점에서 그러하다. 첫째, 이미 개정 시점 이전에 중요한 사실관계의 변화가 전개되어 있었다. 먼저, 여성의 경제활동 참가율이 50%가 넘는 등 여성의 소득활동은 더 이상 예외적이거나 남성에 비해서 전형적으로 낮다고 볼 수는 없었다. 다음, 부양의 중요한 부분을 구성하는 양육 및 가사활동을 위한 비용이 적지 않았기 때문에 남은 배우자가 큰 비용을 지출하지 않고 자신의 소득활동 등을 통하여 감당할 수 있는 정도를 넘어섰다. 둘째, 체계정합성의 관점에서 볼 때 이미 1990년 민법에 도입된 이혼시 재산분할청구권, 그리고 지체되었지만 1998년 국민연금법에 도입된 분할연금제도는 모두 가사 및 양육활동에 경제적 및 법적 가치를 부여하여 소득활동과 가사 및 양육활동, 그리고 간접적으로는 남성과 여성의 평등을 실현하는 목적을 가졌다. 이 점에서 이 사건 결정 시점 이전에 이미 기존에 유족연금의 수급자격에 있어서 남녀차별을 정당화하는 합리적인 이유는 더 이상 확인될 수 없었다.

### (3) 분할연금의 청구요건

국민연금에서 이혼배우자의 생활보장을 위한 분할연금청구권에 대해서는 그동안 여러 문제가 지적되었으며, 2007년 개정 국민연금법은 이를 부분적으로 개선하였다.[64] 예컨대 분할연금 권리자가 재혼한 경우에 분할연금수급권이 소멸하도록 하였던 규정이 삭제되었다. 60세가 되기 전에 이혼한 경우 이혼의 효력이 발생한 날로부터 분할연금을 미리 청구할 수 있도록 하여(분할연금 선청구), 권리의 안정성을 도모하였다. 이 때에도 분할연금은 60세에 이르러 비로소 지급된다. 분할연금에 대해서는 아직 여러 개선 논의가

64) 분할연금의 문제에 대해서는 예컨대 이정우, “이혼여성을 위한 연금분할제도의 개선방안”, 사회보장연구 제19권 제2호(2003), 73면 이하 참조.

진행되고 있다.[65] 예컨대 분할연금 의무자가 노령연금수급권을 취득하기 전에 사망하는 등의 이유로 연금수급권을 취득하지 못하는 경우에는 이혼배우자는 어떠한 국민연금법적 지위도 갖지 못한다. 분할연금 수급을 위하여 필요한 5년의 혼인기간은 지나치게 길다. 이혼배우자는 이혼의 시점이 아니라 상대방 배우자의 노령연금청구권이 성립하는 시기에 비로소 분할연금을 지급받는다.[66] 그렇기 때문에 분할연금에 대한 기대권과 본인의 소득활동을 통하여 형성되는 연금기대권을 합산하여 연금청구권을 충실히 할 수 있는 기회를 갖지 못하는 점도 사회보장의 목적에 충실하지 못하다.

1998년 국민연금법에 분할연금이 도입된 이후에도 오랫동안 공무원연금법과 사립학교교직원연금법에서 이에 따르는 입법은 지체되었다. 다만 공무원연금법상의 퇴직연금에 대한 재산분할과 관련하여 법원이 기존에 소극적인 태도에서 적극적인 입장으로 바뀌면서 제도 개선은 더 이상 미루어질 수 없게 되었다.[67] 2015년 공무원연금법과 사립학교교직원연금법에 분할연금제도가 도입되었다. 그러나 여전히 국민연금법의 규정과는 차이가 있으며, 여기에 합리적인 이유가 있는지는 의문이다.[68] 군인연금법에 분할연금은 2020

65) 분할연금제도의 다양한 개선방안에 대한 논의로는 예컨대 유호선, "국민연금의 분할연금제도 개선방안", 사회복지정책 제37권 제3호(2010), 104면 이하 참조.

66) 공무원연금법에서 이를 확인하는 판결로는 대판 2019.11.15, 2018두35155 참조.

67) 기존에 퇴직금, 봉급 등에 대한 권리는 개연성이 있을 뿐 현실화되지 않았기 때문에 부부공동재산으로 볼 수 없다는 판결로는 대판 1995.5.23, 94므1713; 1997.3.14, 96므1533 등 참조. 이에 비해서 이미 퇴직하여 수령한 퇴직금에 대해서는 재산분할의 대상으로 인정하였다. 대판 1995.3.28, 94므1584 참조. 그러나 이후 법원은 공무원연금수급권을 재산분할의 대상으로 인정하는 판례 변경을 하였다. 다만 당시 아직 재산분할에 관한 규정이 없었기 때문에 독자적으로 분할의 기준을 제시하였다. 즉 '전체 재직기간 중 실질적 혼인기간이 차지하는 비율, 당사자의 직업 및 업무내용, 가사 내지 육아부담의 분배 등 상대방 배우자의 실제 협력 및 기여 정도'가 기준이 되어야 한다. 이에 대해서는 대판 2014.7.16, 2012므2888; 2014.7.16, 2013므2250; 2019.9.25, 2017므11917 등 참조.

68) 국민연금과 공무원연금에서 분할연금의 제도 내용에 관한 차이에 대해서는 예컨대 김현진, "국민연금법 제64조 제1항 헌법불합치결정의 문제점과 개선입법의 방향 – 헌법재판소 2016.12.29. 선고, 2015헌바182 결정을 계기로", 민사법학 제

년 비로소 도입되었다. 이와 같이 분할연금제도의 도입이 지체되고, 또 도입 시기에 시간적 차이가 있었던 것은 가족의 유지에 기여하는 가사 및 양육활동에 경제적 및 법적 가치를 인정하고, 남녀평등을 실현하는 구상이 전체 법체계에 투영되지 못하고 개별법 차원에서 산발적으로 진행되어 형평이 상실되는 대표적인 예가 되었다.

분할연금제도는 이혼배우자가 실질적으로 가족을 부양하는 역할을 하였다면 사실혼관계에도 적용된다(국민연금법 제3조 제2항). 그런데 헌법재판소는 거꾸로 법률혼관계는 계속 유지되었지만 배우자가 별거 또는 가출 등으로 인하여 가족을 부양하는 역할을 하지 않은 경우에는 분할연금을 적용할 수 없다고 보았다. 그리고 이와 같이 실질적으로 부양을 행하지 않은 경우에도 배우자를 분할연금의 대상에서 명시적으로 제외하지 않은 규정은 헌법에 합치하지 않는다고 판단하였다.[69] 이는 국민연금법 등 사회보장법에서 가입자의 사망으로 인하여 상실된 부양을 대체하는 유족급여의 성격과 기능을 확인하는 의미가 있으며, 동시에 민법의 상속의 법리와는 독자적인

81호(2017), 216면 이하 참조.

69) 헌재 2016.12.29, 2015헌바182, 28-2(하), 398면 이하 참조. 이 결정에 따른 개선입법은 2017년 12월 19일 개정 법률을 통하여 이루어졌다. 이에 따라 "배우자의 가입기간 중의 혼인 기간으로서 별거, 가출 등의 사유로 인하여 실질적인 혼인관계가 존재하지 아니하였던 기간을 제외한"다는 규정을 삽입하였다(법 제64조 제1항). 그러나 부칙에서 이 규정은 "이 법 시행 후 최초로 분할연금 지급사유가 발생한 경우부터 적용한다"고 하여 헌법재판의 당해 사건의 당사자도 구제받을 수 없게 되었다. 이에 법원은 헌법불합치결정에 따른 계속적용은 헌법에 합치하는 부분에 한정되고, 헌법에 합치하지 않는 부분은 적용이 중지되어야 하며, 헌법불합치결정은 일종의 위헌결정으로서 소급효를 가져야 한다는 논리에 따라 개정 법률 규정을 당해 사건에 적용하도록 하였다. 대판 2018.7.11, 2016두47697 참조. 같은 취지의 결정은 산재보험법 및 군인연금법에서도 나타났다. 헌재 2010.6.24, 2008헌바128, 22-1(하), 473면 이하; 2016.12.29, 2015헌바208, 28-2(하), 456면 이하; 대판 2011.9.29, 2008두18885등(군인연금법); 헌재 2016.9.29, 2015헌바208등, 28-2(하), 456면 이하; 2019.9.26, 2018헌바218등, 31-2(상), 298면 이하 등(산재보험법) 참조. 이 결정을 포함하여 계속적용 헌법불합치결정의 문제에 대해서는 예컨대 김하열, "계속적용 헌법불합치 결정의 의미와 효력: 법률적용 관계를 중심으로", 저스티스(2020.4), 31면 이하 참조.

기준이 적용된다는 점을 다시 한번 보여주고 있다.[70] 민법에서는 부양 여부가 상속인의 지위에 영향을 주지 않기 때문이다.[71]

이 결정에는 별개의견이 제시되었다. 1990년 개정 민법의 이혼시 재산분할청구권과는 달리 1998년 분할연금을 도입하는 국민연금법 개정 법률은 분할비율을 50%로 법률에서 직접 정했다. 그런데 이후 이혼 배우자가 상대방 배우자의 소득활동과 이에 기초하여 형성되는 연금청구권에 다양한 형태와 정도로 기여하였음에도 분할비율이 균등한 것은 불합리하다는 지적이 있어 왔다. 이에 2015년 국민연금법에 제64조의2가 삽입되었다; 즉 "… 민법 …에 따라 연금의 분할에 관하여 별도로 결정된 경우에는 그에 따른다". 이는 분할연금청구권이 재산권의 성격을 갖는다는 점을 고려하여 당사자 간에 합의에 의하여 분할연금을 청산할 수 있도록 하는 의미가 있었다.[72] 이 결정에서 별개의견은 법 제64조의2에 따라 사실상 부양을 행하지 않은 배우자에 대해서는 당사자 간에 합의에 의하여 분할비율을 달리 할 수 있기 때문에 법 제64조 자체가 헌법에 합치하지 않는다는 판단이 필요하지 않다고 보았다.[73]

이는 국민연금의 사회보장목적에 대한 올바른 이해는 아니다. 기본적으로는 법 제64조에 의하여 이혼배우자의 생활이 보장되어야 한다. 그리고 이와 같은 규범적 기초 위에서 당사자 간에 자율적인 합의의 가능성을 부여하고, 또 이 규정이 남용되어 배우자가 곤궁에 처하지 않도록 실체법적 및 절차법적 보완이 필요하다. 절차법적으로는 예컨대 이 경우 가정법원의 승인을 받도록 할 수 있

70) 위 각주 49 참조.

71) 이에 관한 헌법재판소의 최근 결정으로는 헌재 2018.2.22, 2017헌바59, 30-1(상), 307면 이하 참조.

72) 2015년 법 제64조의2의 도입 배경 및 평가에 대해서는 예컨대 김린, "이혼으로 인한 공적 연금수급권 분할에 관한 소고", 사회보장법학 제5권 제1호(2016), 48면 이하; 김현진, 위 각주 68의 논문, 212면 이하 등 참조. 이 규정에 대한 합헌결정으로는 헌재 2018.4.26, 2016헌마54, 30-1(상), 709면 이하 참조.

73) 헌재 2016.12.29, 2015헌바182, 28-2(하), 399면 이하 참조.

다. 독일의 입법이 이러한 예에 해당한다. 연금분할로 인하여 일방 당사자의 생활이 보장될 수 없게 되는 등 특별한 사유가 있는 경우에는 연금분할을 면제할 수 있을 것이다. 또 이러한 가능성을 사회보장의 성격과 목적에 충실하게 적용하기 위하여 법률에서 그 사유를 열거하여 당사자 간의 합의에 의하여 분할연금의 목적이 상실되지 않도록 하여야 한다.[74)]

## 3. 연계연금법의 적용 시점

1988년 국민연금이 시행되면서 이미 1960년 시행된 공무원연금을 비롯한 직역연금과의 관계가 주목을 받게 되었다. 직역연금을 그대로 유지하면서 제도 내용을 국민연금에 근접하게 조정하는 방안, 직역연금을 국민연금에 흡수하는 방안 등이 검토되었다. 그러나 제도통합에는 직역연금에서 형성된 수급권을 보장하는 헌법적 문제가 따랐고, 또 직역연금을 유지하려는 공무원 등 당사자의 저항을 극복하기 어려웠다. 이와 같은 근본적인 처방이 지체되면서 이제 보다 현실적인 문제가 해결되어야 했다. 1999년 국민연금의 적용대상이 전국민으로 확대되어 국민연금 및 직역연금이 노후소득 보장을 위한 기본제도로 기능하여야 하였지만 국민연금과 직역연금을 이동하는 경우 국민연금 가입기간과 직역연금에서 재직기간이 합산되지 않기 때문에 두 제도 모두에서 연금수급권을 취득할 수 없는 문제가 발생하였다.[75)] 이에 2009년 2월 6일 연계연금법이 제정되고, 같은 해 8월 7일 시행되었다.

연계연금법에 따른 연계는 원칙적으로 시행일 이후에 국민연금 가입자 혹은 공무원연금법의 적용을 받는 공무원이 제도 간을 이

74) 당사자 합의에 의한 연금분할(포기)에 관한 엄격한 해석의 필요성 및 그러한 예에 대해서는 대판 2019.6.13, 2018두65088 참소. 이에 관한 독일의 입법례에 대해서는 Eberhard Eichenhofer, Sozialrecht(Mohr Siebeck, 2019), 188면 이하 참조.

75) 이 점에 관한 초기의 논의 상황에 대해서는 고철기/오영호/김성희, 국민연금제도와 특수직역연금제도 간 연계방안 연구(한국보건사회연구원, 1990) 참조.

동한 경우에 신청할 수 있다. 소급하여 적용하는 가능성을 두었지만 기간에 제한이 있었다. 이는 국민연금 가입자와 공무원연금법의 적용을 받는 공무원의 경우 차이가 있었다. 국민연금에서 직역연금으로 이동하는 경우에는 개정 국민연금법 시행일인 2007년 7월 23일부터 연계연금법의 시행일인 2009년 8월 7일 이전까지 소급 적용된다. 이에 비해서 직역연금에서 국민연금으로 이동하는 경우에는 연계연금법 공포일인 2009년 2월 6일부터 시행일까지의 기간에 소급하여 연금연계를 신청할 수 있다. 즉 후자의 경우 소급 적용되는 기간이 짧았다. 이와 관련하여 국민연금 가입자, 그리고 직역연금법 적용대상인 공무원이 각각 헌법소원심판을 청구하였다.[76)]

연계연금법을 제정하면서 법률의 적용 시점, 그리고 소급적용을 하는 경우 소급기간에 대한 결정은 입법정책의 문제라는 논리로 해당 규정은 정당화되었다. 특히 해당 규정은 일종의 시혜적인 소급입법이며, 따라서 입법재량의 여지가 상대적으로 넓다는 점이 강조되었다. 여기에는 다음과 같은 제한이 있을 뿐이다. 즉, "그 결정이 합리적 재량의 범위를 벗어나 현저하게 불합리하고 불공정한 것이 아닌 한 헌법에 위반된다고 할 수 없다". 헌법재판소는 기간의 제한 없이 연금연계에 관한 규정을 소급하여 적용할 경우 공적연금에 재정 부담을 주고, 소급적용에 따라 법적 안정성을 해칠 우려가 있다고 보았다. 그러나 이와 같은 지적이 타당한가는 의문이다. 국민연금과 직역연금은 연계연금법이 시행된 후에도 각각 독자적으로 재정이 운영되며, 따라서 연금연계에 의하여 재정 부담이 다른 연금제도로 전가(轉嫁)되지는 않는다. 또 각각의 연금은 국민연금 가입자 혹은 공무원이 잠재적인 연금수급자라는 예측에 기초하여 재정을 설계·운영하기 때문에 연계연금법의 소급 적용으로 인하여 추가적인 재정수요가 발생하는 것도 아니다.

76) 헌재 2012.5.31, 2009헌마553, 24-1(하), 529면 이하; 2015.2.26, 2013헌바419, 27-1(상), 166면 이하 등 참조.

헌법재판소는 심사범위를 다음과 같이 한정하였다. 연계연금법이 소급하여 적용되는 시기를 개정 국민연금법의 시행일인 2007년 7월 23일로 함으로써 그 이전 시기에 국민연금에서 직역연금으로 이동한 사람을 차별하는 데 합리적인 이유가 있는가 여부이다. 이와 관련하여 1999년 국민연금법 개정 법률은 국민연금 가입자가 직역연금의 적용대상이 된 경우에 반환일시금을 지급하는 규정을 추가하였지만 2007년 이 규정이 다시 삭제되었다는 점을 주목할 필요가 있다.[77] 그렇기 때문에 2007년 7월 23일 시점으로 연계연금법을 소급 적용하지 않을 경우 직역연금으로 이동한 국민연금 가입자는 (국민연금 가입기간과 합산하여) 직역연금 수급자가 될 수도 없고, 또 반환일시금도 수급할 수 없게 된다.[78] 이에 비해서 직역연금에서 국민연금으로 이동하는 경우에는 소급적용의 예외를 두지 않은 데에 합리적인 이유가 있다.[79] 기존의 직역연금법에는 국민연금법에서 반환일시금의 지급을 제한하는 규정에 상응하는 규정이 없었기 때문에 연금 수급을 위하여 필요한 재직기간을 충족하지 못한 경우에 연령에 관계없이 퇴직일시금과 반환일시금이 지급되었다. 그만큼 연계연금법을 적용하여 보호할 필요성이 약했다.

이와 같은 논리는 국민연금에서 직역연금으로 이동하는 경우와 그 반대의 경우에 규범상황이 다르기 때문에 상대적으로 타당하기는 하다. 그러나 절대적으로 보호의 필요성을 기준으로 보면 퇴직일시금 및 반환일시금의 수급자격을 갖더라도 이를 반납하거나 혹은 추후 납부를 통하여 연금연계의 가능성을 인정하는 것이 정책적으로 보다 타당하다는 점도 부인할 수 없다.[80] 심사대상인 규정이 헌법에 위반되지는 않지만 정책적으로 타당한가에 대해서 의문

77) 위 각주 44 참조.
78) 헌재 2012.5.31, 2009헌마553, 24-1(하), 537면 이하 참조.
79) 헌재 2015.2.26, 2013헌바419, 27-1(상), 171면 이하 참조.
80) 퇴직일시금 수급요건이 변화한 현재의 상황에 대해서는 위 각주 43 참조.

이 제기되는 사안이다.

## V. 국민연금기금의 관리운영

### 1. 기금적립과 헌법문제

국민연금에서는 가입자가 장기적으로 보험료를 납부하고, 또 제도가 시행된 이후 기본적으로 20년간 수급자격자가 발생하지 않기 때문에 대규모의 기금이 적립된다. 이와 같은 기금의 운영은 연금보험의 근본적인 문제였다. 정부는 미래에 지출될 예정인 연금기금을 우선 현재의 국가사업을 위하여 동원하려는 유인이 있었다. 그런데 이는 그 범위 및 운용방법에 따라서는 기금의 안정성과 수익성에 부정적인 영향을 미칠 수 있다. 이와 같은 문제는 시행이 유보되었지만 이미 1973년 국민복지연금법의 제정과정에서 주요 쟁점이었다. 국민투자기금법은 국민복지연금기금 거의 전액을 국민채권을 인수하는 재원으로 사용하거나 국민투자기금에 예탁할 수 있도록 하였다. 당시, 즉 1970년대 초·중반은 우리나라에서 중화학공업으로 산업구조가 전환되는 시기였으며, 이와 같은 기금의 운영방식은 산업구조의 전환에 필요한 내자동원(內資動員)을 목적으로 하였다.[81]

연금기금의 운용에 대한 구상은 1988년 이후 국민연금법의 시대에도 크게 다르지 않았다. 1994년 「공공자금관리기금법」(이하 「공자법」으로 줄임)은 국민연금기금의 여유자금 등 연기금을 공공자금관리기금에 강제로 예탁하도록 하기 위하여 제정되었다.[82] 그런데 본격적으로 연금을 지급하는 시기가 아직 멀리 있었기 때문에 국민연금기금은 대부분이 여유 자금에 해당한다고 볼 수 있었다.

---

81) 이 점에 대해서는 전광석, 위 각주 1의 책, 182면 이하 참조.

82) 당시 공공자금관리기금법의 제정 배경에 대해서는 예컨대 은민수, "국민연금기금의 동원전략: 국민연금 기금운용 지배구조 및 기업지배구조의 변화가능성", 한국사회정책 제18집 제3호(2014), 97면 이하 참조.

실제 「공자법」 제정 이후 1995년 국민연금기금의 약 65%가 공공부문에 예탁되었고, 1998년 이 비율은 71%에 이르렀다. 이에 다음과 같은 헌법문제가 제기되었다.[83] 첫째, 국민연금기금의 여유자금을 강제 예탁하는 결과 기금의 수익률이 낮아져서 가입자가 납부하는 보험료 가치가 떨어지게 되면 가입자의 재산권 및 인간다운 생활을 할 권리를 침해하는가의 문제이다. 둘째, 가입자가 보험료를 납부하여 적립된 국민연금기금을 관할하는 국민연금기금운용위원회에 가입자가 과소대표되어 있기 때문에 정부의 의사에 따라 기금이 운영될 우려가 있는데, 이 점이 가입자의 의사결정에의 참여권을 침해하는가의 문제이다.

## 2. 국가책임, 기금운용의 실체법적 및 절차법적, 그리고 조직법적 문제

헌법재판소는 정부가 국민연금 지급에 관한 종국적인 책임을 진다는 논리에서 출발하였다.[84] 따라서 정부는 국민연금기금의 운용에 광범한 재량을 가지며, 가입자가 참여하여 기금운용을 결정하는 권리가 있다고 보지는 않았다. 정부가 국민연금 및 국민연금기금의 운용에 정치적 책임을 지는가는 별개의 문제이지만 적어도 위와 같은 국민연금 법률관계에 대한 헌법재판소의 이해방법은 올바른 것은 아니었다.

국민연금사업은 보건복지부가 관장하지만 국민연금의 운영주체는 국민연금관리공단이다. 그리고 국민연금에 관한 권리의무관계의 당사자는 국민연금관리공단과 가입자이다. 이 결정에 대한 반대의견은 이 점을 지적하였다.[85] 이 점은 이후 시기에 공무원연금법이 정부의 재정보증에 관한 규정을 도입하면서 국민연금에도 이에

83) 헌재 1996.10.4, 96헌가6, 8-2, 308면 이하 참조.
84) 헌재 1996.10.4, 96헌가6, 8-2, 323면 이하, 331면 이하 등 참조.
85) 헌재 1996.10.4, 96헌가6, 8-2, 323면 이하, 335면 이하 참조.

상응하는 규정이 필요하다는 논의에서도 확인할 수 있다.[86] 정부가 국민연금 지급에 관하여 규범적으로 최종책임을 지도록 법률관계가 구성되어 있다면 정부의 재정보증은 선언적 의미를 갖는 데 그치기 때문이다. 그러나 국민연금관리공단과 가입자가 직접적인 권리의무관계의 당사자이기 때문에 기금의 운용에 정부가 개입하여 수익률이 낮아지는 경우 공단의 지급능력은 약화되고, 이는 가입자의 연금법적 지위에 영향을 미칠 수 있다는 점을 확인할 수 있다.

다음과 같은 이유에서 국민연금기금의 강제예탁이 가입자의 재산권을 직접 침해하는 것은 아니었다.

첫째, 국민연금기금이 강제로 예탁되면서 보험료 대비 급여의 수익률이 낮아질 수는 있다. 그러나 이는 불안정한 예측이다. 즉 강제 예탁과 수익률 간의 인과관계가 명확한 것은 아니었다. 당시 강제 예탁되는 부분에 대한 수익률(평균 약 11.64%)이 금융부문에 대한 수익률(평균 약 13.11%)에 비해서 낮았던 것은 사실이다. 그러나 한편으로는 금융부문의 수익률은 변동이 있기 때문에 이를 공공부문의 수익률과 직접 비교할 수는 없다. 다른 한편 당시 「공자법」에 따르면 강제예탁금에 적용되는 수익률은 국채발행 금리와 금융자산 운용률을 평균하여 결정하도록 하였으며, 이로써 경우에 따라서는 강제 예탁되는 기금의 수익률이 금융자산 수익률보다 높을 수도 있다. 이와 같은 상황에서 수익률 자체, 그리고 수익률이 보험료와 급여의 관계에 미치는 영향을 헌법적으로 평가하기에는 적합하지 않다. 또 보다 근본적으로 보면 이와 같은 불확실한

86) 2000년 공무원연금법 개정 법률은 정부보증에 관한 두 가지 규정을 도입하였다. 첫째, 퇴직급여 및 유족급여에 소요되는 비용을 기여금 및 부담금으로 충당할 수 없는 경우에는 국가 또는 지방자치단체가 그 부족한 금액(보전금)을 부담한다. 둘째, 국가 및 지방자치단체는 공무원연금 재정의 안정을 위하여 예산의 범위 안에서 책임준비금을 연금기금에 적립하여야 한다. 일반 국민을 대상으로 하는 연금법에 정부보증(Bundesgarantie)에 관한 규정을 두고 있는 독일의 예에 대해서는 독일 사회법전 제6권 제214조 참조. 이에 대해서 자세히는 Franz Ruland, "Rentenversicherung", Ruland/Becker/Axer(편), Sozialrechtshandbuch (Nomos, 2018), 953면 및 958면 이하 등 참조.

인과관계의 구조에서 재산권에 의하여 보험료 대비 급여의 수익이 보장되는 것은 아니다.[87]

둘째, 조직법적 기준에 비추어 보면 가입자가 국민연금기금의 운용에 참여하여 결정할 헌법적 권리가 있는 것은 아니다. 이 문제에는 두 가지 기준이 적용될 수 있다. 한편으로 국민연금관리공단은 재단법인이기 때문에 사단법인의 경우와는 달리 가입자가 참여권을 갖는 구성원의 위상을 갖지는 않는다. 다른 한편 국민연금기금은 가입자가 납부하는 보험료에 의하여 형성되며, 보험료는 특수 목적을 위한 공과금이기 때문에 이 점을 고려하면 기금의 운용에 가입자의 의사가 충실히 반영되어야 한다. 이 점이 일반목적을 위한 공과금으로서 납부자의 이익에 기여하는 기속성이 없는 조세와의 차이이다.[88] 그러나 여전히 재단법인에서 가입자의 참여권을 인정할 것인가의 여부는 입법정책의 문제이며, 또 보험료의 규범적 특수성이 조직법에 직접 영향을 미치는 헌법적 의미를 갖지는 않는다. 국민연금기금은 주관적으로 가입자의 연금수급권에 중요한 영향을 미치며, 객관적으로는 연금 재정을 안정적으로 유지하여 국민연금의 기능을 유지하는 핵심적인 요소이다. 이 점에서 보면 국민연금법에 의하여 설치된 국민연금기금운용위원회에서 가입자가 참여하여 기금 운영에 관한 중요한 사항의 결정에 관여하도록 하는 것이 바람직하다.[89] 따라서 「공자법」을 제정하여 이에 따라 기금의 여유자금을 공공부문에 강제 예탁하도록 한 것은 올바른 재정운용방식은 아니다. 그러나 이 점이 가입자의 재산권과 관

87) 위 각주 27 참조.

88) 조세와 사회보험보험료의 법적 성격 및 기능의 차이에 대해서는 예컨대 전광석, "사회보장법과 세법의 기능적인 상관관계", 공법연구 제32집 제1호(2003), 216면 이하 참조.

89) 국민연금 기금운용에 있어서 수익성과 공공성 및 안정성을 위한 조직법적 논의, 그리고 외국의 입법례에 대해서는 예컨대 전창환, "국민연금의 지배구조와 기금운용체계 – 문제점과 개혁방안", 경제와 사회 제73호(2007), 85면 이하; 전창환, "국민연금의 기금운용과 경제민주화", 동향과 전망 제98호(2016), 60면 이하 등 참조.

련이 있지는 않으며, 따라서 헌법에 위반되는 것은 아니다.

위에서 지적한 바와 같이 공공자금에의 강제 예탁이 헌법에 위반되는 것은 아니지만, 헌법재판소는 최종적으로 국가가 가입자의 국민연금수급권을 보장한다는 (잘못된) 전제에서 출발하였기 때문에 강제예탁 자체, 그리고 강제예탁에 관한 조직 및 절차법적 기준을 충실하게 심리하지 못했다. 1997년 외환위기가 발생한 후 외부 지원기관, 특히 세계은행(World Bank)은 이 점에 대한 개선을 요청하였으며, 이에 강제 예탁은 1998년 이후 점차 축소되었고, 2005년 완전히 중단되었다. 또 이를 계기로 연금 재정을 안정화하기 위한 여러 조치가 취해졌다. 국민연금기금운용위원회의 위원 수를 늘리고 가입자의 참여를 강화하였다. 위원장을 기존에 재정경제부장관에서 보건복지부장관으로 바꾸었다. 위원장은 기금의 운용내역 및 사용내역을 위원회의 심의를 거쳐 국회에 제출하고 공시하여야 한다. 이는 결국 공단이 국가로부터 독립하여 국민연금을 관리·운영하면서 가입자의 수급권을 보장하는 독자적인 책임이 있다는 인식을 제도적으로 반영한 것이었다. 이에 따라 기금의 운용에 가입자가 참여하여 정부 부처와, 그리고 정부 부처 간에 견제·균형의 관계를 형성하며, 또 외부적 통제를 받으면서 연금기금을 안정적으로 운용하기 위한 변화였다.

당시 헌법재판소의 결정에서 아직 이 점에 대한 인식은 부족했다. 특히 위에서 언급한 바와 같이 국민연금기금의 강제예탁이 중단된 이후 이제 국민연금의 성격, 그리고 국민연금의 투자전략이 국내거시경제, 그리고 가입자의 법적 지위에 미치는 영향이 주목을 받게 되면서 국민연금의 의사결정구조는 새로운 차원에서 논의를 필요로 하고, 또 헌법문제 및 쟁점으로 발전할 잠재력을 갖게 되었다.[90)]

90) 이 점에 대해서는 원승연, "독립성 및 책임성 제고를 위한 국민연금기금 지배구조 개선방안", 사회보장연구 제34권 제1호(2018), 175면 이하; 은민수, 위 각주

## Ⅵ. 위임의 구체성과 포괄위임금지의 원칙

건강보험법, 산재보험법 등 사회보험법, 그리고 일반적으로 사회보장법에서 위임의 구체성 및 포괄위임금지의 원칙이 빈번하게 헌법심사의 기준이 되었지만 국민연금법에서 이에 관한 결정은 1건에 그쳤다.[91] 건강보험법에서 이 문제는 주로 다음과 같은 두 가지 상황이 배경이 되었다. 첫째, 건강보험에서 요양급여는 서비스 형태로 지급되고, 요양급여의 종류와 내용을 법률에 구체적으로 규율하는 데에는 입법기술적인 한계가 있다. 의료적 전문성과 치료의 효과성, 재정부담 등의 문제를 함께 고려하여, 그리고 필요한 경우에는 이해당사자의 참여를 보장하는 조직 및 절차를 통하여 결정되어야 하는데 이를 모두 법률의 형식에 담기는 어렵다. 또 건강보험에서는 요양기관이 환자를 직접 대면(對面)하여 개별적인 상황을 구체적으로 판단하여 입법목적이 실현되는데, 이를 법세화할 수는 없기 때문이다. 이와 같은 급여 및 규범구조의 특수성에 따라 법률유보 및 위임의 구체성의 적용 여부 및 정도에 대한 해명이 필요했다.[92] 둘째, 지역주민이 건강보험의 가입자가 되면서 지역가입자의 소득파악률이 낮았기 때문에 보험료 부과대상과 기준을 다양화하였으며, 이에 따라 보험료 부과의 대상을 확정하고 부과액을 정하여야 했다. 그런데 이를 모두 법률에서 구체적으로 규율할 수

---

82의 논문, 97면 이하; 정창률, "국민연금 기금의 근본 성격에 관한 연구: 다양한 위상과 가능성 고찰", 사회복지정책 제37권 제1호(2010), 57면 이하 등 참조. 특히 국민연금기금이 금융부문에 투자되는 비율이 압도적으로 높아지면서 나타나는 문제에 대해서는 예컨대 원종현/주은선, "국민연금기금 운용정책 비판과 대안을 위한 시론", 한국사회정책 제18집 제1호(2011), 175면 이하 참조. 이밖에 김진수, "국민연금기금의 복지사업 당위성과 정책방향 연구", 한국사회복지학 제58권 제3호(2006), 295면 이하 참조.

91) 헌재 2007.4.26, 2004헌가29등, 19-1, 349면 이하 참조.

92) 이 점에 대해서는 위 각주 13 참조.

는 없었다.[93)]

국민연금법에서는 위와 같은 문제가 나타나는 정도에 차이가 있다. 먼저 국민연금은 법률에 정한 현금급여를 지급하여 노후소득을 추상적으로 보장하기 때문에 이론적으로는 급여관계를 법률에서 구체적이고 최종적으로 규율할 수 있다. 국민연금에서도 지역가입자의 소득파악률이 낮다는 문제는 이미 1999년 도시지역 주민이 가입자가 되면서 정책과제가 되었다. 그러나 이 점이 국민연금의 운영에 미치는 영향은 건강보험과 비교하면 차이가 있다. 국민연금에서는 가입자의 소득에 어느 정도 비례하여 연금이 산정되기 때문에 보험료 부과대상인 소득을 축소 신고하는 유인은 적어도 건강보험에 비해서는 낮기 때문이다. 그러나 보험료 부과는 여전히 가입자의 재산권을 제한하는 효과가 있으며, 따라서 보험료 부과에 관한 사항을 행정입법에 위임하는 경우 법률에서 구체적으로 범위가 정해져야 한다.

당시 국민연금법 제3조 제1항 제1호는 보험료 부과의 대상이 되는 '소득'을 정의하는 규정이었다. 이에 따르면 '소득'이라 함은 일정 기간 동안의 근로의 제공 또는 사업 및 자산의 운영 등에서 얻은 수입을 말한다. 가입자의 종별에 따른 소득의 범위는 대통령령으로 정한다. 헌법재판소는 이 규정이 포괄위임에 해당하지는 않는다고 보았다. 이때 급부법에 대한 위임의 구체성 심사에서 적용되었던 기존의 논리를 반복하였다. 즉 "규율대상이 수시로 변화하는 성질의 것일 때에는 위임의 구체성·명확성의 요건이 완화"되어야 한다. 심판대상인 규정과 관련하여는 법규정을 통하여 "대통령령에서 근로활동이나 사업활동 또는 자산운영의 결과 벌어들인 수입 중 … 소득산정의 방법 … 등에 대해서 보다 구체적으로 정해질 것이라는 점을 예측할 수 있으므로" 포괄위임에 해당하지 않

93) 위 각주 17 참조.

는다.[94)]

그러나 위와 같은 헌법재판소의 이해방법은 헌법 제75조의 진정한 의미를 벗어난다. 이에 따르면 기본권의 실현에 관한 중요한 사항은 국회에서 법률의 형식으로 정하여야 하며, 행정입법에 위임을 하는 경우에는 구체적으로 범위를 정하여야 한다. 이로써 해당 법률 규정을 통하여 행정입법의 내용을 알거나 적어도 예측할 수 있어야 한다. 그런데 헌법재판소는 해당 사항이 시행령에서 구체적으로 정해질 것이라는 예측을 하는 것으로 위임의 구체성은 충족된다고 보았다. 이와 같은 논리에 따르면 위임의 구체성에 관한 헌법기준은 의미를 상실하게 된다. 급부법에서 경우에 따라서 위임의 구체성의 정도가 약화될 수 있지만, 그렇다고 원칙 자체의 의미와 내용이 수정되는 것은 아니다. 더구나 보험료 부과대상에 관한 규정에는 침익적 효과가 따르기 때문에 급부법에서 위임의 구체성이 완화된다는 명제가 적용되는 것도 아니다.[95)]

국회와 행정부의 입법권 배분의 관점에서 보더라도 심판대상 규정이 위임의 구체성의 기준을 충족한다고 볼 수 없다. 지역가입자의 보험료 부과대상인 소득은 직장가입자의 보수에 상응하는 사업소득을 말하는가, 나아가서 자산소득 등을 포함하는가는 정책적 선택과 결정을 필요로 한다. 헌법재판소는 보험료 산정의 기준으로 가입자의 경제적 부담능력이 본질적인 요소이며, 이 점이 위임에 내재해 있어 위임의 구체성이 훼손되지 않는다고 판단한 것으로 보인다.[96)]

이와 같은 가입자의 경제적 부담능력의 논리는 개인의 위험발

---

94) 헌재 2007.4.26, 2004헌가29등, 19-1, 366면 이하 참조. 건강보험법 규정에 대한 심사에서 같은 취지의 결정으로는 헌재 2019.2.28, 2017헌바245, 31-1, 78면 참조.

95) 이와 관련하여 급부법인 건강보험법에서 엄격한 심사가 행해진 예로는 헌재 1998.5.28, 96헌가1, 10-1, 509면 이하 참조. 「공무원 및 사립학교교직원의료보험법」의 해당 규정에 대해서도 같은 취지의 결정이 있었다. 헌재 2002.6.27, 2001헌가30, 14-1, 577면 이하 참조.

96) 예컨대 헌재 2013.7.25, 2010헌바51, 25-2(상), 50면 참조.

생률을 기준으로 보험료를 산정하는 민간보험과 사회보험의 차이를 설명하는 기준이 될 수는 있다. 사회보험에서는 가입자의 소득을 기준으로 보험료가 산정되기 때문이다. 그러나 절대적으로 보면 경제적 부담능력은 결코 내재적인 속성에 의하여 이해될 수 있는 개념이 아니다. 예컨대 사회보험에서 보험료 산정의 기준인 경제적 부담능력은 세법에서 과세의 기준인 경제적 부담능력과는 다른 의미를 갖는다. 세법에서는 기본적으로 납세대상자의 경제적 부담능력을 징표하는 모든 소득이 과세의 대상이지만 사회보험에서 보험료의 부과대상은 급여의 범위와 종류 및 내용에 상응하여 정책적으로 결정되기 때문이다. 예컨대 위에서 언급한 바와 같이 국민연금에서 보험료 산정액의 상한이 있는 것이 좋은 예이다.[97] 이 점에서 보더라도 보험료 부과대상인 '소득'은 정책결정 및 선택의 대상으로 국회에서 공론화의 과정을 거쳐 투명하게 결정되어야 하는 사안이다. 그런데 심사대상인 규정은 이에 대해서 구체적으로 범위를 정하지 않고 위임하여 중요한 사항에 대하여 행정적 결정이 입법권을 대체하는 결과가 되었다.

## Ⅶ. 맺는 말

헌법재판소에서 국민연금법 규정에 대한 심사가 활발하지는 않았다. 이는 국민연금은 장기적으로 노후소득을 보장하기 때문에 — 특히 건강보험과 비교하면 — 법률관계 및 그 변화가 민감하게, 그리고 단기적으로 개인생활에 영향을 미치지 않기 때문이다. 그러나 국민연금이 노후소득 보장의 기본제도로 인식될수록 앞으로 국민연금에 관한 분쟁이 증가할 것이다.

이 글은 국민연금법 규정에 대한 헌법재판소의 결정을 비판적으로 분석·평가하는 목적을 갖지만 이를 기초로 국민연금법의 원

97) 위 각주 21 참조.

리를 헌법의 구조에 따라 재구성하여 앞으로 이에 관한 헌법재판, 나아가서 입법형성에 적용될 수 있는 지침을 추출하는 기대를 염두에 두었다. 아직 헌법재판에서 쟁점이 제한되어 있기 때문에 이 글의 논리가 일반적인 의미를 가질 수 있는지는 의문이다. 그러나 사회보장법 전체 체계에서 입법목적과 기능을 기준으로, 그리고 다른 사회보장법과 비교하여 국민연금의 특수성에 따라 가입자 및 수급자의 법률관계를 헌법적으로 구성하여 앞으로 국민연금에 관한 헌법적 분쟁에 접근할 수 있는 자산을 쌓을 것으로 기대한다.

# 제3장

# 직역연금법

Ⅰ. 서술의 대상 - 공무원연금법을 중심으로,
사립학교교직원연금법과 군인연금법을 포함하여 -
Ⅱ. 공무원연금법의 규범적 특징과 기능, 기능변화,
그리고 헌법재판
Ⅲ. 공무원연금법의 기본구조
Ⅳ. 사건 및 결정의 유형
Ⅴ. 주요 심사기준
Ⅵ. 공무원연금법과 공무원법
Ⅶ. 공무원의 소득보장과 일반적인 사회보장
Ⅷ. 공무원연금법의 개정에 따른 헌법문제
Ⅸ. 유족급여의 수급자격
Ⅹ. 그밖의 쟁점
Ⅺ. 맺는 말

## Ⅰ. 서술의 대상 – 공무원연금법을 중심으로, 사립학교교직원연금법과 군인연금법을 포함하여 –

이 글은 공무원연금법 등 직역연금법 규정에 대한 헌법재판을 비판적으로 분석·평가하는 목적을 갖는다. 헌법적 쟁점의 다양성, 그리고 결정의 양으로 볼 때 공무원연금법 규정에 대한 결정이 서술의 중심에 있다. 군인연금법 규정에 관한 결정이 적지 않으나 대부분의 경우 공무원연금법과 쟁점이 다르지 않다. 「사립학교교직원연금법」(이하 「사학연금법」으로 줄임)에 관한 결정 역시 마찬가지이다. 따라서 군인연금법 및 사학연금법 규정에 대한 결정을 따로 서술의 대상으로 하지는 않는다. 다만 군인연금법의 경우 독자적인 쟁점이 있었던 결정은 서술에 포함하였다. 사건 및 결정 유형에 관한 서술에서는 군인연금법과 사학연금법 관련 결정을 별도로 정리하였다.

## Ⅱ. 공무원연금법의 규범적 특징과 기능, 기능변화, 그리고 헌법재판

일반 국민을 대상으로 하는 국민연금법은 1986년 제정되어 1988년 시행되었다. 이에 비해서 공무원연금법은 이미 1960년 제정·시행되었다. 제정 이후 공무원연금법이 우리 사회에서, 그리고 입법 및 정책논의에서 특별히 주목을 받지는 않았다. 1990년대 초·중반 상황은 바뀌었다. 공무원연금의 재정적자가 깊어졌다. 그런데 앞으로 예상되는 적자 규모를 공무원의 기여금을 높이거나 혹은 국가의 일반재정을 투입하여 충당하는 방안은 더 이상 현실성이 없었다.[1] 군인연금에서는 이미 1970년대 중반 수입과 지출의

1) 재정 악화 등 공무원연금법의 개정 배경에 대해서는 헌법재판소가 직접 자세히 서술하고 있다. 헌재 2003.9.25, 2001헌마93등, 15-2(상), 354면 이하 참조. 공무

균형이 무너지고 있었다.[2] 국민연금에서는 본격적으로 연금지급이 시작되기 전에 장기적으로 재정 건전성 및 지불 능력을 유지할 수 없다는 예측에 따라 선제적(先制的)으로 개혁 논의가 있었다. 이에 1998년과 2007년 두 차례에 걸친 개정에서 연금 수준이 낮아졌다.[3] 공무원연금의 위와 같은 상황 자체, 그리고 상대적으로 국민연금이 일찍이 재정안정을 위한 조치를 취했다는 점은 함께 작용하여 더 이상 공무원연금의 개혁이 지체될 수 없었다. 이에 따라 1990년대 초·중반 우리 사회에서 공무원연금법이 의제가 되었고, 1995년 이후 공무원연금법은 계속 개정되었다.[4] 공무원연금법은 궁극적으로는 급여 조건과 급여 수준, 그리고 급여 산정 및 조정의 방법을 국민연금법에 근접시키는 방법을 지향하였다.[5]

공무원연금법의 개정에 있어서 – 특히 국민연금법과 비교하여 – 규범적 특징과 기능, 그리고 기능의 변화가 중요한 고려요소가 되었다. 모든 국민에게 노후소득을 보장하는 일반 사회정책적 목적을 갖는 국민연금과 달리 공무원연금은 1949년 제정된 국가공무원법에 이미 근거를 두고 있었으며, 여기에서 재해보상의 기능을

---

원연금법의 개정과 관련된 주요 쟁점에 대해서는 아래 Ⅷ. 참조.

2) 군인연금의 다양한 적자요인에 대해서는 예컨대 헌재 2002.2.28, 2000헌바69, 14-1, 136면; 2003.9.25, 2001헌마194, 15-2(상), 403면 이하 등 참조.

3) 국민연금법의 개정 경과에 대해서는 예컨대 국민연금사편찬위원회, 실록 국민의 연금(2015), 184면 이하, 285면 이하; 전광석, 한국사회보장법의 역사(집현재, 2019), 324면 이하, 330면 이하 등 참조.

4) 1995년 이후 공무원연금법의 개정 경과에 대해서는 전광석, 위 각주 3의 책, 279면 이하, 332면 이하, 390면 이하 등 참조.

5) 이와 같은 개정 방향은 세계은행(World Bank)이 2000년 제시한 연금제도 개혁 방안을 충실히 반영한 것이었다. 이에 대해서는 헌재 2003.9.25, 2001헌마93등, 15-2(상), 355면 참조. 이에 비해서 공무원연금을 국민연금에 통합하는 안이 검토되었지만 진지한 대안은 아니었다. 일본이 이와 같은 내용으로 개혁을 행한 바 있다. 이에 대해서는 배준호, "일본의 공무원연금 개정 동향 2007", 국제사회보장동향(2007.3), 81면 이하; 노길관/김동일, "한·일 연금제도 비교분석 – 공무원연금을 중심으로", 일본근대학연구 제44집(2014), 503면 이하 등 참조. 이에 관한 규범적 논의에 대해서는 정철, "공무원연금 통합의 헌법적 검토", 세계헌법연구 제21권 제2호(2015), 252면 이하 참조.

선언하였다. 즉 "공무원이 공무로 인하여 질병, 부상 또는 사망하였을 때에는 본인 또는 그 부양가족에 대한 보상제도는 따로 대통령령으로 정한다"(法 第26條). 또 "공무원으로서 상당한 연한 성실히 근무하여 퇴직하였거나 공무로 인한 부상 또는 질병으로 퇴직 또는 사망하였을 때에는 법률의 정하는 바에 의하여 연금을 지급한다"(法 第27條).

이와 같은 입법에 대한 기대는 1960년 공무원연금법이 제정되어 비로소 실현되었다.[6] 공무원연금법은 다음과 같은 특징을 가졌으며, 이는 1961년 개정된 법률에서 더욱 강화되었다.

첫째, 연금수급 연령을 적용하지 않고 장기 재직한 공무원이 퇴직하는 경우 퇴직급여를 지급하였다. 이로써 공무원연금은 소득상실에 대한 보상보다는 퇴직보장의 성격이 강했다. 이 점은 국민연금과는 달리 최종보수월액을 기준으로 연금을 산정하고, 또 공무원보수변동률을 기준으로 연금을 조정하였던 점에 나타나 있다. 둘째, 공무원연금법에는 퇴직보장뿐 아니라 – 산재보험과 유사하게 – 재해보상의 기능이 있다. 이 점을 헌법재판소는 공무원연금이 국민연금과는 달리 종합적인 사회보장의 성격을 갖는다고 표현하였다.[7] 이에 일반적인 사회보장에 비해서 연금의 수준이 높았다. 셋째, 공무원연금법은 공무원법의 성격을 함께 띠었다. 예컨대 – 산재보험법에서 업무상의 재해와 유사하게 – 공무상 장해를 보상하였으며, 비공무상 장해는 제외되었다. 비공무상 장해와 관련된 보장의 흠결은 2015년 개정 법률에서 보충되었다. 2018년에는 공무원재해보상법이 제정·시행되면서 공무원연금법은 비공무상 장해를, 공무원재해보상법은 공무상 장해를 각각 독자적으로 보상하도록 하였다.[8]

---

6) 당시 공무원연금법의 도입 배경에 대해서는 전광석, 위 각주 3의 책, 129면 이하 참조.

7) 예컨대 헌재 2002.7.18, 2000헌바57, 14-2, 10면 참조. 이와 같은 성격은 군인연금법에서도 확인되었다. 예컨대 헌재 2003.9.25, 2001헌마194, 15-2(상), 402면 참조.

8) 이와 같은 보장의 흠결에 관한 헌법심사에 대해서는 아래 V.4. 참조. 공무원연금

2020년 군인연금법과 별도로 군인재해보상법이 제정되어 공무원연금법의 입법례를 따랐다. 공무원연금법은 공무원법의 특성에 따라 재직 중 공무원이 법령준수 의무 등을 위반하는 경우에는 급여를 제한하였다. 이는 헌법재판에서 국민연금과 비교되었고, 차별의 정당성이 여러 차례 쟁점이 되었다.

1995년 이후 공무원연금법의 전통적인 기능은 점진적으로 개편되었으며 이 과정에서 공무원연금법의 사회보장 및 재해보상의 기능, 또 공무원법의 성격을 다시 점검하는 계기가 되었다. 그러나 이와 같은 문제를 체계적으로 형성하고, 또 헌법적으로 평가하기 위하여 필요한 이론적 및 체계적 자산(資産)은 성숙해 있지 않았다. 예컨대 연금과 소득을 조정하는 이론적 근거가 명확하지 않았다. 아직 공무원연금의 규범적 성격, 그리고 연금과 소득의 규범적 성격의 차이가 충실하게 이해되지 못했기 때문이다. 이는 공무원연금법에서 공무원법적 성격을 고려하여 급여를 제한하는 경우에도 중첩적으로 나타나는 문제였다. 본인연금과 유족연금의 기능과 성격에 대한 논의가 필요했다. 공무원연금의 체계적 위상, 그리고 국민연금 및 산재보험 등과 체계의 차이에 대한 인식이 분명하지 않았다. 그 결과 공무원연금법 규정의 내부적 동질성 및 외부적 차별성이 일관되게 유지될 수 없었다.[9] 예컨대 퇴직수당의 재원을 국가 및 지방자치단체가 부담한다는 점이 퇴직수당의 임금후불의 성격을 압도하면서 입법 및 헌법심사에서 임금후불적 성격의 논리가 취약해졌다. 자녀연금의 수급자격이 사회보장법 전체에서

에서 비공무상 장해에 대한 보장의 흠결을 개선하는 논의에 대해서는 예컨대 김진수/정창률/이다미, "공무원재해보상의 개선에 관한 연구", 사회보장연구 제33권 제4호(2017), 57면 이하 참조.

9) 체계에 대한 입법적 선택과 체계정합성의 문제, 그리고 이 점이 사회보장법에서 존중되지 못하는 현상에 대해서는 예컨대 전광석, 위 각주 3의 책, 65면 이하, 75면 이하 참조. 이밖에 Ulrich Becker, "Selbstbindung des Gesetzgebers im Sozialrecht. Zur Bedeutung von Konsistenz bei der Ausgestaltung von Sozialsicherungssystemen", Festschrift 50 Jahre Bundessozialgericht(Carl Heymanns Verlag, 2004), 82면 이하 참조.

균형 있게 인식되지 못했으며, 그 결과 합리적인 유형에 따라 형평을 실현하는 문제가 주목을 받지 못했다.

이와 같은 이론적 및 규범적 상황에서 헌법재판소의 공무원연금법 규정에 대한 심사는 부담이 되었지만, 동시에 헌법을 기준으로 공무원연금법을 체계적으로 형성하는 기준이 취득될 수 있다는 기대를 주었다. 이와 같은 공무원연금법 및 급여의 규범적 성격, 규범적 성격에 내재해 있는 기능적 긴장관계는 헌법재판소의 결정에 접근하는 중요하고 유용한 기준이기 때문에 이 점을 우선 서술한다.

## Ⅲ. 공무원연금법의 기본구조

### 1. 공무원연금법 및 연금급여의 규범적 성격과 내재적 긴장관계

#### (1) 노후소득 보장과 재해보상

헌법재판소는 위에서 언급한 바와 같이 공무원연금법이 노후소득 보장, 재해보상 등을 포괄하는 종합적인 사회보장의 성격을 갖는다고 이해하였다. 이는 정확히 말하면 퇴직급여는 순수한 사회정책의 기능을, 그리고 공무상 장해로 인하여 퇴직하는 경우에 지급되는 장해급여는 재해보상의 기능을 갖는다는 의미이다. 헌법재판소는 또 다른 관점에서 공무원연금이 사회보험의 전형에 해당하며, 보험의 원리와 사회조정의 원리가 혼재하고 있다고 보았다. 그런데 이는 공무원연금법 전체에 적용되는 언명인지, 혹은 노후소득 보장에 한정되는지 명확하지는 않았다. 즉 이와 같은 논리가 재해보상에도 적용되는지, 아니면 사회정책 입법에 있어서 일반적으로 인정되는 입법재량이 재해보상에서는 축소되는지 의문이었다.[10)]

10) 예컨대 재해보상의 기능을 갖는 산재보험에서 입법재량이 축소되는 문제에 대해서는 헌재 2003.7.24, 2002헌바51, 15-2(상), 111면; 2004.9.23, 2003헌마231등, 16-2(상), 586면 이하; 2004.11.25, 2002헌가10, 16-2(상), 240면 등 참조.

이와 같은 쟁점은 재산권과 관련하여 보다 구체적으로 나타났다. 헌법재판소에 의하면 공무원연금수급권이 사회보장수급권의 성격과 재산권의 성격을 함께 가지고 있으며, 어떠한 측면을 존중할 것인가에 대해서는 입법재량이 인정된다. 그런데 이 점 역시 공무원연금의 사회보장과 재해보상의 기능에 따라 세분화되어야 한다. 재해보상은 재해의 종류와 정도를 기준으로 산정되며, 따라서 이 때 일반적으로 사회보장법의 형성에 인정되는 입법재량의 논리가 그대로 적용될 수는 없다. 이는 산재보험법의 형성 및 헌법심사에도 고려되어야 하는 점이었다.[11] 재해보상급여의 재원은 모두 국가 또는 지방자치단체가 부담하며, 따라서 공무원 자신의 재정 부담이 없다는 점이 재산권 심사에 어떠한 영향을 미치는가는 또 다른 쟁점이다.

### (2) 노후소득 보장과 퇴직보장

퇴직급여가 노후소득 보장을 위한 것인가, 퇴직보장의 수단인가는 또 다른 문제이다. 전자의 경우 퇴직급여는 일반적인 사회보장의 기능에 편입되어 급여형성 및 제한에 있어서 입법재량이 넓게 인정된다. 이에 비해서 후자의 기능에서는 퇴직공무원의 기존의 생활수준을 보장하여야 하며, 따라서 일반적인 사회보장의 관점은 제한적으로 적용된다. 이 점을 헌법이 직접 규정하고 있지는 않다.[12] 헌법재판소가 공무원연금의 헌법적 근거로 언급한 헌법 제7조 직

11) 산재보험법에서 이에 관한 쟁점에 대해서는 이 책 제4장 174면 이하, 193면 이하 등 참조.

12) 독일 헌법이 제33조 제5항에서 전통적인 공무원제도의 기본원칙(hergebrachte Grundsätze des Berufsbeamtentums)을 고려하여야 한다고 선언하고 있고, 이에 따라 공무원부양제도(Beamtenversorgung)에 의하여 퇴직 전 기존 생활수준을 보장하는 것은 헌법적 효력을 갖는다고 이해되고 있다. BVerfGE 11, 210; 61, 58; 76, 324; 117, 372 등 참조. 독일에서는 실제 공무원부양에 관한 헌법심사에서 재산권보다는 헌법 제34조 제5항이 특별법적 위상을 갖고 우선적으로 심사기준으로 적용되고 있다. 예컨대 BVerfGE 76, 294 참조.

업공무원제도를 이와 연관하여 구성할 수도 있다.[13] 그러나 실제 이 점이 헌법재판에서 의미 있게 영향을 미치지는 않았다.[14] 다만 공무원연금법은 오랫동안 – 국민연금법과는 달리 – 퇴직연금의 수급연령을 두지 않았고, 또 최종보수월액을 기준으로 연금을 산정하여 왔다.[15] 2000년 및 2009년 개정 법률에 의하여 연금수급 연령이 도입되었고, 또 연금산정의 기준을 재직기간 평균보수월액으로 하는 변화가 있었다.

노후소득 보장과 퇴직보장의 차이는 연금수급권자가 퇴직 후 재취업하여 소득이 있는 경우에 연금과 소득을 조정하는 문제에도 영향을 미친다. 전자의 기능에서 보면 – 그 헌법적 정당성은 별론으로 하고 – 연금과 소득은 조정될 수 있다. 이에 비해서 퇴직보장을 위한 급여는 재직 중 형성된 생활수준을 보장하며, 퇴직 후의 소득활동은 고려의 대상이 되지 않기 때문이다. 근로기준법상의 퇴직금 및 퇴직연금이 좋은 예이다. 다만 직역연금과 같이 – 공무원연금, 군인연금, 그리고 사학연금 등 – 여러 제도가 독립하여 운영되고 있지만 동일한 사회적 위험을 보호하여 통일적으로 기능하는 구조에서는 퇴직 후 다른 직역연금이 적용되는 직장에 재취업하여 재직기간의 합산이 이루어지면 아직 퇴직의 위험이 발생한 것은 아니다. 이미 직역연금에서 퇴직급여의 수급자격을 갖게 되었고, 더 이상 재직기간의 합산에 관한 규정이 적용될 수 없는 경우

13) 예컨대 아래 각주 46 참조.

14) 부분적으로 헌법재판소 반대의견이 직업공무원제도를 언급하며 연금의 존속에 대한 신뢰가 강화되며, 따라서 엄격한 심사를 하여야 한다는 표현을 하였지만 급여의 기능과 성격에 영향을 주는 언명은 아니었다. 예컨대 헌재 2003.9.25, 2001헌마93등, 15-2(상), 368면 이하 참조.

15) 사실 공무원을 대상으로 하는 사회보험 혹은 부양제도를 운영하고 있는 국가에서는 재직기간 전체의 평균소득이 아니라 최종소득 혹은 최종 몇 년간의 소득수준을 연금산정의 기준으로 하는 것이 일반적이다. 이 점에 대해서는 Ulrich Becker/Peter A. Köhler/Yasemin Körtek(편), Die Alterssicherung von Beamten und ihre Reformen im Rechtsvergleich(Nomos, 2010), 53면 이하(독일), 116면 이하(덴마크), 124면(노르웨이) 등 참조. 독일의 경우에 대해서는 이밖에 BVerfGE 76, 324면 이하; 117, 372면 이하 등 참조.

에는 연금과 소득을 조정하는 문제가 남으며, 이 점은 여러 차례 헌법심사의 대상이 된 바 있다.

### 2. 사회보장과 공로보상 또는 은혜적인 급여, 임금후불

#### (1) 공로보상 또는 은혜적인 급여

공무원연금은 사회보장의 성격과 공로보상 혹은 은혜적인 급여의 성격을 갖는다고 이해되었다. 공무원연금이 공로보상의 성격을 갖는다는 의미, 그리고 이 점이 헌법심사에 미치는 영향을 헌법재판소가 직접 밝히지는 않았다. 공로보상은 공무원연금이 구체적인 기여가 아니라 추상적인 '공로'에 대한 보상이지만, 이는 공무원 '개인에게 귀속'된다는 의미로 이해할 수 있다. 헌법재판소는 전자의 측면을 주목하였으며, 이는 재산권에 의한 보호의 대상이 아니거나 혹은 보호의 정도가 약하다는 의미인 듯하다.

이와 같은 이해방법이 타당한지는 의문이다. 예컨대 장해급여 등은 재해보상의 성격이 있기 때문에 따로 공로보상의 논리가 필요하지 않다. 헌법재판소의 언명은 이론적으로는 다음과 같은 두 가지 방법으로 이해할 수 있다. 첫째, 퇴직급여는 퇴직연금과 퇴직수당으로 구성된다. 퇴직연금은 공무원이 납부하는 기여금과 국가 및 지방자치단체의 부담금을 재원으로 하며, 퇴직수당의 재원은 국가 혹은 지방자치단체가 부담한다. 기여금에 의하여 형성되는 퇴직연금을 공로보상으로 설명할 수는 없다. 이에 퇴직연금 중 국가 또는 지방자치단체의 부담금에 의하여 형성된 급여와 퇴직수당이 공로보상에 해당하며 이에 상응하는 헌법적 평가가 필요하다고 이해하는 방법이다. 그러나 이는 부담금에 의하여 형성된 퇴직연금, 그리고 국가 및 지방자치단체가 재원을 부담하는 퇴직수당이 임금후불의 성격을 갖는다고 이해하는 경우에는 체계정합성이 없다.[16) ]둘째, 공무원, 그리고 국가 및 지방자치단체가 납부하는 기여금 및

16) 아래 각주 22 참조.

부담금의 총액과 비교하면 연금급여의 비율이 높으며, 이 점에서 급여의 재원에 관계없이 모든 급여가 공로보상의 성격이 있다고 이해하는 방법이다. 이는 공무원연금이 오랫동안 공무원의 낮은 보수를 보상하여 우수인력을 수급하고, 또 유지하는 유인이 되어 왔다는 논리와 같은 맥락에 있다.

그러나 두 경우 모두 공로보상에 해당하는 급여가 은혜적인 성격을 갖는다는 설명은 타당하지 않다.[17] 은혜적인 성격은 원인관계 없이 일방적으로, 그리고 행정청의 재량에 의하여 지급되는 급여를 지칭한다. 그런데 퇴직급여에 대해서는 헌법적 권리는 아니지만 법률에 의하여 형성된 구체적인 수급권이 있기 때문에 은혜적인 급여에 해당할 수는 없기 때문이다. 결국 은혜적인 급여에 관한 논리는 불명확하며, 또 헌법심사에서 의미를 찾아볼 수 없다.

### (2) 임금후불

헌법재판소는 일반적으로 퇴직연금이 임금후불과 사회보장급여의 성격이 있으며, 경우에 따라서는 임금후불의 성격보다는 사회보장적 급여의 성격이 강하다고 보는 경우도 있었다.[18] 임금후불의 성격은 재산권과 밀접하게 연계하여 서술되었다. 이 점은 공무원연금의 형성 및 제한에 있어서 중요하고 유용한 기준이며, 따라서 정확한 규범 분석이 필요하다.

헌법재판소의 의도가 명확하지는 않다. 공무원연금 전체에 대해서 이와 같은 지적을 하는 경우도 있으며, 특히 기여금에 의하여 형성된 급여를 대상으로 하는 경우도 있다. 후자의 경우 국가 및 지방자치단체의 부담금에 의하여 형성된 급여는 임금후불의 성격이 없으며, 따라서 재산권에 의한 보호의 대상이 아니거나 혹은

17) 예컨대 헌재 2002.7.18, 2000헌바57, 14-2, 14면 이하 참조. 군인연금에 대한 이와 같은 성격 부여에 대해서는 예컨대 헌재 1994.6.30, 92헌가9, 6-1, 549면 참조.
18) 이와 같은 이해방법에 대해서는 예컨대 헌재 2000.6.29, 98헌바106, 12-1, 843면; 2008.2.28, 2005헌마872등, 20-1(상), 292면 등 참조.

보호의 정도가 약화된다는 의미를 포함하고 있다.[19] 이에 비해서 기여금에 의하여 형성된 급여는 임금후불의 성격을 가지며, 재산권적 보호의 정도가 강하게 된다.[20] 임금후불의 논리는 근로기준법상 퇴직금과 관련하여 학계 및 법원의 판결에서 수용되어 왔다.[21] 퇴직금은 임금의 일정한 비율을 사용자가 적립하기 때문에 그 금액은 미리 확정되어 있으며, 사용자는 이를 퇴직시에 근로자에게 지급하는 단순구조를 띠고, 이 점에서 임금후불의 성격을 갖는다.

위와 같은 논리가 사회보험 일반, 그리고 공무원연금에 적용될 수 있는가는 의문이다. 기여금에 의하여 형성된 연금이 임금후불의 성격을 가질 수는 없다. 공무원은 보수의 일부를 기여금으로 납부하며, 이는 적립되어 전체적으로 연금의 재원이 된다. 그리고 이는 연금수급 시점에 이르러 기여비율에 따라 연금으로 전환된다. 이와 같은 지급구조는 연금보험에서 재산권을 일종의 참여권으로 이론 구성하는 계기가 되었다. 이때 연금은 엄격히 보면 기여금 자체가 아니라 해당 공무원의 보수가 전체 공무원의 보수와의 관계에서 비율에 따라 전체 기금에서 지급된다는 점에서 퇴직금과 달리 복잡구조를 띠고 있다. 사용자가 재원을 부담하면서 퇴직금과 같은 성격을 갖는 급여는 오히려 국가 및 지방자체단체가 납부하는 부담금에 기초하여 형성된 연금부분 및 퇴직수당이다. 실제 헌법재판소는 사학연금법에서 법인 부담금에 의하여 형성된 연금 및

19) 부담금에 의하여 형성된 연금수급권에 대한 이와 같은 이해방법에 대해서는 예컨대 헌재 1995.7.21, 94헌바27등, 7-2, 89면 이하; 2019.2.28, 2017헌마403등, 31-1, 198면 등 참조. 이 사안에 대한 헌법재판소의 다른 평가에 대해서는 아래 각주 22 참조.

20) 이에 대해서는 헌재 2002.7.18, 2000헌바57, 14-2, 14면; 2003.9.25, 2000헌바94등, 15-2(상), 261면 이하 등 참조. 이밖에 헌재 1999.4.29, 97헌마333, 11-1, 512면 참조.

21) 예컨대 대판 1969.12.20, 67나1597; 1973.10.10, 73다278; 1975.7.22, 74다1840; 1990.5.8, 88다카26413; 1995.10.12, 94다36186; 2014.7.22, 2004다10350 등 참조. 이에 대해서 자세히는 이철수, 임금에 관한 법리(한국노동연구원, 1993), 68면 이하 참조.

퇴직수당이 임금후불의 성격이 있다고 한 바 있다.[22] 이에 대해서는 아래에서 다시 설명한다. 이때 부담금이 공무원에 귀속되는가, 아니면 위에서 언급한 바와 같이 공로보상 혹은 은혜적인 급여인가에 대한 논의가 필요하다. 헌법재판소는 위와 같은 자신의 논리에도 불구하고 해당 급여 부분이 재산권보다는 사회보장의 성격을 강하게 띤다고 보았으며, 이는 임금후불과 관련된 기존의 논리와는 모순된다. 이 점에서 대해서는 아래에서 따로 다룬다.

임금후불과 같은 구조는 퇴직수당에서 전형적으로 확인된다. 1986년 국민연금법 제정과정에서 사용자가 근로자를 위하여 보험료의 50%를 부담하게 되면서 기존의 근로기준법상 퇴직금을 법정제도로 계속 유지할 것인가의 문제가 쟁점이 되었다.[23] 당시 퇴직금을 법정제도로 유지하면서 퇴직금 적립금의 일부를 국민연금의 재원으로 전환하는 형태로 타협이 이루어졌다(퇴직금 전환금). 이는 공무원연금에 근로자의 퇴직금에 상당하는 급여를 신설하는 논의로 이어졌고, 이에 1991년 퇴직수당이 도입되었다. 이와 같은 기원에서 보면 퇴직수당은 국가 및 지방자치단체가 재원을 부담하며, 동시에 임금후불의 성격을 갖는다. 이와 같이 퇴직수당의 규범구조 및 기원은 헌법재판소의 결정에서는 재정부담 주체의 논리에 가려져서 주목을 받지 못했다.

---

22) 헌재 2009.7.30, 2007헌바113, 21-2(상), 237면; 2000.7.18, 2000헌바57, 14-2, 10면 등 참조. 이밖에 헌재 2003.3.30, 98헌마401등, 12-1, 352면 참조. 임용결격사유가 있는 공무원에게 연금수급권을 인정하지 않는 규정에 대한 결정에서 반대의견은 이와 같은 입장을 밝힌 바 있다. 헌재 2012.8.23, 2010헌바425, 24-2(상), 506면 이하 참조.

23) 법정제도로서 퇴직금의 존치 여부에 관한 당시 노사 간의 입장에 대해서는 예컨대 황정현, "국민연금제도와 사용자의 입장"; 나문섭, "국민연금제도와 근로자의 입장" 참조. 이 글은 사회보장연구 제3권(1987), 101면 이하 및 113면 이하에 수록되어 있다. 이밖에 국민연금사편찬위원회, 실록 국민의 연금(2015), 94면 이하 참조.

## 3. 기여금과 부담금

공무원연금의 재정은 주로 국가 및 지방자치단체, 그리고 공무원이 납부하는 부담금 및 기여금으로 충당된다. 공무원연금법은 공무원법의 특수성으로 인하여 수급권자가 법령준수의무를 위반하는 경우 급여를 제한한다. 또 수급권자가 직역연금법이 적용되는 직장에 재취업하는 경우, 혹은 선출직공무원에 취임하는 경우에는 연금 전액을 지급 정지한다. 이밖에 재취업을 하여 일정한 수준 이상의 소득이 있는 경우에는 연금을 감액하고 있다. 다만 감액 부분은 지급되어야 할 연금의 2분의 1을 넘지 못한다. 국가 및 지방자치단체가 납부한 부담금에 의하여 형성된 연금 부분은 감액될 수 있으며, 이 부분은 은혜적인 급여 혹은 (오해의 여지가 있는 표현이지만) 사회보장적 급여의 성격이 강하여 재산권에 의한 보호의 대상이 아니거나 기여금에 의하여 형성된 부분에 비해서 보호의 정도가 약하다고 본 것이다. 이에 비해서 기여금에 의하여 형성된 연금수급권은 재산권에 의한 보호의 정도가 강하게 된다. 이와 같은 분류 및 헌법적 평가에 대한 검토가 필요하다.

공무원연금은 사회보험에 해당한다. 사회보험은 산업사회에서 노동에 대한 자본의 책임에 기초하여 자본과 노동이 연대를 유지하는 필요성에서 고안되었으며, 이에 사용자는 사회보험 보험료의 일부를 부담하였다. 이와 같은 구상에서 보면 사용자의 부담금은 사회보험이 기능하기 위한 본질적인 요소로서 근로자에 귀속된다.[24] 즉 부담금이 결코 사회적 조정을 위한 수단이 아니며, 사용자의 이질부담도 아니다.[25] 또 사용자의 부담금은 – 위에서 설명

24) 이 점에 대해서는 예컨대 Franz Ruland, “Rentenversicherung”, Ruland/Becker/Axer(편), Sozialrechtshandbuch(Nomos, 2018), 951면 참조. 이밖에 이에 관한 독일 연방헌법재판소의 결정으로는 BVerfGE 69, 302면 이하; 76, 338면; 100, 1면, 35면 이하 등 참조.

25) 헌법재판소는 건강보험법 규정에 대한 결정에서 사용자의 보험료 납부를 ‘이질부담’이라고 표현하고 있다. 예컨대 헌재 2000.6.29, 99헌마289, 12-1, 944면; 2001.8.30, 2000헌마668, 13-2, 295면 등 참조. 이와 같은 이해방법의 문제점에

했듯이 – 엄격하게 보면 임금후불에 해당하지는 않지만 이와 유사한 규범적 성격을 갖는다. 이 점에서 부담금에 의하여 형성된 연금수급권이 재산권적 보호의 여부 및 정도에 있어서 기여금에 의하여 형성된 부분과 차이가 있다고 할 수 없다. 부담금을 헌법재판소와 같이 이해하는 경우 예컨대 사용자가 보험료 전액을 부담하는 산재보험에서 근로자의 수급권은 재산권에 의하여 보호될 수 없다. 그런데 산재보험은 사용자 책임보상의 성격이 있고, 또 사용자가 전액 부담하는 보험료는 근로자에 귀속되기 때문에 일반적인 사회보험에 비해서 수급권에 대한 헌법적 보호의 강도가 높다. 실제 헌법재판소는 산재보험급여가 재산권에 의한 보호의 대상임을 확인한 바 있다.[26] 이 점에서 보면 헌법재판소의 이해방법은 유지될 수 없다.

## Ⅳ. 사건 및 결정의 유형

### 1. 사건 유형

#### (1) 공무원연금법

공무원연금법 규정에 대한 헌법재판은 다음과 같이 몇 가지로 유형화할 수 있다.

첫째, 공무원이 법령준수의무 등을 위반하는 경우 급여를 제한하는 규정이 재산권 및 인간다운 생활을 할 권리를 기준으로 심사되었다. 일반적인 사회보험, 예컨대 국민연금법에는 이에 상응하는 규정이 없다는 점에서 평등권 역시 심사기준이 되었다. 공무원

---

대해서는 위 제1장 각주 55 참조.

26) 헌재 2004.11.25, 2001헌바52, 16-2(하), 307면; 2009.5.28, 2005헌바20등, 21-1(하), 455면 등 참조. 그러나 헌법재판소는 자기성취성 등 기존에 재산권에 의하여 보호되기 위한 논리를 산재보험법에 적용하지는 않았다. 만약 헌법재판소가 이 문제를 검토하였다면 부담금에 의하여 형성된 급여의 재산권적 보호의 여부에 관한 기존의 논리가 장애가 될 가능성이 있었다.

이 재직 중의 사유로 형의 선고를 받은 경우 급여를 제한하는 규정, 임용결격사유가 있는 경우 퇴직연금 수급자격을 배제하는 규정에 대한 심사가 같은 범주에 속한다. 이밖에 공무원연금법이 비공무상 장해를 보호하지 않는 자체, 그리고 이로 인하여 국민연금과 비교하여 공무원을 합리적인 이유 없이 차별하는가의 여부가 쟁점이 되었다.

둘째, 사회보장(노후소득 보장)과 퇴직보장의 긴장관계에서 나타나는 문제이다. 이와 관련하여 연금수급자가 재취업한 때 연금의 지급을 정지하거나, 일부를 감액하는 규정의 위헌 여부가 문제가 되었다. 헌법재판소는 이미 1994년 이에 관한 군인연금법 규정에 대해서 한정위헌결정을 내린 바 있다.[27] 같은 내용의 청구는 공무원연금법에 대해서도 제기될 것으로 예견되었다. 이 규정에 대한 실체법적 판단과 동시에 연금이 감액되는 조건인 재취업기관, 소득수준, 연금 감액의 정도에 대하여 법률이 구체적인 범위를 정하지 않고 행정입법에 위임하는 문제가 쟁점이었다.

셋째, 공무원연금법은 1995년 이후 연금수급 연령을 도입하고, 연금의 조정기준은 기존의 보수변동률에서 물가변동률으로 바꾸었다. 또 연금의 수준이 낮아졌다. 이와 같은 개정 법률이 재직 공무원 혹은 연금수급자의 신뢰를 침해하는가 여부가 문제가 되었다. 거꾸로 급여조건을 확대하는 개선입법을 소급하여 적용하지 않은 규정이 평등권을 기준으로 심사되었다.

넷째, 공무원연금법에 의한 유족급여의 수급권자가 제한되어 있기 때문에 이에 해당하지 않는 유족의 상속권을 침해하는가의 여부가 심판의 대상이 되었다. 유족급여 수급자격이 있는 유족이 없이 사망한 경우 직계비속 외에 나머지 유족은 수급자격을 갖지 못

27) 헌재 1994.6.30, 92헌가9, 6-1, 543면 이하 참조. 이 결정에 대해서 자세히는 전광석, "군인연금법 제21조 제5항에 대한 한정위헌결정", 전광석, 헌법판례연구(법문사, 2000), 79면 이하 참조.

하며, 자녀의 경우 18세 미만의 경우에 한하여 유족연금 수급권을 갖는 규정의 위헌 여부에 관한 심사가 여기에 해당한다.

이밖에 연금수급권의 압류를 금지하여 채권자가 권리를 실현할 수 없는 문제, 소멸시효에 의하여 연금수급권이 상실되는 문제, 재직기간의 합산을 원하는 경우 이에 대한 신청을 재직 중에 하여야 하며, 퇴직 후에는 허용하지 않는 문제 등이 헌법재판의 대상이 되었다.

### (2) 군인연금법과 사학연금법

군인연금법 규정에 대한 헌법재판에서 쟁점은 대부분 공무원연금법의 경우와 중복된다. 재직 중의 사유로 인하여 형의 선고를 받은 경우에 급여를 제한하는 규정, 이 규정에 대한 헌법불합치결정에 따른 개선입법이 심사의 대상이 되었다. 급여를 제한하는 사유가 소멸한 경우에 연금을 소급하여 지급하면서 이자를 산입하지 않은 규정이 심사되었다.[28] 수급권자가 재취업하여 소득이 있는 경우 연금을 감액하는 규정이 여러 차례 심사되었다. 결정의 내용은 공무원연금법의 경우와 같았다. 군인이 납부하는 기여금에 의하여 형성된 부분은 감액의 대상에서 제외되어야 하며, 감액요건인 소득 정도 및 감액의 수준이 법률에서 구체적 범위를 정하지 않고 행정입법에 위임하는 규정이 모두 위헌으로 결정되었다.[29] 연금수급권자가 사립학교에 재취업한 경우에 연금 전액을 지급하지 않는 규정에 대한 헌법심사가 청구되었다.[30]

위에서 언급한 바와 같이 군인연금은 공무원연금에 앞서 이미

28) 헌재 2009.7.30, 2008헌가1등, 21-1(상), 18면 이하; 2013.9.26, 2011헌바100, 25-2(상), 661면 이하; 2016.7.28, 2015헌바20, 28-2(상), 104면 이하 등 참조.

29) 전자의 결정으로는 헌재 1994.6.30, 92헌가9, 6-1, 543면 이하; 2003.9.25, 2001헌가22, 15-2(상), 231면 이하; 2005.12.22, 2004헌가24, 17-2, 625면 이하 등 참조. 후자의 결정으로는 헌재 2009.3.26, 2007헌가5등, 21-1(상), 312면 이하; 2010.7.29, 2009헌바4, 22-2(상), 95면 이하 등 참조.

30) 헌재 2007.10.25, 2005헌바68, 19-2, 447면 이하; 2015.7.30, 2014헌바259, 27-2(상), 256면 이하 등 참조.

재정 적자를 겪고 있었으며, 이에 공무원연금법의 예에 따라 재정 안정을 위한 조치를 취하였다. 연금산정 및 조정의 기준이 수급자에게 불이익하게 변경되었으며, 이 점이 헌법심사의 대상이 되었다.[31] 공무원연금법과의 관계에서 평등권이 심사의 기준이 되었다. 이에 예컨대 공무원연금과는 달리 재직 중 질병 또는 부상이 발생하고 퇴직 후에 폐질에 이른 경우를 상이연금의 수급요건에 명시하지 않은 규정, 이에 대한 개선입법을 하면서 소급 적용하지 않은 규정은 모두 헌법불합치로 결정되었다.[32] 공무원연금에 비해서 상이등급이 다소 불리하게 형성되어 있는 점도 심사의 대상이 되었다.[33] 연금수급권을 압류의 대상에서 제외하는 규정은 공무원연금법의 해당 규정에 관한 결정의 논리에 따라 합헌으로 결정되었다.[34] 이후 공무원연금법의 해당 규정이 다시 심사되면서 5인의 재판관이 위헌의견을 제시하였으며, 이에 군인연금법의 해당 규정의 존속은 유동적이게 되었다.[35]

군인연금법에 특유한 쟁점으로 연금 산정의 요소인 복무기간을

31) 헌재 2000.2.28, 2000헌바69, 14-1, 129면 이하; 2003.9.25, 2001헌마194, 15-2(상), 391면 이하 등 참조.

32) 헌재 2010.6.24, 2008헌바128, 22-1(하), 473면 이하; 2016.12.29, 2015헌바208, 28-2(하), 456면 이하 등 참조. 첫 번째 결정은 계속 적용의 헌법불합치결정이었다. 이는 합헌적인 부분, 즉 기존의 규정에 따른 상이연금의 수급조건이 계속 적용되어 연금이 지급되어야 한다는 의도였다. 두 번째 결정은 개선입법이 소급 적용되는 기간을 제한하였기 때문에 기존에 관련 법률에 의하여 연금지급대상에서 제외되었던 청구인 등이 보호될 수 없게 된 점이 헌법에 합치하지 않는다고 판단하였다. 이는 헌법불합치결정에서 계속 적용은 합헌적인 부분에 한정되고, 위헌적인 부분은 적용이 중지되어 개선입법에 의하여 새로이 심사되어야 한다는 의미를 내포한 것이었다. 이때 비로소 위헌법률에 의한 권리침해가 구제될 수 있기 때문이다. 이에 관한 법원의 판결로는 예컨대 대판 2011.9.29, 2008두18885 참조. 같은 취지의 결정은 산재보험법에서도 나타났다. 헌재 2016.9.29, 2015헌바208등, 28-2(하), 456면 이하; 2019.9.26, 2018헌바218등, 31-2(상), 298면 이하 등 참조. 이 결정을 포함하여 계속 적용 헌법불합치결정의 문제에 대해서는 예컨대 김하열, "계속적용 헌법불합치 결정의 의미와 효력; 법률적용 관계를 중심으로", 저스티스(2020.4), 31면 이하 참조.

33) 헌재 2015.4.30, 2013헌마435, 27-1(하), 79면 이하 참조.

34) 헌재 2009.7.30, 2007헌바139등, 21-1(상), 245면 이하 참조.

35) 헌재 2018.7.26, 2016헌마260, 30-2, 98면 이하 참조.

제한하는 규정, 군인복무 이전 다른 직역에서의 근무기간을 합산대상에서 제외하는 규정, 현역병 복무기간의 산입 시기를 제한하는 규정 등이 심사되었다. 이때 개선입법에서 소급 적용 기간을 제한하거나 혹은 소급 적용을 배제하는 문제가 쟁점이었으며, 이른바 시혜적 소급입법에 관한 논리가 적용되었다.[36] 군인연금법에서 퇴직 후 61세 이후에 혼인한 배우자는 유족급여 수급자격을 인정하지 않았다. 이는 연령기준을 두지 않고, 퇴직 후 혼인한 배우자의 유족급여 수급자격을 인정하지 않는 공무원연금법과는 차이가 있었다. 다만 이 결정에서 쟁점은 재직 중 이혼을 하고 퇴직 후 61세 이후에 다시 혼인한 경우에도 수급자격이 인정될 수 없는가의 문제였다.[37]

사학연금법 규정에 대한 헌법심사에 있어서도 재직 중 사유로 인하여 형의 선고를 받은 경우 연금의 지급을 제한하는 규정에 대한 심판이 청구되었고, 공무원연금법 및 군인연금법에 있어서와 마찬가지로 해당 규정은 헌법불합치로 결정되었다.[38] 이에 관한 개선입법은 합헌으로, 그리고 개선입법이 소급 적용되는 결과 이미 지급된 연금을 반환하는 근거가 되었던 부칙 규정은 위헌으로 결정되었다.[39] 사립학교에 재직하기 이전에 공중보건의로 근무한 기간을 재직기간에 합산하지 않는 규정이 헌법불합치로 결정되었다.[40] 이밖에 유족급여 수급권자에 형제자매를 포함하지 않는 규정, 연금수급권에 적용되는 5년의 소멸시효에 관한 규정은 합헌으로 결정되었다.[41]

36) 헌재 1996.10.31, 93헌바55, 8-2, 457면 이하; 2002.2.28, 2000헌바69, 14-1, 129면 이하; 2015.6.25, 2013헌바17, 27-1(하), 427면 이하 등 참조.
37) 헌재 2012.6.27, 2011헌바115, 24-2(하), 731면 이하 참조.
38) 헌재 2010.7.29, 2008헌가15, 22-2(상), 16면 이하 참조.
39) 헌재 2013.9.26, 2010헌가89등, 25-2(상), 586면 이하; 2013.9.26, 2013헌바170, 25-2(상), 761면 이하 등 참조.
40) 헌재 2016.2.25, 2015헌가15, 28-1(상), 13면 이하 참조.
41) 헌재 2010.4.29, 2009헌바102, 22-2(하), 37면 이하; 2017.12.28, 2016헌바341, 29-2(하), 357면 이하 등 참조.

## 2. 결정 유형

### (1) 공무원연금법

헌법재판소는 1995년 처음으로 공무원연금법 규정에 대한 결정을 하였다. 이후 2019년 말까지 헌법재판소 판례집에 수록된 결정을 기준으로 37건의 결정이 있었다. 위헌심사형 헌법소원심판이 25건으로 압도적으로 많았다. 주로 법률의 집행과정에서 해당 규정의 위헌 여부가 쟁점이 되었다. 나머지 12건은 권리구제형 헌법소원심판이며, 이때에도 심판의 대상은 법률 규정 자체였다. 구체적인 공권력의 행사가 헌법재판의 대상이 되지는 않았다. 급여 및 규범구조의 특성으로 인하여 주로 고시 등 행정입법이 심판의 대상이 되었던 건강보험법에 관한 헌법재판과 큰 차이이며, 국민연금법에 관한 헌법재판과 유사하였다.

한정위헌결정이 1건, 위헌결정이 3건, 헌법불합치결정이 1건으로 위헌 취지의 결정이 모두 5개였다. 연금수급자가 재취업하여 소득이 있는 경우 연금의 전부 혹은 일부를 감액하는 규정은 포괄위임에 해당하여 위헌으로 결정되었다.[42] 공무원이 재직 중의 사유로 금고 이상의 형을 선고받은 때 연금을 감액하는 규정은 계속적용의 헌법불합치로 결정되었다.[43] 그런데 헌법불합치결정에서 제시한 시한 내에 심판대상인 규정을 개정하지 않았기 때문에 해당 시점 이후 지급정지에 관한 규정이 위헌상태가 되었다. 이에 연금 전액이 지급되었다. 개선입법은 부칙에서 새로운 급여 제한에 관한 규정을 소급하여 적용하도록 하였고, 이에 지급된 연금이 환수되어야 했다. 이에 관한 2건의 헌법재판에서 소급 적용에 관한 규정은 진정소급입법에 해당하여 모두 위헌으로 결정되었다.[44] 내란의 죄,

42) 헌재 2003.9.25, 2000헌바94등, 15-2(상), 254면 이하 참조.
43) 헌재 2007.3.29, 2005헌바33, 19-1, 211면 이하 참조.
44) 헌재 2013.8.29, 2010헌바354등, 25-2(상), 382면 이하; 2013.8.29, 2011헌바391등, 25-2(상), 454면 이하 등 참조.

외환의 죄 등을 범하여 금고 이상의 형을 받은 경우에 급여를 제한하는 규정은 이를 퇴직 후에도 적용하는 한 위헌으로 결정되었다.[45] 나머지 6건은 각하되었고, 26건은 기각 혹은 합헌으로 결정되었다.

### (2) 군인연금법과 사학연금법

군인연금법 규정에 대해서 모두 25건의 결정이 있었다. 위헌심사형 헌법소원심판이 11건으로 가장 많았으며, 권리구제형 헌법소원심판과 위헌법률심판이 8건과 6건이었다. 권리구제형 헌법소원심판에서 대부분의 경우 법률 규정이 심판의 대상이 되었다. 주로 법률의 집행과정에서 해당 규정의 위헌 여부가 쟁점이 되었다는 것을 알 수 있다. 위헌결정이 5건, 불합치결정이 4건이었다. 위헌결정은 모두 퇴직연금 수급자가 재취업하여 소득이 있는 때 급여를 감액하는 규정에 대한 것이었다. 재직 중의 사유로 인한 형의 신고를 받은 경우 연금을 감액하는 규정, 무죄 선고가 확정된 후 퇴직연금을 지급하면서 이자를 산입하지 않은 규정, 재직 중 발생한 질병 혹은 부상으로 인하여 퇴직 후에 상이가 발생한 경우를 – 공무원연금법과는 달리 – 상이연금의 수급요건에 포함하지 않은 규정, 그리고 이에 대한 개선입법을 소급 적용하지 않은 규정은 헌법불합치로 결정되었다. 이밖에 6건은 각하되었고, 10건은 기각 혹은 합헌으로 결정되었다.

사학연금법 규정에 대한 결정은 7건이었다. 이와 같이 심판의 수가 많지 않은 것은 사학연금법은 급여의 조건, 급여의 종류와 내용이 공무원연금법과 같기 때문에 공무원연금법에 관한 헌법심판에서 관련 쟁점이 해명되었기 때문일 것이다. 위헌심사형 헌법소원심판과 위헌법률심판이 각각 3건이었다. 나머지 1건이 권리구제형 헌법소원심판이었지만 심판의 대상은 법률 규정이었다. 재직 중

45) 헌재 2002.7.18, 2000헌바57, 14-2, 1면 이하 참조.

사유로 인하여 형의 선고를 받은 경우 연금을 감액하는 규정, 그리고 개선입법이 소급 적용되어 이미 지급된 연금을 반환하는 근거 규정은 각각 헌법불합치 및 위헌으로 결정되었다. 공중보건의로 근무한 기간을 연금산정에 있어서 재직기간으로 합산하지 않는 규정은 헌법불합치로 결정되었다. 나머지 4건은 기각 혹은 합헌으로 결정되었다.

## V. 주요 심사기준

### 1. 평등권

공무원연금법에서 급여를 제한하는 규정에 대한 심사에서는 국민연금법 등이 비교의 대상이 되었으며, 이에 평등권이 심사기준이었다. 헌법재판소는 공무원연금법의 헌법적 기초로 제34조 인간다운 생활을 할 권리와 동시에 제7조 직업공무원제도를 들었다.[46] 공무원과 일반 근로자는 근무관계와 의무에 있어서 근본적으로 차이가 있으며, 이에 공무원연금과 국민연금의 기능상의 차이를 부각시키려는 의도였다.[47] 그러나 이 점이 실제 의미 있게 구성되고 적용되지는 못했다는 점에 대해서는 위에서 지적하였다.[48]

국민연금은 고용관계에서 독립하여 운영되는 사회보험으로서 가입자, 혹은 가입자와 사용자가 함께 납부하는 보험료에 의하여 재정이 충당된다. 이에 비해서 공무원연금은 사회보장뿐 아니라 공무원 근무관계를 충실하게 유지하는 기능이 있다. 이와 같은 차이를 고려하면 공무원연금과 국민연금이 적합한 비교의 대상은 아니다. 이와 같은 이질성이 헌법심사에서 의미 있게 고려되지는 않았다. 예컨대 헌법재판소는 재직 중의 사유로 인하여 금고 이상의

46) 예컨대 헌재 2008.2.28, 2005헌마872등, 20-1(상), 292면 참조.
47) 이 점에 대해서는 예컨대 2011.11.24, 2010헌바510, 23-2(하), 519면 이하 참조.
48) 위 각주 14 참조.

형의 선고를 받은 경우에 연금의 일부를 감액하는 규정이 이에 상응하는 규정이 없는 근로기준법 및 국민연금법과의 관계에서 자의적인 차별에 해당한다고 판단하였다.[49] 이는 공무원 근무관계의 특성을 간과한 것이었다. 이와 같은 비교에 따르면 오히려 공무원연금법에서 직무상의 의무와 관련된 범죄에 대해서 급여를 제한하는 구상 자체가 헌법적으로 의심스러울 수 있다. 그러나 헌법재판소가 이러한 입장에 있는 것은 아니었다. 공무원연금법의 특수성이 뚜렷하게 반영되는 경우도 있었다. 예컨대 공무상 장해와 달리 비공무상 장해를 보상에서 제외한 것은 공무원연금법에 특유한 재해보상의 기능을 주목한 결과였다. 이때 비공무상 장해를 입은 공무원의 인간다운 생활을 할 권리가 침해되는가는 별개의 문제이다.[50]

이밖에 유족급여의 수급자격이 있는 유족이 없는 경우에 일시금이 지급되는 유족의 범위가 국민연금법에 비해서 좁아서, 예컨대 형제자매를 제외하는 규정에 대한 심사에서도 평등권이 심사의 기준이 되었다. 그러나 이는 체계의 차이로 설명될 수 있는 문제는 아니었으며, 따라서 평등권은 유용한 심사기준이 될 수 없었다. 시혜적인 소급입법에 대한 헌법심사는 기존의 논리에 따랐다. 공무원연금법의 적용범위를 순직공무원으로 확대하면서 소급적용을 배제한 규정, 분할연금을 도입하면서 개정 법률이 시행된 후 지급사유가 발생한 경우에 한하여 적용하도록 하는 규정이 이러한 예에 해당한다.[51]

평등권은 공무원연금과 군인연금에서 장해급여(상이급여)와 국가유공자법에 의한 보훈급여를 조정하는 데 있어서 불균형을 심사하는 기준이 되었다.[52] 공무원연금에서는 보훈급여에 상당하는 금액

49) 헌재 2007.3.29, 2005헌바33, 19-1, 224면 이하 참조.

50) 아래 V.4. 참조.

51) 헌재 2012.8.23, 2011헌바169, 24-2(상), 540면 이하; 2018.4.26, 2016헌마54, 30-1(상), 701면 이하 등 참조.

52) 헌재 2013.9.26, 2011헌바272, 25-2(상), 683면 이하 참조. 사회보장법에서 급여조정의 의미와 방법에 대해서는 예컨대 도재형, "사회보장급여의 조정", 사회

이 장해급여에서 공제되는 반면, 군인연금에서는 보훈급여가 상이급여의 수급에 영향을 주지 않았다. 헌법재판소는 기본적으로 공무원연금과 군인연금이 상이한 체계를 형성한다는 점에서 출발하였다. 역사적으로 보면 1960년 제정·시행된 공무원연금법에서 군인은 공무원과 함께 적용 대상이었다. 다만 이 때에도 군인에 대한 특별한 장을 두었다. 이는 헌법재판소의 표현에 따르면 '상이한 체계'를 예고했다. 1963년 군인연금법이 별도로 제정되었다. 그러나 공무원연금과 군인연금이 공무원 및 군인의 근무관계의 유지와 사회보장의 기능을 수행한다는 점에서는 차이가 없다. 또 헌법재판소는 군인연금과 공무원연금(그리고 사학연금)이 독립하여 조직·운영되고 있지만 동일한 사회적 위험을 보호하는 통일적인 제도라고 이해한 바 있다.[53] 그렇다면 급여의 병급(倂給) 및 조정에 관한 규정 역시 통일되어야 하며, 상이한 규정을 두는 경우 이를 정당화하는 사유가 제시되어야 한다.

이와 관련하여 헌법재판소의 논리는 취약했다. 헌법재판소는 두 가지 점을 언급하였다.[54] 첫째, 군인연금법에는 퇴직급여 수급연령이 적용되지 않았으며, 군인이 전투에 종사한 기간은 3배로 계산한다. 그러나 이 점은 급여의 병급(倂給)에 관한 헌법심사와 어떠한 연관성도 없었으며, 또 오히려 군인에게 유리한 규정이기 때문에 공무원의 불이익을 정당화하는 논리는 될 수 없었다. 둘째, 군인연금법에는 부분적으로 공무원연금법에 비해서 수급권자에게 불리한 규정이 있다. 예컨대 공무원의 경우에 장해급여와 퇴직급여를 동시에 받을 수 있는 반면, 군인은 상이연금과 퇴직연금을 함께 받을 수 없다. 그러나 이 점도 기능적 관련성에 관한 함의는 없었

보장법학 제2권 제2호(2013), 66면 이하; 조성혜, "사회보험법상 중복급여의 조정 – 사회보험급여와 근로소득을 중심으로", 노동법학 제37호(2011), 127면 이하; 조성혜, "소득보장급여의 중복과 조정에 관한 법리적 검토 – 사회보험급여를 중심으로", 노동법논총 제26집(2012), 230면 이하 등 참조.

53) 예컨대 헌재 2000.6.29, 98헌바106, 12-1, 844면 참조.

54) 헌재 2013.9.26, 2011헌바272, 25-2(상), 690면 이하 참조.

으며, 따라서 이 결정에서 의미 있는 심사기준이 될 수는 없다. 이 규정이 장해급여에서 보훈급여를 공제하는 불이익을 상쇄하기 위한 것은 아니기 때문이다. 또 군인의 경우 상이급여에서 보훈급여를 공제하지 않는 것이 상이급여와 퇴직급여를 함께 받을 수 없는 상황을 보상하기 위한 것도 아니다. 유사한 예는 다음과 같은 경우에도 나타났다. 군인연금법은 여전히 연금수급 연령이 없으며, 또 급여의 병급(倂給)과 선택, 상이등급의 결정방식 등에 있어서 공무원연금법과 차이가 있다. 이때에도 헌법재판소는 단순히 공무원연금과 군인연금은 제도상의 차이가 있다는 서술을 할 뿐, 제도 내용의 차이를 설명하고 정당화하는 논리를 적극적으로 제시하지는 않았다.[55)]

## 2. 재산권

공무원연금수급권이 (전체적으로 재산권적 보호의 대상이지만) 사회보장수급권의 성격을 함께 갖는다는 논리는 재산권 보장을 상대화하는 의미를 갖는다. 그러나 이러한 설명이 일관되지는 않았다. 위에서 살펴본 바와 같이 전체적으로 보면 사회보장수급권에 관한 헌법재판소의 언급은 혼란스러우며, 또 체계적이지도 않다. 이와 관련하여 다음과 같은 단계적인 구상이 필요했다. 첫째, 사회보장수급권 중에는 재산권에 의한 보호의 요건을 충족하는 경우와 그렇지 않은 경우가 있다. 둘째, 재산권에 의한 보호의 대상인 경우에도 보장의 정도에 있어서는 차이가 있다. 즉 사회적 조정의 요소가 강할수록 보호의 정도는 약화된다. 따라서 헌법재판소가 연금수급권에 관한 규정을 재산권을 기준으로 심사하면서 "재산권보다 사회보장수급권의 성격이 강하고…,"라는 서술은 의미 있는 논리가 될 수 없다.[56)]

---

55) 헌재 2017.11.30, 2016헌마101등, 29-2(하), 192면 이하 참조.
56) 예컨대 위 각주 19 참조.

다음과 같은 근본적인 문제도 제기된다. 즉 본인연금과 유족연금이 재산권에 의한 보호의 정도에 있어서 차이가 있는가의 문제이다. 헌법재판소는 유족연금수급권을 재산권에 의한 보호의 대상에서 제외하지는 않았지만 사회보장수급권의 성격이 더욱 강하다고 보았고, 이는 재산권에 의한 보호의 정도가 약화된다는 의미였다.[57] 그러나 – 일반 사회보험과 마찬가지로 – 공무원연금에서 본인급여는 소득 상실, 그리고 유족급여는 부양 상실을 대체하는 기능을 갖는다. 유족급여에 대해서 유족 자신이 재정적 기여를 한 것은 아니지만 가입자가 사망한 경우 연금수급권은 가족 부양을 위한 수급권으로 전환되며, 이때 재산권의 성격이 변화하는 것은 아니다. 이와 같은 구조에서 보면 공무원이 납부하는 기여금은 (그리고 국가 및 지방자치단체가 납부하는 부담금도) 유족급여에 있어서 제3자의 기여에 해당하지 않으며, 이 점에서 유족급여가 본인급여에 비해서 재산권에 의한 보호의 정도가 약하거나 혹은 이를 부인하는 듯한 헌법재판소의 견해는 사회보험의 기능에 대한 올바른 이해는 아니었다.

위에서 언급한 바 장해급여에서 보훈급여를 공제하는 규정에 대한 심사에서 평등권 외에 재산권이 기준이 되었다.[58] 헌법재판소는 공무원연금수급권에 재산권과 사회보장수급권이 혼재하여 있으며, 입법자가 후자의 성격을 중시하여 보훈급여 상당액을 공제하는 것이 재산권을 침해하는 것은 아니라고 판단하였다. 그러나 재산권

57) 헌재 1999.4.29, 97헌마333, 11-1, 512면, 517면 등 참조. 이에 비해서 국민연금법상 유족연금의 성격에 대한 이해는 미세한 차이가 있었다. 즉 국민연금법의 유족연금을 재산권에 의한 보호대상에서 명시적으로 제외하는 것은 아니었지만 이를 전제하는 듯하다. 이에 대해서는 헌재 2019.2.28, 2017헌마432, 31-1, 210면 참조. 독일 연방헌법재판소는 유족급여를 재산권에 의한 보호의 대상에서 제외한 바 있다. BVerfGE 97, 283면 이하 참조. 그러나 이는 타당한 결정이 아니었다. 이에 대한 비판적인 견해에 대해서는 예컨대 Friedhelm Hase, “Hinterbliebenenrente als Eigentum im verfassungsrechtlichen Sinn”, Juristen Zeitung (2000), 591면 이하; Franz Ruland, 위 각주 24의 책, 909면, 963면 등 참조.

58) 헌재 2013.9.26, 2011헌바272, 25-2(상), 689면 이하 참조.

에 관한 논리는 좀 더 세분화되어야 했다. 장해급여는 일반 근로자의 경우 산재보상급여에 해당한다. 그만큼 재산권적 보호의 정도는 강하다.[59] 이와 같은 이유에서 예컨대 산재보험과 국민연금의 수급조건이 함께 충족되는 경우 산재보험급여를 전액 지급하고 국민연금은 2분의 1을 지급하는 조정을 하고 있다(국민연금법 제113조). 보훈급여도 재산권적 보호의 대상이기는 하다.[60] 그러나 장해급여가 보훈급여와 기능상 동일하기 때문에 조정이 필요하다면, 보훈급여는 보상과 부조의 성격이 혼재하여 있기 때문에 장해급여를 전액 지급하고 보훈급여를 조정하는 것이 장해급여수급권의 재산권적 성격에 보다 충실한 입법일 것이다.

### 3. 신뢰보호의 원칙

특히 2000년 공무원연금법 개정에 의하여 기존의 수급권자의 연금에 불이익이 발생하면서 신뢰보호의 원칙이 중요한 심사기준이 되었다. 그러나 결과적으로 신뢰보호의 원칙은 이와 같은 불이익을 방어하는 유용한 기준이 되지는 않았다.[61] 아직 공무원으로 임용되기 전 임용 예정자가 기존 규정이 지속되는 경우 이에 따라 재산적 이익을 취득한다는 기대가 헌법적으로 보호되지 않는 것은 물론이다.[62]

헌법재판소는 신뢰를 제한하는 정도를 유형화한 개념, 즉 진정소급입법과 부진정소급입법의 구분을 유지하였다. 그리고 기존의 연금수급권자에 대한 소급적인 불이익을 부진정소급입법으로 분류

---

59) 위 각주 26 참조.

60) 예컨대 헌재 1995.7.21, 93헌가14, 7-2, 21면 이하 참조.

61) 전체적으로 사회보장수급권과 관련된 사안에서 지속가능성 및 세대 간 정의의 요청에 비해서 신뢰보호원칙의 방어적 기능이 약화되는 구조에 대해서는 예컨대 전광석, “신뢰보호와 소급입법금지의 원칙”, 헌법재판 주요선례연구 1(헌법재판소 헌법재판연구원, 2012), 339면 이하 참조. 이밖에 Winfried Berg, “Die Zeit im öffentlichen Recht, Das öffentliche Recht in der Zeit”, Jahrbuch des öffentlichen Rechts(2008), 23면 이하 참조.

62) 헌재 2012.8.23, 2010헌마197, 24-2(상), 618면, 620면 등 참조.

하였다. 이에 따르면 "이미 종료된 과거의 사실관계 또는 법률관계에 새로운 법률이 소급적으로 적용되어 과거를 법적으로 새로이 평가하는" 개정 법률이 진정소급입법에 해당한다.[63] 이러한 논리는 부분적으로 보충되었다. 즉 "계속적으로 이행기가 도래하는 계속적 급부"에 관한 법률관계에서는 개정 법률에 의하여 "이행기에 도달한 퇴직연금의 내용을 변경함이 없"기 때문에 개정 법률이 진정소급입법에 해당하지 않는다.[64] 이러한 서술의 정확한 의미가 파악되지는 않는다. 아마도 과거에 법적 효과가 실현되었고, 이와 같이 실현된 사실관계를 불이익하게 변경하는 경우를 염두에 두었던 것으로 추측된다.

헌법재판소의 논리에 따르면 진정소급입법과 부진정소급입법의 분류가 갖는 이론적 및 실천적 가치는 더 이상 없게 된다. 진정소급입법을 위와 같이 좁게 이해하는 경우 부진정소급입법의 범주는 지나치게 넓어지고, 이에 해당하는 사안들은 신뢰보호의 원칙과 관련하여 더 이상 동질성을 갖지 못한다. 연금수급권을 취득하기 위한 사실관계 및 법률관계가 진행 중에 있는 경우와 이미 연금수급권을 갖게 된 경우에 개인의 신뢰는 구조적으로 차이가 있다. 그런데 이를 모두 부진정소급입법으로 분류하고 입법 재량을 넓게 인정하여야 하기 때문이다.[65] 이는 부진정소급입법에 있어서 사실

63) 예컨대 헌재 2003.9.25, 2001헌마93등, 15-2(상), 363면; 2008.2.28, 2005헌마872등, 20-1(상), 297면; 2009.7.30, 2007헌바13, 21-2(상), 238면 등 참조. 전자의 결정에는 연금수급자의 법적 지위를 불이익하게 변경하는 개정 법률이 진정소급입법에 해당하며, 이를 정당화하는 공익이 존재하지 않는다는 반대의견이 제시되었다. 373면 이하 참조.

64) 헌재 2005.6.30, 2004헌바42, 17-1, 983면 참조. 같은 취지의 법원의 판결로는 대판 2014.4.24, 2013두26552 참조. 이에 대한 비판적인 견해로는 예컨대 전광석, 위 각 61의 논문, 335면 이하; 정태호, "사회보험수급권의 침해 여부의 심사기준에 관한 헌법재판소 판례 평가와 보완", 헌법재판의 새로운 지평(이강국헌법재판소장 퇴임기념논문집, 2013), 373면 이하 등 참조. 이에 비해서 주로 정책적 이유에서 법원의 결정을 따르는 견해로는 예컨대 곽상현, "소급입법에 의한 공무원연금 급여제한 처분의 한계", 행정판례연구 제22권(2015), 3면 이하 참조.

65) 이와 같은 기준에 따라 경과규정의 필요성과 이를 결여하여 위헌으로 결정된 예

관계 및 법률관계가 진행되어 왔던 기간, 좀 더 정확히 말하면 사실관계 및 법률관계가 종료되는 시점과의 근접성에 따른 양적 차이와는 다른 문제이다. 위와 같은 이해에 따르면 실제 공무원연금법에서 아래에서 서술하는 바와 같은 예외적인 경우를 제외하고는 진정소급입법에 해당하는 사안은 존재하지 않는다. 일반적으로는 이미 주어졌던 법적 효과가 실현된 사실관계를 소급적으로 불이익하게 변경하는 입법이 있을 수 없기 때문이다.

진정소급입법은 다음과 같은 특유한 상황에서 나타났다. 2007년 헌법재판소는 재직 중의 사유로 형의 선고를 받은 경우 연금을 감액하는 규정에 대해서 계속 적용의 헌법불합치결정을 하고, 2008년 12월 31일을 입법시한으로 정하였다.[66] 그런데 국회는 입법시한이 지난 2009년 12월 31일 비로소 개선입법을 하였다. 해당 규정은 2009년 1월 1일 이후 위헌상태가 되었고, 연금을 감액하는 근거규정도 존재하지 않게 되었다. 그 결과 기존 규정에 의하여 감액 사유에 해당하였던 수급권자에게 연금 전액이 지급되었다. 그런데 개정 법률은 '직무와 관련이 있는 과실로 인한 경우…'를 연금감액사유로 하였고, 부칙에서 이를 2009년 1월 1일로 소급 적용하도록 하였다. 이에 따라 2009년 1월 1일 이후 연금 전액을 지급받은 수급자는 이를 환수하여야 했다.

부칙규정은 기존에 주어졌던 법적 효과와 동시에 사실관계를 불이익하게 변경하는 것으로 진정소급입법에 해당하는 것이 명확했다. 진정소급입법을 예외적으로 허용하는 사유로서 급여를 환수하는 내용의 소급입법을 예상할 수 있었는가, 이를 정당화할 만한 심대한 공익이 존재하는가의 여부가 남은 문제였다. 이에 관한 첫 번째 청구는 재판의 전제성이 없어 각하되었다.[67] 두 번째 및 세

로는 헌재 1995.10.21, 94헌바12, 7-2, 456면 이하; 2001.9.27, 2000헌마152, 13-2, 346면 이하; 2001.9.27, 2000헌마208등, 13-2, 375면 이하 등 참조.

66) 헌재 2007.3.29, 2005헌바33, 19-1, 224면 이하 참조.

67) 헌재 2013.8.29, 2010헌바241, 25-2(상), 377면 이하 참조.

번째 결정에서 헌법재판소는 공무원연금의 재정안정보다는 입법개선의무를 신속히 이행하여 수급권자의 법률관계를 안정시키는 이익이 크다고 보고, 해당 규정을 위헌으로 결정하였다.[68] 이 결정에는 반대의견이 있었다. 이에 따르면 헌법불합치결정이 이루어졌기 때문에 이미 개선입법을 예상할 수 있고, 또 공무원연금공단이 수급권자에게 이에 관한 정보를 제공하였기 때문에 예견가능성은 보다 구체적이었다. 그러나 국회가 입법개선시한을 지키지 못하여 발생하는 문제를 수급자에게 전가(轉嫁)시킬 수 없다. 또 연금은 생활의 경제적 기초가 되는데, 이미 소비한 연금 부분을 환수하는 것은 개인의 신뢰와 이익을 지나치게 침해하며, 이를 예견할 수 있다고 기대할 수는 없다.

사후적으로 연금법을 불이익하게 변경하는 규정은 모두 합헌으로 결정되었다. 연금수급 연령을 도입하여 제도를 합리화하고, 또 연금재정을 안정화하는 중대한 공익에 비추어 해당 규정들이 위헌으로 결정될 수는 없었다. 그런데 신뢰보호와 관련하여 헌법재판소는 일반적으로는 다음과 같은 논리를 제시하였다. 즉 공무원이 연금제도에 대해서 갖는 "신뢰는 '퇴직 후 연금을 받는다'는 것이며, '퇴직 후에 현 제도 그대로 연금액을 받는다'는 것은 아니다. … 퇴직연금수급자는 단순히 기존의 기준에 의한 연금지급이 계속 될 것이라는 기대하에 소극적인 연금수급을 하였을 뿐이지 그 신뢰에 기한 어떠한 적극적인 투자행위를 한 것이라고 볼 수는 없다".[69] 이는 기존의 공무원연금법에 대한 신뢰는 보호가치가 없다는 인상을 준다.

그러나 연금제도에 대한 신뢰가 이와 같이 소극적인 것에 그치지는 않는다. 연금수급권자는 법률에 의하여 의무적으로 기여금을

68) 헌재 2013.8.29, 2010헌바354등, 25-2(상), 402면 이하; 2013.8.29, 2011헌바391등, 25-2(상), 454면 이하 등 참조.

69) 헌재 2005.6.30, 2004헌바42, 17-1, 984면; 2009.7.30, 2007헌바113, 21-2(상), 239면 등 참조.

납부하였으며, 여기에는 두 가지 신뢰가 포함되어 있다. 첫째, 자신이 납부한 기여금과 국가 또는 지방자치단체가 납부한 부담금에 어느 정도 비례하여 연금이 계속 지급된다. 물론 – 일반적인 사회보험에 있어서와 마찬가지로 – 기여금과 부담금에 의하여 형성된 급여가 수익(收益)을 보장하는 것은 아니다.[70] 그러나 기여금 및 부담금 산정의 기초가 되는 소득에 비례하여 기금으로부터 연금이 배분된다는 신뢰는 보호된다. 둘째, 연금은 수급권자가 퇴직 후 생활의 경제적 기반이 되며, 이를 위해서는 기존의 제도가 어느 정도, 적어도 기능적으로 동일성을 유지하고 있어야 한다는 점에서 기존 제도(의 기능)에 대한 신뢰는 보호가치가 있다. 다만 제도의 전환 혹은 변화로 인한 신뢰의 침해 여부에 대해서는 구체적인 평가가 필요하다.

### 4. 인간다운 생활을 할 권리

형제자매 및 18세 이상인 자녀의 유족급여 수급자격, 특정한 위험에 대한 보호 여부가 쟁점이 되었을 때 인간다운 생활을 할 권리가 심사기준이 되었다. 그러나 헌법심사에서 인간다운 생활을 할 권리는 유용성이 없었으며, 이에 관한 기존의 일반적인 이해방법에 따라 기본권 침해가 인정되지 않았다.[71]

예컨대 위에서 언급한 바와 같이 비공무상 장해를 제외한 것은 공무원연금법이 재해보상의 기능을 수행하기 때문이며, 이는 주로 평등권에 따라 심사되었다.[72] 이에 비해서 인간다운 생활을 할 권

70) 이 점에 대해서는 예컨대 Hans-Jürgen Papier, "Der Einfluss des Verfassungsrechts auf das Sozialrecht", Ruland/Becker/Axer(편), Sozialrechtshandbuch(Nomos, 2018), 150면 이하; Ulrich Wenner, "Rentenniveau und Grundgesetz", Festschrift 50 Jahre Bundessozialgericht(Carl Heymanns Verlag, 2004), 633면 이하 등 참조. 이밖에 이에 관한 독일 연방헌법재판소의 결정으로는 BVerfGE 64, 87(105) 이하 참조.

71) 헌재 2011.11.24, 2010헌마510, 23-2(하), 524면 이하 참조. 이밖에 같은 취지의 결정으로는 헌재 2012.8.23, 2010헌바425, 24-2(상), 501면 이하 참조.

72) 이와 같은 재해보상의 관점에서 보면 산재보험법의 보호대상에서 사용자의 지

리는 실질적인 심사기준이 되지 못했다. 인간다운 생활을 할 권리의 추상성, 인간다운 생활의 권리에 명백히 위반했는가 여부에 대한 명백성 심사, 공무원연금법뿐 아니라 다른 법령에 의한 지원 및 부담 감면을 종합적으로 고려하여 판단하는 필요성 등의 논리가 작용하였으며, 이는 공무원연금법 규정의 위헌 여부에 영향을 주지 않기 때문이다.[73)]

## Ⅵ. 공무원연금법과 공무원법

### 1. 공무원의 법령준수의무와 급여 제한

#### (1) 유형

공무원연금법에서 법령에 위반하는 행위로 인하여 형의 선고를 받은 경우에는 급여가 제한된다.[74)] 이 규정의 위헌 여부가 여러 차례 심사되었다. 2개의 결정에서는 이 규정에 대한 헌법불합치결정 이후 개선입법이 늦어지면서 위헌상태가 되었고, 이에 연금이 지급되었지만 개선방법이 소급하여 적용하는 결과 이미 지급된 연금을 환수하는 규정이 심사의 대상이 되었다. 이에 대해서는 위에서 서술하였다.[75)] 다음과 같은 결정이 이러한 유형에 해당했다. 첫째, 공무원연금법에서 '재직 중 사유'로 인한 형의 선고가 있는 때 연금이 감액되는데, 이러한 사유에는 직무관련성이 없는 경우도 포함되

배하에 있지 않은 일반적인 출퇴근재해를 제외한 것이 헌법에 합치하지 않는다는 헌법재판소의 결정은 논리적이지 않았다. 헌재 2016.9.29, 2014헌바254, 28-2(상), 316면 이하 참조. 이 결정에 대해서 자세히는 전광석, "사회보장법에서 헌법문제와 입법정책 – 헌재 2016.9.29, 결정, 2014헌바254를 중심으로", 법조 최신판례연구(2017.4), 316면 이하 참조.

73) 인간다운 생활을 할 권리가 실질적인 의미를 갖지 못하고 추상적인 서술에 그치는 예는 국민연금법 규정에 대한 심사에서도 발견된다. 예컨대 헌재 2001.4.26, 2000헌마390, 13-1, 989면 이하 참조.

74) 공무원연금법에서 급여제한 사유의 다양한 유형에 대해서는 예컨대 차진아, "사회보장수급권의 헌법적 근거와 제한 사유의 합헌성에 대한 검토", 사회보장법학 제2권 제2호(2013), 30면 이하 참조.

75) 위 각주 68 참조.

며, 이는 비례의 원칙을 위반하는가의 문제이다. 둘째, 내란의 죄, 외환의 죄, 반란의 죄, 이적의 죄 등 국가안전보장에 중대한 사유로 인한 범죄의 경우에는 '퇴직 후'의 범죄에 대해서도 형의 선고를 받은 경우에 연금을 지급하지 않는다. 이 규정이 재산권 및 평등의 원칙을 침해하는가의 여부이다.

### (2) 재직 중의 사유로 인한 범죄와 연금 감액

첫 번째 결정에서 헌법재판소는 공무원의 범죄행위는 성실의무를 위반하는 중대한 사유이며, 해당 규정은 공무원의 성실의무를 유도하기 위하여 필요한 제한이라고 보았다. 또 직무와 관련이 없는 범죄도 비난가능성이 높은 경우가 있기 때문에 비례의 원칙을 위반하지 않는다.[76] 두 번째 결정에서는 새로이 다양한 관점을 검토하였고, 기존의 결정을 변경하여 해당 규정을 헌법불합치로 결정하였다.[77] 이 결정에서 공무원범죄의 비난가능성, 그리고 국민연금법 및 근로기준법과 비교를 통하여 평등의 원칙에 따른 심사가 이루어졌다.

재직 중의 사유로 인한 범죄행위를 비난가능성을 기준으로 세분화하였다. 공무원의 직무 및 의무와 관련된 고의의 범죄행위는 비난가능성이 높으며, 이 경우 급여 제한은 공무원의 범죄를 예방하고 성실한 직무수행을 유도하는 입법목적에 비추어 문제가 없다. 이에 비해서 직무관련성이 없거나 혹은 과실에 의한 범죄행위는 비난가능성이 높지 않으며, 이때 징계 혹은 형사처벌 외에 범죄의 유형과 내용에 관계없이 연금의 일부를 감액하는 것은 특히 최소침해의 원칙에 위반된다.[78]

이 결정에는 위헌과 합헌의 반대의견이 있었다. 위헌의견에 따르면 직무관련성이 없는 경우에도 급여를 제한하는 것은 위헌이

76) 헌재 1995.7.21, 94헌바27등, 7-2, 91면 이하 참조.
77) 헌재 2007.3.29, 2005헌바33, 19-1, 211면 이하 참조.
78) 헌재 2007.3.29, 2005헌바33, 19-1, 222면 이하 참조.

다. 직무와 관련성이 있는 경우에는 일률적으로 급여를 제한하기보다는 의무위반의 정도 및 책임 등을 고려하여 연금 감액의 비율을 달리하여야 한다. 이와 같이 비례의 원칙에 따른 합헌적인 부분과 위헌적인 부분이 함께 있지만, 이를 각각 분리할 수 없으므로 헌법불합치결정을 하여야 한다. 합헌의 반대의견에 따르면 법령준수의무, 품위유지의무 등은 공무원의 직무수행에 한정하여 적용되는 것이 아니며, 이는 공무원 재직관계 자체에 부과되어 있다. 이를 위반하는 경우 직무관련성이 없는 경우에도 비난가능성이 적지 않고, 경우에 따라서는 더 클 수도 있다. 따라서 급여의 감액은 입법목적을 달성하기에 적합하고, 비례성을 상실하였다고 볼 수 없다. 또 공무원 근무관계와 일반 근로자의 근무관계는 기본적으로 차이가 있기 때문에 급여제한에 관한 차별에는 합리적인 이유가 있다.

사회보장의 목적, 그리고 일반적인 근로관계와 공무원 근무관계의 차이가 희석되는 현실적인 추이에서 보면 급여 제한의 사유를 좁게 형성하는 것이 바람직하다. 그러나 공무원연금법은 공무원 근무관계를 충실하게 유지하는 목적이 여전히 있다.[79] 이 점에서 법령준수의무 등을 위반하는 경우에 연금을 감액하는 규정 자체를 다수의견이 위헌으로 보는 것은 아니다. 다만 해당 규정의 심사에서는 다음과 같은 여러 단계의 사고가 필요하다. 실제 이 결정 다수의견과 반대의견은 이와 같은 단계적 쟁점에 있어서 입장의 차이가 있었다. 첫째, 공무원의 의무는 재직관계 자체에 부과되어 있

79) 이에 비해서 법령준수의무에 대한 제재를 상대화하여, 공무원이 금고 이상의 형의 선고유예를 받은 경우를 당연퇴직 사유로 했던 구 국가공무원법 규정에 대한 헌법재판소의 위헌결정으로는 헌재 2003.10.30, 2002헌마684등, 15-2(하), 211면 이하 참조. 군인사법에 대한 같은 취지의 결정으로는 헌재 2003.9.25, 2003헌마293등, 15-2(상), 536면 이하 참조. 국가공무원법에서 법령위반행위에 대한 신분적 불이익과 관련하여 여전히 공무원의 특수성이 중요한 기준이 되어야 한다는 입장에서 위 결정을 비판적으로 평가하는 문헌으로는 예컨대 장철준, "공무담임권의 제한과 과잉금지원칙 – 구 국가공무원법상 공무원의 당연퇴직사유에 대한 헌법재판소 결정 비판", 법학연구(연세대 법학연구원) 제14권 제1호(2004), 180면 이하 참조.

는가, 아니면 직무수행과 관련된 의무인가? 둘째, 공무원이 의무를 위반하는 경우에 징계, 형사처벌과 함께 연금을 감액하는 것이 타당한가? 셋째, 공무원의 의무위반에 대해서 고의 혹은 과실에 따라 비난가능성의 정도를 분류하고 이를 차별하는 헌법적 필연성이 있는가? 차례로 살펴본다.

첫째, 공무원의 법령준수의무는 법치행정 및 성실한 직무수행에 대한 국민의 신뢰를 유지하기 위한 목적을 갖는다. 그렇다면 법령준수의무는 직무수행에 한하지 않고 일반적으로 국민과의 관계에서 신뢰유지에 기여하여야 한다. 공무원의 신분은 그 자체로, 즉 비직무행위를 하는 경우에도 일반 국민에게는 특별한 신뢰를 갖는 계기가 된다. 또 (교통사고와 같이 뚜렷하게) 직무행위의 성격이 부인되는 경우도 있지만 일반적으로는 직무행위와 비직무행위의 구분이 항상 뚜렷한 것도 아니다. 이와 같이 재직관계 자체에 특별한 의무가 있다는 입장에서 보면 해당 규정이 평등권을 침해하는 것은 아니다.

둘째, 공무원이 법령준수의무를 위반한 경우 내부징계와 형사처벌 외에 연금법에서 불이익을 가하는 필연성이 있는 것은 아니다.[80] 그러나 공무원연금법이 순수한 사회보장법과 함께 공무원법의 요소를 갖고 있다는 점을 고려하면 형법적 가치를 공무원연금법에 도입하여 연금을 감액하는 사유로 할 것인가는 입법정책의 문제이며, 적어도 일반적인 사회보장법에 비하면 공무원연금법에서 이 문제에 관한 입법재량의 여지는 넓다.

셋째, 공무원의 고의 혹은 과실에 따른 제재 여부 및 정도는 헌법문제라고 볼 수는 없다. 고의와 과실은 책임에 관한 유형일

80) 이 점은 예컨대 국민건강보험법에서 범죄로 인한 질병 또는 부상에 대해서 급여를 제한하는 규정의 헌법심사에서 쟁점이 된 바 있다. 이에 대해서는 헌재 2003. 12.18, 2002헌바1, 15-2(하), 441면 이하 참조. 이 결정에서 헌법재판소는 범죄발생에 있어서 주의의무 위반을 고의와 과실, 또 중과실과 경과실로 구분하고 경과실의 경우에도 급여를 제한하는 한 헌법에 위반된다는 한정위헌결정을 하였다.

뿐 비난가능성 자체가 배제되는 것은 아니기 때문이다.

### (3) 직무상의 의무와 신분상의 의무

헌법불합치결정에 따른 개선입법은 공무원이 '직무와 관련 없는 과실로 인한 경우', 그리고 '소속 상관의 정당한 직무상의 명령에 따르다가 과실로 인한 경우'를 급여를 제한하는 사유에서 제외하였다. 그런데 이에 따르면 직무와 관련이 없는 경우에도 고의의 범죄에 대해서는 여전히 급여가 제한된다고 이해할 수 있다. 헌법재판소는 개선입법이 기존의 헌법불합치결정의 기속력에 반하는 것은 아니라고 보았다.[81] 다만 이 규정은 수급자에게 연금을 환수하는 근거가 되었으며, 이는 신뢰보호의 원칙을 위반하여 위헌으로 결정되었다. 이에 대해서는 위에서 서술한 바 있다.[82]

이 결정의 실체법적 판단에 대해서 보기로 하자. 기존의 결정에서 헌법재판소는 재직 중의 범죄로서 직무관련성이 없는 경우는 연금을 감액하는 사유에서 제외되어야 하며, 이때 고의와 과실을 구분하여 차별하는 가능성을 열어 두지는 않았다. 즉 직무관련성의 존재 여부가 핵심적인 판단기준이었으며, 직무관련성이 없는 경우에도 고의의 범죄에 대해서는 급여를 제한할 수 있다는 취지를 밝힌 바는 없다. 따라서 개정 규정에 대해서는 새로이 실질적인 판단이 필요했다. 그리고 실제 헌법재판소의 결정은 이전과는 차이가 있었다. 즉 직무와 관련이 없더라도 고의의 범죄는 경우에 따라서 직무관련성이 있는 경우보다 공직의 신뢰를 침해하는 정도가 더욱 클 수 있으며, 이 경우 연금을 감액하는 것은 비례의 원칙에 위반되지 않는다.[83] 그런데 이는 사실 이전 결정에서 반대의견의 논리

81) 헌재 2013.8.29, 2010헌바354등, 25-2(상), 396면 이하; 2016.6.30, 2014헌바365, 28-1(하), 516면 이하 등 참조. 이밖에 헌재 2019.2.28, 2017헌마403등, 31-1, 188면 이하 참조.

82) 위 각주 68 참조.

83) 헌재 2013.8.29, 2010헌바354등, 25-2(상), 398면 이하; 2016.6.30, 2014헌바365, 28-1(하), 523면 이하 등 참조.

에 가깝다. 이 경우에는 직무관련성을 기준으로 비난가능성을 추출하였던 입장이 직무관련성이 없는 경우에도 확대될 수 있는가에 대한 특별한 논리가 필요했다. 다수의견에서 이 점에 대한 논증을 찾아볼 수는 없다. 다수의견은 공무원의 법령준수의무는 직무와 관련된 것이며, 직무관련성이 없는 경우에 고의 혹은 과실에 따른 비난가능성을 기준으로 공무원법의 논리를 적용하는 문제를 검토하지는 않았기 때문이다.

### (4) 반국가적 범죄에 대한 가중 제한

내란의 죄, 외환의 죄, 반란의 죄 및 이적의 죄와 같이 반국가적 범죄로 인하여 금고 이상의 형을 받는 경우에는 연금은 지급되지 않고, 기여금의 총액에 이자를 가산한 액만을 지급하였다. 당시 공무원연금법에 해당 범죄가 재직 중의 사유로 인한 것인가에 대한 언급은 없었다. 이에 헌법재판소는 급여 제한의 사유를 퇴직 후에 해당 범죄를 범한 자에게도 적용하는 범위에서 헌법에 위반된다는 한정위헌의 결정을 하였다. 우선 심판대상 규정이 재직 중의 사유에 한정하여 적용되는가, 퇴직 후의 사유를 포함하는가 여부를 명시하지 않은 것은 명확성의 원칙에 위반된다.[84] 이 사안에서 차별은 이중적으로 나타난다. 첫째, 재직 중의 일반범죄에 대해서는 퇴직급여의 일부를 감액하는 데 비해서 반국가적 범죄에 대해서는 퇴직급여를 지급하지 않는다. 둘째, 일반범죄와는 달리 반국가적 범죄의 경우에는 퇴직 후에 해당 사유가 발생한 경우에도 퇴직급여를 지급하지 않는다.

헌법재판소는 반국가적 범죄에 대해서 연금수급권을 박탈하는 차별에는 합리적인 이유가 있다고 보았다. 그러나 이를 퇴직 후의 범죄에 대해서도 적용하고, 시일이 상당히 경과한 후에 이미 지급된 급여를 환수하는 것은 재산권을 지나치게 제한하여 재산권

84) 헌재 2002.7.18, 2000헌바57, 14-2, 16면 이하 참조.

의 본질적인 내용을 침해하며, 또 평등원칙에 위반된다.[85] 생각건대 심판대상 규정이 위헌 판단을 피할 수는 없다. 퇴직한 공무원은 업무와 관련하여 비밀준수의 의무가 있는 등 일반 근로자와는 다른 관계에 있다. 그러나 이미 공무원 재직관계가 종료되었고, 더 이상 공무원 신분을 갖지 않은 경우에도 비난가능성이 높은 범죄를 범했다는 이유로 연금급여를 지급하지 않는 것은 (형법상의 비난가능성을 별론으로 하고) 공무원관계의 기능 유지라는 목적과 연관성이 낮고, 이에 비해서 사회보장의 기능은 실현될 수 없기 때문에 목적과 수단의 관계가 현저히 균형을 상실하게 된다.

## 2. 임용결격 사유가 있는 공무원의 연금수급권

공무원에게 임용결격 사유가 있는 경우 이는 당연퇴직 사유에 해당한다(국가공무원법 제69조).[86] 이에 더하여 재직 중 형성된 연금수급권은 소멸된다. 그동안 해당 규정을 그대로 두면서 재직공무원의 장기적인 기대를 보호하기 위하여 특별법으로 「임용결격공무원 등에 대한 퇴직보상지급 등에 관한 특례법」이 제정된 바 있다.[87] 그런데 이는 한시법(限時法)이었기 때문에 헌법적 심사의 필요성은 계속 있었다.

이 규정에 대한 헌법심사에서 재산권이 주로 심사의 기준이 되었다. 헌법재판소는 임용결격 사유가 있는 경우 임용행위가 당연무효이기 때문에 퇴직연금수급권을 취득할 수 없으므로 재산권이 침해될 여지가 없다고 보았다.[88] 이에 비해서 인간다운 생활을 할

---

85) 헌재 2002.7.18, 2000헌바57, 14-2, 14면 이하, 17면 이하 등 참조. 이밖에 당연퇴직 사유에 대한 제한적 이해의 필요성에 대해서는 위 각주 79 참조.

86) 이를 확인하는 법원의 판결로는 예컨대 대판 1995.9.29, 95누7529 참조. 이밖에 헌재 1997.11.27, 95헌바14등, 9-2, 586면 이하 참조.

87) 이 법의 적용을 받는 공무원의 헌법소원심판청구는 권리보호의 이익이 없다는 이유로 각하 결정된 바 있다. 헌재 1999.9.16, 98헌바46, 11-2, 306면 이하 참조.

88) 헌재 2012.8.23, 2010헌바425, 24-2(상), 500면 이하 참조. 이밖에 관련 규정에 대한 법원의 판단으로는 예컨대 대판 2004.7.22, 2004다10350; 2017.5.11, 2012다200486 등 참조. 헌법재판소의 결정에 대한 비판적 검토로는 예컨대 조연민,

권리는 위에서 지적한 바와 같이 심사기준으로서의 유용성이 없었다.[89] 이 결정에는 보충의견과 위헌의 반대의견이 있었다. 보충의견은 임용결격 사유로 인하여 임용이 당연 무효가 되는 경우에도 연금수급권을 완전히 부인하는 것이 아니라 정당한 사유가 있는 경우에는 연금의 일부를 감액하는 입법개선을 권고하였다. 반대의견은 기존의 결정과 비교하면서 재직 중의 사유로 인한 범죄에 대해서는 연금 일부를 감액하는 반면, 임용 전에 같은 범죄를 범하여 임용결격 사유가 있는 경우에는 연금수급권 자체를 인정하지 않는 것은 공무원이 재직 기간에 가졌던 신뢰에 반하며, 생활보장을 위한 다른 대체 수단이 없기 때문에 인간다운 생활을 할 권리를 침해한다고 보았다. 또 퇴직급여 중 근로의 대가로서 임금후불의 성격이 있는 부분은 퇴직연금으로 전환되고 이 부분은 재산권에 의하여 보호된다는 견해도 밝혔다.[90] 나아가서 반대의견에 대한 보충의견은 기여금뿐 아니라 부담금에 의하여 형성된 연금수급권 역시 재산권에 의하여 보호되기 때문에 연금수급권을 인정하지 않는 것은 과잉금지의 원칙에 위배되는 정도가 더욱 크다고 보았다.[91]

임용이 당연무효인 경우에는 처음부터 공무원 근무관계가 존재하지 않았기 때문에 재직관계를 전제로 성립되는 연금수급권을 부인하는 것이 헌법에 위반된다고 볼 수는 없다. 임용결격 사유가 있는 경우에 공무원이 재직기간이 진행되면서 당연무효 사유가 치

---

"임용결격 공무원의 퇴직연금수급권 제한에 관한 검토 – 헌법재판소 2012.8.23. 선고 2010헌바425 결정을 중심으로(공무원연금법 제3조 제1항 제1호 등 위헌소원)", 사회보장법학 제4권 제2호(2015), 9면 이하 참조.

89) 위 각주 73 참조.

90) 헌재 2012.8.23, 2010헌바425, 24-2(상), 502면 이하, 503면 이하 참조.

91) 헌재 2012.8.23, 2010헌바425, 24-2(상), 506면 이하 참조. 또 다른 관점에서 퇴직금에 상당하는 부분을 지급하는 필요성, 그리고 이 점이 연금법적 지위에 확대되어야 한다는 견해에 대해서는 예컨대 도재형, "사실상 공무원의 퇴직급여청구권 – 대법원 1995.9.29. 선고 95누7529 판결 –", 법학연구(경상대 법학연구소) 제15권 제1호(2007), 58면 이하; 조연민, 위 각주 88의 논문, 31면 이하 등 참조.

유된다는 신뢰를 할 수는 없다. 또 공무원이 납부한 기여금이 연금수급권을 형성한다는 기대가 신뢰보호의 대상인가와는 별개로 이를 재산권이 보장하는 것은 아니다.[92] 그러나 공무원연금법의 사회보장의 기능에서 보면 퇴직 후 연금수급권이 소멸되면서 이제 공무원이 노후 혹은 퇴직 후의 장기적인 생활보장을 설계하는 기회는 상실된다. 이 점에서 인간다운 생활을 할 권리에 충실하지 못한 상황이 나타난다. 따라서 이 규정이 공무원연금법의 이중적 기능에서 보면 위헌이라고 할 수는 없지만 입법개선이 필요하다는 보충의견은 경청할 가치가 있다.

## Ⅶ. 공무원의 소득보장과 일반적인 사회보장

### 1. 유형

퇴직연금 수급권자가 사학연금법이 적용되는 학교기관으로부터 보수 기타 급여를 지급받는 경우에는 퇴직급여의 지급은 정지된다. 또 퇴직연금 수급권자가 그밖의 직장에 취업하여 소득이 있는 경우에는 연금의 전부 혹은 일부가 감액 지급된다. 두 사안은 모두 수급권자가 퇴직 후에 소득이 있는 경우 연금수급권에 미치는 영향이 심판의 대상이었다는 공통점이 있다. 그러나 연금수급권에 미치는 영향은 현저히 달랐다. 헌법재판소는 두 규정에 대해서 (실체법적으로는) 모두 합헌의 결정을 하였다.

### 2. 재취업으로 인한 연금지급 정지

퇴직연금을 받고 있던 자가 사립학교에 취업하여 보수를 받는 경우 연금 전액을 지급 정지하는 규정은 합헌으로 결정되었다.[93]

---

92) 연금수급의 기대가 재산권에 보호되지 않는다는 점에 대해서는 예컨대 Hans-Jürgen Papier, 위 각주 70의 논문, 156면 이하 참조. 이밖에 이에 관한 독일 연방헌법재판소의 결정으로는 BVerfGE 14, 294면 이하 참조.

93) 헌재 2000.6.29, 98헌바106, 12-1, 833면 이하 참조.

다음과 같은 논리였다. 공무원연금과 사학연금은 독립하여 운영하고 있지만 동일한 사회적 위험을 보호하는 통일적인 제도이다. 따라서 퇴직연금 수급권자가 사립학교에 취업하였다면 아직 사회적 위험이 현실화된 것이 아니다. 이 점에서 공무원연금과 기능적 연관성이 없는 다른 기업체에 취업한 경우와는 차이가 있다. 따라서 해당 규정이 수급권자의 재산권과 평등권을 침해하는 것은 아니다.

공무원연금과 사학연금은 사회적 위험을 통일적으로 보장하는 제도라는 헌법재판소의 지적은 타당하다. 즉 퇴직연금 수급권자가 사립학교에 재취업한 경우에는 "실질적으로 퇴직한 것으로 볼 수 없다". 이 점은 두 제도 간의 재직기간 합산제도에 나타나 있다. 헌법재판소는 두 제도 간의 합산의 문제, 그리고 연금과 소득을 조정하는 문제를 동일한 구조로 파악한 것으로 보인다.

그러나 이미 퇴직연금의 수급요건을 충족하고 퇴직한 때에는 연금수급권의 기반이 되었던 재직관계는 종료된 것이며, 이후 다시 취업한 경우 연금과 소득을 조정하는 문제만이 남는다. 이는 공무원연금 수급권자가 지방의회 의원과 같은 선출직 공무원에 취임한 경우 연금의 지급을 정지하는 경우 더욱 뚜렷하게 나타난다.[94) ] 이 경우에 퇴직연금을 지급하면 수급자는 국가의 부담 혹은 국민의 세금으로 퇴직연금과 보수를 모두 지급받으며, 이는 이중 수혜에 해당하기 때문에 이를 제한하는 정당성이 있다고 보았다. 그러나 퇴직연금은 공무원이 납부한 기여금과 (국가 및 지방자치단체가 납부하지만 공무원 자신에 귀속되는) 부담금을 재원으로 하며, 보수는 재취업한 수급권자의 노동 혹은 공무수행에 대한 대가이다. 따라서 이는 이중 수혜가 아니다. 또 지방의회와 같은 선출직 공무원의 경우 의원의 보수가 기존의 연금을 대체하는 수입이 될 수 있는가, 그리고 선출직의 종류 및 지방자치단체에 따라 보수 수준의

94) 이 규정에 대한 결정으로는 헌재 2017.7.27, 2015헌마1052, 29-2(상), 201면 이하 참조.

차이가 있다는 점을 고려하면 더욱 연금지급의 정지가 정당한지는 의문이다.[95)]

이중 수혜의 논리는 퇴직연금 수급권자가 국가 또는 지방자치단체와 재정적 관련성이 있는 기업에 취업한 경우에 연금을 감액하였던 이전의 규범 상황에서는 (그 논리의 타당성과는 관계없이) 적용될 수 있었다. 그러나 아래에서 지적하는 바와 같이 재취업기관의 종류와 관계없이 소득이 있는 경우에 연금을 감액하는 변화된 상황에서는 이중 수혜는 더 이상 유용한 논리가 될 수 없다. 무엇보다도 심판대상 규정은 사립학교 이외에 민간기업에 취업하여 소득이 있는 자에게는 연금의 전부 혹은 일부를 감액하고, 사립학교에 취업한 경우에는 연금 전액을 정지하는데, 이를 정당화하는 사유를 찾기는 어렵다.

### 3. 재취업으로 인한 연금 감액

노후소득 보장과 퇴직보장의 긴장관계는 퇴직급여 수급권자가 퇴직 후 재취업하여 소득이 있는 경우에 퇴직급여와 소득을 조정하는 문제에서 나타났다. 이는 일종의 소득심사에 해당한다. 사회보험은 개인에게 발생한 위험을 스스로의 능력으로 극복할 수 있는가의 여부와 관계없이, 즉 추상적으로 보호하는 특성을 갖는다. 이 점에서 소득심사는 사회보험에는 이질적인 요소이다. 소득심사는 오히려 개별적인 상황을 구체적인 심사를 거쳐 보호하는 공공부조의 특성에 해당한다.[96)]

이 문제는 1994년 군인연금법의 관련 규정에 대한 한정위헌결정에서 처음으로 다루어졌다.[97)] 공무원연금법에 같은 내용의 규정

95) 이와 같은 논리에 따른 헌법불합치의 반대의견에 대해서는 헌재 2017.7.27, 2015헌마1052, 29-2(상), 215면 이하 참조.

96) 사회보험과 공공부조에서 추상적 보호와 구체적 보호의 기능구조에 대해서는 예컨대 전광석, 한국사회보장법론(집현재, 2019), 74면 이하, 78면 이하 등 참조.

97) 위 각주 27 참조.

이 있었으며, 해당 규정이 위헌심판의 대상이 되었다. 이 규정에 대한 실체법적 판단은 단순한 논리에 따랐다. 퇴직급여수급권이 재산권에 의하여 보호되지만 사회보장수급권의 성격이 있다는 점이 전제되었다. 그리고 퇴직급여는 퇴직 후 소득의 상실을 보전하기 때문에 퇴직 후 다른 소득이 있는 경우에는 연금의 일부를 정지하는 것은 합헌이라는 것이다.[98] 퇴직연금이 공무원이 납부한 기여금뿐 아니라 국가 및 지방자치단체가 납부하지만 공무원에게 귀속되는 부담금에 대한 반대급부이며, 따라서 전체적으로 재산권적 보호의 정도에 있어서 차이가 없다는 점, 퇴직연금은 기여금 및 부담금에 의하여 형성되는 반면 소득은 근로에 대한 대가로서 법적 원인관계가 다르기 때문에 조정의 대상이 될 수 없다는 문제, 그리고 국가 및 지방자치단체가 재정적으로 관련되어 있는 기업체에 취업한 경우를 그밖의 기업에 취업한 경우에 비해서 차별하는 것이 평등권을 침해하는가 등의 쟁점은 제기되지 않았다.

공무원연금법의 해당 규정은 연금이 감액되는 조건인 재취업기관, 소득수준, 감액의 내용이 구체적 범위를 정하지 않고 행정입법에 위임되어 있다는 문제를 중심으로 심사되었다. 그리고 위임의 구체성이 없다는 이유로 위헌으로 결정되었다. 해당 규정에 따르면 퇴직급여 수급권자가 정부투자기관, 재투자기관 등에 취업한 경우에는 퇴직연금의 전부 혹은 일부의 지급이 정지된다. 그런데 이는 정부투자 혹은 재투자의 규모와 비율에 따라, 그리고 취업하여 얻는 소득의 다과(多寡)에 따라 급여의 정지 여부 및 감액의 정도에 대한 예측가능성을 부여하지 않는다. 실제 다음과 같은 불합리한

98) 헌재 2003.9.25, 2000헌바94등, 15-2(상), 262면 이하 참조. 엄격히 보면 위와 같은 용어 사용이 정확한 것은 아니다. 퇴직 후 소득상실의 보전(퇴직보장)은 일반적인 사회보장 혹은 노후소득 보장과 비교되는 개념이며, 전자의 입상에서 보면 퇴직으로 인하여 기존의 소득이 상실되었다는 점 자체가, 그리고 후자의 입장에서는 퇴직 후 (퇴직으로 인하여 상실된 소득과 새로운 취업관계에서 취득하는 소득을 포함하여) 전체적인 소득 상황이 정책형성의 기준이 되기 때문이다. 이 점에 대해서는 위 Ⅲ.1.(2) 참조.

결과가 발생할 수도 있다. 즉 소득의 다과에 관계없이 퇴직연금의 지급이 정지되는 경우에는 재취업하여 얻은 소득보다 지급이 정지되는 퇴직연금액이 더 클 수도 있었다. 또 지급이 정지되는 퇴직연금액이 정해져 있지 않기 때문에 공무원이 납부한 기여금에 의하여 형성된 연금수급권이 제한될 수도 있는데, 이는 재산권을 과도하게 침해한다. 퇴직연금의 지급이 정지되는 기관은 행정자치부령에, 그리고 지급정지의 조건 및 내용은 대통령령에서 규정하였다. 개인의 법적 지위는 법률을 통하여 알거나 적어도 예측할 수 있어야 하는데, 이와 같은 규범구조에서 개인은 법적 지위를 행정입법을 통하여 비로소 알 수 있기 때문에 해당 법률은 포괄위임에 해당하여 위헌으로 결정되었다.[99]

2000년 및 2005년 개정 법률은 재취업기관의 종류와 관계없이 재취업하여 소득이 있는 경우 연금의 일부를 정지하였다. 또 소득의 범위에 근로소득뿐 아니라 사업소득을 포함시켰다. 이들 규정은 모두 합헌으로 결정되었다.[100] 국가 및 지방자치단체와 재정적 관련성이 있는 기관에 취업하여 받는 소득은 이중 수혜에 해당한다는 기존의 논리는 – 위에서 지적한 바와 같이 – 기본적으로 올바르지 않았고, 또 개정 법률에 대한 위헌심사에서는 더 이상 적용될 수 없었다.[101] 연금의 지급이 정지되는 사유인 소득의 범위에 근로소득 외에 사업소득이 포함되며, 부동산 임대소득 등이 제외된 점은 쉽게 정당화되었다. 공무원연금은 공무원이 퇴직으로 인하여 상실되는 보수를 대체하여 생활을 보장하기 때문에 근로능력과 관련성이 약한 부동산 임대소득은 소득심사의 대상에서 제외되어야 하기 때문이다.[102]

---

99) 헌재 2003.9.25, 2000헌바94등, 15-2(상), 254면 이하 참조.

100) 헌재 2008.2.28, 2005헌마872등, 20-1(상), 279면 이하; 2009.7.30, 2007헌바113, 21-2(상), 225면 이하 등 참조.

101) 기존 논리의 제한적 의미, 그리고 이를 포기하는 헌법재판소의 입장에 대해서는 헌재 2008.2.28, 2005헌마872등, 20-1(상), 300면 이하 참조.

102) 헌재 2008.2.28, 2005헌마872등, 20-1(상), 300면 참조.

이 결정에서 새로이 직업선택의 자유 및 근로의 권리가 심사기준으로 적용되었다. 헌법재판소는 연금 일부의 지급정지가 직업의 선택 및 근로의 권리를 행사하는 데 부정적 영향을 줄 수 있다는 점은 인정하였다. 그러나 재취업하여 얻은 소득이 평균임금월액을 초과하는 경우에 한하여, 그리고 연금액의 2분의 1의 범위에서 지급이 정지되기 때문에 이들 기본권에 미치는 영향이 크지 않고, 이러한 불이익은 연금액의 일부를 지급정지하는 데 따른 반사적 불이익으로 평가하였다.[103] 그러나 위에서 언급했듯이 부담금에 의하여 형성된 급여 역시 재산권에 의하여 보호된다는 점을 고려하면 연금액의 2분의 1의 지급이 정지되는 경우에 직업선택의 자유를 위축시키는 효과가 적지 않으며, 이를 단순히 반사적 불이익이라고 할 수는 없다. 이 결정에서 검토되지는 않았지만 보다 진지한 쟁점은 근로활동을 통하여 소득이 있는 자와 그렇지 않은 퇴직급여 수급권자와의 관계이다. 전자의 집단은 근로활동을 한다는 이유로 그렇지 않은 자에 비해서 재산적 불이익을 받게 되는데 이를 정당화하기는 어렵기 때문이다.

## Ⅷ. 공무원연금법의 개정에 따른 헌법문제

공무원연금법은 1995년 개정되었으나 재정을 안정화하는 효과는 약했다. 새로이 도입된 연금수급 연령이 재직공무원에는 적용되지 않았기 때문이다. 이에 공무원연금법은 2000년 다시 개정되었다. 이에 따라 기존 공무원에게도 연금수급 연령을 적용하였다. 다만 재직기간이 20년 이상 혹은 이에 미달하지만 재직기간이 상당한 공무원에 대해서는 경과규정을 두었고, 또 연금수급 연령을 점진적으로 연장하여 2019년부터 연금수급 연령을 60세로 하였다.[104]

103) 헌재 2008.2.28, 2005헌마872등, 20-1(상), 302면 이하; 2009.7.30, 2007헌바113, 21-2(상), 240면 이하 등 참조.

104) 2015년 개정 법률은 국민연금법과 마찬가지로 연금수급 연령을 점진적으로 연

연금산정의 기준을 기존의 최종보수월액에서 최종 3년간의 평균보수월액으로 바꾸었다. 수급자의 연금은 더 이상 재직자 보수가 아니라 전국소비자물가의 변동률에 따라 조정되었다. 일반적으로 보수인상률이 물가인상률에 비해서 높기 때문에 이 역시 재정 안정을 위한 조치였다. 수급권자가 재취업하여 얻는 소득과 연금을 조정하는 규정이 적용되는 기관 및 소득의 범위를 확대하였다. 이 규정들은 모두 헌법소원심판의 대상이 되었다.

헌법재판소는 기존에 연금수급 연령을 적용하지 않았던 상황 자체를 문제로 지적하였다. 이 경우 기여금을 납부한 기간에 비해서 연금수급 기간이 길어지고, 그 결과 기여와 급여의 균형이 상실되며, 조기에 퇴직하는 공무원의 경우 소득활동능력이 충분히 있음에도 불구하고 연금이 지급되어 사회보장의 기능에 충실하지 않았다.[105] 개별 공무원의 생활보장과 함께 미래 세대를 포함하여 모든 공무원의 노후소득을 보장하는 공익의 관점에서 보면 재직공무원에 대해서도 연금수급 연령을 적용하는 것이 재산권을 침해하는 것은 아니다. 연금산정기준을 최종보수월액에서 최종 3년간의 평균보수월액으로 변경하는 개정은 임금후불의 성격을 갖는 공무원연금의 특성과 조화될 수 있다. 이로써 공무원연금이 퇴직보장에서 일반적인 사회보장, 즉 노후소득 보장으로 성격을 전환하는 것이 헌법적으로 승인되었다. 이와 같은 이해에 따르면 연금의 산정기준을 최종 3년간의 평균보수월액에서 국민연금과 같이 전체 재직기간의 평균보수월액으로 하는 개정에도 헌법적 장애는 없게 된다. 실제 2009년 개정 공무원연금법은 이와 같은 내용으로 개정되었다.

연금조정의 기준 변경은 공무원연금의 기능과 관련된 문제였다.

---

장하여 2033년 65세를 적용하도록 하였다.

105) 헌재 2003.9.25, 2001헌마93등, 15-2(상), 364면; 2015.12.23, 2013헌바259, 27-2(하), 549면 이하 등 참조.

공무원연금이 퇴직공무원에게 기존의 생활수준을 보장하는 기능은 최종보수월액을 연금산정의 기준으로 하고, 또 보수변동률과 연계하여 연금을 조정할 때 실현된다.[106] 이에 비해서 재직기간 동안의 평균적인 구매력을 퇴직 후에도 유지하는 목적은 일반적인 사회보장의 기능에 충실하다. 이 경우 연금의 산정기준은 재직기간 중 평균보수이며, 연금은 물가변동률에 따라 조정되어야 한다. 그러나 이와 같은 공무원연금의 기능을 헌법이 직접 규정하거나, 또 이 점이 헌법에서 도출되는 것은 아니며, 따라서 이에 대한 결정 및 제도 전환은 입법정책의 문제이다. 기존에 연금수급권자에게 새로운 연금조정기준을 적용하는 것이 소급입법에 해당하는가, 신뢰보호의 원칙을 침해하는가에 대해서는 위에서 서술하였다.[107]

## Ⅸ. 유족급여의 수급자격

### 1. 유족일시금 수급권자

공무원이 사망한 경우에 유족급여를 받을 유족이 없을 때에는 직계비속에 한하여 일정한 금액을 지급하고 연금이 지급되지는 않았다. 이 규정이 재산상속권을 침해하는가의 여부가 쟁점이었다.[108]

헌법재판소는 직계비속은 가(家)를 승계하며 사망한 유족의 제사를 지낸다는 점을 고려하여 이 규정을 합헌으로 결정하였다. 그러나 사실 이 급여는 사회보장의 기능이 없으며, 또 헌법재판소의 논리가 타당하지도 않았다. 유족연금은 공무원의 사망으로 인하여 유족이 상실하는 부양을 대체하는 급여이다. 사회보장수급권과 상속권의 관계에 관한 헌법재판소의 논리는 일관되지 않았다. 사회보장수급권을 상속의 대상으로 인정하지만 상속의 법리를 따라야 하

106) 퇴직보장과 소득보장의 구상 및 이에 관한 입법례에 대해서는 위 각주 12 참조.
107) 위 V.3. 참조.
108) 헌재 1998.12.24, 96헌바73, 10-2, 856면 이하 참조.

는 것은 아니라는 입장, 혹은 사회보장수급권은 상속권과는 헌법적 기초와 제도적 취지를 달리한다는 입장이 공존하였다.[109] 후자는 사회보장수급권이 상속의 대상은 아니라는 취지인 듯하다. 상속권은 상속인의 의사에 따라 재산의 이전(移轉)을 자율적으로 결정할 권리이며, 이 점에서 부양 상실을 대체하기 위하여 수급자의 범위와 내용이 법률에 의하여 형성되는 유족급여수급권과는 근본적으로 차이가 있다. 따라서 사회보장수급권은 상속의 대상이 될 수 없다.

이와 같은 유족급여의 기능에서 보면 유족급여를 받을 자격이 있는 유족이 없는 경우에는 적어도 규범적으로 보면 부양이 상실된 것이 아니다. 그리고 이 경우 직계비속에 대한 급여는 사회보장의 기능을 기준으로는 설명될 수 없다. 사회보장수급권을 상속권과 연계시키는 사고는 공무원연금을 일종의 강제저축이라고 보는 결과였다.[110] 이와 같은 구상에서 보면 유족급여를 받을 자격이 있는 유족이 없을 때 수급자를 직계비속에 한정하지 않는 것이 오히려 – 입법목적에는 반하지만 – 체계적이다. 실제 이후 공무원연금법에서 유족급여의 지급대상은 직계존속으로 확대되었다. 다만 이러한 급여가 사회보장과 기능적 관련성이 없는 입법 재량에 따른 급여이기 때문에 헌법심사는 처음부터 제한적이었다. 이 규정을 정당화하는 논리였던 가(家)의 승계 혹은 제사에 대한 일종의 보상은 모두 타당하지 않았다. 이는 사회보장의 기능과는 거리가 먼 논리였으며, 또 위에서 언급했듯이 현재 위 규정에 따른 수급자격은 직계존속으로 확대되어 있다. 이 경우 헌법재판소의 논리는 더 이상 적용될 수 없다.

109) 헌재 1998.12.24, 96헌바73, 10-2, 866면 이하; 2010.4.29, 2009헌바102, 22-1(하), 47면 등 참조.

110) 국민연금법과 산재보험법도 이에 상응하는 규정을 두고 있다(국민연금법 제80조 제1항, 산재보험법 제62조 제4항). 이에 따르면 유족급여를 받을 자격이 있는 유족이 없는 경우 사망일시금 혹은 유족일시금이 그밖의 유족에게 지급된다. 다만 그 범위는 공무원연금법에 비해서 넓다.

이 규정에 관한 두 번째 결정에서는 산재보험법 및 국민연금법에서는 직계존비속 외에 형제자매가 유족급여 수급자격을 갖는 점과 비교하여 평등권 침해 여부가 심사되었다.[111] 헌법재판소는 공무원연금이 소득 상실을 장기적으로 보장하는 사회보장의 성격이 강한 반면, 산재보험법은 재해보상을 위한 제도로서 장기적인 소득 보장과 동시에 요양서비스와 재활서비스 등을 통하여 직업복귀를 도모하는 단기보험의 성격이 있다는 점을 언급하였다. 산재보험법이 사용자보상책임의 성격이 강하며, 따라서 보상급여의 수급권자를 넓히는 것이 체계적이라는 의미인 듯하다. 그러나 이는 규범에 대한 단순한 서술일 뿐 유족급여 수급자격의 차이를 정당화하는 구체적인 사유가 되지는 않는다.

국민연금법과 체계의 차이에 따른 논리는 더욱 타당성이 없다. 국민연금에서 형제자매가 유족연금 수급권자에 포함되는 것은 다음과 같이 정당화되었다. 첫째, 공무원연금은 국민연금에 비해서 사회보장의 성격이 강하다. 그러나 이러한 논리 자체가 옳지 않고, 이는 국민연금이 순수히 사회정책의 목적을 갖는 제도라는 기존 헌법재판소의 이해와는 차이가 있다. 또 무엇보다도 이 점이 수급자격이 있는 유족의 범위에 미치는 영향은 설명되지 못했다. 둘째, 공무원연금법은 공무원 본인과 국가 혹은 지방자치단체가 재원을 부담하는 반면, 국민연금법에서는 가입자와 사용자가 공동으로, 혹은 (지역가입자의 경우) 가입자가 보험료 전액을 부담한다. 그러나 이 점 역시 유족급여의 수급자격과 직접적인 관련성은 없다. 이와 같은 논리가 국민연금에서 유족급여의 수급자격자가 넓다는 점을 정당화하기 위해서는 국민연금에서 사용자의 부담금 역시 가입자에게 귀속된다는 전제가 성립되어야 한다. 그렇지 않다면 국민연금에서 지역가입자와 직장가입자 간에, 그리고 국민연금 지역가입자와 공무원 간에 수급권자인 유족의 범위가 모두 차별화되어야 한

111) 헌재 2014.5.29, 2012헌마555, 26-1(하), 442면 이하 참조.

다. 헌법재판소가 이와 같은 입장에 있지는 않았으며, 적어도 이에 대한 암시를 한 바도 없다.

이 결정에서 헌법재판소는 유족급여의 기능을 명확히 밝히고 유족급여 수급권자의 범위를 한정하는 규정의 위헌 여부를 심사하는 것으로 충분했다. 이에 비해서 공무원연금법과 산재보험법, 그리고 국민연금법의 해당 규정은 비교의 대상이 될 수 없었고, 또 헌법심사에 유용한 구체적인 논리가 도출될 수도 없었다.

### 2. 자녀의 유족연금 수급자격

공무원연금법에서 자녀가 유족연금 수급권을 갖기 위해서는 18세 미만이거나 일정한 정도 이상의 폐질상태에 있어야 했다. 이러한 상황에 있지 않은 자녀는 자기생활 능력이 있고, 따라서 공무원의 사망으로 인한 부양 상실을 대체하는 급여가 필요하지 않다고 의제한 것이다. 헌법재판소는 이 규정이 자녀의 유족급여에 대한 재산권, 그리고 평등권을 침해하지 않는다고 보았다.[112] 이 결정에서도 헌법재판소는 유족급여 수급권에 관한 규정이 상속의 법리에 따라야 하는 것은 아니라는 점에서 출발하였다. 이에 대해서는 위에서 지적한 바 있다.

자녀가 18세 이상인 경우 독자적인 경제활동 능력이 있다고 의제하고, 자녀연금의 수급연령을 18세 미만으로 하는 것이 타당한가는 의문이다. 오늘날 일반적으로 학교교육 기간이 연장되고 있으며, 또 직업을 갖기 위하여 필요한 지식과 기술을 습득하기 위한 기간이 필요하다. 이 점을 고려하면 18세 이상의 자녀에게 경제적 자립능력이 있다고 의제하는 것은 현실적이지 않다. 즉 이들은 공무원인 부모의 사망으로 인하여 부양을 상실하였다고 보는 것이 보다 현실에 충실한 유형화이다. 헌법재판소도 이와 같은 문제를 인식하

---

112) 헌재 1999.4.29, 97헌마333, 11-1, 503면 이하; 2014.5.29, 2012헌마515, 26-1(하), 423면 이하 등 참조.

였지만 해당 규정의 위헌 여부의 심사에는 영향을 주지 않았다.[113)]

현재 공무원연금법에서 자녀의 유족연금 수급연령은 19세로 연장되어 있다. 이 결정은 수급자격을 유형화하는 데 있어서 두 가지 입법적 과제를 제시한다. 첫째, 유족인 자녀의 수급자격을 연령을 기준으로 유형화하는 것 자체는 불가피하다. 연령은 독자적인 생활능력을 판단하는 가장 유용하고 대표적인 기준이기 때문이다. 예컨대 근로기준법에서 독자적인 노동능력을 18세로 하는 것이 좋은 예이다(근로기준법 제66조, 제67조 제3항). 그러나 부양 상실의 실질적인 상황을 고려하는 입법적 보충이 필요하다. 자녀가 교육 및 직업훈련 등을 거쳐서 비로소 경제활동 능력과 기회를 가질 수 있다는 점이 적극적으로 인식되어야 한다. 또 연령기준을 두더라도 아직 교육과정에 있는 경우에는 개별적인 상황을 고려하여 연령기준을 차등화하거나 혹은 원칙에 대한 예외를 두는 것이 바람직하다. 헌법재판소는 결론과는 관계없이 적극적으로 이 점을 지적할 필요가 있으며, 이 때 외국의 입법례가 참고가 될 것이다.[114)] 둘째, 국민연금법과 산재보험법에서 자녀 및 손자녀의 유족연금 수급연령은 25세 및 19세이다.[115)] 이들 법에서 유족급여는 상실된 가족부양을 대체하는 점에서 공무원연금법과 다르지 않다. 그럼에도 불구하고 이와 같은 차이를 정당화하는 특별한 사유가 있지는 않다.

---

113) 이와 같은 헌법재판소의 문제인식에 대해서는 헌재 1999.4.29, 97헌마333, 11-1, 516면 이하; 2014.5.29, 2012헌마515, 26-1(하), 432면 이하 등 참조.

114) 예컨대 독일에서 자녀연금의 수급연령은 원칙적으로 18세로서 우리 국민연금법에 비해서 낮다. 그러나 이를 보완하는 규정을 두고 있다. 즉 학교교육 및 직업교육과정에 있는 경우에는 27세까지 연장될 수 있으며, 병역복무를 이행하여야 하기 때문에 학교 및 직업교육이 중단되는 경우에는 그에 해당하는 기간 동안 다시 연장될 수 있다(사회법전 제6권 제48조 제4항).

115) 국민연금법에서 이에 관한 결정으로는 헌재 2019.2.28, 2017헌마432, 31-1, 204면 이하 참조.

## Ⅹ. 그밖의 쟁점

### 1. 압류금지

공무원연금법에서 연금수급권은 압류의 대상이 되지 않는다. 이로 인하여 퇴직연금수급자에 대한 채권자가 채권을 확보하는 기회가 줄어들고, 그 결과 재산권을 침해하는가의 문제가 쟁점이 되었다. 헌법재판소는 연금수급권이 일신전속적 권리로서 수급자로부터 분리되기 어려우며, 따라서 사적 거래의 대상이 될 수 없다는 이유로 해당 규정을 합헌으로 결정하였다.[116] 이 결정은 다음과 같은 정책적 문제를 남겼다. 첫째, 연금수급권이 압류될 수는 없지만 국세징수법에 의한 체납처분의 대상에는 포함된다. 헌법재판소가 체납처분의 공공성 및 공익성을 이유로 이를 정당화하는 것은 이해가 되지만 일신전속적 급여의 성격과 조화될 수 있는지는 의문이다. 오히려 재산권 제한의 법리에 따르는 것이 보다 설득력이 있었다. 둘째, 연금수급권이 재산권에 의하여 보호되기 때문에 일정한 조건하에, 즉 노후소득 보장의 기능을 침해하지 않는 범위에서는 수급권자의 처분권을 인정하는 것이 타당하며, 이때 채권자의 권리가 충실하게 보호될 수 있다. 이 점은 헌법재판소 역시 지적하고 있다.[117]

위와 같은 헌법재판소의 입법권고가 입법에 반영되지 않은 상황에서 해당 규정에 대한 두 번째 결정이 이루어졌다.[118] 합헌의 결정은 여전히 유지되었지만 제도 개선의 필요성은 더욱 강조되었다. 또 5인의 위헌의견이 제시되었다. 이에 따르면 압류금지 조항 중 집행채권이 양육비 채권을 포함하고 있어서 자녀양육권이 실현

116) 헌재 2000.3.30, 99헌바53등, 12-1, 344면 이하 참조.
117) 헌재 2000.3.30, 99헌바53등, 12-1, 357면 이하 참조.
118) 헌재 2018.7.26, 2016헌마260, 30-2, 98면 이하 참조.

될 수 없는 경우 이는 헌법에 위반된다. 반대의견과 같이 가족의 유지에 필수적인 채권 등 적극적 목록을 열거하여 압류금지의 대상을 제한할 것인가, 아니면 위에서 언급한 바와 같이 연금의 기능을 고려하여 전체 연금수준을 기준으로 포괄적으로 압류금지를 완화할 것인가는 입법정책의 문제가 될 것이다.[119)]

## 2. 신청주의와 소멸시효

공무원연금은 수급권자의 신청에 의하여 지급되고, 장기급여는 지급사유가 발생한 날, 즉 장해상태 후 퇴직한 때에는 퇴직한 때, 퇴직 후 장해가 발생한 경우에는 장해가 발생한 때로부터 5년간 행사하지 않을 때에는 시효로 인하여 소멸한다.[120)] 사회보장수급권에는 일반적으로 신청주의가 적용되고, 이는 시효로 인하여 소멸된다. 이는 국가와 수급권자의 권리의무관계를 조기에 확정하고, 예산 수립에 있어서 안정성을 확보하며, 이로써 연금재정을 합리적으로 운용하는 목적이 있다.[121)]

헌법재판소는 이와 같은 논리에 따라 해당 규정을 합헌으로 결정하였다.[122)] 그러나 헌법적 논리와 별개로 다음과 같은 문제에 대해서 검토가 필요하다. 소멸시효제도가 일반적으로 타당성이 있더라도 수급권자의 입장에서 보면 수급권의 소멸로 인하여 장기적인

119) 예컨대 독일 사회보장법에서 압류 가능성은 현물급여와 현금급여, 일시급여와 계속급여, 신체 및 건강훼손에 대한 보상과 소득보장 등을 유형화하여 다양하게 규율하고 있다. 연금과 같이 소득보장을 위한 계속급여의 경우 기본적으로 노동임금에 대한 압류 가능성과 한계에 관한 규정이 적용된다. 독일 사회법전 제1권 제54조 참조. 이에 대해서는 Raimund Waltermann, "Sozialleistungen", Ruland/Becker/Axer(편), Sozialrechtshandbuch(Nomos, 2018), 360면 이하 참조.

120) 이를 확인하는 판결로는 예컨대 대판 1993.3.23, 92누12629 참조. 유족연금과 관련하여 같은 취지의 판결로는 대판 2008.8.21, 2007두18314 참조.

121) 유사한 이유에서 국가유공자법에서 등록 신청한 날로부터 보상금수급권을 인정하는 규정의 정당성에 대해서는 예컨대 헌재 1995.7.21, 93헌가14, 7-2, 26면 이하 참조.

122) 헌재 2009.5.28, 2008헌바107, 21-1(하), 719면 이하 참조.

생활보장의 수단을 상실하고, 노후생활에 치명적인 불이익을 받게 된다. 헌법재판소도 이 점을 인식하고 소멸시효로 인한 불합리를 최소화하는 법해석이 필요하고, 또 가능하다는 점을 지적한 바 있다. 그러나 구체적인 방안과 실질적인 효과를 설명하고 있지는 않다.[123] 또 실제 수급권자가 신청기간을 준수하도록 관련 정보를 적시에, 적합한 형태로 제공하여야 한다. 이와 같은 절차를 위반하여 적시에 신청할 수 없었던 경우에는 신의성실의 원칙에 따라서 행정청이 소멸시효의 이익을 주장할 수 없도록 하여야 할 것이다.

퇴직공무원이 다시 공무원으로 임용된 경우에는 신청에 의하여 재직기간을 합산할 수 있다. 그런데 공무원연금법은 재직공무원에 한하여 신청자격을 인정하고 그 결과 퇴직 후에는 합산을 신청할 수 없게 되었다. 이 규정도 연금재정의 예측을 위하여 필요하다는 이유로 합헌으로 결정되었다.[124] 이 규정 역시 재직 중 합산제도에 관한 정보가 충분하지 못하여 합산 신청의 기회를 갖지 못할 수 있다는 점을 고려하여 이에 관한 정보를 적시에 적합한 방법으로 제공하도록 제도를 정비하는 계기가 되어야 할 것이다.

## XI. 맺는 말

공무원연금의 재정적자가 깊어지고, 일반재정의 투입규모가 커지면서 공무원연금법은 여러 차례 개정되었고, 이때 중요한 개정내용이 헌법재판의 대상이 되었다. 공무원연금이 수급권자 개인뿐 아니라 모든 퇴직공무원, 그리고 미래의 공무원 및 퇴직공무원의 생활을 안정적·장기적으로 보장하기 위하여 이와 같은 개정은 피할 수 없었다. 그러나 공무원연금의 변화가 모두 재정적 이유로

123) 수급권자에 우호적인 대안을 모색하는 시도로는 예컨대 전일호, “공무원연금법상 장해연금수급권의 소멸시효”, 이흥재(편), 사회보장판례연구(법문사, 2011), 200면 이하 참조.

124) 헌재 2016.3.31, 2015헌바18, 28-1(상), 423면 이하 참조.

정당화되는 것은 아니다. 공무원연금의 기능 및 성격에 관한 내부적인 동질성, 그리고 유사한 기능을 갖는 다른 사회보장법과 이질성이 체계적으로 인식된 기초 위에서 변화의 방향이 설정되어야 하며, 이때 비로소 그와 같은 변화가 설명력과 정당성을 가질 수 있다. 이와 같은 과정에서 헌법적 정당성은 최소한의, 그러나 필수적인 입법형성의 기준이다. 이 점에서 공무원연금법 규정에 대한 헌법재판을 비판적으로 분석·평가하는 의미가 있고, 또 그러한 작업이 계속 필요하다.

# 제4장

# 산업재해보상보험법

## Ⅰ. 머리말

「산업재해보상보험법」(이하 「산재보험법」)은 사회보험법에 속하며, 동시에 급부법으로 분류된다. 일반적으로 급부법에 대한 헌법재판에 있어서는 입법형성권이 넓게 인정되고, 그 결과 완화된 심사기준이 적용된다. 이로써 상위법인 헌법을 기준으로 사회보장법의 체계를 점검하고 체계를 형성하는 가능성이 제한적이라는 인상을 갖게 된다.[1]

이 글은 위와 같은 관심에서 산재보험법에 관한 헌법재판을 연구의 대상으로 한다. 산재보험은 국민건강보험 및 국민연금 등 일반적인 사회보험과는 규범구조와 기능에 있어서 뚜렷한 차이가 있다. 따라서 산재보험법에 대한 헌법재판소의 결정을 분석·평가하기 위해서는 우선 그 규범구조 및 기능원칙을 이해하여야 한다.

산재보험법에 대한 논의구조가 헌법으로부터 연역적으로 도출되지는 않는다. 헌법이 사회보장법 일반, 그리고 산재보험의 가입자, 급여의 종류와 내용 및 수준, 재정 및 조직형태에 대한 지침을 직접 제시하는 것은 아니기 때문이다.[2] 따라서 산재보험에서 제기되는 쟁점을 규범구조 및 기능원칙에 따라서 재구성하고 유형화하여 이를 헌법구조에 편입시키는 작업이 먼저 필요하다. 이는 헌법적 논의를 위한 사전 작업이기 때문에 이 글에서는 간략히 서술한다(Ⅱ). 산재보험법에 관한 헌법재판을 주문별 및 쟁점별로 정리한다. 이는 산재보험법에 관한 헌법재판의 현황을 이해하기 위한 작업이다(Ⅲ). 이어서 유형화된 쟁점에 대한 헌법재판소의 이해와 이

1) 이에 대해서는 전광석, 한국사회보장법의 역사(집현재, 2019), 52면 이하 참조. 일반적으로 사회적 기본권에 대한 기대와 헌법 및 헌법재판의 실제에 대해서는 이 책 부록 394면 이하, 444면 이하 등 참조.

2) 제도전환의 가장 대표적인 예였던 건강보험통합에 있어서 관리운영 및 재정방식에 대한 헌법심사에 대해서는 예컨대 헌재 2000.6.29, 99헌마289, 12-1, 943면 이하 참조.

에 대한 비판적 평가를 한다. 먼저 산재보험법 규정에 대한 헌법심사에 적용되는 기준에 대해서 살펴본다. 헌법 제34조 인간다운 생활을 할 권리, 평등권, 재산권이 대표적인 심사기준이다. 산재보험법 규정에 대한 헌법심사에 있어서 대부분의 경우에 사용자 책임보험의 기능과 사회보장의 기능이 긴장관계를 형성하며, 이에 대한 헌법적 평가가 중심을 이룬다(Ⅳ-Ⅴ). 위임의 구체성 및 예측가능성의 기준도 빈번하게 적용되었다(Ⅵ). 다만 이는 산재보험법에 특유한 쟁점은 아니다. 권리구제의 방식과 내용에 관한 헌법심사 역시 산재보험에 특유한 문제는 아니다. 그럼에도 불구하고 산재보험법 규정에 관한 헌법재판 전체에 관심을 갖는 독자를 위하여 이 문제 역시 서술의 범위에 포함시켰다(Ⅶ).

위에서 지적했듯이 헌법재판을 통하여 개인의 주관적 권리를 구제 혹은 실현하는 가능성은 제한적이다. 그러나 권리구제 및 실현의 여부를 떠나서 헌법재판에서 전개되는 논의들은 입법형성에 있어서 다음과 같은 기여를 할 수 있다. 한편으로 주문유형에 관계없이 헌법재판에 대한 비판적 평가를 통하여 산재보험법의 핵심적인 내용을 확인할 수 있고, 또 이를 기준으로 사회보장법에서 산재보험법의 체계적 위상을 이해할 수 있다. 그리고 이로부터 입법형성의 기준을 획득할 수 있다. 다른 한편 헌법재판소가 이해하는 사회보장법의 기능원칙이 갖는 규범적 위상을 점검하는 계기가 될 수 있다.

## Ⅱ. 산재보험법의 규범구조와 헌법재판

### 1. 산재보험법의 규범구조와 기능원칙

산재보험법은 1963년 제정되어 1964년부터 시행되었으며, 우리나라에서 시행된 최초의 사회보험법이었다.[3] 이로부터 12년이 지

3) 산재보험법 제정과정에 대해서는 예컨대 전광석, 위 각주 1의 책, 151면 이하,

난 1976년 의료보험법이 제정되었으니 산재보험법은 유난히 일찍 도입된 셈이다.

이와 같이 산재보험법이 이미 1964년 시행될 수 있었던 데에는 다음과 같은 상황이 함께 작용하였다.

첫째, 산업화가 진전되면서 산업재해가 증가하였지만 기존의 민법과 근로기준법은 재해보상의 기능에 한계가 있었다. 근로자가 민법상의 손해배상청구권을 행사하기 위해서는 사용자의 과실을 입증하여야 하며, 소송부담 역시 감당하기 쉽지 않다. 또 1953년 제정된 근로기준법상의 재해보상은 무과실책임에 의하여 근로자를 보호할 수 있지만 도산 등을 이유로 사업주가 보상능력을 상실하게 되는 경우에는 제도의 목적이 실현될 수 없었다.[4)]

둘째, 일반적으로 사회보험법의 시행으로 인하여 노사관계 및 국가재정에 부담을 주는 요소들이 산재보험법에는 상대적으로 덜 나타난다.[5)] 산재보험에서는 사용자가 전체 보험료를 부담하지만 여기에는 산업재해에 대한 사용자의 책임을 면제하는 반대급부가 따른다. 또 산재보험은 노사관계, 정확히는 사용자에게 전적으로 재정을 부담시킬 수 있기 때문에 국가재정에 영향을 주지도 않기 때문이다.

셋째, 산재보험에서는 국가 혹은 공법상의 법인이 관리운영의

---

158면 이하 등 참조.

4) 이에 대한 우리의 경험에 대해서는 예컨대 민부기, "산재보험제도의 창설", 국가재건최고회의보 제26호(1963), 75면 이하 참조. 실제 1958년에서 1961년까지 산업재해 실태조사에 따르면 업무상의 재해를 입은 근로자는 약 10%의 보상밖에 받지 못하는 것으로 나타났다. 같은 단계적 발전을 해 온 독일의 경우 산재보험이 도입되기 전 시기에 산업재해의 약 20%만이 보상이 되었다고 한다. 이에 대해서는 전광석(역), 복지국가의 기원(법문사, 2006), 41면 이하 참조. Gerhard A. Ritter, Sozialversicherung in Deutschland und England(C.H.Beck, 1983), 31면 참조.

5) 예컨대 국민연금법 제정과정에서 노사 간의 입장 차이에 대해서는 황정현, "국민연금제도와 사용자의 입장"; 나문섭, "국민연금제도와 근로자의 입장", 이 글은 사회보장연구 제3권(1987), 101면 이하, 113면 이하에 수록되어 있다. 이밖에 국민연금사편찬위원회, 실록 국민의 연금(2015), 94면 이하 참조.

주체가 된다. 우리나라에서 산재보험은 처음에는 노동청이 관장하였으나 1981년 노동부가 독립하면서 노동부로 이관되었고, 1995년 이후 독립법인인 근로복지공단이 설립되어 사업을 수행하고 있다. 이와 같이 산재보험에서는 고용관계로부터 독립해 있는 공법적 법률관계에서 산업재해의 해당 여부 및 손해액의 산정을 둘러싼 근로자와 사용자, 그리고 근로자와 동료 근로자 간의 분쟁을 조정하며, 이는 노사 안정과 산업 평화에 기여한다는 점도 작용하였다.[6)]

산재보험의 이러한 특수성은 다음과 같은 두 가지 기능원칙으로 나타난다. 첫째, 산재보험법은 보험의 원리를 적용하여 근로자의 산업재해를 보호한다. 다만 일반 사회보험과는 달리 산재보험에서는 근로자가 아니라 사용자가 가입자가 된다. 즉 가입자인 사용자가 미리 보험료를 납부하여 근로자에게 발생한 업무상의 재해를 보험법적으로 보호한다. 산재보험법에서는 보험급여가 산업재해에 대한 사용자의 책임을 대체하기 때문에 재해보상이 충실하게 실현되어야 한다. 즉 산재보험급여는 기존의 근로자의 임금 수준을 산업재해가 발생한 후에도 보장할 수 있어야 한다. 이는 소득재분배의 이념을 산재보험법에 도입하는 경우 적어도 상대적으로는 국민건강보험이나 국민연금과 같은 일반 사회보험에 비해서 입법적 형성의 범주가 좁다는 의미를 갖는다. 그만큼 산재보험에서는 보험의 원리가 강하게 작용한다.[7)] 둘째, 산재보험법은 업무상의 재해에 대한 사용자 책임보험으로 기능한다. 이때 사용자 책임보험의 기능은 이중적이다. 먼저, 산재보험에서 산업재해에 보상급여를 지급하

6) 산재보험법의 제정을 주로 기존의 자치적 노사관계를 부정하여 자본의 이익을 배려하는 관점에서 설명하거나 혹은 같은 취지에서 사회적 보호의 계기에 앞서 국가목표와의 관련성을 주목하면서 정책적 필요성에서 제정의 계기를 이해하는 견해로는 예컨대 김진수, "산재보험 개선 및 발전에 관한 연구", 사회보장연구 제13권 제1호(1997), 90면; 우명숙, "한국의 복지제도 발전에서 산재보험 도입의 의의", 한국사회학 제41집 제3호(2007), 176면 이하 등 참조.

7) 예컨대 헌재 2003.7.24, 2002헌바51, 15-2(상), 111면; 2004.9.23, 2003헌마231 등, 16-2(상), 586면 이하; 2004.11.25, 2002헌가10, 16-2(하), 240면 등 참조.

면 반대급부로서 사용자가 부담할 수도 있는 배상 혹은 책임이 면제된다.[8)] 다음, 산재보험에서 산업재해와 관련하여 사용자가 부담할 수 있는 책임, 즉 배상의 위험은 동일한 혹은 유사한 위험발생률을 갖는 가입자, 즉 사용자 간에 분산된다. 이와 같이 산재보험에서는 사용자의 사회적 위험 그 자체가 아니라 배상책임을 분산하는 것이 보다 핵심적인 기능이다.

산재보험의 사용자 책임보험의 성격은 재정방식에 뚜렷이 반영되어 있다. 즉 산재보험에서는 일반 사회보험과는 달리 사용자가 보험료 전액을 부담한다(고용보험 및 산업재해보상보험의 보험료징수 등에 관한 법률; 이하 「보험료징수법」 제13조 제1항 제2호). 보험료의 산정은 사용자의 경제적 부담능력을 징표하는 당해 사업장의 임금 총액을 기준으로 한다. 일반 사회보험에서 가입자의 위험발생률이 동일하다는 전제하에 동일한 보험료율이 적용되는 반면 산재보험에서는 산업별로 위험발생률이 다르기 때문에 보험료율이 차등화되어 있다. 또 산업재해를 예방하기 위한 사용자의 노력을 유인하기 위한 조치를 취하였다. 즉 같은 보험료율이 적용되는 산업 내에서도 보험료 총액 대비 보험급여지출의 비율에 따라 개별사업장에 적용되는 보험요율을 50%의 범위 내에서 증감할 수 있도록 하였다(보험료징수법 제15조 제2항, 시행령 제16조, 18조 및 별표 1). 사용자의 산재예방을 유인하기 위하여 2013년 개정 법률은 기존에 개별실적요율제도 외에 이른바 예방요율제도를 도입하였다. 이에 따르면 사업자가 근로자의 안전보건을 위하여 재해예방활동을 실시하고 이에 대하여 고용노동부장관의 인정을 받은 때에는 그 사업에 적용되는 산재보험료율의 100분의 30의 범위에서 인하된 비율을 다음 보험연도의 산재보험료율로 할 수 있다(보험료징수법 제15조 제3항).[9)]

---

8) 이 점의 헌법적 의미에 대해서는 아래 V.2.(3) 참조.

9) 개별실적요율제도의 현황, 예방요율제도의 다양한 실현형태 및 각국의 입법례에 대해서는 김상호, "산재보험 예방요율제도 도입방안", 사회보장연구 제26권 제2호(2010), 124면 이하 참조.

## 2. 사회보장의 기능 강화

산재보험법은 도입 초기에는 사용자 책임보험의 성격이 강했기 때문에 다른 사회보험과 비교하면 상대적으로 사회보장의 기능은 약했다. 그러나 산재보험은 공법상의 제도로 형성되었고, 또 국가 혹은 공법상의 법인이 관리운영의 주체이기 때문에 사회적 관점을 투입하는 여지가 넓었고, 실제 그동안 사회보장의 기능을 강화하여 왔다. 처음부터 산업재해에 대하여 사용자 혹은 동료의 과실 여부에 관계없이, 즉 무과실책임에 의하여 보호를 행하였다. 직업병의 경우 작업환경에서 전형적으로 발생할 수 있는 질병을 열거 혹은 예시하고 인과관계에 대한 입증책임을 완화하였다(근로기준법 시행령 제44조 제1항, 별표 5). 업무와의 관련성이 약한 출퇴근 재해를 부분적으로 보상의 대상으로 하였다(법 제37조 제1항 나. 시행령 제29조).[10] 고용관계의 존재 여부가 명확하지 않은 경우에도 보호의 필요성을 기준으로 가입대상에 포함시켰다. 2007년 이래 특수형태 근로종사자를 가입자로 한 것이 대표적인 예이다.[11]

산재보험법은 사회보장의 기능을 급여의 종류와 내용 및 수준에 충실히 반영하여 왔다. 즉 산업재해로 인하여 상실된 소득을 보상하는 데 그치지 않고 산업재해가 발생하지 않도록 미리 예방하고, 또 산업재해가 발생한 후에도 재활을 통하여 직업에 복귀할 수 있는 조치들을 꾸준히 보충하여 왔다. 1999년 개정 법률은 입법목적에 "재해근로자의 재활 및 사회복귀를 촉진"하는 목적을 삽입하여 이 점을 명확히 하였다. 이에 상응하여 2002년 개정 법률

10) 이에 대해서는 자세히는 아래 V.1.(1) 참조. 이에 관한 법원의 결정으로는 대판 2007.9.28, 2005두12572; 2009.5.28, 2007두2784; 2010.4.29, 2010두184 등 참조.

11) 이에 대해서는 예컨대 오종은, "산재보험 사각지대 해소를 위한 연구; 퀵서비스 종사자를 중심으로", 사회보장연구 제27권 제4호(2011), 11면 이하; 정희선, "업무상의 재해로 사망한 일용근로자에 대한 산업재해보상보험의 문제점", 사회보장법연구 제2권 제2호(2013), 155면 이하; 조연민, "산업재해보상보험법상 특수형태 근로종사자 특례제도에 대한 비판적 검토 – 판례의 경향과 입법안을 중심으로", 사회보장법연구 제5권 제2호(2016), 241면 이하 등 참조.

은 기금의 명칭을 '산업재해보상보험기금'에서 '산업재해보상보험및 예방기금'으로 바꾸었다(법 제80조). 저소득 근로자의 경우 자신의 소득을 기준으로 급여를 산정할 때 최저생활을 보장할 수 없는 상황을 방지하기 위하여 최저보상기준금액을 도입하였다. 고소득 근로자의 경우 급여가 지나치게 높아 다른 산재보험 사업에 투입할 재정을 약화시키고, 또 저소득자와 보험급여의 격차가 너무 벌어지는 것을 방지하기 위하여 최고보상기준금액제도를 적용하고 있다. 이와 같은 변화를 거치면서 헌법재판소의 표현에 따르면 "산업재해로 인한 노동력의 상실 정도에 따른 손실의 보상에서 근로자의 사회복귀와 근로자 및 그 가족의 생활보장으로 그 보상의 본질과 성격이 변화되었다".[12]

## Ⅲ. 사건 및 결정의 유형

### 1. 사건유형

산재보험법 규정에 대한 헌법심사는 몇 가지로 유형화할 수 있다.

첫째, 가입자의 범위 및 가입의무 그 자체와 관련하여 다음과 같은 유형의 심사가 있었다. (1) 산재보험법의 가입대상을 제한하였기 때문에 산업재해가 발생했음에도 불구하고 근로기준법에 의한 재해보상은 되지만 산재보험법에 의한 보상이 지급되지 않는 규정의 위헌 여부에 대한 심사이다.[13] (2) 의무가입의 주체에 관한 문제이다. 산재보험법은 건설업 도급관계에서 하수급인을 위하여 원수급인을 가입자로 하고, 그 결과 원수급인이 가입신고를 하지 않은 때에는 급여액의 전부 혹은 일부를 징수하도록 하였다. 이와

12) 헌재 2005.11.24, 2004헌바97, 17-2, 443면 참조.
13) 헌재 1996.8.29, 95헌바36, 8-2, 90면 이하; 2003.7.24, 2002헌바51, 15-2(상), 103면 이하; 2018.1.25, 2016헌바466, 30-1(상), 102면 이하 등 참조.

같이 원수급인을 가입자로 한 규정이 헌법에 위반되는가의 여부에 대한 심사이다.[14] (3) 산재보험 임의가입의 경우 보험법적 관계는 사업주가 근로복지공단에 가입을 신청하고 승인을 받은 날의 다음 날에 성립한다. 따라서 가입 신청을 하였지만 아직 근로복지공단의 승인을 얻기 전에는 산업재해에 대한 보상이 이루어지지 않는다. 이 점에 대한 헌법심사이다.[15]

둘째, 산재보험법에서 근로자에게 발생한 질병·부상 및 장해 등이 업무상의 재해인가의 여부는 핵심적인 쟁점이다. 질병·부상 및 장해가 업무상의 재해가 아닌 경우에도 국민건강보험, 국민연금 등 일반 국민을 대상으로 하는 사회보장제도가 적용되지만, 일반적으로 이에 따른 급여의 종류와 내용 및 수준 등은 산재보험에 비해서는 근로자에게 불리하기 때문이다. 업무상의 재해의 중요한 구성요건은 업무 관련성과 인과관계이다. 이와 관련하여 다음과 같은 쟁점이 심사의 대상이 되었다. (1) 출퇴근 재해를 업무상의 재해에서 제외하여 보호하지 않는 규정의 위헌 여부이다.[16] (2) 업무상 재해로 인정되기 위해서는 업무행위와 재해와의 인과관계가 존재하여야 하는데 이를 입증하는 책임을 재해근로자가 부담하는 것이 헌법에 위반되는가의 여부이다.[17] 이미 산업재해로 인하여 요양급여를 받은 근로자가 다시 요양(재요양)을 받을 요건을 충족하는가 여부에 대한 심사도 같은 범주에 속한다.[18] 이때 인간다운 생활을 할 권리가 심사의 기준이 되었다.

셋째, 급여의 종류 및 내용과 관련된 쟁점이다. (1) 급여의 산정방식에 있어서 최고보상기준금액이 수급권자의 재산권을 침해하

14) 헌재 2004.10.28, 2003헌바70, 16-2(하), 178면 이하 참조.

15) 헌재 2005.7.21, 2004헌바2, 17-2, 44면 이하 참조.

16) 헌재 1993.9.27, 93헌마45, 5-2, 362면 이하; 2013.9.26, 2012헌가16, 25-2(상), 630면 이하; 2016.9.29, 2014헌바254, 28-2(상), 316면 이하; 2019.9.26, 2018헌바218등, 31-2(상), 298면 이하 등 참조.

17) 헌재 2015.6.25, 2014헌바269, 27-1(하), 484면 이하 참조.

18) 헌재 2018.12.27, 2017헌바231, 30-2, 717면 이하 참조.

는가 여부이다.[19] 최고보상기준금액을 도입하면서 기존의 수급자에게 급여수준이 급격하게 낮아지는 경우 신뢰보호의 원칙에 위반되는가 하는 문제도 제기되었다.[20] (2) 급여의 조정에 관한 문제이다. 산재보험법에서 업무상의 재해로 인하여 장해연금을 받은 경우에도 가입자인 사용자의 배상책임이 완전히 면제되는 것은 아니다. 즉 이 경우 사용자는 전체 손해배상금액 중 장해연금을 장애일시금으로 환산된 금액에 한하여 책임이 면제되고 나머지 부분에 대해서는 민법상의 손해배상책임을 진다. 이러한 규정에 대한 헌법적 평가이다.[21] (3) 일반적으로 사회보장법이 그러하듯이 산재보험법 역시 제정 이후 지속적으로 개정되어 왔다. 이때 급여를 개선하거나 새로운 급여를 도입하는 경우 시행 시점에 관한 문제가 제기되며, 이는 평등권에 따른 심사의 대상이 되었다.[22] 출퇴근 재해를 보상에서 제외하는 규정을 계속 적용의 헌법불합치로 결정한 후 개선입법이 수혜규정의 소급 적용을 인정하지 않아 기존의 비혜택 근로자가 계속 보상의 대상에 포함되지 못하는 상황이 헌법심사의 대상이 되었다.[23] 이에 대해서 헌법재판소는 다시 헌법불합치결정을 하였다. (4) 이밖에 장해등급의 판정 및 장해연금의 결정, 그리고 제도 변화에 따라 기존의 법적 지위가 불이익하게 변경되었다는 점이 청구사유가 되었다.[24]

넷째, 산업재해의 실체는 건강보험법이 보호하는 질병과 부상, 그리고 국민연금법이 보호하는 장해, 사망 등과 동일하다. 따라서 산재보험법이 기능하기 위해서는 질병 및 부상을 진료하는 의료

19) 헌재 2004.11.25, 2002헌바52, 16-2(하), 297면 이하 참조.
20) 헌재 2009.5.28, 2005헌바20등, 21-1(하), 446면 이하; 2014.6.26, 2012헌바382등, 26-1(하), 532면 이하 등 참조.
21) 헌재 2015.11.24, 2004헌바97, 17-2, 437면 이하 참조.
22) 헌재 2011.11.24, 2009헌바369등, 23-2(하), 258면 이하 참조.
23) 헌재 2019.9.26, 2018헌바218등, 31-2(하), 298면 이하 참조.
24) 헌재 2010.7.29, 2009헌마51, 22-2(상), 443면 이하; 2014.2.27, 2012헌바469, 26-1(상), 241면 이하; 2014.2.27, 2013헌바12등, 26-1(상), 256면 이하 등 참조.

기관이 산재보험법에 편입되어야 한다. 이는 건강보험에서 요양기관 지정제도와 같은 구조를 갖는다. 이에 대한 헌법적 심사가 이루어졌다.[25] 이밖에 종합전문요양기관을 신청에 따른 지정 없이 당연히 산재보험 의료기관이 되도록 하는 규정에 대해서는 산재보험에서 전문적인 치료와 우수한 서비스를 제공하는 공익적 필요성이 큰 반면 이로 인하여 요양기관의 직업 행사의 자유를 제한하는 정도는 크지 않다는 이유로 합헌으로 결정되었다.[26] 이와 같은 결정에는 의미 있는 헌법적 쟁점이 없기 때문에 이 글에서 특별히 다루지는 않는다.

다섯째, 산재보험법이 보험가입 등에 관한 중요한 사항을 구체적으로 범위를 정하지 않고 법규명령에 위임하였기 때문에 포괄위임에 해당하는가 하는 문제이다.[27] 마지막으로 권리구제절차와 관련하여 행정소송을 제기하기 위하여 먼저 근로복지공단 및 고용노동부에 심사 및 재심사를 거치도록 한 규정의 위헌 여부가 심사되었다.[28]

## 2. 결정유형

산재보험법 관련 규정에 관한 전체 23개의 결정 중 위헌법률심판사건이 2건, 헌법소원심판사건이 21건이다. 헌법소원심판사건 중 헌법재판소법 제68조 제1항에 따른 권리구제형 헌법소원심판사건이 4건이다. 헌법재판소법 제68조 제2항에 따른 위헌심판형 헌법소원심판사건이 17건으로 압도적으로 높은 비중을 차지하고 있다. 이로부터 산재보험법에서 헌법의 규범력은 주로 법률의 적용과정

25) 헌재 2011.6.30. 2008헌마595, 23-1(하), 418면 이하 참조.

26) 헌재 2011.6.30. 2008헌마595, 23-1(하), 418면 이하 참조.

27) 헌재 1996.8.29. 95헌바36, 8-2, 90면 이하; 2003.7.24. 2002헌바51, 15-2(상), 103면 이하; 2004.10.28. 2003헌바70, 16-2(하), 178면 이하; 2004.11.25. 2002헌가10, 16-2(하), 228면 이하; 2018.1.25. 2016헌바466, 30-1(상), 106면 이하; 2018.12.27. 2017헌바231, 30-2, 726면 이하 등 참조.

28) 헌재 2000.6.1. 98헌바8, 12-1, 590면 이하 참조.

에서 나타나는 쟁점을 헌법구조에 편입시켜 평가하는 방법으로 실현된다는 사실을 확인할 수 있다. 소극적으로 말하면 위에서 지적했듯이 헌법으로부터 연역적으로 산재보험제도의 구체적인 내용을 도출하는 작업을 기대할 수 없다는 것이다.

23개의 결정 중 4건에 대해서는 각하결정을 하였다. 그러나 이 결정에서 헌법재판소는 부분적으로는 실질적인 판단을 하였다. 헌법재판소는 최고보상기준금액에 관한 경과규정, 그리고 출퇴근 재해에 관한 규정을 헌법불합치로 결정하였다. 계속 적용의 헌법불합치결정이었던 후자의 결정에 따라 개정된 법률이 소급 적용을 제한하여 결정 이후 발생한 업무상의 재해가 보상되지 못하는 상황에 대해서 헌법재판소는 다시 헌법불합치결정을 하였다. 이는 불합치결정에서 계속 적용의 범위가 보상의 대상이 되는 업무상의 재해에 한정되며, 보상에서 제외되었던 부분은 적용 중지의 효력을 갖는다는 의미를 가졌다.[29] 이는 헌법재판소가 이와 같은 계속 적용의 기속력의 범위를 명확히 하는 과제를 남겼다.[30] 최고보상기준금액에 관한 결정에서 헌법재판소는 최고보상기준금액 자체에 대해서는 합헌결정을 하였다. 결국 출퇴근 재해에 관한 규정에 대해서 유일하게 위헌(불합치) 판단이 있은 셈이다. 나머지 16개 사건은 합헌으로 결정되었다.

29) 기존에 이와 같은 취지의 결정으로는 예컨대 헌재 2016.12.29, 2015헌바208, 28-2(하), 456면 이하 참조. 같은 취지의 법원의 판결로는 예컨대 대판 2011.9.29, 2008두18885 참조.

30) 계속 적용의 헌법불합치결정에 대한 해석 및 문제에 대해서 자세히는 예컨대 김하열, “계속 적용 헌법불합치 결정의 의미와 효력: 법률적용 관계를 중심으로”, 저스티스(2020.4), 31면 이하 참조.

## Ⅳ. 구체적인 청구권성

### 1. 심사기준; 제32조 제3항과 제34조 제1항, 제5항 및 제6항

업무상의 재해의 보호범위, 가입자의 범위, 급여의 종류와 내용 및 수준 등과 관련하여 구체적인 청구권을 헌법으로부터 도출할 수 있는가를 심사하는 경우 초기에 헌법재판소는 헌법 제32조 제3항과 헌법 제34조를 심사기준으로 적용하였다. 헌법 제32조 제3항을 심사기준으로 한 것은 산재보험이 고용관계에서 발생한 업무상의 재해를 보상하는 제도이고, 따라서 인간의 존엄성을 보장하는 근로조건에 관한 법률상의 제도로 이해하였기 때문이다.[31]

그러나 이는 산재보험법의 체계에 대한 잘못된 이해이다. 근로기준법의 재해보상은 사용자에게 무과실책임을 부과하여 업무상의 재해를 보호하고자 했으며, 이는 인간의 존엄을 보장하기 위하여 근로조건의 일부를 법제화한 것이다. 그 결과 재해보상에는 사용자 책임과 재해보상의 이념이 강하게 작용하며, 사회보장의 기능은 약하다. 그리고 재해보상의 내용은 많은 경우 노사 간의 합의에 의하여 결정된다. 이에 비해서 기원적으로 보면 산재보험법은 민법상의 손해배상, 근로기준법의 재해보상이 근로자 보호에 충실하지 못했다는 법리적 이유 및 경험을 기초로 형성되었다.[32] 그리고 산업재해에 대한 보호를 노사의 직접적인 법률관계로부터 분리시켜 공법적으로 형성하는 구조를 택하고 있다. 이에 따라서 산재보험법은 업무상의 재해를 공법상의 법률관계에서, 공법상의 법인인 근로복지공단에 의하여, 그리고 사회보험의 원리를 적용하여 보호한다. 이러한 규범적 기초 위에서 산재보험법에는 기원상의 특수성인 사용자 책임보험과 함께 어느 정도 사회보장의 이념이 혼재해 있었

31) 헌재 1996.8.29, 95헌바36, 8-2, 98면, 101면 이하 참조.
32) 위 각주 4 참조.

고, 또 그동안 – 위에서 살펴본 바와 같이 – 사회보장의 기능을 강화하여 왔다.[33)]

그런데 산재보험급여의 구체적 청구권성에 관한 문제를 헌법 제32조 제3항을 기준으로 심사하는 경우에는 산재보험법의 기원과 발전 경로를 헌법 규정에 대한 이해에 반영하는 데 한계가 드러난다. 산재보험을 노사 간의 법률관계에 한정하여 위치시키고, 그 결과 과제영역이 협소하게 이해될 수 있기 때문이다. 이와 같은 이해방법에서는 산재보험을 고용관계에 한정하여 적용하고, 또 예방과 재활과 같은 공적 과제가 소홀히 될 우려가 있다.[34)] 헌법재판소가 초기에 헌법 제32조 제3항을 심사기준으로 하는 경우 나타나는 이와 같은 문제를 인식한 것은 아니었을 것이다. 또 헌법재판소는 헌법 제34조 제1항 외에 제32조 제3항을 부수적으로 적용하는 태도를 더 이상 취하지 않고 있다.[35)]

헌법 제34조 제1항을 심사기준으로 하는 경우 이에 대한 이해는 다음과 같다. 헌법 제34조 제1항 인간다운 생활을 할 권리는 기본적으로 법률에 의하여 구체화되며, 이는 산재보험법에 있어서도 마찬가지이다.[36)] 따라서 원칙적으로 헌법 제34조 제1항을 근거로 구체적인 청구권이 도출되지는 않는다. 그 결과 산재보험에 있어서 입법형성의 여지가 넓게 인정된다. 이밖에 헌법재판소는 부분적으로 헌법 제34조 제5항 혹은 제6항을 심사기준으로 제시하였다.[37)] 그러나 이 역시 적합한 심사기준은 아니다. 먼저, 산재보험법

33) 위 Ⅱ.2. 참조.

34) 이와 관련하여 고용관계의 변화에 따른 산재보험법의 새로운 과제와 입법변화에 대해서는 위 각주 11 참조.

35) 헌법 제32조 제3항을 부수적으로 심사하는 예로는 헌재 2003.7.24, 2002헌바51, 15-2(상), 119면 이하 참조.

36) 헌재 2003.7.24, 2002헌바51, 15-2(상), 117면; 2004.11.25, 2002헌바52, 16-2(하), 306면 이하 등 참조.

37) 전자의 예로는 헌재 2003.7.24, 2002헌바51, 15-2(상), 116면 이하 참조. 후자의 예로는 헌재 2003.7.24, 2002헌바51, 15-2(상), 116면; 2005.7.21, 2004헌바2, 17-2, 45면; 2005.11.24, 2004헌바97, 17-2, 437면 등 참조.

은 사회보험법으로서 가입자가 납부한 보험료에 상응하여 급여를 산정·지급하며, 이로써 상대적 평등이 실현된다. 이에 비해서 헌법 제34조 제5항에 의한 최저생활보장은 절대적 평등을 지향하며, 이는 산재보험을 포함하여 사회보험의 목표는 아니다. 또 이는 헌법재판소가 이해하는 보험의 원리에도 정면으로 반한다. 다음, 제34조 제6항은 재해 예방, 그리고 재해 위험의 보호에 관한 국가과제를 선언하고 있다. 그러나 이 규정은 업무상의 재해에 관련된 것은 아니다. 헌법 제34조 제1항의 사회보장에 관한 권리에 비해서 보호범위가 특정되어 있지 않은 헌법 제34조 제6항이 산재보험에 관한 구체적 청구권의 인정 여부를 논의하는 장(場)이 될 수는 없다.

## 2. 구체적인 사안

기본적으로 특정한 사업장을 산재보험의 가입대상으로 하는 헌법적 권리가 인정되지는 않았다.[38] 산재보험법은 재해발생률과 사업의 규모 및 사업장소 등을 기준으로 일정한 사업을 가입대상에서 제외하였다. 절대적인 차원에서 보면 산업재해를 산재보험법에 의하여 보상받을 수 있도록 사업주가 산재보험에 가입할 수 있는 권리, 또는 근로자가 자신이 고용되어 있는 사업장에서 발생한 산업재해에 대해서 산재보험법에 의한 보상을 청구할 수 있는 권리는 인정되지 않는다. 또 상대적인 차원에서 보면 재해발생의 위험이 낮기 때문에 산재보험법에 의한 보호가 필요하지 않다고 인정되는 경우, 그리고 보험료 부담능력이 제한적이기 때문에 영세사업장을 산재보험법의 적용대상에서 배제하는 것이 헌법에 위반된다고 볼 수는 없다.[39]

38) 헌재 2003.7.24, 2002헌바51, 15-2(상), 114면 이하; 2018.1.25, 2016헌바416, 30-1(상), 109면 이하 등 참조.
39) 이러한 입법취지에 대해서는 헌재 2003.7.24, 2002헌바51, 15-2(상), 111면 이하; 2018.1.25, 2016헌바416, 30-1(상), 107면 이하 등 참조.

그러나 산재보험의 경우에는 가입자의 범위와 관련하여 일반적인 사회보험, 즉 국민연금이나 국민건강보험에 비해서 상대적으로 입법형성의 여지가 좁다. 근로자의 재해를 보상하고, 또 사용자의 보상책임을 면제하는 기능을 수행하는 산재보험법에서 위험률 및 사업장의 규모는 중요한 고려요소가 아니기 때문이다. 산재보험에서 위험발생률은 업종 간에 보험료율을 차등화하는 기준으로 고려되고, 또 동일한 사업 분류에서도 보험료율을 할증 혹은 할인하는 데 반영된다.[40] 영세사업장을 산재보험법의 적용대상에서 제외하는 것은 적어도 정책적으로 보면 타당성이 있다고 할 수 없다. 이 경우 규범적으로는 근로기준법에 의하여 사업주의 재해보상책임이 적용되겠지만 현실적으로 책임이 이행되지 않을 수도 있다는 사실을 방치하는 결과가 되기 때문이다. 이러한 사회정책적 논리가 입법을 개선하는 유인이 되어야 하지만 헌법적 의미를 갖는가는 별개의 문제이다.

결국 산재보험청구권의 내용은 법률에 의하여 구체화되며, 또 이는 법률에 정한 절차에 따라 성립된다. 예컨대 헌법재판소는 임의적용 사업장의 경우 사업주가 근로복지공단의 승인을 얻은 날의 다음 날에 보험관계가 성립되며, 따라서 보험가입을 신청하였으나 아직 승인되기 전에 발생한 산업재해에 대한 보상을 거부하는 근거 규정을 합헌으로 결정하였다.[41]

구체적 권리성 여부는 산재보험법을 개정하면서 새로이 도입된 급여 혹은 유리하게 변경된 규정의 시행일과 관련하여 문제가 되었다. 예컨대 간병급여를 도입하면서 개정 법률이 정한 시점 이후에 요양이 종결된 자에 한하여 급여를 지급한다는 규정은 합헌으로 결정되었다.[42] 이는 산재보험급여는 기본적으로 법률에 의하여

---

40) 위 각주 9 참조.
41) 헌재 2005.7.21, 2004헌바2, 17-2, 44면 이하 참조.
42) 헌재 2011.11.24, 2009헌바356등, 23-2(하), 258면 이하 참조. 이밖에 이 문제에 관한 평등권 논리에 대해서는 아래 각주 57 참조.

형성된다는 논리에 따랐다. 같은 맥락에서 재요양의 요건이 엄격하기 때문에 의료조치의 필요성이 있음에도 불구하고 요양급여의 대상에서 제외하는 규정 역시 합헌으로 결정되었다.[43] 재요양조치 역시 업무와 관련성이 있어야 하며, 따라서 최초의 상병과 인과관계가 있어야 하는 것은 당연하다. 다만 산재보험의 과제가 예방영역으로 확대되는 추이에서 보면 이미 고정된 증상이 악화된 경우 뿐 아니라 악화될 우려가 있고, 이를 방지하기 위하여 의료적 조치의 필요성이 있는 경우에도 재요양은 인정되어야 한다.[44] 따라서 재요양의 요건은 치료의 효과가 기대되는 경우로 한정하지 않고 치료의 필요성이 있는 경우로 확대되어야 한다. 다만 이에 대한 구체적인 권리가 헌법에서 도출되는 것은 아니다.

## V. 평등권과 재산권

### 1. 평등권

#### (1) 출퇴근 재해보상의 문제

출퇴근 재해를 업무상의 재해에 포함시키지 않았던 규정의 위헌 여부는 네 차례 헌법심사의 대상이 되었으며, 이때 중요한 심사기준은 평등권이었다.[45] 여기에서는 산재보험법 내부적으로는 출퇴근 재해가 보상이 되는 경우(혜택근로자)와 그렇지 않은 경우(비혜택근로자)가 비교의 대상이 되었다. 산재보험법은 사업주가 제공한 교통수단이나 그에 준하는 교통수단을 이용하는 등 사업주의

43) 헌재 2018.12.27, 2017헌바231, 30-2, 717면 이하 참조.

44) 재요양 요건에 대한 법원의 엄격한 해석의 예로는 대판 1995.9.15, 94누12326 참조.

45) 헌재 1993.9.27, 93헌마45, 5-2, 362면 이하; 2013.9.26, 2012헌가16, 25-2(상), 630면 이하; 2016.9.29, 2014헌바254, 28-2(상), 316면 이하; 2019.9.26, 2018헌바218등, 31-2(상), 298면 이하 등 참조. 헌법불치결정에 대해서 자세히는 전광석, "사회보장법에서 헌법문제와 입법정책 – 헌재 2016.9.29. 결정, 2014헌바254를 중심으로 –", 법조 최신판례연구(2017.4), 316면 이하 참조.

지배관리하에서 출퇴근 중 발생한 사고를 업무상의 재해로 규정하였다. 다만 출퇴근용으로 이용한 교통수단의 관리 또는 이용권이 근로자측의 전속적 권한에 속하지 않아야 한다(법 제37조 제1항 다. 시행령 제29조). 또 산재보험법과 공무원연금법이 비교되었다.

첫 번째 결정에서 헌법재판소는 출퇴근 재해에 대한 보상은 법률해석의 문제에 불과하다고 보아 각하결정을 하였다.[46] 그러나 이 결정에는 어느 정도 실질적인 판단이 포함되어 있었다. 즉 출퇴근 행위는 일반적인 업무행위와는 달리 사용자의 지배관리하에 있지 않기 때문에 이를 제외하는 것은 합리적인 차별이다. 위에서 서술한 바와 같이 출퇴근 행위가 사용자의 지배관리하에 있다고 의제할 수 있는 특수한 상황에 대해서는 법률에서 직접 규정하고 있다. 산재보험수급권은 기본적으로 법률에 의하여 형성되기 때문에 출퇴근 재해를 업무상의 재해에서 일반적으로 제외하는 입법적 판단은 존중되어야 한다.

헌법재판소는 이와 같은 입장에 기초하여 두 번째 결정에서는 합헌결정을 하였다.[47] 사용자의 지배관리하에 있지 않은 출퇴근 재해를 보상의 대상에서 제외한 것은 책임보험의 성격을 갖는 산재보험의 목적과 성격에 비추어 당연하다는 논리이다. 출퇴근 재해를 보상하는 것이 (사회정책적 관점에서 보았을 때) 바람직하다고 할 수 있지만 이는 기본적으로 입법적 과제로 보았다. 이 결정에는 4인의 재판관이 헌법불합치의견을 내었으며, 이 의견에서는 출퇴근 재해를 보호하는 외국의 입법례를 제시하였다. 그러나 법정의견은 이를 타당한 논거로 평가하지 않았다. 출퇴근 재해를 보상 혹은 보호하는 국가에서는 이를 위한 재원을 근로자 스스로 보험료를 납부하여 조성하기 때문에 우리 산재보험법의 출퇴근 재해에 관한 규정을 심사하는 데 유용한 비교가 될 수 없다는 것이다.

---

46) 헌재 1993.9.27, 93헌마45, 5-2, 362면 이하 참조.
47) 헌재 2013.9.26, 2012헌가16, 25-2(상), 630면 이하 참조.

산재보험법과 달리 공무원연금법에서는 출퇴근 중에 발생한 재해를 공무상의 재해로 보호하고 있었다. 법정의견은 산재보험법과 공무원연금법을 비교하고, 두 법의 체계가 다르기 때문에 차별취급은 합리적이라고 보았다. 다음과 같은 논리를 제시하였다. 공무원관계는 기본적으로 법률에 정해지며, 이 점에서 노사합의에 의하여 근로조건이 결정되는 일반근로자의 경우와 차이가 있다. 또 공무원이 수행하는 공무와 일반 근로자의 노무는 기능적으로 차이가 있다. 그러나 이러한 논리들이 평등권 심사에 있어서 어떠한 의미를 갖는지는 명확하지 않다. 공무원연금과 산재보험의 제도적 성격이 다르다는 논리는 헌법적 의미를 갖는다. 이에 따르면 공무원연금은 종합적인 사회보장제도인 반면 산재보험은 사업주의 책임을 전보하기 위한 제도이다.[48] 이에 비해서 공무원연금에서는 공무원 자신이 기여금을 부담하는 반면 산재보험에서는 사업주가 보험료 전액을 부담한다는 재정방식의 차이에 관한 헌법재판소의 논리는 제도 내용에 대한 올바른 서술이 아니었으며, 또 이론적으로 타당하지도 않았다.[49] 공무원연금법에서 공무상의 재해에 대한 보상의 재원은 국가 및 지방자치단체가 부담한다(재해보상부담금). 또 산재보험에서 사용자가 전액 부담하는 보험료는 근로자에 귀속되는 성격을 갖는다.[50] 따라서 이에 기초하여 형성된 급여의 성격이 공무원연금과 다르지는 않기 때문이다.

출퇴근 재해에 관한 세 번째 결정은 이전과 같은 심사기준을 적용하였지만 다른 결론에 이르렀다. 첫째, 출퇴근 행위는 업무의 전(前) 단계로서 업무와 밀접·불가분의 관계에 있으며, 따라서 혜택근로자와 비혜택근로자의 차별에 합리적인 이유가 없다. 둘째,

48) 예컨대 헌재 2002.7.18, 2000헌바57, 14-2, 10면 참조. 이와 같은 성격은 군인연금법에서도 확인되었다. 예컨대 헌재 2003.9.25, 2001헌마194, 15-2(상), 402면 참조.

49) 헌재 2013.9.26, 2012헌가16, 25-2(상), 643면 참조. 이와 같은 논리에 대해서 비판적인 평가로는 예컨대 전광석, 위 각주 45의 논문, 458면 이하 참조.

50) 이에 대해서는 아래 각주 63 참조.

출퇴근 행위는 예컨대 출장행위와 마찬가지로 사실상 사업주가 정한 시각과 근무지에 기속되며, 따라서 사용자의 지배관리하에 있다고 보아야 한다.[51] 셋째, 출퇴근 재해를 보상하는 것이 산재보험의 생활보장적 성격에 부합된다. 두 번째 결정에서 합헌의견의 주요 논거였던 비교법적 논리는 세 번째 결정에서는 언급되지 않았다. 출퇴근 행위에 대한 일반적인 보호의 필요에 관한 법정의견은 사회정책적으로는 타당하다. 산재보험이 전체적으로 사회보장의 기능을 강화하여 왔으며, 비혜택근로자는 혜택근로자와 마찬가지로 보호의 필요성이 인정되기 때문이다. 그러나 산재보험이 사회보장의 기능을 강화한다고 해서 책임보험의 성격이 약화되거나 상실되는 것은 아니다. 이 경우에는 산재보험의 독자적인 존재 의미는 없어지기 때문이다. 이러한 논리는 실체법, 그리고 책임법 및 재정법적으로 다음과 같이 정리될 수 있다.

실체법적으로 보면 산재보험이 사용자 책임보험의 성격을 유지하는 한 업무행위가 사용자의 지배관리하에 있으며, 그 책임이 사용자에게 귀속되어야 한다는 요건은 산재보험의 핵심적인 요소이다. 출퇴근 행위는 사실상 업무의 전(前) 단계이고, 또 업무와 밀접불가분의 관계에 있는 것은 사실이다. 그러나 역설적으로 보면 출퇴근 행위가 업무행위 그 자체는 아니다. 또 출퇴근 행위에서 근로자는 기본적으로 그 경로와 방법을 자율적으로 결정하며, 따라서 규범적으로 보면 출퇴근 행위가 사용자의 지배관리하에 있는 것은 아니다. 이 점이 출장행위와 비교된다. 출장행위는 사용자의 지시에 따르며, 또 사용자의 이익에 기여하는 행위이기 때문이다. 또 비혜택근로자가 혜택근로자와 마찬가지로 생활보장의 필요성이 있다는 논리는 산재보험이 사용자 책임보험의 성격을 더 이상 갖지 않는 경우에는 타당할 수 있다. 그런데 헌법재판소는 산재보험법에서 생활보장의 목적론적 논리가 책임보험의 성격을 배척한다

51) 출장행위의 업무행위로서의 평가에 대해서는 대판 2006.3.24, 2005두5185 참조.

든가 혹은 전자가 후자에 비해서 우선한다는 입장을 취한 바는 없다.[52)]

혜택근로자와 비혜택근로자의 차별이 합리적이지 않으며 따라서 헌법에 합치하지 않는다는 결정은 극복하기 쉽지 않은 책임법 및 재정법적 과제를 남겼다.

산재보험에서 재해보상은 사용자 책임을 부분적으로 면제한다. 이는 산재보험 급여를 넘는 부분에 대해서는 사용자의 민법상의 책임이 남는다는 의미를 갖는다. 그런데 출퇴근 재해에 대해서 산재보험 급여가 지급되는 경우 이에 대해서 민법상 사용자의 책임이 인정되는가는 의문이다. 이 경우 사용자 책임에 관한 분쟁이 발생할 여지가 크다. 이로써 산재보험이 노사관계의 안정 및 산업평화에 기여하는 기능은 크게 손상될 수 있다. 지금까지 산재보험법에서 사전적 및 사후적으로 사용자의 산재 예방을 유인하기 위하여 취해졌던 조치는 출퇴근 재해의 경우에는 적용되기 어렵다. 일반적으로 출퇴근 행위는 사용자의 지배범위에 있지 않고, 사용자가 영향을 미칠 수 없으며, 이러한 상황에서 사용자에게 출퇴근 재해를 예방하는 유인요소가 작용할 수 없기 때문이다.[53)]

이와 같은 논리는 재정법적인 문제로 이어진다. 산재보험에서 사용자가 보험료 전액을 부담하는 것은 산업재해가 사용자의 책임에 귀속된다는 점을 전제로 한 것이다. 그런데 (사회적 보호의 필요성이라는 정책적 관점을 별론으로 하고) 규범적으로 보면 사용자 책임이 있다고 볼 수 없는 출퇴근 재해가 보상의 대상이 될 경우 기존의 재정방식은 더 이상 유지될 수 없다. 이는 사용자 책임의 분산 및 노사관계의 안정과 산업평화에 기여하는 주관적 및 객관적 기능을 근본적으로 검토하는 계기가 되어야 한다.[54)] 이 점에서 보면

52) 위 각주 7 참조.

53) 산재 예방을 유인하는 사전적 및 사후적 제도에 대해서는 위 각주 9 참조.

54) 실제 출퇴근 재해를 보호하는 외국의 산재보험법은 급여 및 재정방식에 있어서 일반 업무상의 재해와는 차별적인 규정을 두고 있다. 이에 대해서는 전광석, 위

헌법재판에 의하여 출퇴근 재해를 보상하도록 하는 결정은 입법정책의 공간을 협소하게 하는 결과가 되었다.[55)]

### (2) 그밖의 결정

산재보험법 규정에 대한 심사에서 평등권은 헌법 제34조와 함께 가장 빈번하게 심사기준으로 적용되어 왔다. 헌법재판소는 위험률, 사업의 규모 및 사업장소 등을 기준으로 산재보험에의 가입여부를 차별화하는 데 합리적인 이유가 있다고 보았다.[56)] 현재 일부 사업장이 적용대상에서 제외되어 있으며, 따라서 산재 근로자가 보상을 받지 못하고 있지만 이러한 차별은 점진적 제도개선과정에서 과도적으로 나타나는 문제로서 피할 수 없다는 것이다. 이 문제는 아래에서 서술하듯이 포괄위임과 관련하여 논의되기도 하였다. 위에서 언급했듯이 이와 같은 이해방법이 헌법적 판단과는 별개로 정책적으로 타당한가는 의문이다. 간병급여를 도입하면서 일정한 시점을 기준으로 이후에 요양급여가 종결된 경우에 한하여 급여를 지급하는 규정에 대해서도 같은 이유에서 합헌결정이 내려졌다.[57)]

## 2. 재산권

### (1) 산재보험 재정방식의 특수성과 재산권

다른 사회보험청구권과 마찬가지로 산재보험청구권은 재산권에 의하여 보호된다.[58)] 사회보험수급권이 재산권에 의하여 보호되기 위해서는 다음과 같은 요건을 충족하여야 한다. 첫째, 사회보험수급권의 형성에 가입자 혹은 사용자의 자기 기여가 있어야 한다.

각주 45의 논문, 453면 이하 참조.

55) 이에 대해서는 전광석, 위 각주 45의 논문, 460면 이하 참조.

56) 위 각주 39 참조.

57) 헌재 2011.11.24, 2009헌바356등, 23-2(하). 273면 이하 참조.

58) 헌재 2004.11.25, 2002헌바52, 16-2(하), 307면; 2009.5.28, 2005헌바20등, 21-1(하), 455면 등 참조.

사회보험에서 가입자는 보험료를 부담하여 이에 기여한다.[59] 둘째, 청구권이 개인에게 귀속되어 개인의 이익을 위하여 사용될 수 있어야 한다. 셋째, 수급권이 생활보장에 기여하여야 한다. 이는 수급권이 개인의 생활보장에 추상적으로 기여하는 것을 의미한다. 사회보험 급여가 구체적으로 생활보장에 기여하는가는 개별적으로 판단되어야 하며, 이를 기준으로 재산권의 성격을 인정 혹은 부정할 수는 없기 때문이다.[60]

자기 기여의 요건은 산재보험에서는 일반 사회보험과는 차이가 있다. 산재보험에서는 가입자인 사업주가 보험료 전액을 부담하며, 수급자인 근로자에게는 보험료 납부의무가 없다. 헌법재판소가 이와 같은 재정방식의 특수성이 재산권에 미치는 영향을 검토하지는 않았다.[61] 지금까지 헌법재판소는 사회보험에서 사용자의 부담금에 의하여 형성된 급여는 자기 기여의 요소가 결여되어 있기 때문에 재산권에 의한 보호의 대상이 아니거나 보호의 정도가 약하다는 입장을 취해왔다.[62] 그러나 – 다른 사회보험에서 사용자의 부담금과 마찬가지로 – 산재보험에서 사업주가 전액 부담하는 보험료는 근로자를 위한 재해보상의 재원이 되기 때문에 근로자에게 귀속된다

59) 이는 국가유공보상 등 사회보상에서는 공동체를 위한 혹은 공동체에 그 책임이 귀속되는 특별한 희생과 공헌에 해당한다. 이에 대해서는 예컨대 전광석, “국가유공자보상에 대한 헌법적 보호의 가능성”, 헌법학연구 제6권 제4호(2000), 130면 이하 참조.

60) 이와 같은 기준에 대해서는 BVerfGE 72, 9(21); 53, 257(290); 60, 272(303) 등 참조.

61) 다른 사회보험에서는 예컨대 유족이 보험료를 납부하지 않고 지급되는 유족급여와 관련하여 이 점이 검토되었고, 헌법재판소는 정도의 차이는 있지만 본인급여에 비해서는 재산권에 의한 보호의 정도가 약하다는 입장에 있는 듯하다. 헌재 1999.4.29, 97헌마333, 11-1, 512, 517면(공무원연금법); 2019.2.28, 2017헌마432, 31-1, 210면(국민연금법) 등 참조.

62) 부담금에 의하여 형성된 연금수급권에 대한 이와 같은 이해방법에 대해서는 예컨대 헌재 1995.7.21, 94헌바27등, 7-2, 89면 이하; 2019.2.28, 2017헌마403등, 31-1, 198면 등 참조. 다만 이와 같은 입장이 일관되지는 않았다. 이에 대해서는 헌재 2002.7.18, 2000헌바57, 14-2, 14면; 2003.9.25, 2000헌바94등, 15-2(상), 261면 이하 등 참조. 이밖에 헌재 1999.4.29, 97헌마333, 11-1, 512면 참조.

고 보아야 한다.[63] 또 적어도 산재보험 급여는 국가의 일방적인 급여가 아니기 때문에 재산권에 의하여 보호된다는 논리가 필요했다.

### (2) 최고보상기준금액의 문제

재산권은 보험급여의 산정에 적용되는 최고보상기준금액의 위헌 여부 판단에 있어서 심사기준이 되었다. 위에서 언급했듯이 산재보험수급권의 구체적인 내용은 법률에 의하여 비로소 형성된다. 이와 같은 이해에 기초하여 헌법재판소는 최고보상기준금액이 도입되기 이전에 이미 산정된 급여는 재산권적 보호의 대상이 아니라고 보았다.[64] 그러나 이는 재산권 보호의 헌법적 의미를 지나치게 위축시키는 이해방법이다. 재산권이 다른 기본권과는 달리 법률에 의하여 형성되는 특수성이 있는 것은 사실이지만(헌법 제23조 제1항 제2문) 재산권은 헌법상의 권리로서 입법권을 심사하는 규범력을 가지며, 따라서 이러한 기준을 정당한 이유 없이 벗어나는 경우 재산권을 침해한다.

산재보험급여의 형성에 있어서 재산권은 다음과 같은 내용으로 규범력을 갖는다. 산재보험은 사회보험으로서 가입자가 납부한 보험료에 어느 정도 상응하는 급여를 지급하여야 한다. 다만 이와 같은 수급권자의 기대는 다음과 같은 상황에 의하여 제한될 수 있다. 먼저, 보험의 원리 자체가 제한의 근거가 될 수 있다. 즉 보험의 원리는 현재 근로자 모두의 재해, 그리고 다음 세대 역시 보호할 수 있도록 형성되어야 한다. 이와 같이 지속가능성을 유지하기 위하여 재해보상의 내용을 수급권자 개인에게 어느 정도 불이익하게 변경할 수 있다. 다음, 사회보험에서 보험의 원리는 사회적 조

63) 이 점에 대해서는 예컨대 Franz Ruland, “Rentenversicherung”, Ruland/Becker/Axer(편), Sozialrechtshandbuch(Nomos, 2018), 951면 참조. 이밖에 이에 관한 독일 연방헌법재판소의 결정으로는 BVerfGE 69, 302면 이하; 76, 338면; 100, 1면, 35면 이하 등 참조.

64) 헌재 2004.11.25, 2001헌바52, 16-2(하), 308면 참조.

정의 원칙에 의하여 변형될 수 있다.[65] 이는 재산권을 제한하는 공공복리의 요소에 해당한다. 그 결과 헌법재판소 결정에서 대부분의 경우 재산권은 급여에 대한 개인의 주관적 기대를 보호하는 데 유용하지 않았다.

그러나 산재보험법에서 재산권 심사는 일반적인 사회보험과 다른 구조적 특수성이 있다. 산재보험은 재해근로자의 기존의 임금수준을 어느 정도 보장한다. 이때 비로소 사용자의 재해보상책임이 대체될 수 있기 때문이다. 그렇지 않은 경우, 즉 보험의 원리를 지나치게 일탈하는 경우 사용자의 책임이 면제되는 범위는 좁아진다. 이는 산재보험이 사용자의 배상 혹은 보상책임을 가입자 간에 분산시키며, 또 노사관계를 안정시키는 입법목적에 반한다. 헌법재판소는 산재보험에서 사회적 조정의 요소에 비해서 보험의 원리가 강하게 작용하고 있다고 이해하고 있다.[66] 이 점에서 산재보험은 급여형성에 있어서 소득재분배의 이념이 실현될 수 있는 영역이 아니거나 혹은 적어도 상대적으로 다른 사회보험에 비하면 소득재분배의 이념을 투입할 여지가 좁다. 이는 산재보험수급권은 적어도 다른 사회보험에 비해서는 사회적 관련성이 크지 않으며, 따라서 재산권의 성격이 강하다는 논리로 발전할 수 있다.[67] 이 점은 최고보상기준금액에 대한 헌법심사에서 고려되어야 할 논리였다.

위에서 언급했듯이 1999년 산재보험법 개정 법률은 저소득 근로자에게 최저생활을 보장하고, 급여의 형평성을 제고하며 산재 예방 등 산재보험사업의 재정을 확충하기 위하여 최저보상기준금액

65) 이에 대해서는 예컨대 헌재 2000.6.29. 99헌마289, 12-1, 942면 이하; 2001.2.22. 99헌마365, 13-1, 310면; 2002.10.31. 99헌바76등, 14-2, 427면; 2007.4.26. 2004헌가29등, 19-1, 367면 등 참조.

66) 위 각주 7 참조.

67) 이 점에 대해서는 헌재 2011.11.24. 2009헌바356등, 23-2(하), 270면 참조. 사회적 관련성과 재산권 보호의 정도에 대해서는 예컨대 헌재 1998.12.24. 89헌마214등, 10-2, 944면 이하; 2004.6.24. 2002헌바15, 16-1, 734면; 2012.8.23. 2010헌가65, 24-2(상), 383면 등 참조.

과 최고보상기준금액에 관한 규정을 도입하였다. 최고보상기준금액은 세 번에 걸쳐 헌법심사의 대상이 되었다. 첫 번째 헌법소원심판청구는 부적법하여 각하되었다.[68] 두 번째 결정에서 헌법재판소는 심판대상인 조항을 합헌으로 결정하였다.[69] 세 번째 결정은 최고보상기준금액 자체가 아니라 제도를 도입하면서 기존 규정의 유예기간을 짧게 설정하였기 때문에 수급자의 신뢰를 침해하는가 여부가 쟁점이었다.

산재보험은 재해 근로자가 산업재해가 발생하기 이전에 받아오던 임금수준을 보험급여를 통하여 유지할 수 있도록 하여야 한다.[70] 이 점이 단순히 정책적인 판단인지, 아니면 헌법적 의미를 갖는지를 헌법재판소가 명확히 밝히지는 않았다. 오히려 사회보험법에서 수급자의 법적 지위를 불리하게 변경하는 규정을 합헌으로 결정하는 논리, 즉 "산재보험기금의 상황, 국가의 재정부담능력, 전체적인 사회보장수준과 국민감정 등 사회정책적인 측면과 보험기술적인 측면과 같은 제도 자체의 특성 등 여러 가지 요소를 고려할 필요에서 입법자에게 광범한 입법형성의 자유가 주어진"다는 논리를 반복하는 데 그쳤다.

그러나 지금까지 헌법재판소의 이해에 따르면 산재보험법은 근로자에 대한 손해배상 혹은 손실보상의 성격을, 그리고 사용자에 대해서는 책임보험의 성격을 갖는다. 이 경우 다음과 같은 두 가지 점에 대한 헌법적 평가가 필수적이다.

첫째, 산재보험에 최고보상기준금액을 도입한 목적은 소득재분배에 있다.[71] 그러나 적어도 상대적으로 다른 사회보험과 비교하면 산재보험에서 소득재분배의 이념은 수급자의 법적 지위를 불이

68) 헌재 2004.9.23, 2003헌마231등, 16-2(상), 586면 이하 참조.
69) 헌재 2004.11.25, 2002헌바52, 16-2(하), 297면 이하 참조.
70) 헌재 2004.11.25, 2002헌바52, 16-2(상), 308면; 2011.11.24, 2009헌바356등, 23-2(하), 271면 등 참조.
71) 헌재 2009.5.28, 2005헌바20등, 21-1(하), 456면 참조.

익하게 변경하는 헌법적 근거로서는 취약하다. 이 점은 헌법재판소 스스로 언급하고 있다. 예컨대 장해급여제도는 본질적으로 소득재분배를 위한 제도가 아니라 손해배상 혹은 손실보상적 급부에 그 본질이 있다는 것이다.[72] 따라서 헌법재판소는 산재보험에서 소득재분배의 기능과 헌법적 의미에 대해서 근본적으로 재검토할 필요가 있었다. 둘째, 산재보험은 사용자를 중심으로 보면 책임보험의 성격을 갖는다. 다만 우리 산재보험법에서 보험급여를 지급하는 결과 사용자의 책임이 완전히 면제되는 것은 아니다. 즉 보험급여를 받은 범위 내에서 민법상의 손해배상책임이 면제되며, 따라서 보험급여의 범위를 넘는 부분에 대해서는 근로자에 대한 사용자의 손해배상책임은 여전히 남는다.[73] 그런데 손해배상의 범위는 산업재해로 인하여 근로자에게 발생한 전체 손해이기 때문에 최고보상기준금액을 적용하여 보상급여의 수준이 낮아지는 만큼 사용자책임의 범위는 넓어지고, 또 객관적으로 보면 노사분쟁의 여지가 그대로 남는다. 헌법재판소는 이 점을 검토하지 않고 논의의 공백을 남겼다.

최고보상기준금액 자체가 아니라 이들 도입하는 규정의 유예기간이 짧기 때문에 수급자의 신뢰를 침해하였는가 여부가 쟁점이 되었다.[74] 구체적으로는 2년 6개월의 유예기간이 신뢰보호의 원칙을 존중한 것인가의 여부이다. 이 결정에서 쟁점은 두 가지였다. 첫째, 최고보상기준금액에 관한 규정이 원칙적으로 허용되지 않는 진정소급입법에 해당하는가 여부이다. 둘째, 설혹 이 규정이 진정소급입법에 해당하지 않고, 수급권자의 장래의 법적 지위에 영향을

72) 헌재 2009.5.28, 2005헌바20등, 21-1(하), 461면 참조. 그런데 장해보상급여와 관련하여 헌법재판소는 정반대의 언급을 하고 있기도 한다. 헌재 2009.5.28, 2005헌바20등, 21-1(하), 456면 참조. 독일 산재보험법에서 동일한 논리에 대해서는 예컨대 Bertram Schulin(편), Handbuch des Sozialversicherungsrechts Bd.2. Unfallversicherungsrecht(C.H.Beck, 1996), 80면 참조.

73) 이에 대해서 자세히는 V.2.(3) 참조.

74) 헌재 2009.5.28, 2005헌바20등, 21-1(하), 446면 이하 참조.

줄 뿐이라 하더라도 제도의 존속에 대한 기존의 신뢰를 지나치게 제한하여 위헌인가의 여부이다.

첫 번째 쟁점과 관련하여 헌법재판소는 최고보상기준금액을 도입하는 규정이 진정소급입법에 해당하지는 않는다고 보았다. 과거에 성립된 수급권에 영향을 주지 않고 장래 이행기가 도래하는 수급권의 내용을 변경하기 때문이다.[75] 기존에 헌법재판소는 이와 같은 경우를 부진정소급입법에 해당한다고 평가했다.[76] 그러나 이 결정에서 헌법재판소는 부진정소급입법의 논리를 명시적으로 제시하지는 않았다. 그 이유는 분명하지 않다. 헌법재판소의 진정소급입법에 관한 이해는 다음과 같다. 즉 "… 기존의 장해보상연금수급권자들에 대해서 이미 발생하여 이행기가 도래한 장해연금수급권의 내용을 변경하는 경우에는…" 진정소급입법에 해당한다. 그러나 어떠한 사안이 헌법재판소가 이해하는 진정소급입법에 해당하는지는 명확하지 않다. 이미 과거에 실현된 사실관계를 불이익하게 변경하는 경우를 염두에 두었을 가능성이 있다.

그러나 이러한 상황은 현실에서 나타나지 않는다. 예컨대 헌법불합치로 결정된 법률 규정이 헌법재판소가 제시한 개선입법의 시한을 경과하여 위헌으로 확정된 결과 개인에게 유리한 법적 효과가 이미 발생하였지만 이후 개정된 개선입법이 소급효가 미치는 기간을 제한하여 그 이전에 지급된 급여를 반환하여야 하는 경우가 진정소급입법에 해당한다. 실제 헌법재판소는 이와 같은 규정을 진정소급입법에 해당한다고 보고 위헌으로 결정한 바 있다.[77] 그러나 이는 예외적인 사안으로서 일반적으로는 발생하지 않는다. 이와 같은 경우에 한하여 진정소급입법으로 평가한다면 진정소급입법에

75) 헌재 2009.5.28, 2005헌바20등, 21-1(하), 458면 참조.
76) 예컨대 헌재 2003.9.25, 2001헌마93등, 15-2(상), 359면 이하; 2003.9.25, 2001헌마194, 15-2(상), 404면 이하; 2009.7.30, 2007헌마113, 21-2(상), 238면 등 참조.
77) 헌재 2013.8.29, 2010헌바354, 25-2(상), 382면 이하; 2013.8.29, 2011헌바391등, 25-2(상), 454면 이하 등 참조.

해당하는 사안은 거의 없고, 또 진정소급입법의 논리는 존재의미를 상실하게 된다.

생각건대 진정소급입법과 부진정소급입법은 개인의 신뢰를 제한하는 정도를 기준으로 구분된다. 따라서 위에서 언급한 바와 같은 사실관계를 환원하는 예외적인 경우에 한하지 않고 구성요건이 완성되어 이미 확정된 법적 지위를 불이익하게 변경하는 경우는 진정소급입법에 해당한다고 보아야 한다. 이제 그러한 진정소급입법으로 분류될 수 있는 규정이 허용되는가의 여부가 문제로 남는다. 사회보험법에서는 확정된 법적 지위를 변경하는 개정이 빈번히 발생하고, 이를 더 이상 예외라고 할 수 없다.[78] 그 결과 진정소급입법를 독자적으로 분류하는 의미가 상실되는 이론 상황은 피할 수 없게 되었다.[79]

헌법재판소는 심판대상인 규정이 장해연금수급자의 신뢰를 침해한다고 보았다.[80] 사회보험에서, 그리고 산재보험에서도 일반적으로 수급자는 기존의 급여가 변함 없이 지급된다는 기대를 할 수는 없으며, 이에 대한 신뢰는 보호되지 않는다. 그러나 해당 사안에서는 최고보상기준금액을 적용함으로써 기존의 수급액이 급격하게 감소하여 수급자의 생활을 보호할 수 없게 되었기 때문에 수급자의 정당한 법적 신뢰를 침해하였다고 판단하였다. 이때 기존에 급여수준이 유지된다는 가정하에 가해자와 손해배상에 대해 적은 액수로 합의하거나 포기하였다는 측면도 고려하여야 하며, 이 점에서 신뢰를 침해하는 정도가 심각하다고 보았다.

헌법재판소는 유예기간이 짧기 때문에 나타나는 이와 같은 문

78) 이에 대해서는 예컨대 헌재 2003.9.25, 2001헌마93등, 15-2(상), 319면 이하 참조.
79) 이에 대해서는 전광석, 한국헌법론(집현재, 2021), 268면 이하; 정태호, "사회보장수급권의 침해 여부의 심사기준에 관한 헌법재판소 판례의 평가와 보완", 헌법재판의 새로운 지평(이강국헌법재판소장 퇴임기념논문집, 2013), 373면 이하 등 참조.
80) 헌재 2009.5.28, 2005헌바20등, 21-1(하), 458면 이하 참조.

제 외에 다음과 같은 일반적인 논리 역시 제시하였다.[81] 첫째, 최고보상기준금액에 관한 규정을 적용함으로써 절감되는 비용이 그리 크지 않다. 둘째, 산재보험은 순수한 사회정책적 목적을 갖는 다른 사회보험과는 달리 국가의 재정 기여는 거의 없고, 특히 산재보험급여 중 장해보상급여는 손해배상 내지 손실보상의 성격이 강하기 때문에 그만큼 입법적 형성의 여지가 좁다. 따라서 소득재분배 혹은 새로운 보상사업에 필요한 재원을 마련하기 위한 목적으로 기존의 수급자가 받던 급여를 일시에 삭감하는 것은 신뢰보호의 원칙에 위배된다. 그런데 사실 이와 같은 논리는 산재보험에 일반적으로 적용되며, 신뢰보호의 원칙에 한정하여 의미를 갖는 데 그치는 것은 아니다. 즉 최고보상기준금액 자체에 대한 헌법적 평가의 논리로서 적용될 수 있다는 것이다.

### (3) 산재보험급여청구권과 손해배상청구권의 조정

근로자에게 산재보험급여가 지급되면 해당 급여의 범위 내에서 사용자의 책임이 면제된다. 근로자에게 발생한 손해의 범위가 산재보험급여를 초과하기 때문에 사용자에게 손해배상을 청구하는 경우 이미 지급받은 급여를 공제하는 규정에 대한 헌법재판에서 재산권이 심사기준이 되었다. 구체적으로는 근로자가 장해보상연금을 받은 경우 장해보상일시금 상당의 금액만을 공제하여 사용자가 부담하는 손해배상의 범위가 넓어질 위험이 있고, 이는 사용자의 재산권을 침해한다는 점이 문제가 되었다.

산업재해를 당한 근로자에게 장해보상연금이 지급된 경우 이를 근로자의 사용자에 대한 손해배상액에서 공제하는 문제는 공제설과 비공제설로 나뉘어 오랫동안 논란이 있어 왔다. 실제 법원은 오랫동안 아직 지급되지 않은 연금을 손해배상액에서 미리 공제하는 것이 필요하지 않다는 이유로 비공제설을 취해왔다.[82] 이후 법

81) 헌재 2009.5.28, 2005헌바20등, 21-1(하), 462면 이하 참조.
82) 예컨대 대판 1989.6.27, 88다카15512 참조.

원은 공제설로 견해를 바꾸었다.[83)]

기존의 비공제설은 다음과 같은 이유에서 타당하지 않았다. 첫째, 산재보험법은 근로자의 재해를 보상한다. 그런데 장해보상연금과 손해배상은 급여의 원인관계가 다르지만 모두 산재 근로자의 소득상실을 전보하는 기능을 수행한다. 따라서 비공제설을 취할 경우 산재 근로자에게 이중 보상이 되며, 이를 조정할 필요가 있기 때문이다. 둘째, 산재보험법은 사용자를 위한 책임보험의 성격이 있기 때문에 손해배상액에서 앞으로 지급될 장해연금액이 공제되지 않는다면 사용자의 책임은 여전히 존재하게 된다. 셋째, 산재 근로자는 보상의 방법으로 장해보상일시금과 장해연금을 선택할 수 있다. 그런데 장해보상일시금과는 달리 장해연금을 선택한 경우에는 이 금액이 손해배상액에서 공제되지 않는다면 동일한 기능을 수행하는 두 급여에 대해서 합리적인 이유 없이 차별취급을 하는 결과가 되기 때문이다.

위 사안은 사회보험에서 급여청구권의 경합 및 조정에 관한 일반적인 논의구조와는 차이가 있다.[84)] 이 결정에서 쟁점은 산재보험 수급권의 재산권적 보호 그 자체가 아니라 사업주의 손해배상책임이 면제되는 지위가 재산권에 의하여 보호되는가 하는 점이었다. 산재보험에서 근로자의 수급권과 사업주의 손해배상법적 지위는 동전의 양면에 해당한다. 따라서 후자 역시 재산권적으로 보호된다고 보아야 한다.

헌법재판소는 이에 대해서 구체적인 논리를 제시하지 않고 사

83) 예컨대 대판 2001.7.13, 2000두6268 참조.

84) 예컨대 국민연금에서 급여청구권의 경합에 관한 문제에 대해서는 전광석/정필운, 대위권 제도의 합리적 운영방안 연구 및 국민연금 사후관리 처벌규정의 실효성 있는 운영방안 연구(국민연금연구원, 2010) 참조. 이밖에 도재형, "사회보장급여의 조정", 사회보장법학 제2권 제2호(2013), 66면 이하; 조성혜, "사회보험법상 중복급여의 조정 – 사회보험급여와 근로소득을 중심으로", 노동법학 제37호(2011), 127면 이하; 조성혜, "소득보장급여의 중복과 조정에 관한 법리적 검토 – 사회보험급여를 중심으로", 노동법논총 제26집(2012), 230면 이하 등 참조.

업주의 손해배상법적 지위가 재산권에 의하여 보호된다고 전제하였다. 그리고 산재 근로자가 장해보상연금을 지급받는 경우 손해배상액에서 장해보상일시금에 상당하는 부분을 공제하여야 할 필연성은 없다고 보았다.[85] 그러나 이는 산재보험법의 사용자 책임보험의 성격 및 책임면제의 재산권적 성격을 소홀히 한 것이었다. 또 법원의 판결에 확립되어 있는 공제설에서 벗어났으며, 헌법재판소가 이 점을 설명하지도 않았다. 다만 헌법재판소는 장해보상일시금과 손해배상청구권이 같은 기능을 수행하기 때문에 두 청구권을 조정하는 정당성은 있다고 보았다.

이후 헌법재판소는 주로 장해보상연금과 장해보상일시금이 등가성(等價性)이 있는가 하는 문제에 논의를 집중하였다. 장해보상연금의 지급액이 장해보상일시금을 초과하는 경우에 장해보상연금이 지급되면 사용자의 책임은 그만큼 감소되어야 하기 때문이다. 헌법재판소는 수급자가 장해보상연금과 장해보상일시금을 자유롭게 선택하도록 한 것은 두 급여의 등가성(等價性)을 전제로 한 것으로 이해하였다. 또 산재보험법은 장해보상연금을 선택한 수급자가 일찍 사망한 경우 미지급 연금을 보전하는 제도를 마련하고 있다. 즉 장해보상연금을 받은 수급자가 조기에 사망하여 결과적으로 장해보상일시금을 지급받은 수급자에 비해서 불리하게 될 수 있다는 상황을 보상하기 위하여 이 경우 일시금 상당액을 최소한의 보험급여로 지급하도록 하고 있다. 실제 이와 같은 급여가 사회정책적 및 헌법적 타당성과 필연성이 있는가는 별개의 문제이다.[86] 이러한 규정은 장해연금과 장해보상일시금의 등가성을 징표하고 있다고 보았다.

개인의 위험을 추상적으로 보호하는 산재보험법이 구체적인 상

---

85) 헌재 2005.11.24, 2004헌바97, 17-2, 446면 이하 참조.

86) 이와 같이 사회보험의 기능과 연관성이 약하며, 오히려 보험료 납부에 대한 보상의 차원에서 지급되는 예는 예컨대 유족일시금에서 찾아볼 수 있다. 국민연금법 제80조 제1항, 산재보험법 제62조 제4항 등 참조.

황을 고려하는 필연성이 있는지는 검토가 필요한 문제이다. 현실적으로 장해연금과 장해보상일시금은 개인의 구체적인 상황에 따라 유리 혹은 불리한 결과가 될 수 있지만 이 모든 상황을 고려하여 규율하는 것은 불가능하다. 따라서 양자가 추상적으로 같은 가치를 갖는다는 입법적 판단 그 자체가 존중되어야 하며, 이에 기초하여 형성된 규정이 사용자의 책임면제에 관한 재산권을 침해한다고 볼 수는 없다.

## Ⅵ. 위임의 구체성과 예측가능성

사회보장법은 한편으로는 수시로 변화하는 사실관계를 규율대상으로 하고, 또 사실관계의 변화를 반영하여야 하기 때문에 모든 사항을 법률의 형식으로 규율하는 데에는 한계가 있다. 그러나 사회보장의 법률관계는 개인에게 추상적으로 혹은 구체적으로 생존적 중요성을 가지며, 또 개인 생활에 장기적으로 영향을 미친다. 따라서 사회보장에 관한 사항을 법률에 직접 규율하거나, 혹은 법규명령에 위임하는 경우에는 개인이 자신의 법적 지위를 예측할 수 있도록 위임이 구체적이어야 한다. 그만큼 사회보장법에서 위임의 구체성의 요청과 가능성이 긴장관계가 있다는 것을 알 수 있다. 지금까지 헌법재판소는 위임의 구체성에 관한 몇 건의 헌법심사에서 위헌(헌법불합치)결정을 하여 입법개선의 계기를 제공한 바 있다.[87] 이와 같은 헌법재판의 기여는 산재보험법에서는 찾아볼 수 없었다.

산재보험법은 원칙적으로 모든 사업장을 가입대상으로 하면서

87) 예컨대 이 문제에 대한 적극적인 결정으로는 헌재 1998.5.28, 96헌가1, 10-1, 518면 이하(건강보험법); 2003.9.25, 2000헌바94등, 15-2(상), 262면 이하(공무원연금법); 2003.9.25, 2001헌가22, 15-2(상), 246면 이하; 2009.3.26, 2007헌가5등, 21-1(상), 318면 이하(군인연금법); 2013.8.29, 2011헌바390, 25-2(상), 443면 이하; 2016.3.31, 2014헌가2등, 28-1(상), 324면 이하(고용보험법) 등 참조.

사업의 위험률, 규모 및 사업장소 등을 참작하여 대통령령으로 정하는 사업은 제외할 수 있도록 하였다(법 제4조). 이와 같은 적용 제외 기준의 취지에 대해서는 위에서 지적하였다.[88] 그리고 적용 제외의 기준, 특히 그 목적을 예측할 수 있다는 점에서 기존의 헌법재판소의 논리에 따르면 포괄위임에 해당하여 헌법에 위반된다고 볼 수는 없다.[89] 다만 이러한 기준과 목적이 입법정책적으로 올바른가, 그리고 헌법에 우호적인가는 의문이 있다.[90] 또 특히 헌법심사에서는 적용 제외의 기준과 목적 그 자체가 아니라 이를 기초로 시행령에 규율될 구체적인 내용을 알거나 적어도 예측할 수 있어야 하며, 이러한 논리에 따르면 다음과 같은 점에 대한 검토가 필요했다.

산재보험법의 위임조항에 근거하여 시행령은 국가 또는 지방자치단체에서 직접 행하는 사업을 적용대상에서 제외하였다. 또 산재보험법은 법인이 아닌 사업으로서 상시 5인 미만인 농업 등에 적용되지 않는다.[91] 그런데 이와 같은 시행령의 내용을 산재보험법의 위임규정을 통하여 알거나 예측할 수 있다는 것은 현실적인 판단이 아니다. 또 예컨대 농업 근로자의 경우 산재보험법이 제시한 기준, 즉 사업의 위험률, 규모 및 사업장소 중 어디에 포섭되는가 조차가 명확하지 않다. 이 경우 헌법재판소는 위임규정 자체에 비판적 의견을 제시하여 입법관례를 변경하는 기여를 하여야 한다. 일반적으로 사회보장법에서 입법기술적인 이유에서 위임입법, 그리고 위임의 구체성의 정도를 완화하여 적용하는 것은 어느 정도는 피할 수 있다. 서비스형태로 요양급여가 지급되는 건강보험은 위임

88) 위 각주 39 참조.
89) 위임의 구체성 판단에 있어서 입법목적의 중요성에 대해서는 예컨대 헌재 2004. 11.25, 2002헌바52, 16-2(하), 310면 참조.
90) 위 Ⅳ.2. 참조.
91) 헌재 1996.8.29, 95헌바36, 8-2, 97면 이하; 2018.1.25, 2016헌바466, 30-1(상), 102면 이하 등 참조.

의 구체성이 완화되는 대표적인 영역이다.[92] 그러나 산재보험에서 위험률은 객관적인 자료로 존재하며, 사업규모를 규정하는 데에도 기술적인 어려움이 있는 것은 아니다. 그렇다면 사회보장법에서 위임의 구체성이 완화된다는 논거로 반복적으로 제시되는 입법기술적 이유는 타당한 논리가 아니다.

헌법재판소는 일반적으로 위임의 구체성을 엄격하게 심사하지 않아 왔다. 예컨대 도급에 의하여 사업이 이루어지는 경우 산재보험법은 원수급인을 가입자인 사업주로 보도록 하고 있다. 다만 원수급인과 하수급인 사이에 계약에 의하여 하수급인을 보험가입자로 지정할 수 있으며, 이를 위해서는 근로복지공단의 승인을 받아야 한다. 이러한 계약이 없는 한 원수급인이 보험가입자가 된다. 원수급인인 청구인은 하수급인을 보험가입자로 하기로 합의하였고 하수급인이 실제 보험료를 납부하였지만 아직 근로복지공단의 승인을 받지는 않았다. 이와 같이 승인을 받지 않은 상태에서 그 기간 중에 재해가 발행하여 산재보험급여를 지급하는 경우에는 그 급여액의 전부 또는 일부를 보험가입자인 원수급인으로부터 징수할 수 있다. 이 사건에서 도급에 의한 사업에서 기본적으로 원수급인을 보험가입자로 하고, 하수급인을 보험가입자로 하기 위해서는 근로복지공단의 승인을 받아야 하는 제도 자체는 합헌으로 결정되었다. 이와 같은 승인 의무를 이행하지 않은 경우 하수급인이 이미 보험료를 납부한 경우에도 의무 위반에 대한 과징금으로 "대통령령이 정하는 바에 의하여 '그 급여액의 전부 혹은 일부'를 보험가입자로부터 징수할 수 있다". 이 규정이 위임의 구체성을 벗어나 위헌인가의 문제가 쟁점이 되었다. 참고로 시행령에 의하면 가입신고를 태만히 한 경우 과징금은 지급 결정된 보험급여금액의 2

92) 예컨대 2003.7.24, 2002헌바51, 15-2(상), 113면 이하 참조. 이 점에 대해서는 예컨대 전광석, "건강보험법의 형성과 발전, 그리고 과제", 의료법학 제20권 제3호(2019), 10면 이하 참조.

분의 1로 하였다.

헌법재판소는 이 위임규정을 합헌으로 결정하였고, 그 근거로 두 가지를 제시하였다.[93] 첫째, 징수액의 범위가 '그 급여액의 전부 또는 일부'로 이미 한정되어 있기 때문에 징수액을 예측할 수 있다. 둘째, 산재보험법에 의한 급여는 평균임금을 기준으로 정률의 보상을 하기 때문에 급여의 규모를 어느 정도 예측할 수 있으며, 그 결과 징수액의 규모도 예측할 수 있다. 그러나 '급여의 전부 혹은 일부'라는 기준은 상당히 범주가 넓은데, 이로부터 징수액을 예측할 수 있다는 것은 일반적인 판단의 범위를 넘어선다. 또 급여의 규모는 산업재해가 발생한 이후 비로소 결정되기 때문에 평균임금을 기초로 하여 정률보상 방식이 채택되어 있으므로 징수액을 예측할 수 있다는 논리 역시 현실적이지 않다. 이 사안에서 징수금액은 83,858,360원에 달했다. 그런데 청구인이 어떠한 산정방법에 따라서 이를 예측할 수 있는지 의심스럽다. 실제 헌법재판소는 공무원연금법 및 군인연금법에서 퇴직연금수급자가 재취업하여 소득이 있는 경우 "연금의 일부 또는 전부의 지급을 정지"할 수 있도록 하였던 규정은 포괄위임에 해당하여 헌법에 위반된다는 결정을 한 바 있다. 위 산재보험법의 규정에 대한 합헌결정은 이와 같은 기존의 결정과 균형이 맞지 않는다.[94]

산재보험에서 사업장에 적용되는 보험료를 산정하기 위해서는 먼저 임금총액을 결정하여야 한다. 보험료는 임금총액에 보험료율을 곱하여 산정되기 때문이다. 그런데 건설업과 같이 여러 장소에서 사업이 동시에 시행되고 있는 경우에는 임금총액을 산정하기 어려울 수 있다. 이 경우 산재보험법은 "노동부장관이 정하여 고시하는 노무비율에 의하여 임금총액을 결정한다"고 규정하였다. 이

93) 헌재 2004.10.28, 2003헌바70, 16-2(하), 186면 참조.

94) 헌재 2003.9.25, 2000헌바94등, 15-2(상), 254면 이하(공무원연금법); 2005.12.22, 2004헌가24, 17-2, 625면 이하; 2009.3.26, 2007헌가5등, 21-1(상), 312면 이하; 2010.7.29, 2009헌가4, 22-2(상), 95면 이하(군인연금법) 등 참조.

규정이 포괄위임에 해당하는가의 여부가 쟁점이 되었으며, 헌법재판소는 이 규정이 위임의 구체성에 반하지는 않는다고 판단하였다.

이 규정은 노무비율을 결정하는 기준과 절차를 직접 규율하고 있지는 않았다. 실제 노무비율은 기본적으로 보험료율표상의 사업종류별로 분류하여 총공사금액 및 임금지급총액을 조사하여 결정한다. 그런데 보험료율은 재해발생 위험률을 반영하는 징표이기 때문에 이 기준이 노무비율과 직접적인 연관이 있는지는 명확하지 않다. 이와 같은 문제를 인식해서인지 헌법재판소는 노무비율이 보험사업에 관한 중요한 사항으로서 산업재해보상보험심의위원회에서 심의할 것임을 예측할 수 있다고 보았다.[95] 위원회의 심의사항이 될 수 있다는 사실이 위임의 구체성을 완화하는 사유가 될 수 있다는 의미인 듯하다. 실제 특히 건강보험법 규정에 대한 심사에서 헌법재판소는 이와 같은 논리를 빈번하게 적용하여 왔다.[96] 그러나 조직법적 규정과 위임의 구체성에 관한 헌법적 요청이 상관성을 갖는다는 논리는 타당하지도 않으며, 또 이 사안에서 노무비율이 위원회의 심의안건인지 명확하지도 않다. 결국 이와 같이 노무비율의 산정기준 및 절차를 법률 자체가 아니라 시행령에 의하여 비로소 알 수 있거나 예측할 수 있다면 이를 구체적으로 범위를 정하여 위임한 규정이라고 볼 수는 없다.

최고보상기준금액에 대한 헌법심사에 있어서도 위임의 구체성이 심사의 기준이 되었다. 산재보험법은 이에 관하여 단순히 "대통령령이 정하는 바에 따라 노동부장관이 고시하는 최고보상기준금액"이라고 규정하고 있을 뿐이다. 이를 합헌으로 인정한 헌법재판소의 논리는 단순하다. 급부법의 영역에서 위임의 구체성은 완화될 수 있다. 또 최고보상기준금액은 전체 근로자의 임금수준, 고임금 근로자의 분포, 임금상승률, 산재보험의 수지 현황, 산재보험기

95) 헌재 2004.11.25, 2002헌가10, 16-2(하), 241면 이하 참조.
96) 예컨대 헌재 2003.10.30, 2000헌마801, 15-2(하), 135면 이하 참조.

금의 상황, 국가의 재정부담능력 등을 기준으로 결정된다고 예측할 수 있다.[97] 실제 시행령은 전체 근로자의 임금수준과 임금계층별 근로자 분포비 및 임금상승률 등을 고려하여 최고보상기준금액을 결정하도록 하였다. 그러나 위임규정으로부터 시행령의 기준이 예측될 수 있다는 헌법재판소의 태도는 무리한 논리이다. 또 시행령의 기준들을 법률이 직접 규율하는데, 즉 위임의 범위를 법률이 구체적으로 제시하는 데 입법기술적인 어려움이 있지도 않다. 최고보상기준금액을 법률에 직접 규정하지는 않더라도 이에 관한 기본적인 기준 조차 제시하지 않고 위임하는 것은 포괄위임의 원칙에 위반된다고 보아야 한다. 이 결정에는 최고보상기준금액에 관한 사항은 중요한 사항이어서 법률에 직접 규율되어야 하며, 또 적어도 시행령에 규정된 사항을 법률에서 직접 위임의 범위에 포함하여야 한다는 유력한 반대의견이 있었다.[98]

## Ⅶ. 권리구제

산재보험법에서 급여결정에 불복을 하는 경우 행정심판을 거치도록 한 규정의 위헌 여부, 그리고 행정심판에 사법절차가 준용되었는가의 여부가 심사의 대상이었다. 사실 헌법이 직접 행정심판의 근거를 두고 있기 때문에 행정소송을 제기하기 전에 행정심판을 거치도록 한 자체가 문제될 것은 없다. 그런데 이와 관련하여 헌법재판소는 전심절차를 필요적 전심절차와 임의적 전심절차로 나누고 전자에 한하여 사법절차가 준용되어야 한다는 지적을 하고 있다.[99] 이를 확인하듯 임의적 전심절차에는 사법절차가 준용되지 않더라도 헌법에 위반되지 않는다고 하고 있다. 그러나 이는 오류이다. 개인의 법적 지위는 1차적으로 전심절차에 의하여 확정되며,

97) 헌재 2004.11.25, 2002헌바52, 16-2(하), 310면 이하 참조.
98) 헌재 2004.11.25, 2002헌바52, 16-2(하), 312면 이하 참조.
99) 헌재 2000.6.1, 98헌바8, 12-1, 598면 참조.

다만 소송을 통한 불복의 가능성이 남아 있다. 그리고 전심절차를 통하여 권리가 구제될 수 있거나 혹은 그 결정이 설득력을 가질 수 있다면 더 이상 소송의 부담은 없어진다. 이러한 상황은 전심절차가 필수적인가 혹은 임의적인가에 따라서 달라지는 것은 아니다. 또 결과론적으로 보면 헌법재판소의 결정에 의하면 임의적인 전심절차에는 사법절차가 준용되어야 할 필연성이 없으며, 실제 사법절차가 준용되지 않는다면 주관적으로는 충실하게 개인의 권리가 구제될 수 없다. 객관적으로 보면 전심절차가 공정하게 진행되지 못하고, 그 결과 실체적 진실을 밝히는 데에도 기여하지 못하며, 또 행정소송의 부담을 덜어 줄 수도 없다.

## Ⅷ. 맺는 말

산재보험법은 기원적으로는 근로자의 재해보상과 사용자 책임보험의 성격을 띠고 도입되었으나 국가가 복지실현의 과제를 갖게 되면서 점차 사회보장의 성격을 강화하여 왔다. 이로써 산재보험법에서 사용자 책임보험과 사회보장의 기능이 긴장관계를 형성하게 되었다. 이 점에서 산재보험법은 사회보장의 목적론적 성격이 지배하는 다른 사회보험과 차이가 있다. 산재보험법 관련 규정에 대한 헌법재판 역시 이와 같은 산재보험법의 특수성을 주목하였다.

그러나 현재까지 헌법재판이 산재보험법의 특수성을 헌법구조에 편입시켜 논의하지는 못하고 있다. 재산권과 평등권이 산재보험법의 특수성을 반영하여 적용될 수 있도록 구성되지 못했다. 주제별로 보면 출퇴근 재해 및 최고보상기준금액에 관한 헌법심사에 있어서 사용자 책임보험과 사회보장의 추상적 긴장관계를 구체화하고 헌법구조에 편입시키는 단계에 이르지 못하였다. 이와 같은 논리 구성이 지체되는 경우 헌법재판의 결론에 관계없이 헌법재판은 이중적으로 신뢰를 상실할 우려가 있다. 첫째, 헌법재판 자체가 설득력을 갖지 못하고 산재보험법 형성에 있어서 헌법은 규범력을 유지할 수 없다. 둘째, 헌법재판을 통하여 산재보험법의 본질적인 요소와 가변적인 요소를 구분하여 객관적으로 제도의 안정성, 그리고 주관적으로 개인의 법적 지위의 예측가능성을 도모하는 기대를 할 수 없게 된다. 이 글이 이와 같은 헌법재판의 규범적, 그리고 부수적으로는 정책적 기능 회복에 기여할 수 있기를 바란다.

제5장

# 고용보험법

Ⅰ. 유연안전성의 시대 과제와 고용보험법

Ⅱ. 제한적 효용성, 사건 및 결정의 유형

Ⅲ. 고령근로자와 고용보험

Ⅳ. 위임의 구체성

Ⅴ. 맺는 말

## Ⅰ. 유연안전성의 시대 과제와 고용보험법

산업사회에서 개인은 고용을 매개로 임금을 취득하여 현재의 생활수요를 충족하고, 또 임금의 일부를 사회보험료로 납부하여 퇴직 후 소득이 상실되는 위험을 준비하는 생활유형을 발전시켜 왔다. 우리나라에서는 1977년 의료보험, 그리고 1988년 국민연금이 시행되었다. 이들 사회보험은 1980년대 후반, 1990년대 후반 거의 모든 국민에 적용되면서 노동과 복지가 분화(分化)되는 시대가 열렸다.

1990년대 이후 새로운 시대 상황이 서서히 다가왔다. 세계화가 진행되면서 시장이 개방되고, 또 자유경쟁은 전지구적 단위에서 전개되었다. 우리나라는 자본의 자유로운 이동과 이에 따르는 재정관리에 정책적 관심을 소홀히 하여 1997년 말 외환위기를 경험하였다. 이는 기존 정책을 보완하고, 또 새로운 정책을 도입하는 계기가 되었다. 요약하면, 시장과 기업에서 적시(適時)에 구조조정을 위하여 노동시장을 유연화하고, 이와 같은 기반 위에서 효율적인 경쟁구도를 갖추며, 동시에 이에 따르는 노동빈곤, 노인빈곤 등 새로운 사회문제(new social risks)를 적극적으로 정책에 포섭하여 사회안전망을 갖추어야 했다.[1] 이는 유연안정성(flexecurity)으로 표현되었다.

2007~8년 미국에서 발원(發源)하였지만 거의 모든 국가로 확대된 재정위기를 겪으면서, 이를 계기로 전체적으로 산업구조가 변화하고(4차 산업혁명), 특히 서비스시장이 확대·개편되면서 노동시장 및 고용유형은 급속히, 그리고 구조적인 영향을 받았다. 이에 유연

1) 시대의 새로운 문제와 과제에 대해서는 예컨대 김영란, “신빈곤(new poverty)의 발생구조와 빈곤정책의 변화에 관한 연구”, 사회복지정책 제20집(2004), 248면 이하 참조.

안정성은 불가역적인(irreversible) 시대과제가 되었다.[2)]

이와 같은 변화에는 대가가 따랐다. 즉 비정규직, 단시간 및 초단시간 근로, 특수형태 근로, 노동의 단절과 반복 실업, 노동빈곤, 노인빈곤 등이 더 이상 사회의 주변문제가 아니라 보편화되어 가고 있었다.[3)] 소득보장의 전통적인 과제에 충실하면서 동시에 사회투자국가, 활성화정책(activation) 등을 추진하는 방향이 제시되었지만, 이를 동시에 실현하는 것은 쉽지 않았다.[4)] 노동법은 전체적으로 보면 새로운 상황에 준비가 되어 있지 않았다.[5)] 최저임금의 적용을 확대하여 복지기능을 보충하는 방법이 주목을 받았다. 보편적인 소득보장이 복지정책을 안정적으로 형성하는 기반이라는 점이 새롭게 인식되어야 했다.[6)] 사회보장법에서 사회보험 사각지대, 국민기초생활보장법에서 이념과 규범, 규범과 현실의 괴리, 기초연금의 체계 혼란, 고용보험의 기능적 한계와 이를 보완하는 실업부조

---

2) 이와 같은 변화의 보편성, 그리고 주요 국가의 문제인식 및 대응방안에 대해서는 예컨대 이호근, "일의 미래와 '사회국가' 재구축방안에 대한 연구", 사회복지연구회(엮음), 복지국가 쟁점 1(한울, 2019), 1면 이하 참조. 이밖에 Eberhard Eichenhofer, "Prekäre Arbeit – neue Folgen für die soziale Sicherheit", Vierteljahresschrift für Sozialrecht(2016), 17면 이하 참조.

3) 새로운 문제상황에 대해서는 예컨대 김대환, "고용친화적 사회경제정책으로의 전환; 유연안정화 체제의 구축", 산업관계연구 제20권 제1호(2010), 8면 이하; 전광석, 한국사회보장법의 역사(집현재, 2019), 365면 이하 등 참조.

4) 이와 같은 문제의식에 대해서는 예컨대 김영순, "사회투자국가가 우리의 대안인가? 최근 한국의 사회투자국가 논의와 그 문제점", 경제와 사회 제74호(2007), 84면 이하 참조. 고용보험에서 경험했던 문제에 대해서는 아래 각주 12 참조. 이밖에 사회투자국가 혹은 활성화 정책에 대해서는 예컨대 양재진, "사회투자국가가 우리의 대안이다. 사회투자국가 비판론에 대한 반비판", 경제와 사회 제75호(2007), 319면 이하; 전광석, "사회통합과 사회보장법", 사회보장법학 제5권 제2호(2016), 156면 이하 등 참조.

5) 새로운 상황에서 노동법의 무기력에 대해서는 예컨대 조성혜, "노동법의 역설 – 노동시장의 분절화와 역효과를 중심으로", 사회법연구 제37호(2019), 41면 이하 참조.

6) 오랫동안 잊혀졌던, 그리고 새롭게 주목을 받게 된 노동법의 사회보장 기능에 대해서는 예컨대 도재형, "노동법의 위기와 회생, 그리고 과제", 인권과 정의(2016.6), 69면 이하 참조. 보편적 소득보장과 복지 안정성의 선순환관계에 대해서는 전광석, "사회불평등의 구조, 평등의 이념과 규범", 법학연구(연세대 법학연구원) 제28권 제3호(2018), 19면 이하 참조.

의 결여 등은 부분적으로 오래된 주제였지만 이 시기에 새로운 요소가 보충되었고, 또 논의의 진지성은 깊어졌다.[7)] 기존의 구상과 체계를 뛰어 넘는 기본소득(basic income)이 공론의 장에 진입하였다.[8)]

1993년 제정되어 1995년 시행된 고용보험법은 처음부터 노동시장 및 산업구조의 – 위에서 언급한 바와 같은 급속한 – 변화를 직접적인 배경으로 제정된 것은 아니었다. 아직 실업과 구조조정이 본격적으로 정책의제가 되지는 않았다. 다만 당시 법원이 정리해고의 요건을 완화하는 경향이 있었고, 경영상 이유로 인한 해고의 근거는 1996년 근로기준법에 명시되었다(근로기준법 제27조의2).[9)] 고용보험은 오히려 앞으로 예상되는 노동시장의 구조변화와 그 과정에서 고용안정은 어느 정도 희생될 것이라는 문제에 선제적(先制的)으로 대응하는 조치였다.[10)] 그러나 우리의 특유한 경험이었던 외환위기, 이어지는 전세계적인 재정위기의 상황에서 노동시장의 유연성과 안정적 생활보장이 동시에 사회적 및 정책적 과제가 되면서 고용보

---

7) 2020년 6월 「구직자 취업촉진 및 생활안정지원에 관한 법률」이 제정되었으며, 2021년 1월 1일 시행되었다. 기존에 노동빈곤과 관련하여 실업부조 도입 논의에 대해서는 예컨대 김종수, "실업부조제도로서 자활급여 및 국민취업지원제도에 관한 검토", 사회보장법연구 재8권 제2호(2019), 171면 이하; 이병희, "한국형 실업부조 도입의 쟁점과 과제", 한국사회정책 제20권 제1호(2013), 123면 이하; 이병희, "근로빈곤 특성과 한국형 실업부조 도입 방향", 노동리뷰(2018.12), 35면 이하 등 참조.

8) 기본소득 도입 논의에 대해서는 노호창, "기본연금의 법적 고찰", 사회보장법학 제9권 제1호(2020), 143면 이하; 백승호/이승윤, "기본소득 논쟁 제대로 하기", 한국사회정책 제25권 제3호(2018), 37면 이하; 이재희, 기본소득(Basic Income)에 대한 헌법적 검토(헌법재판소 헌법재판연구원, 2018) 등 참조.

9) 당시 정리해고의 요건을 완화하여 해석하는 법원의 판결로는 예컨대 대판 1991.12.10, 91다8647 참조. 이후 정리해고의 요건은 더욱 완화되었다. 대판 2002.7.9, 2001다29452; 2003.11.13, 2003두4119; 2013.6.13, 2011다60193; 2014.11.13, 2004다20875 등 참조.

10) 고용보험법의 도입 배경에 대해서는 예컨대 최영기/전광석/이철수/유범상, 한국의 노동법 개정과 노사관계 – '87년 이후 노동법 개정사를 중심으로 – (한국노동연구원, 2000), 250면 이하 참조.

험은 시급하게 진화하여야 했다.[11] 한편으로는 고용안정 및 직업능력개발사업을 통하여 기업의 고용조정을 지원하고 노동의 유연성을 증진시켜 전체적으로 산업이 새로운 시장 상황에서 탄력성을 가질 수 있어야 했다. 다른 한편 고용조정에 필연적으로 따르는 고용의 불안정을 고용유지 및 고용재배치 등 적극적 노동시장정책의 조치를 통하여 극복하고, 또 소득상실을 한시적(限時的)으로 대체하는 조치가 구축되어야 했다. 고용보험의 적용대상을 확대하는 것은 우선적인 과제였다.

고용보험법은 위와 같은 복잡하고, 때로는 동시에 실현되기 어려운 과제를 수행하기 위하여 수시로 기존의 정책수단을 변형하고(예컨대 훈련연장급여, 개별연장급여와 특별연장급여 등), 또 새로운 정책을 개발하여야 했다(예컨대 자영인 고용보험).[12] 그리고 고용보험이 개인생활과 접촉하는 면이 넓어지고 정도가 깊어지면서 헌법적으로 보면 노동의 권리 및 직업의 자유, 인간다운 생활을 할 권리와의 관련성에 대한 인식 역시 성장할 것으로 보인다. 이 글은 고용보험법 규정에 대한 헌법재판소의 결정을 비판적으로 정리·분석하면서 헌법적 기준이 고용보험법의 형성에 미치는 영향과 이를 통하여 고용보험법의 헌법과의 정합성을 탐색하는 목적을 갖는다. 이와 같은 상위법의 기준을 명확히 할 수 있는 경우 고용보험의 입법형성 및 헌법심사에서 소모적인 논쟁을 사전에 방지하고, 이로써 논의의 집중력과 유용성을 높일 수 있다는 기대를 할 수 있다.

---

11) 이와 같은 정책의 진화과정에 대해서는 예컨대 전광석, 위 각주 3의 책, 301면 이하 참조.

12) 특히 초기 소득보장과 적극적 노동시장정책을 동시에 실현하기 어려운 문제에 대해서는 예컨대 안학순, “한국 고용보험제도의 적극적 노동시장정책에서 소득보장 기능 강화로의 전환과정에 관한 연구”, 연세사회복지연구 제5권(1998), 149면 이하 참조. 이밖에 예컨대 자발적 실업을 실업급여의 대상에서 제외하여 소득보장에 충실할 수 없었던 고용보험법의 상황에 대해서는 방하남, “한국 고용보험제도의 현황과 발전과제”, 한국사회정책 제4집 제1호(1997), 271면 이하 참조.

## Ⅱ. 제한적 효용성, 사건 및 결정의 유형

### 1. 제한적 효용성과 그 배경

위에서 언급한 바와 같은 의도에 비해서 이 글의 효용성은 제한적이다. 무엇보다도 헌법재판소 판례집에 수록된 결정을 기준으로 보면 고용보험법 규정에 대한 헌법재판소의 결정은 4건에 불과했다. 이와 같이 소재(素材)가 많지 않기 때문에 이로부터 일반적인 기준으로 작용하는 상위법의 내용을 추출하고, 이를 기초로 고용보험법의 체계를 점검·형성할 수 있다는 기대를 하기는 어렵다. 사회보험법 규정에 대한 헌법심사에서 일반적인 주요 쟁점, 예컨대 사회보험 강제가입, 보험료 부담 및 산정방식, 급여조건의 불이익한 변경 및 급여제한의 헌법적 정당성의 문제가 고용보험법에서는 아직 제기되지 않았다. 이 글은 고용보험법 규정에 대한 헌법재판 그 자체뿐 아니라 결정에 암시되어 있는 쟁점을 검토하여 헌법적 논의의 가능성을 확대하고자 하였다.

고용보험법 규정에 대한 헌법재판이 – 그 자체로, 또 다른 사회보험법과 비교하여 – 많지 않은 것은 다음과 같은 이유가 있다고 생각된다. 국민의 입장에서 보면 실업으로 인한 소득상실은 건강보험이 보호하는 질병, 국민연금이 보호하는 노령, 장애 등의 사회적 위험에 비해서 예측가능성이 제한적이고, 또 이 점이 작용하여 개인의 실업급여에 대한 자기관련성이 민감하지 않았다.[13] 그러나 상황은 바뀌고 있다. 1990년대 이후 실업이 증가하였고, 그만큼 고용보험에 대한 인식과 민감성이 강화되었다. 고용보험은 특히 (예컨대 2020년 코로나 상황에서 진행된 고용조정과 같은) 단기적인 위기상

13) 이는 일반적으로 실업보험에 대한 신뢰를 약화시키는 요소였다. 미국의 예에 대해서는 Virginia P. Reno/Robert B. Friedland, “Strong Support but Low Confidence”, Eric R. Kingson/James H. Schulz(편), Social Security in the 21st Century(Oxford University Press, 1997), 178면 이하 참조.

황에서 실업으로 인한 소득상실을 보전하고, 새로운 일자리를 갖기 위한 취업교육을 지원하며, 이어서 고용을 알선하는 중심적인 제도가 되었다. 전국민 고용보험이 현안이 되고 있는 것이 좋은 예이다. 이는 장기적으로 고용보험의 신뢰를 높이는 계기가 된다. 또 그만큼 고용보험은 점차 헌법의 인간다운 생활을 할 권리, 노동의 권리 등과 관련성을 갖는 면이 넓어질 것이다.

다만 다음과 같은 요소는 헌법재판에 여전히 영향을 미치고 있다. 실업급여는 (예컨대 국민연금과 비교하면) 비교적 짧은 가입기간 (이직일 이전 18개월 기간에 180일의 가입기간)을 충족하면 지급받을 수 있기 때문에 보험료 납부의 효과가 단기적으로 나타난다. 그만큼 강제가입에 대한 저항이 낮고, 이에 상응하여 헌법문제를 제기할 동인(動因)이 약하다. 또 이와 같이 짧은 가입기간이 충족되면 급여가 지급되기 때문에 보험료와 급여의 비례관계를 중심으로 재산권 및 평등권에 따른 헌법심사의 필요성에 대한 인식이 낮다. 이는 가입과 동시에 수급자격을 가지며 서비스급여의 특성상 급여가 보험료와 비례관계에 있지 않은 건강보험과 유사하다. 반면 오랜 가입기간이 필요하며, 급여가 보험료에 어느 정도 비례하여 지급된다는 장기적인 기대를 부여하는 국민연금과는 차이가 있다.[14)]

고용보험법 규정에 관한 헌법재판이 많지 않은 것은 고용보험의 재정방식 및 재정부담과도 관련성이 있다. 고용보험사업은 고용안정 및 직업능력개발사업, 그리고 실업급여로 구분된다. 전자는 적극적 노동시장정책의 수단이며, 후자는 소극적으로 가입자의 실업으로 인하여 상실된 소득을 보장한다. 전자의 사업을 위하여 사업주는 보험료 전액을 납부하여 재정을 부담하며, 실업급여의 재원은 사업주와 근로자가 각각 2분의 1을 납부하는 보험료이다. 실업

14) 국민연금법에서 이 점은 특히 반환일시금의 수급요건과 관련하여 헌법재판의 대상이 된 바 있다. 헌재 2004.6.24, 2002헌바15, 16-1, 719면 이하; 2014.5.29, 2012헌마248, 26-1(하), 416면 이하 등 참조.

급여는 상실된 소득을 보장하기 때문에 근로자의 생활보장에 직접 관련성을 갖는다. 또 실업급여는 이와 같이 보험료에 대한 반대급부의 성격이 있고, 근로자의 생활보장에 기여하기 때문에 – 위에서 언급한 바와 같이 심사기준으로서 유용성은 낮지만 – 재산권에 의한 보호의 대상이다.[15] 다만 실업급여의 경우에도 보험료율이 아직 높지 않기 때문에(2019년 보험료율 1.6%, 근로자 부담 0.8%) 제도에 대한 저항은 낮다.[16] 이에 비해서 적극적 노동시장정책은 전체적으로 고용조정을 촉진·지원하고, 그 과정에서 발생하는 개별적인 고용의 불안정을 보호하는 객관적 성격이 강하다. 근로자의 입장에서 보면 적극적 노동시장정책을 위한 조치는 기본적으로 사업주를 대상으로 하고, 근로자에게는 간접적인 이익을 부여하며, 그만큼 권리로서의 인식이 낮다. 고용보험에서 주관적 권리의식이 약한 것은 사업대상 및 재정방식의 특수성 외에 규정방식에도 나타나 있다. 즉 고용안정 및 직업능력개발사업에 관한 규정은 대부분 재량규정으로 형성되어 있다.[17]

15) 고용안정 및 직업능력개발사업을 위한 지원의 법적 성격, 그리고 재산권에 의한 보호 여부에 대해서는 예컨대 노호창, “고용보험법상 권리의 법적 성격과 권리구제의 특성”, 사회보장법연구 제1호(2012), 111면 이하 참조. 실업급여를 재산권에 의한 보호의 대상으로 하는 독일 연방헌법재판소의 결정으로는 BVerfGE 72, 18면 이하 참조.

16) 예컨대 독일 고용촉진제도(Arbeitsförderung; SGB Ⅲ)에서 실업급여뿐 아니라 적극적 노동시장정책이 가입자가 납부하는 보험료를 재원으로 운영되는 문제에 대해서는 일찍부터 이른바 이질부담(Fremdlasten der Sozialversicherung)으로서, 평등권에 위반된다는 문제가 제기된 바 있다. 이 점에 대해서는 예컨대 Wolfgang Spellbrink, “Ist Beitragspflicht in der gesetzlichen Arbeitslosenversicherung verfassungsrechtlich noch zu rechtfertigen?”, Juristen Zeitung(2004), 539면 이하 참조.

17) 이와 같은 재량규정에 의하여 주관적 권리의 성격이 약화되는 문제와 일반적으로 사회보장급여에 대한 권리의 성격이 강화되는 긴장관계에 대해서는 예컨대 Ingwer Ebsen, “Der Arbeitslose als Sozialbürger und Klient – Der Betroffene im Konzept des aktivierenden Sozialstaates”, Festschrift 50 Jahre Bundessozialgericht(Carl Heymanns Verlag, 2004), 732면 이하 참조.

## 2. 사건 및 결정의 유형

1988년 헌법재판소가 설립된 이후 고용보험법 규정에 대한 결정은 2012년 비로소 있었으며, 2019년 말까지 이에 관한 결정은 4건이었다. 이는 헌법재판소 판례집에 수록된 결정을 기준으로 한 것이며, 실제 고용보험법 규정에 대한 헌법재판은 더 있겠지만 판례집에 수록되지 않은 결정은 사안의 중요성과 차별성에 있어서 특별한 의미를 갖지는 않을 것이다.

현역병으로 복무한 후 제대한 자가 청구한 구직급여 수급자격의 인정신청에 관한 위헌소원은 재판의 전제성이 결여되어 각하되었다. 현역병이 임금을 대가로 근로를 제공하는 근로자가 아니며, 따라서 적용제외 근로자에 관한 규정의 위헌 여부가 재판에 영향을 주지 않기 때문이다.[18] 실체법적 기준에 따른 헌법재판은 65세 이후에 고용된 자를 실업급여의 적용대상에서 제외하는 규정에 관한 결정이 유일하다.[19] 이 글의 서술대상은 이 점에 집중되어 있다. 나머지 두 결정은 부정한 방법으로 급여를 수급한 경우 가해지는 제재에 관한 것이었으며, 실질적으로 같은 사안이었다. 법률에서 구체적인 범위를 정하지 않고 위임한 규정이 포괄위임에 해당하는지 여부가 쟁점이었다.[20]

위헌심사형 헌법소원심판이 2건이었으며, 권리구제형 헌법소원심판과 위헌법률심판이 각각 1건이었다. 현역병으로 복무한 후 제대한 자의 구직급여 수급자격에 관한 1건의 위헌심사형 헌법소원심판은 위에서 언급한 바와 같은 이유로 각하되었다. 포괄위임금지에 따른 심판은 위헌으로 결정되었다. 65세 이후에 고용된 자를 실업급여의 적용대상에서 제외하는 규정에 대한 청구는 기각되었다.

18) 헌재 2012.12.27, 2010헌바406, 24-2(하), 346면 이하 참조.
19) 헌재 2018.6.28, 2017헌마238, 30-1(하), 719면 이하 참조.
20) 헌재 2013.8.29, 2011헌바390, 25-2(상), 443면 이하; 2016.3.3, 2014헌가2등, 28-1(상), 324면 이하 등 참조.

## Ⅲ. 고령 근로자와 고용보험

### 1. 고령 근로자에 대한 실업급여와 사회보험

고용보험법은 처음부터 실업으로 인하여 상실된 소득을 보장하는 기능에 비해서 적극적 노동시장정책에 우선순위를 두었다.[21] 상징적으로 법률의 명칭을 '실업보험'이 아니라 '고용보험'으로 하였다. 이와 같은 구상에서 고용보험법의 적용범위를 넓혀 왔다. 예컨대 헌법재판소 결정에서 쟁점이 되었던 실업급여의 적용에서 제외되는 대상은 최초 60세 이후에 고용된 자에서 65세 이후에 고용된 자로 축소되었다. 헌법재판은 이와 같은 정책과 정책변화, 그리고 헌법적 관련성을 검토하는 계기가 되었다. 해당 사안에서 쟁점은 두 가지였으며, 모두 연령에 따른 차별이 문제가 되었지만 미세한 차이가 있었다. 첫째, '65세 이후에 고용된 자'를 실업급여의 적용대상에서 제외하는 규정 자체의 문제이다. 둘째, '65세 이후에 고용된 자'가 '65세 이전에 고용된 자'와 비교하여 불합리한 기준에 따라 차별되었는가의 문제이다.

고용보험에서 실업급여의 기능은 이중적이다. 실업급여는 실업으로 인하여 일시적으로 상실된 소득을 보장하고, 이는 재취업을 준비하기 위한 기간 동안 수급자의 경제적 기반이 되어야 한다. 따라서 실업급여를 수급하기 위해서는 사회보험에 일반적인 조건과 고용보험에 특유한 조건을 모두 갖추어야 한다. 먼저, 일반적인 사회보험에서와 같이 가입자는 보험가입 기간을 충족하고, 보호하는 위험인 실업이 인정되어야 한다. 다음, 고용보험에 특유한 급여조건으로 가입자는 재취업에 필요한 객관적 및 주관적 요건을 충족하여야 한다. 즉 새로운 취업을 하기 위하여 필요한 능력이 있

21) 고용보험법의 초기 구상에 대해서는 전광석, 위 각주 3의 책, 267면 이하 참조. 이밖에 이에 따르는 정책의 불균형에 대해서는 위 각주 12 참조.

어야 하며, 또 이에 대한 의지가 있어야 한다. 예컨대 수급자격자가 정당한 이유가 없이 직업안정기관의 장이 소개하는 직업에 취직하는 것을 거부하거나 직업능력개발훈련을 거부하는 경우에는 급여가 정지된다(고용보험법 제60조). 실업급여에 적용되는 연령기준은 수급자의 취업능력을 객관적으로 판단하기 위한 것이다. 이와 관련하여 평등권 심사에서 다음과 같은 문제가 해명되어야 한다.

재취업의 능력과 관련하여 65세 연령기준이 자의적인가 여부이다. 개별적으로 보면 65세 이상인 경우에도 재취업의 능력은 얼마든지 있을 수 있다. 예컨대 65세 이상인 사람에게 고용안정 및 직업능력개발사업이 시행되는 것은 고령 근로자의 개별적인 취업능력을 인정하고, 또 이를 촉진하는 의미를 갖는다. 그러나 입법자는 취업능력 그 자체뿐 아니라 보험능력, 즉 안정적인 고용 가능성과 보험료 납부능력을 기준으로 가입자격을 판단할 수 있다. 이때 다른 제도에서 적용되는 연령기준을 벗어나지 않는 한 이를 명백히 자의적인 기준이라고 볼 수는 없다.[22]

이 점은 쉽게 긍정될 수 있다. 노인복지법과 기초연금법에서 연령기준은 65세이다(노인복지법 제28조 제2항, 기초연금법 제3조). 국민연금법에서는 60세 이상인 자는 가입자격이 없다(국민연금법 제6조).[23] 그러나 국민연금법의 급여관계에서 보면 65세 연령은 의미 있는 기준이다. 우선 앞으로 노령연금 수급연령이 65세로 예정되어 있다. 즉 기존의 연금수급연령 60세는 2013년부터 5년에 1세씩 연장되어 2033년부터 65세가 적용된다(1998년 개정 법률 부칙 제3조). 또 일반적으로 – 그 타당성과는 별개의 문제로 현행법에 따르면 – 수급자가 소득이 있는 때 연금과 소득을 조정하지만 65세에 이르면 소득의 여부 및 정도가 연금에 영향을 주지 않는다(국민연금법 제63조의2). 이는 국민연금법이 65세 이상의 수급자는 일반적

22) 헌재 2018.6.28, 2017헌마238, 30-1(하), 722면 참조.
23) 이 규정에 대한 헌법심사에 대해서는 헌재 2001.4.26, 2000헌마390, 13-1, 987면 이하 참조.

으로 소득능력이 없다는 의제를 한 결과이다. 「고용상 연령차별금지 및 고령자 고용촉진에 관한 법률」은 60세를 근로자의 정년으로 하도록 하였다.[24] 이는 민간기업에서 고용의 안정성과 균형 있는 인력수급의 관점을 함께 고려한 것이지만 근로능력에 대한 판단 역시 작용한 것이므로 실업급여에 적용되는 연령기준의 합리성을 판단하는 데 참고가 될 수 있을 것이다.

65세 이상인 자를 기존에 고용된 자와 새로이 고용된 자로 구분하고, 후자의 경우를 실업급여의 적용대상에서 제외하는 것이 자의적인 차별은 아니다. 헌법재판소는 이 규정이 적용대상을 단계적으로 확대하는 의미가 있다고 보았지만, 이 점이 구체적으로 합헌의 논리인지는 불명확하며, 또 실제 유용한 심사기준이 되지도 못했다. 이 사안에는 평등권 심사에서 빈번하게 제시되었던 논리, 즉 평등을 점차적으로 실현하는 과정에서 과도기적으로 나타나는 불평등이 헌법에 위반되지 않는다는 논리가 적용될 수 없다.[25] 고용보험법이 고용의 안정성과 보험능력에 관계없이 연령기준을 연장하여 상향적 평등을 지향하는 목표를 가질 수는 없기 때문이다. 결국 헌법재판소의 위와 같은 논리는 불필요하고, 또 입법방향 및 정책에 혼란을 줄 수도 있었다.

사회보험인 고용보험에서 '65세 이전에(즉 기존에) 고용된 자'와 '65세 이후에 (새로이) 고용된 자'를 차별하는 데에는 합리적인 이유가 있다. '65세 이전에 고용된 자'는 고용보험 가입자로서 보험료 납부의무가 있고, 따라서 65세 이후에 실업한 경우에도 객관적인 취업능력이 인정되는 경우에는 실업급여의 대상이 될 수 있다.[26] 다만 이 경우 일정한 연령을 초과하는 경우에는 더 이상 근

24) 제도 도입에 따르는 유예기간에 대한 헌법적 판단으로는 헌재 2015.6.25, 2014헌마674, 27-1(하), 598면 이하 참조

25) 기존의 논리에 대해서는 예컨대 헌재 2011.6.30, 2008헌마715, 23-1(하), 438면 이하; 2011.11.24, 2009헌바356등, 23-2(하), 273면 이하; 2012.6.27, 2010헌마716, 24-1(하), 765면 이하 등 참조.

26) 고령자를 노동시장에서 퇴출 혹은 적극적으로 포섭하는 정책유형, 그리고 포섭

로능력이 없다고 의제할 수 있으며, 이에 대해서는 또 다른 정책 판단이 필요하다. 이에 비해서 '65세 이후에 (새로이) 고용된 자'는 해당 고용, 또 실업 후 새로운 취업에 의한 고용이 모두 일반적으로 안정적이라고 볼 수 없으며, 따라서 고용보험의 목적을 달성할 수 없다는 의제가 자의적이라고 할 수는 없다. 다만 이들이 개별적인 상황에 따라 취업지원의 대상이 될 수는 있으며, 실제 고용보험법은 이들에게 고용안정 및 직업능력개발사업이 적용되도록 하였다.

### 2. 고령자 취업지원의 특성과 문제점

'65세 이후에 (새로이) 고용된 자'는 실업급여의 적용대상은 아니지만 이들에게 고용안정 및 직업능력개발사업 등 적극적 노동시장정책이 시행된다. 이러한 사업은 사업주가 전액 부담하는 보험료가 재원이 된다는 점을 다시 한번 상기할 필요가 있다. 이로써 고용보험에서 재정부담자와 수혜자가 일치하지 않는 경우가 나타난다. 고용안정 및 직업능력개발사업이 기본적으로 사업주에게 시행된다는 점에서 보면 재정부담자와 수혜자가 일치한다. 이에 비해서 근로자 역시 적어도 간접적으로 수혜자인 점에서 보면 재정부담자와 수혜자는 일치하지 않는다. 이는 예컨대 산재보험과 어느 정도 비교될 수 있다. 산재보험에서 근로자의 업무상 재해에 대한 보상은 사업주가 전액 부담하는 보험료를 재원으로 하기 때문이다.

그러나 고용보험과 산재보험은 다음과 같은 뚜렷한 차이도 있다. 산재보험은 사용자에 귀속될 수 있는 업무상 재해에 대한 보상책임(위험)을 사용자 간에 분산(分散)한다는 점에서 보험의 성격

의 방법 등에 관한 다양한 예에 대해서는 전광석, 복지국가론 – 기원 · 발전 · 개편(신조사, 2012), 187면 이하 참조. 이밖에 Gosta Esping-Andersen, "After the Golden Age? Welfare State Dilemmas in a Global Economy", Gosta Esping-Andersen(편), Welfare States in Transition(Sage Publication, 1996), 10면 이하 참조.

이, 그리고 근로자의 업무상 재해를 보호한다는 점에서 사회적 보호의 성격이 있다.[27] 따라서 특히 전자의 관점에서 보면 산재보험이 사회보험의 전형을 벗어나지는 않으며, 또 이와 같은 보험료 부담방식이 정당화된다. 이에 비해서 고용보험에서는 고용조정이 필요한 상황이 사업주의 책임에 귀속되는 것은 아니며, 또 이를 지원하는 조치가 사업주의 이익에 기여하지만 일반적으로는 거시적인 고용안정을 위한 정책비중이 높다. 즉 해당 사업의 책임관계가 중첩적이고, 또 사업의 수혜범위가 사업주에 비해서는 넓다. 직업능력개발사업은 실업자 혹은 실업예정자의 직업능력개발 훈련에 필요한 지원을 포함하고 있다. 이와 같은 조치가 사업주에게 필요한 인력을 공급하여 간접적으로 이익이 되지만 직접적으로는 근로자의 재취업지원, 그리고 전체적으로 고용안정에 기여한다. 즉 재정부담자와 수혜자가 차이가 있고, 또 사업의 목적은 사업주의 이익을 벗어난다.

일반적으로 사회보험에서 근로자는 강제 가입되고 근로자와 함께 사용자가 보험료를 납부한다. 이와 같은 재정부담의 방식은 노동에 대한 자본의 책임, 그리고 자본과 노동의 연대를 통하여 산업평화 및 사회통합에 기여하는 구상에 따른 것이었다. 이 점에서 고용보험은 전통적인 사회보험과는 차이가 있다. 고용보험에서 적극적 노동시장 정책은 근로자의 개별적인 위험, 그리고 사용자에 귀속되는 책임에 관련되어 있다기보다는 고용조정, 그리고 고용안정을 사회적으로 지원하는 객관적 국가과제의 성격이 보다 강하기 때문이다. 특히 최근 급격한 고용조정으로 인하여 문제가 악화되고, 또 전국민 고용보험이 제안되는 상황에서 이와 같은 과제를 사용자에게 부담시키는 것이 헌법적으로 정당하며, 정책적으로 타당한가는 의문이다.

---

27) 산재보험에서 이와 같은 이념의 실현 및 긴장관계에 대해서는 이 책 제4장 176면 이하, 193면 이하 등 참조.

'65세 이후에 (새로이) 고용된 자'를 실업급여의 적용대상에서 제외한 것은 위에서 서술했듯이 사회보험인 고용보험의 기능과 특성에 따라 정당화될 수 있다. 헌법재판소의 견해와는 달리 실업급여의 적용대상은 사회적 보호의 필요성, 고령자의 경제활동 추세 등을 고려하여 확대될 수 있는 문제는 아니다. 오히려 근로자와 사업주에게 재정을 부담시키는 방법으로 사회보험의 목적이 실현될 수 있는가의 여부가 본질적인 기준이다. 이에 비해서 '65세 이후에 (새로이) 고용된 자'도 고용안정 및 직업능력개발사업에 의하여 지원될 수 있다는 점이 헌법심사에 영향을 미치지는 않는다. 이는 개인에게 소득을 보장하는 주관적 권리가 아니라 거시적으로 고용을 지원하는 국가과제에 해당하기 때문이다. 그럼에도 불구하고 사회보험의 방식으로 운영되고, 또 사업주가 납부한 보험료에 의하여 재정을 운영하는 것이 타당한가는 이 결정이 부수적으로 남긴 문제이다.[28]

## Ⅳ. 위임의 구체성

### 1. 급부법과 위임의 구체성

입법권은 국회에 속하며, 행정입법에 위임을 하는 경우에는 법률에서 구체적인 범위를 정하여야 한다(헌법 제41조, 제75조 및 제95조). 이는 개인이 법률에 의하여 법적 지위 및 그 변화를 알거나 예측할 수 있어야 하며, 또 이에 기초하여 자신의 행위를 선택 혹은 결정할 수 있어야 한다는 의미가 있다. 위임의 구체성은 일반적으로 급부법에서는 약화되는 것으로 이해되어 왔으며, 헌법재판소는 여러 차례 이를 밝힌 바 있다.[29] 그러나 급부법이 개인의 권리의무관계, 특히 사회

28) 이 점에 착안하여 독일에서 고용촉진급여 중 소득상실을 보상하는 급여인 실업급여를 분리하고 이에 한하여 사회보험방식을 적용하여야 한다는 주장으로는 예컨대 Wolfgang Spellbrink, 위 각주 16의 논문, 541면 이하 참조.

29) 예컨대 헌재 1997.12.24, 95헌마390, 9-2, 817면 이하 참조.

보장법에서는 생활보장에 중요한 의미를 가지며, 경우에 따라서 생존적 중요성이 있다는 점을 고려하면 이에 대한 재검토가 필요하다.

급부법에서 위임의 구체성이 완화된다는 취지는 급부법에 의하여 개인의 권리가 제한될 가능성이 낮다는 점에 착안한 것이다. 그러나 이 경우에도 급부가 중요한 생활기반을 이루는 상황에서는 개인은 그 법적 지위를 알거나 예측할 수 있어야 하며, 이때 비로소 생활을 장기적으로 설계하고, 이에 기초하여 자신의 행위를 선택하고 결정할 수 있다. 또 구체적인 범위를 정하지 않고 행정입법에 위임하는 경우 행정부에서 (경우에 따라서는 근본적인 선택이 필요한 사안에서) 정책의 중요한 부분이 결정되며, 이는 국가기관 간의 권한배분에 관한 헌법의 구상을 벗어난다.[30] 이 점에서 급부법에서 위임의 구체성이 완화된다는 이해방법은 일반적으로 타당한 것은 아니다.

자유의 조건을 보장하는 목적을 갖지만 이를 위하여 사전에 개인에게 재정을 부담시키는 사회보험법 규정은 또 다른 관점에서 검토가 필요하다. 건강보험에서 보험료 납부의무가 이러한 예에 해당한다.[31] 이 경우 정확히 보면 재정부담에 관한 규정 자체가 심사의 대상이며, 재정부담이 급부의 조건이 된다는 점은 별개의 문제이다. 재정부담의 내용을 알거나 예측할 수 있을 때 반대급부와의 편익에 대한 비교를 통하여 개인이 자기결정을 할 수 있기 때문이다. 특히 급부법에서 개인에게 의무가 부과되며, 이와 같은 의무부담의 방식과 내용이 중요한 정책선택의 문제인 경우에는 이는 직접 법률에 정하거나, 행정입법에 위임을 하는 경우에는 그 구체적 범위를 법률에 정하여야 한다.

---

30) 국회입법과 행정입법의 관계에서 권한배분의 헌법적 구상을 벗어나는 여러 유형에 대해서는 전광석, 위 각주 3의 책, 72면 이하 참조.

31) 이에 대한 심사의 예로는 헌재 2003.10.30, 2000헌마801, 15-2(하), 135면; 2013. 7.25, 2010헌바5, 25-2(상), 52면 이하 등 참조.

## 2. 제재규정과 위임의 구체성

사회보장법에서 제재규정이 심판의 대상이 되었을 때 헌법재판소는 위임의 구체성을 엄격히 심사하였다.[32] 이는 고용보험법 규정에 대한 심사에서도 유지되었다.[33]

일반적으로 고용보험법에서는 수급자격의 확인 및 급여에 있어서 도덕적 해이(moral hazard)가 발생할 우려가 높다. 예컨대 실업의 인정, 취업의 주관적 의사 및 객관적 능력의 확인에 있어서 남용의 위험이 적지 않다. 자발적 실업을 비자발적 실업으로 가장하고, 이를 통하여 사업주가 퇴직금을 지급하는 의무를 면할 목적으로 실업급여를 신청하도록 유도하는 것이 대표적인 예이다. 또 고용안정 및 직업능력개발사업에서 각종 지원은 사업주의 신청에 의하여 결정되는데, 이때 사업이 시행하지 않았음에도, 혹은 사업 내용을 과다하게 신고하여 부정수급이 이루어질 수 있다.[34]

이에 고용보험법은 엄격한 제재규정을 두었고, 사회보장법에서 이례적으로 이를 형사처벌의 대상으로 하였다.[35] 고용보험법은 고용안정 및 직업능력개발사업에 있어서 "거짓이나 그밖의 부정한 방법으로 … 사업의 지원을 받은 자 또는 받으려는 자에게 대통령령이 정하는 바에 따라 지원을 제한하거나 이미 지원된 것을 반환하도록 명할 수 있"도록 하였다(구 고용보험법 제35조 제1항). 법률이 제한의 기간 및

32) 헌재 1998.5.28, 96헌가1, 10-1, 509면 이하; 2002.6.27, 2001헌가30, 14-1, 577면 이하 등 참조. 이와 다른 심사의 예로는 헌재 2008.7.31, 2007헌바85, 20-2(상), 217면 이하 참조.

33) 헌재 2013.8.29, 2011헌바390, 25-2(상), 443면 이하; 2016.3.31, 2014헌가2등, 28-1(상), 324면 이하 등 참조.

34) 이에 관한 다양한 사례에 대해서는 예컨대 양승광, "사업주의 고용유지지원금 지급요건에 관한 고찰", 사회보장법연구 제3권 제1호(2014), 295면 이하; 정희선, "구 고용보험법 제35조 제1항 위헌결정에 관한 소고 – 헌법재판소 2013.8.29. 자 2011헌바390 결정 –", 사회보장법연구 제3권 제2호(2014), 145면 이하 등 참조.

35) 이 점, 그리고 고용보험법 위반 사례의 유형 및 분석에 대해서는 예컨대 장혜영, "실업급여 부정수급에 대한 형사처벌", 사회보장법학 제7권 제2호(2018), 45면 이하, 59면 이하 등 참조.

범위를 직접 정하지는 않았다. 시행령에 의하면 이 경우 "… 비용을 받은 날이나 지급 신청을 한 날로부터 1년 동안 지원금 …을 지급하지 아니하며, … 지급제한 기간에 지급된 … 비용에 대해서는 반환을 명하여야 한다"(구 고용보험법 시행령 제56조 제2항).

사회보험에서 부정한 방법으로 급여를 받은 경우 일반적으로 지급받은 급여를 반환하도록 하고 있다. 또 부정한 방법으로 지원을 받은 경우 부당이득에 해당하여 이를 반환하도록 하는 것은 일반적으로 예측할 수 있다. 예컨대 이와 같은 경우에 국민건강보험법과 국민연금법은 보험급여 혹은 보험급여 비용에 상당하는 금액의 일부 혹은 전부를 징수 혹은 환수하도록 하고 있다(국민건강보험법 제57조 제1항, 국민연금법 제57조 제1항 제1호). 산재보험법에서는 이 경우 급여액의 2배를 징수하도록 법률에서 직접 정하였다(산재보험법 제84조).

고용보험법 자체의 제재규정은 이와 같은 사회보장법의 일반적인 입법례를 벗어나지 않는다. 거짓이나 그밖에 부정한 방법으로 실업급여를 받았거나 받으려 한 자에게는 구직급여를 지급하지 않는 규정도 일반적인 입법례에 속한다. 이밖에 고용보험법은 지원을 제한하는 추가 제재를 두었다. 이는 위에서 언급했듯이 고용보험에서 수급권이 남용될 위험이 있으며, 이를 방지하기 위한 조치로서 그 자체는 정당성이 인정된다. 다만 고용보험법 시행령을 기준으로 보면 관련 법률 규정은 위임의 구체성과 멀어져 있다. 지원을 제한하는 기간과 범위에 관한 구체적인 위임이 없이 시행령은 지원의 제한기간을 1년으로 정하였다. 더구나 지급기간의 기산점이 비용을 받은 날이나 지급 신청을 한 날로 되어 있고, 또 부정수급의 사유와 관계없이 반환 명령을 할 수 있다. 이에 경우에 따라서는 반환의 범위가 부정수급의 비난가능성에 비해서 지나치게 가혹할 수 있다. 실제 해당 사안에서 부정수급으로 인한 반환금액은 75,720원이었던 반면 비용을 지급받은 날로부터 1년 동안 지급된 금액은 239,936,930원으로서 이를 회수하는 처분이 법원에서 취소

청구의 대상이었다. 이 점을 주목하여 그동안 법원에서 해당 시행령 규정은 위임의 범위를 벗어나 무효라는 판결이 있어 왔다.[36)]

보다 근본적으로 보면 지급제한의 범위와 정도뿐 아니라 반환명령의 대상이 부정수급과 관련된 것에 한정되는가 여부는 고용보험 가입자에게 중요한 영향을 미치며, 따라서 이에 관한 구체적인 내용은 법률에 직접 정하거나 행정입법에 위임하는 경우에도 법률에 의하여 그 내용을 예측할 수 있어야 한다. 그리고 이와 같은 경우에 지원을 제한하는 조치 내용은 다른 사회보장법에서는 찾아볼 수 없기 때문에 관련 법조항 및 법체계 전체를 유기적·종합적으로 판단하더라도 법률 규정을 통하여 제재의 구체적인 내용이 예측될 수는 없었다.[37)]

## V. 맺는 말

고용보험은 노동시장의 유연성을 높이고 생활을 보장하는 시대과제와 밀접한 관련성을 가지며, 이 점에서 전통적인 사회보험과 차이가 있다. 이와 관련하여 아직 고용보험법에 관한 헌법재판소의 결정이 많지 않지만 이에 관한 분석은 헌법심사 및 입법형성에 몇 가지 시사점을 제공한다.

첫째, 특히 비정규직, 실업 및 실업의 반복, 노인빈곤 및 노동빈곤이 널리 퍼지고 있는 상황에서 일반적인 지원의 필요성과 사회보험에 의한 보호의 필요성은 적용영역을 달리하며, 이 점이 입법정책 및 헌법심사에 고려되어야 한다. 둘째, 고용보험법이 적극적 노동시장정책의 성격을 강화할수록 고용보험사업 전체에서 재

36) 이에 대해서는 정희선, 위 각주 34의 논문, 151면 이하 참조.

37) 현행 고용보험법은 헌법재판소 결정의 취지를 다음과 같이 반영하였다. 첫째, 지급제한의 기간을 1년의 범위에서 정하도록 하였다. 둘째, 지급제한의 범위를 '해당 지원금 중 지급되지 아니한 금액 또는 지급받으려는 지원금'으로 명확히 하였다. 셋째, 반환의 범위를 '그밖의 부정한 방법으로 지원받은 금액'으로 명시하여 부정수급에 대한 제재의 성격을 명확히 하였다.

정방식을 검토하는 필요성은 직접적으로 헌법심사의 대상이 아니었지만 헌법재판이 부수적으로 남긴 문제이다. 셋째, 고용보험에서는 실업의 인정, 고용안정 및 직업능력개발사업의 지원 요건 등에 있어서 도덕적 해이가 나타날 수 있다. 이에 대한 제재규정이 사회보장법에 일반적인 입법례를 벗어났으며, 헌법재판소는 이를 적확하게 지적하고 위헌으로 판단하였다. 실체법적으로, 그리고 범위를 넓혀서 보면 외국의 고용보험법 입법례에서 볼 수 있듯이 일반적으로 취업의 지원(Fördern)에 비해서 취업의무를 우선적으로 이행하는 조건을 강화하는(Fordern) 경향이 있다. 이 지점(地點)에서 사회보장의 국가과제와 노동의 권리 및 직업의 자유 등 기본권이 긴장관계에 있으며, 헌법의 관점이 앞으로 입법형성 및 헌법심사에서 균형 있게 고려되어야 한다는 점을 암시하고 있다.

## 제6장

# 국가유공자법 – 독립유공자예우에 관한 법률, 고엽제후유의증 환자 지원에 관한 법률 등을 포함하여 –

# Ⅰ. 이 글의 목적과 서술범위

이 글은 이론과 체계, 그리고 헌법을 기준으로 국가유공자보상에 관한 헌법재판소의 결정을 비판적으로 검토하는 목적을 갖는다. 국가유공자보상을 실천적으로 논의하는 장(forum)은 흔치 않기 때문에 국가유공자보상의 이론과 체계를 점검하는 데 헌법재판소의 결정은 중요한 소재(素材)이다.[1] 그동안 국가유공자보상에 대한 학문적 관심은 소홀히 되어 왔으며, 헌법재판소가 이에 대한 심사에서 특유한 논리를 추출하여 적용하지도 못했다. 이와 같은 이유에서 먼저 국가유공자보상의 이해를 위하여 필요한 서술을 하였다. 국가유공자보상의 위상, 헌법적 관련성과 기준을 국가책임법의 구조에서 살펴본다. 이 글에서는 국가유공자법 이외에 같은 책임구조를 갖는 「독립유공자예우에 관한 법률」, 「고엽제후유의증환자 지원에 관한 법률」 및 「고엽제후유의증 등 환자지원 및 단체설립에 관한 법률」, 「참전유공자예우에 관한 법률」, 「보훈보상대상자 지원에 관한 법률」에 관한 결정을 서술의 범위에 포함한다.

# Ⅱ. 국가유공자법의 체계; 이념과 제도의 부정합

## 1. 이념과 제도의 발전; 역사적 부담

국가의 수호와 유지를 위한 활동(공헌) 그 자체 혹은 그로 인하여 발생한 질병, 장애 및 사망(희생)을 보상하는 사고는 인류 보편적이며, 또 오랜 역사를 갖는다. 우리나라는 1950년과 1951년 군

1) 사회보장법 일반에서 체계 형성의 필요성과 유용성, 그리고 이에 따른 입법의 자기구속력과 평등의 문제에 대해서는 예컨대 전광석, 한국사회보장법의 역사(집현재, 2019), 65면 이하, 75면 이하 등 참조. 이밖에 Ulrich Becker, "Selbstbindung des Gesetzgebers im Sozialrecht. Zur Bedeutung von Konsistenz bei der Ausgestaltung von Sozialsicherungssystemen", Festschrift 50 Jahre Bundessozialgericht(Carl Heymanns Verlag, 2004), 82면 이하 참조.

사원호법과 경찰원호법을 제정하여 이 문제를 규율하기 시작하였다. 전투 혹은 공무로 인하여 발생한 상이 및 사망이 원호의 대상이었다. 1962년 「국가유공자 및 월남귀순자 특별원호법」이 제정되었다. 이 법에 의하여 애국지사, 4·19 의거 상이자 및 사망자가 원호대상이 되었다. 2001년 개정 국가유공자법은 4·19 혁명 '공로자'를 적용대상에 포함시켰다.

이와 같이 국가유공자보상의 대상이 확대되면서 이는 제도의 발전방향에 (오늘날까지 영향을 미치는) 중요한 변화를 가져왔다.

첫째, 독립운동과 같은 행위 자체가 보상의 대상이 되었다. 이로써 보상의 범주가 개방되었고, 또 계속 확대될 것을 예고하였다. 보상의 요건으로 인과관계는 부분적으로 의미를 상실하였다. 공헌의 종류와 내용 자체가 판단기준이며, 희생 및 희생의 원인인 사고와의 인과관계는 논의의 여지가 없어졌기 때문이다.[2] 이로써 국가유공자보상에서 국가의 정치적 및 윤리적 책임과 규범적 책임의 구분이 흐려졌다.

둘째, 전통적인 보상의 요건, 즉 전투행위 중에 발생한 상이 및 사망 이외에 4·19 의거 관련 상이 및 사망이 추가되었다는 사실은 앞으로 보상의 확대를 예고하였다. 4·19 의거 희생에 대한 보상은 국가책임 및 그 정도와 관련하여 일종의 예시의 의미를 갖기 때문이다. 즉 이는 앞으로 유사한 정치적 의미를 갖는 역사적 사실과 연계하여 보상 및 보상의 확대를 논의하는 기반이 되었다. 헌법적으로 보면 입법의 자기구속에 따른 (불)평등, 혹은 합리적 이유에 의한 차별을 소명하는 부담이 생겼다.

마지막으로 전투행위 및 그로 인한 희생과는 달리 4·19 의거 상이 및 사망에 있어서는 국가가 직접 혹은 적어도 밀접하게 관련되어 있으며, 이는 불법행위책임을 부과하는 상황이 될 수 있다. 이와 같은 유형의 국가책임이 국가유공자법에 포섭될 가능성이 열

2) 이를 대체하는 다른 절차 요건에 대해서는 아래 각주 60 참조.

린 셈이다. 이는 5·18 민주화운동으로 인한 희생에 대한 보상의 방법론과 관련하여 집중적으로 검토되었다.[3] 미래지향적으로 보면 유사한 사안에 불법행위책임을 적용하여 개별적으로 배상할 것인가, 입법에 의한 일괄적인 보상의 방법을 선택할 것인가, 또 후자의 경우에도 배상 및 보상책임과 사회보장책임 중 어디에 중점을 둘 것인가 등의 문제를 남겼다.

그동안 국가유공자보상의 적용대상과 보상의 종류 및 내용을 확대하는 관련 법률이 다양하게 제정되었다. 1980년대 중반까지 국가유공자법에 해당하는 법률로, 군사원호보상법, 군사원호보상급여금법, 군사원호대상자 임용법, 군사원호대상자 고용법, 원호대상자정착 대부법, 군사원호대상자자녀 교육보호법, 국가유공자 등 특별원호법이 제정되었다. 이 법률들은 1984년 「국가유공자예우 등에 관한 법률」이 제정되면서 폐지되고 여기에 통합되었다. 이 법은 1997년 「국가유공자 등 예우 및 지원에 관한 법률」(이하 「국가유공자법」으로 줄임)로 이름을 바꾸었다. 1997년 개정 법률은 전통적인 유공행위, 즉 교육훈련, 직무수행으로 인하여 발생한 희생, 그리고 그밖의 공상을 구분하여 차등 보상하였다. 1994년 순국선열과 애국지사에 적용되는 「독립유공자예우에 관한 법률」(이하 「독립유공자법」으로 줄임)이 독자적으로 제정되었다. 이 법은 국권의 수호를 위한 공헌 및 희생을 특별히 지원하는 목적을 가졌지만 실제 기존의 보상의 범위를 넘어서지는 않았다.[4] 희생이 수반되지 않는 공헌에 대해서 보상 외에 예우를 보충하는 방법론은 새로운 사고의 틀이 되었다.

이밖에 국가유공자법이 포섭하는 데 어려움이 있지만 보상의

3) 이에 대해서는 아래 각주 72 참조.

4) 독립유공자를 특별히 지원하기 위한 입법배경과 실제 제도의 괴리, 그리고 이에 대한 비판에 대해서는 예컨대 이호용, "독립유공자예우에 관한 법정책적 문제점과 개선방안 – 독립유공자 보훈체계의 개선을 중심으로", 한양법학 제21집(2007), 730면 이하 참조.

필요성이 있는 경우에는 특별법을 제정하였다. 월남전 참전군인이 입은 고엽제 피해는 전투행위와의 인과관계가 명확하지 않았기 때문에 이를 보상하기 위하여 1993년 「고엽제후유의증환자 지원에 관한 법률」이 제정되었다. 이 법은 2012년 「고엽제후유의증 등 환자 지원 및 단체설립에 관한 법률」로 이름을 바꾸고 개정되었다(이 법률 모두 「고엽제법」으로 줄임).

위와 같이 국가유공자 관련 법률은 분화와 통합, 그리고 보완을 겪어 왔다.[5] 그러나 국가유공자보상의 이론과 체계에 대한 의문은 계속 제기되었고, 또 적용대상, 보상요건, 그리고 보상의 종류와 내용이 정형(定型)을 갖지 못한 채로 발전하여 왔다.[6] 실제 이에 관한 문제의식이 있었고, 또 부분적으로 정비되었다. 다음 두 가지 입법을 들 수 있다.

첫째, 위에서 언급한 1997년 개정 법률은 실질적인 변화를 가져오지 못했고, 이에 2005년 보훈대상을 객관적으로 구분·분류하고 정비하기 위하여 「국가보훈기본법」이 제정되었다.[7] 국가유공자보상에 관한 법을 제정하거나 개정하는 경우에는 이 법의 목적과 기본이념에 맞도록 하여야 한다(법 제4조). 그러나 국가보훈기본법은 보상의 이념을 유형화하는 데 그쳤고(법 제3조 제1호), 입법 및 해석의 혼란을 극복하는 데 기여하지는 못했다. 규율대상을 명확히 하는 가장 기본적인 목적도 실현되기 어려웠다. 국가보훈기본법과 국가유공자법

5) 국가유공자법의 기원과 이후 전개에 대해서는 예컨대 오진영, "한국보훈정책의 성찰적 회고와 전망 – 보훈대상과 보상 수준의 문제점과 개선방안을 중심으로", 한국사회정책 제15권 제1호(2008), 45면 이하; 전광석, 위 각주 1의 책, 166면 이하, 236면 이하, 283면 이하, 360면 이하, 407면 이하; 정영훈, 국가유공자 보상·지원의 법률적 형성에 관한 헌법적 검토(헌법재판소 헌법재판연구원, 2016), 14면 이하 등 참조.

6) 보훈체계의 전체적인 특징과 문제점에 대해서는 예컨대 김용하, "국가보훈 연금체계의 개선방안 연구", 사회보장연구 제21권 제1호(2005), 209면 이하; 오진영, 위 각주 5의 논문, 55면 이하 등 참조.

7) 이 법의 제정 배경과 주요 내용 및 문제점에 대해서는 예컨대 전신욱, "「국가보훈기본법」의 문제점과 제언", 한국보훈논총 제2호(2005), 86면 이하 참조.

이 보상의 대상을 유형화하였지만 아래에서 지적하는 바와 같이 그 범주가 정형화될 수 없었기 때문이다.

둘째, 2011년 '군인이나 경찰 · 소방공무원으로서 국가의 수호, 안전보장 또는 국민의 재산 보호와 직접적인 관련이 있는 교육훈련 또는 직무수행 중 상이를 입은 자'를 국가유공자법의 규율대상으로 하고, 직접적인 관련성이 없는 유공자는 국가유공자법에서 분리하여 「보훈보상대상자 지원에 관한 법률」을 제정하여 규율하였다. 그러나 국가유공에 직접적인 관련이 있는 경우와 그렇지 않은 경우를 구분하는 것이 타당한가, 그리고 해석상 가능한가에 대해서는 여전히 논란이 있었다. 무엇보다도 이와 같은 입법의 가능성과 타당성에 앞서 국가유공자보상의 이념과 제도를 다른 체계 및 법률과의 관계에서 종합적으로 점검하고, 이에 기초하여 기능을 분담하는 사고와 인식은 아직 존재하지 않았다. 예컨대 국가책임법 및 사회보장법의 구조에서, 그리고 이와 비교하여 국가유공자보상의 위상과 입법방향을 정립하고, 이를 기반으로 논의를 선도하는 단계에 이르지 못했다. 이는 국가유공자보상에 역사적 부담이 되었다.

## 2. 이론과 체계의 미성숙

### (1) 이론

국가유공자법이 정형(定型) 없이 발전한 것은 이에 관한 이론과 기본원칙이 아직 성숙하지 못한 데에 근본적인 원인이 있었다. 그리고 여기에는 다음과 같은 상황이 작용하였다. 국가유공자보상은 '유공행위' 중에 발생한 '피해(희생)'를 구성요건으로, 그리고 유공행위 중 발생한 사고와 희생과의 '인과관계'를 확인하여 보상의 여부 및 정도를 결정한다. 그런데 이와 같은 보상의 구조는 아직 추상적이고 개방적이다. 따라서 보상요건을 구체화하는 입법과 제도를 관찰하고, 이로부터 귀납적으로 기본원칙을 추출하며, 이와 같이 형성된 기본원칙을 입법과 제도에 재조명하여 평가하면서, 즉 기본원칙과 입법 및 제도의 상호 관계를 점검하면서 이론이 형성된다. 이때 비로소 제도가 공고해질 수 있다. 이를 위해서는 보상의 구조가 어느 정도 제도적으로 정형화되고, 또 이는 객관적·합리적 입법이유로 인정될 수 있어야 한다.

국가유공자보상은 이론 형성을 위하여 필요한 위와 같은 조건에 있어서 취약하다. 우선 보상의 요건이 – 위에서 지적한 바와 같이 – 전체적으로 정형화될 수 없을 만큼 개방되어 있고, 또 개방의 가능성을 내포하고 있다(공헌의 경우). 4·19 혁명과 관련된 공로와 희생, 그리고 국가사회발전 특별공로, 상이 및 순직 등이 이러한 예에 해당한다. 또 아래에서 살펴보듯이 다른(국가책임법) 혹은 유사한 법체계(사회보장법)와의 기능적 공통점과 차별성이 뚜렷하게 인식되지 못했다. 5·18 민주화운동 희생을 예컨대 4.19 혁명 희생에 대한 국가책임과 비교하는 작업이 진행되지 못했고, 실제 이는 전혀 다른 형태로 제도화되었다. 공상 군경과 공상 공무원, 전투행위와 일반적 공무수행의 동질성과 차별성이 혼재해 있으며, 사회보장법과의 기능분담도 통일되어 있지 않다. 공무원연금과 군인연금이 국가유공자보상과 병급(倂給) 혹은 조정되는 문제가 균형 있게 형성되지 못했다.[8] 무공수훈 및 참전행위 등이 보편적인 희생을 넘어서 특별한 희생으로 성격을 전환하는 계기 역시 불분명하다. 이와 같은 이론의 미성숙은 국가유공자법이 내부적으로 독자성을 형성하고, 또 외부적으로 다른 법체계와의 구분과 기능분담을 통하여 독자성을 강화하는 입법 및 해석에 부정적인 영향을 미친다. 아래에서는 이 점을 살펴본다.

8) 이에 대해서는 아래 각주 12 참조. 전체적으로 국가유공자법에서 급여 조정이 불균형하게 형성되어 있는 문제에 대해서는 예컨대 오진영, "공무상 재해보상제도의 문제점과 개선방안", 사회보장법학 제5권 제2호(2016), 204면 이하 참조.

### (2) 체계

#### 1) 유공자보상 체계 자체의 문제

국가보훈기본법에 의한 보훈대상자는 일제로부터의 조국의 자주독립, 국가의 수호 또는 안전보장, 대한민국 자유민주주의의 발전, 그리고 국민의 생명 또는 재산의 보호 등 공무수행을 위하여 희생 혹은 공헌한 사람으로 '개념'적으로는 명확하다(국가보훈기본법 제3조 제1호). 그러나 이와 같은 개념에 포섭되는 희생과 공헌의 '범주'는 명확하지 않다. 예컨대 전자 3개의 보상요건은 비교적 특수한 역사적 상황을 배경으로 하였고, 분단 이후 이념적 분열의 부담에서 벗어나 유공행위 자체를 보상하려는 입법목적을 표현한 것이었다.[9] 이에 비해서 마지막 요건, 즉 '국민의 생명 또는 재산의 보호 등 공무수행을 위하여 희생 혹은 공헌'은 과거뿐 아니라 미래지향적이고, 그만큼 그 범주가 개방적이다. 구체적으로 보면 이와 같은 보상의 원인관계는 다양하다. 또 1984년「국가유공자 등 예우에 관한 법률」에 도입된 국가사회발전 특별공로 및 부상과 사망 등의 요건이 보여주듯이 보상요건은 해석과 입법적 보충을 통하여 구체화되어야 하며, 그만큼 앞으로 국가유공자보상에 어떠한 부담으로 작용할지 불명확했다. 국가의 불법행위가 원인인 경우, 국가가 직접적으로 개입하지 않았지만 직무수행 중 희생이 발생한 경우, 혹은 제3자의 행위가 원인인 경우도 있다.

체계에 대한 인식이 있는지도 의문이다. 예컨대 공상 군경과 공상 공무원의 차별적 보상을 신분(군경과 공무원)을 기준으로 정당

9) 이 점에 대해서는 예컨대 이헌환, "전환기의 보훈정책 – 국가정체성의 재정립을 위한 시론", 공법연구 제47집 제4호(2019), 136면 이하 참조. 이때 보훈이념 간의 긴장관계에 대해서는 김주환, "보훈이념을 통해서 본 대한민국의 국가정체성 연구; 국가정체성 구성요소들 간 갈등 사례를 중심으로", 한국보훈논총 제14권 제2호(2015), 49면 이하 참조. 이와 같은 시각은 북한의 보훈정책을 수복하는 계기가 되었다. 이에 대해서는 예컨대 강석승, "남북한의 '국가보훈'에 대한 인식과 그 특성 비교", 북한학보 제37집 제1호(2012), 56면 이하; 이성춘, "북한의 보훈정책 고찰과 통일 대비 한국보훈정책 발전방안", 융합보안논문지 제15권 제2호(2015), 75면 이하 등 참조.

화하는 논리는 보상요건을 중심으로 보면 문제의 본질을 벗어나는 듯하다. 국가유공자보상의 본질적인 기준은 – 해당 규정이 보상법에 포섭될 수 있는 경우에는 – 국가책임에의 귀속 여부 및 정도이기 때문이다.[10] 국가유공자보상이 사회보장에 편입되어 독자적인 체계를 형성하고, 헌법재판에서 의미 있는 기준으로 적용되는가의 문제 역시 검토가 필요하다.

#### 2) 유공자 보상체계와 외부체계의 연계적 사고

국가유공자법의 이론과 체계는 국가유공자보상이 유사한 목적과 기능을 갖는 다른 법률과 독자성을 가지며, 또 부분적으로는 적용대상이 중첩되는 문제와 관련되어 있다.

국가유공자법은 국가책임에 귀속되는 희생 및 공헌, 그리고 일반적인 (군)복무 및 (공무원)재직관계에서 발생하는 희생과 공헌을 구분하는 사고가 없었다. 이는 부분적으로는 국가유공자보상의 역사적 성격과도 관련이 있다. 위에서 언급했듯이 군인 및 공무원의 전투행위 혹은 공직 수행 중에 발생한 희생을 보호할 필요성은 처음부터 인식되었다. 그러나 이후 공무원연금 및 군인연금이 시행되면서 국가유공자보상과 연금제도의 기능 분담이 적시(適時)에 조정되지 못했고, 이와 같은 부담이 계속 영향을 미쳤다. 예컨대 공상군경은 국가유공자보상의 대상이면서, 동시에 공무원연금법과 군인연금법이 적용되어 장해연금이 지급된다. 그런데 공무원연금법에 의하면 보훈급여의 상당액이 공제되는 반면(공무원연금법 제41조 제1항), 군인연금법에서는 공제에 관한 규정이 없이 두 급여를 병급(倂給)할 수 있다(군인연금법 제20조 제1항). 이는 군인연금법과 공무원연금법의 문제이지만 동시에 국가유공자법이 이들 연금법 자체, 그리고 이들 연금법과 국가유공자법을 연계하여 과제와 기능을 검토하지 않았던 결과였다.[11] 헌법

---

10) 이에 대해서는 아래 VI.1. 참조.

11) 이밖에 국가배상과 국가유공자보상의 조정 역시 우연한 요소, 즉 국가배상을 먼저 받은 경우와 국가유공자보상을 먼저 받은 경우에 각각 달리 조정되고 있다.

재판소가 이와 같은 불균형을 설명하고 정당화하는 논리를 제시하였지만 설득력이 있지는 않았다.[12)]

이밖에 국가보훈기본법에서 '국민의 생명 또는 재산의 보호 등 공무수행을 위하여 희생 혹은 공헌'의 요건은 부분적으로는 복무 혹은 재직관계에서 발생하는 위험으로서 1차적으로는 내부적인 법률관계에서 규율하는 것이 체계정합하다.[13)] 복무관계 혹은 재직관계에서 발생하는 질병 및 부상은 국가가 위험상황에 관련되어 있다는 이유만으로 특별희생의 성격을 갖는 것은 아니다.[14)] 이에 기존의 복무 및 재직관계에 적용되는 법률을 기능적으로 보완하거나 새로운 입법의 필요성과 가능성이 검토되어야 한다. 복무관계 혹은 재직관계에서 발생하는 희생은 예컨대 산업재해보상보험법에서 업무상의 재해에 대한 책임이 사용자에 귀속되는 구조와 유사하다. 이와 같은 구조개편을 통하여 국가유공자법은 내부 체계와 제도를 공고히 하고 적용대상을 정비할 수 있으며, 또 이로써 국가유공자법의 부담이 덜어질 수 있다.

## 3. 국가유공자법의 정치적 성격

국가유공자법은 위에서 서술한 바와 같은 역사적 부담을 가졌고, 또 그 발전과정에서 규범적 책임과 정치적 및 윤리적 책임이 혼재하게 되면서 입법에 작용하는 정치적 성격은 강화되었다. 이와 같은 경향과 우려는 개인 및 사회의 보상에 대한 인식이 커지면서 그 정도가 깊어졌다. 여기에는 두 가지 변수가 작용하였다.

첫째, 사회보장의 욕구가 일반적으로 증가하였다. 국가유공자보

---

이 점에 대해서는 대판 2017.2.3, 2014두400012 참조.

12) 이에 대해서는 헌재 2013.9.26, 2011헌바272, 25-2(상), 683면 이하 참조.

13) 이 점에 대해서는 예컨대 방동희, "공상공무원의 국가유공자 예우 · 지원과 국가유공자 법제도 개선에 관한 연구", 법과 정책연구 제10집 제2호(2010), 658면 이하, 666면 이하 등 참조.

14) 이 점에 대해서는 예컨대 전광석, "국가유공자보상의 범위결정 및 보상의 원칙", 헌법학연구 제10권 제4호(2004), 247면 이하 참조.

상에서 사회보장의 성격과 기능이 인식될수록 헌법 제34조와 연계하여 국민의 사회보장에 대한 욕구가 증가하였다. 또 사회보장의 적용대상이 확대되고, 급여의 종류와 내용이 다양해지면서 이 점이 국가유공자보상에도 영향을 미친다. 여기에는 위에서 서술했듯이 국가유공자보상이 사회보장을 대체하는 의미를 가졌던 역사적 배경도 작용하였다. 더구나 국가유공자보상에서는 어떠한 형태로든 유공행위가 선재(先在)하기 때문에 그 역사적 · 상징적(국민정서적) 의미로 인하여 정치적 성격은 더욱 강화되고, 그만큼 법논리와 체계의 언명력은 약화될 수 있다.

둘째, 우리 사회가 이미 고령사회에 진입해 있다는 사실은 국가유공자보상에 또 다른 의미를 갖는다. 이는 이중적이다. 한편으로 고령사회가 깊어지면서 사회보장의 사고가 국가유공자보상의 부담을 가중(加重)시킬 수 있다. 그러나 다른 한편 고령사회의 다양한 문제를 보호하는 사회보장의 기제가 세분화되고 진화하면서 국가유공자보상이 부분적으로 이들과 같은 기능을 갖고, 그 결과 국가유공자보상의 부담이 덜어질 수도 있다. 이는 일반적인 사회보장의 과제와 국가유공자보상의 특유한 과제를 구분하고 재정렬하는 계기이며, 또 과제가 되었다. 사회보장, 특히 사회보험이 보편화되고, 최저생활을 보장하기 위한 제도가 세분화되면서 국가유공자보상에 특유한 과제가 아닌 사안을 사회보험과 최저생활보장을 위한 제도에 편입시키고, 국가유공자보상은 부담을 덜 수 있어야 한다.

## Ⅲ. 국가책임법의 구조와 헌법

### 1. 국가책임법의 구조와 국가유공자보상

#### (1) 국가유공자보상에서 국가책임

국가유공자보상의 체계, 그리고 관련 이념과 제도에 대한 종합적 이해가 성숙하지 못한 데에는 그 책임구조가 기존의 국가배상 및 보상과 비교하여 명확하지 않다는 점이 작용하였다. 국가유공자 보상은 국가배상청구권, 형사보상청구권 및 수용보상청구권 등 기존의 국가책임법의 구조에 포섭되지는 않는다.[15] 따라서 국가유공자법에 관한 헌법재판에서 국가배상제도와 비교하여 평등권 침해를 주장하는 청구는 인용될 수 없었다.[16]

국가책임법에 포섭되는 청구권은 불법적 혹은 합법적인 국가작용, 경우에 따라서 국가의 부작위가 원인이 되어 직접적으로 개인에게 신체, 생명 혹은 재산에 대한 피해가 발생한 경우 이를 전보하는 목적을 갖는다. 이에 비해서 국가유공자보상은 다음과 같은 점에서 기존의 국가책임과는 차이가 있다.

첫째, 국가유공자보상에서 국가는 희생이 발생하는 상황에 사전적이고 보편적으로 관련되어 있으며, 따라서 국가작용은 개인의 희생에 간접적인 영향을 미칠 뿐이다. 다만 위험이 발생하는 상황에 국가가 어느 정도 관련되어 있으며, 관련성의 정도에 따라 책임의 여부 및 정도가 달라질 수 있다. 이때 관련성의 정도는 다음과 같이 차별화될 수 있다. 개인이 해당 상황에 처하도록 국가가 강제하는 경우(예컨대 전투행위), 이를 권고하는 경우(예컨대 감염병 예방을 위한 접종), 국가가 예방의 과제가 있음에도 해당 상황이 발생하여 개인이 피해를 입은 경우(예컨대 범죄) 등이다.

둘째, 국가유공자보상에서는 희생, 그리고 희생의 원인이 되는 사고의 발생에 국가의 행위 혹은 부작위가 직접 개입되어 있지는 않다. 위의 유형화된 사례에서 보면 전투행위에서는 적국의 살상(殺傷)행위가, 감염병 예방을 위한 접종의 경우 접종의 일반적인 부작용과 개인의 특별한 신체 및 생리적 상태가, 그리고 범죄의 경우 가해자인 제3자의 행위가 희생에 대한 직접적인 원인관계를

---

15) 이와 같은 변형된 국가책임의 다양한 유형에 대해서는 전광석, 한국사회보장법론(집현재, 2019), 431면 이하 참조. 이밖에 Ulrich Becker, Soziales Entschädigungsrecht(Nomos, 2017), 90면 이하 참조.

16) 예컨대 헌재 2011.7.28, 2009헌마27, 23-2(상), 114면 참조.

구성한다. 또 공무수행 중에 발생한 피해에 대한 책임은 재직관계에서 사용자의 지위에 있는 자에 귀속된다.

셋째, 유공행위 중에 발생한 희생은 일반적으로 국가의 수호 및 안전보장에 기여하지만 이때 희생이 의도적으로, 그리고 개별적으로 발생하는 것은 아니며, 규범적으로 국가책임에 귀속되는 성격을 갖지는 않는다. 따라서 이와 같은 희생이 기존의 국가책임의 법률관계에서 보면 특별희생은 아니다. 다만 유공행위와 희생이 국가의 수호 및 안전보장을 위하여 특별한 기여를 하고, 이를 개인에게 부담시키는 것은 타당하지 않기 때문에 정치적 및 입법적 결정에 따른 보상이 필요하게 된 것이다.

위와 같은 구조에서 보면 국가유공자보상이 '특별희생에 대한 보상 혹은 보훈의 성격'(그리고 사회보장의 성격)이 있다는 이해 방법은 오해의 여지가 있으며, 설명을 필요로 한다.[17] 헌법재판소가 명시적으로 설명하지는 않았지만 이때 '특별희생'이 일반적인 국가책임법상의 '특별희생'을 의미하는 것은 아니다. 수용보상청구권 및 희생보상청구권은 국가의 적극적 행위에 기인하여 재산 및 생명, 신체에 대한 피해가 발생하였고, 이는 국가책임에 귀속되며, 다른 국민과의 관계에서 특별희생이라는 구상에 기초하여 있다. 그리고 이를 보상하여 상실된 형평을 회복시키는 목적을 갖는다.[18]

그런데 국가유공자보상에서는 희생의 직접적인 원인인 국가작용이 존재하지 않고, 또 보상의 대상은 희생뿐 아니라 공헌 그 자체를 포함한다. 희생보상청구권의 성립요건과 관련된 용어에 따르면 일반적인 위험이 현실화된 것이며, 특별희생이 존재하는 것은 아니다.[19] 국가유공자보상은 보상의 기준과 방법에 있어서도 희생

17) 예컨대 헌재 2002.12.18, 2001헌마546, 14-2, 901면 참조.

18) 특히 국가유공자보상과 희생보상청구권의 유사성 및 차별성, 그리고 전자가 후자에 포섭되는 한계에 대해서는 예컨대 전광석, "국가유공자보상에 대한 헌법적 보호의 가능성", 헌법학연구 제6권 제4호(2000), 127면 이하 참조.

19) 희생보상청구권의 성립요건으로 특별희생과 이와 구분되는 일반적인 생활위험의 현실화에 대해서는 홍정선, 행정법원론(상)(박영사, 2020), 907면 이하 참조. 이

보상청구권과는 차이가 있다. 즉 희생과 공헌이 함께 고려되며, 또 이로 인하여 현실적으로 혹은 가정적으로 발생하는 소득능력 및 가족부양과 관련된 불이익이 보상의 기준이 된다. 국가유공자보상은 피해자 혹은 공헌자의 장기적이고 안정적인 생활보장을 목적으로 하며, 희생보상청구권과 같이 상실된 형평을 회복하는 이념이 적용되는 것은 아니다. 이와 같이 국가유공자보상은 보상의 근거 및 대상, 보상의 종류와 내용이 개방적이기 때문에 입법적 결정이 필요하고, 또 입법재량이 넓게 인정된다.

국가유공자보상에서 공헌과 희생에 대한 국가책임의 인정 여부는 유동적이다. 그렇더라도 국가유공자보상에서 유공행위로부터 의제되는 추상적 희생, 혹은 구체적인 희생에 대한 국가작용의 관련성, 그리고 이에 따르는 책임은 어느 정도 유형화되어야 한다. 이를 기준으로 보편적인 희생에 국가책임이 인정되는 특별한 상황, 그리고 이와 같이 국가책임으로 전환하는 이론이 구성되어야 한다. 이때 공헌과 특히 희생에 관련된 국가작용이 불법행위에 근접하는 정도에 따라 유형화될 수도 있다. 이 경우 불법행위책임을 적용하여 희생을 개별적으로 배상하기보다는 희생자의 생활보장을 위하여 입법에 의한 일괄적 보상이 보다 적합하다고 판단할 수도 있다. 4·19 혁명 공로, 상이 및 사망에 대한 보상이 이러한 예에 해당한다. 이에 비해서 5·18 민주화운동 희생에 대한 구제는 다른 방법을 선택한 바 있다.[20)]

---

밖에 독일 공법에서 기원하는 희생보상청구권(Aufopferungsanspruch)의 성립요건과 내용에 대해서는 Ossenbühl/Cornils, Staatshaftungsrecht(C.H.Beck, 2013), 142면 이하 참조. 이를 프랑스 행정법상의 이른바 '공법상의 위험책임'으로 설명하는 입장이 있다. 예컨대 박균성, 행정법론(상)(박영사, 2015), 962면 이하 참조. 이는 국가가 위험상황을 조성하는 데 따르는 책임을 말한다. 그러나 이러한 요건은 너무 추상적이어서 정형화되기 어렵고, 이와 같은 책임이 배상책임 혹은 보상책임인지도 명확하지 않다. 따라서 이는 입법론의 기반이 될 수 있지만 국가유공자보상의 이론적 근거로는 아직 취약해 보인다.

20) 헌재 2015.9.24, 2015헌바48, 27-2(상), 619면 참조. 배상책임을 일시금으로 이행하는 결과 나타나는 문제, 즉 피해자의 장기적이고 안정적인 생활을 보장할

### (2) 국가책임의 유형화

전몰 혹은 전상 군경에 대한 보상은 국가수호 및 안전보장을 위하여 국가가 적극적으로 개인을 해당 상황에 처하게 한 데에 따른 책임으로 구성할 수 있다. 이때 국민의 의무와 이에 상응하는 국가의 강제가 개입되어 있다는 점에서 보면 국가 및 사회의 정치적 책임은 크며, 이 점이 국가유공자보상의 계기가 된다.[21] 애국지사 및 순국열사의 희생과 공헌은 자발적인 동기에 의한 행위 및 결과였으며, 또 국권회복을 위한 특별한 기여를 인정하여 보상의 대상이 되었다.[22] 다만 이로써 구체적인 보상의 요건과 내용이 개방되는 문제가 있다. 이에 애국지사 및 순국선열의 경우 조사와 인정행위의 절차를 거쳐야 한다. 즉 이들은 건국훈장·건국포장 또는 대통령 표창을 받았어야 한다.[23] 단순 무공수훈자 혹은 참전유공자에 지급되는 수당은 – 용어의 의미가 설명을 필요로 하지만 – 특별희생에 대한 직접 보상의 성격을 갖지 않는다.[24] 이는 국가유공자보상의 법논리에서 보면 이질적이며, 희생에 대한 보상이 아니라 예우의 성격을 갖는다.[25]

4.19 혁명 희생에 대한 보상은 복합적인 성격을 갖는다. 이는 민주주의 수호를 위한 공헌 및 희생에 특별한 가치를 둔 것이며,

수 없는 문제에 대해서는 예컨대 전광석, "국가유공자보상의 범위결정 및 보상의 원칙 – 5.18민주유공자법에 대한 규범체계적 접근을 중심으로", 민주주의와 인권 제9권 제2호(2009), 18면 이하 참조.

21) 이와 같은 행위의 강제성을 보상의 계기로 주목하는 견해로는 예컨대 이무상, "체력단련행위 중 공상을 당한 의무복무 병(兵)에 대한 지원공상군경으로의 보상", 저스티스(2011.10), 252면 이하; 전광석, 위 각주 14의 논문, 240면 이하 등 참조.

22) 독립유공행위 자체 및 그 자발적 동기에 우월한 가치를 부여하는 결정으로는 헌재 2008.12.26, 2008헌마345, 20-2(하), 955면 이하; 2010.6.24, 2009헌바111, 22-1(하), 541면 등 참조.

23) 이 점에 대한 판단으로는 헌재 2010.6.24, 2009헌바111, 22-1(하), 529면 이하 참조.

24) 헌재 2007.3.29, 2004헌마207, 19-1, 285면 참조.

25) 이에 대해서는 아래 각주 40 참조.

이 점에서 독립유공자보상과 유사하다. 다만 4.19 혁명 희생에는 헌법의 가치와 법질서를 훼손하는 국가 혹은 공무원의 불법행위가 개입되었다는 차이가 있다. 그런데 불법행위책임에서는 구성요건과 인과관계의 요건이 엄격하기 때문에 입법에 의한 보상의 방법이 선택된 것이다. 범죄피해자구조는 또 다른 범주에 해당한다. 범죄의 발생에는 어떠한 형태로도 국가작용이 관련되어 있지 않다.[26] 따라서 이는 범죄로 인하여 피해자의 정상적인 생활이 저해되었다는 상황에 대한 사회적 지원이라고 할 수 있다. 이와 같은 위상에서 보면 우리 헌법이 범죄피해자구조를 기본권으로 보장하고 있지만(헌법 제31조), 이는 기본적으로 입법정책의 문제이다. 이와 같이 범죄피해자구조는 국가책임과 관련성이 없기 때문에 피해자와 가해자 간의 사법적인 권리구제가 될 수 없을 때 비로소 적용된다(범죄피해자보호법 제16조 제1호).

## 2. 헌법과 헌법재판

### (1) 전문

국가유공자보상에 관한 이론 및 체계의 미성숙, 이로 인하여 제도 및 개인의 법적 지위가 불안정한 상황에서 헌법은 제한적이지만 부분적으로 유용한 입법기준이 될 수 있다. 헌법재판은 이를 검토하는 의미 있는 소재(素材)이다. 헌법재판에서 국가유공자보상의 심사기준으로 전문, 제34조 인간다운 생활을 할 권리, 제32조 제6항 국가유공자 및 그 유가족에 대한 근로의 권리의 특별한 보호 등이 적용되었다. 이밖에 인간의 존엄에 관한 제10조가 적용되었다.

전문 중 "…우리 대한민국은 3·1운동으로 건립된 대한민국임시정부의 법통과 불의에 항거한 4·19 민주이념을 계승하고 … 정의·인도와 동포애로써 민족의 단결을 공고히 하고", "… 국민생활의 균등한 향상을 기하고…", "… 우리들과 우리들의 자손의 안

26) 이 점에 대해서는 예컨대 전광석, 한국헌법론(집현재, 2021), 516면 이하 참조.

전과 자유와 행복을 영원히 확보할 것을 다짐하면서…" 등의 문언이 국가유공자법의 헌법 근거 혹은 이와 관련이 있는 것으로 제시되었다. 헌법 전문의 규범력이 부인되는 것은 아니다.[27] 그러나 헌법 전문이 국가유공자보상의 규범구조를 정렬 혹은 재정렬하는 유용한 기준은 아니다. 위와 같은 문언은 국가유공자보상에 관한 특유한 언명을 포함하지 않기 때문이다. 헌법 전문은 국가유공자보상의 시대적 배경(… 대한민국임시정부의 법통과 불의에 항거한 4·19 민주이념을 계승), 추상적인 보상의 목표와 제도의 지향점(… 국민생활의 균등한 향상을 기하고…, … 우리들과 우리들의 자손의 안전과 자유와 행복을 영원히 확보할 것을 다짐하면서…)을 제시하고 있을 뿐이다. 실제 이러한 문언이 헌법재판에서 구체적인 심사기준으로 적용되지는 않았으며, 또 국가유공자보상의 헌법적 근거, 혹은 보상에 관한 지침 또는 주관적 권리의 근거가 될 수는 없었다.

### (2) 헌법 제32조 제6항과 헌법 제34조

#### 1) 기존의 논리

국가유공자보상이 사회보장의 성격을 갖는다는 명제는 사회보장의 체계에 편입되어 정상적인 생활을 보호·지원하고 미래지향적으로 생활을 안정적으로 보장할 수 있을 때 비로소 헌법적 의미를 갖는다. 그러나 국가유공자보상의 이론, 그리고 내부적 독자성과 외부체계와의 기능적 관련성이 밝혀지지 않은 상황에서 헌법재판소가 헌법의 내용을 안정적으로 형성하기는 어려웠다.

국가유공자보상과 헌법 제34조의 연계가 적합하게 구성되지 못했다. 헌법재판에서 헌법 제34조는 주로 최저생활을 보장하는 국가의 과제로 이해되었다. 이는 국가유공자보상의 입법목적, 즉 희생과 공헌의 정도에 상응하여 예우 및 지원을 하는 구조와 연계될

27) 헌법 전문의 규범력에 대해서는 예컨대 1989.9.8, 88헌가6, 1, 205면; 2006.3.30, 2003헌마806, 18-1(상), 391면 등 참조. 이에 대해서는 예컨대 장영수, "헌법 전문", 한국헌법학회(편), 헌법주석[1](박영사, 2013), 40면 이하 참조.

수 없는 이해방법이였다.[28] 또 헌법재판소는 헌법 제34조로부터 "… 최소한의 물질적인 생활의 유지에 필요한 급부를 요구할 수 있는 구체적인 권리가 상황에 따라서는 직접 도출될 수 있다고 할 수는 있어도, 동 기본권이 직접 그 이상의 급부를 내용으로 하는 구체적인 권리를 발생케 한다고는 볼 수 없다"고 보았다.[29] 사회적 기본권이 심사기준이 되는 경우 일반적으로 제시되었던 이러한 논리는 국가유공자법에 대한 심사에서 그대로 반복되었다. 그러나 – 위 결정에 의하여 헌법재판에서 기대되었던 – 구체적인 권리가 도출되는 상황이 아직 제시되지는 못했다.[30] 실제 헌법 제34조는 국가유공자보상의 내용을 종합적으로 고찰했을 때 최저생활보장의 권리를 명백히 침해하는 것은 아니라는 추상적인 평가를 하면서 합헌의견을 보충하는 역할을 하는 데 그쳤다.[31]

### 2) 논리의 재구성

국가유공자보상에 직접 관련된 헌법규정은 국가유공자 및 유가족에게 우선적으로 근로의 기회를 부여하는 헌법 제32조 제6항이다. 노동은 가장 중요한 생활기반이라는 점을 주목하여 헌법은 이에 대한 지원을 명시하였고, 또 이는 헌법심사에서 유용한 기준이

28) 이는 사회보험법에 관한 헌법심사에서도 마찬가지이며, 이러한 문제는 여러 결정에서 노출되었다. 아래 각주 31 참조.

29) 헌재 1995.7.21, 93헌가14, 7-2, 30면 이하; 2000.6.1, 98헌마216, 12-1, 647면; 2003.5.15. 2002헌마90, 15-1, 600면 이하; 2006.11.30, 2005헌바25, 18-2, 477면 등 참조.

30) 이와 같은 시도에 대해서는 이 책 제7장 300면 이하 참조.

31) 헌재 1995.7.21, 93헌가14, 7-2, 31면 이하; 1998.2.27, 97헌가10등, 10-1, 30면 이하; 2003.5.15, 2002헌마90, 15-1, 601면; 2007.3.29, 2004헌마207, 19-1, 285면 이하; 2016.7.28, 2009헌마27, 23-2(상), 115면 이하 등 참조. 이와 같은 추상적인 논리는 최저생활보장의 권리, 사회보험수급권 등을 심사하는 경우에도 적용되었지만 유용한 헌법논리가 되지는 못했다. 예컨대 최저생활보장의 권리와 관련된 결정으로는 헌재 1997.5.29, 94헌마33, 9-1, 552면 참조. 사회보험법에 관한 결정으로는 헌재 2001.4.26, 2000헌마390, 13-1, 989면 이하(국민연금법); 2011.11.24, 2010헌마510, 23-2(상), 524면 이하; 2012.8.23, 2010헌바425, 24-2(상), 501면 이하(공무원연금법) 등 참조.

되었다. 헌법재판소는 이를 유공자보상에 대한 구체적 예시에 해당하며, 국가는 국가유공자에 대한 포괄적 예우의 의무를 갖는다고 보았다.[32] 그러나 이와 같은 포괄적 의무가 규범적 성격을 갖는지는 의문이며, 이 점에 대해서는 위에서 서술하였다. 또 이 규정의 적용범위는 아래에서 서술하는 바와 같이 논란이 있었다.[33] 국가유공자보상은 헌법 제34조 제1항 및 제2항 인간다운 생활을 할 권리, 그리고 국가의 사회보장의 과제에 포섭되고 헌법적 관련성을 가질 수 있도록 재구성되어야 한다. 이 점을 헌법재판소는 '생명 또는 신체의 손상'이라는 특별한 희생에 대한 국가보상으로 표현하였다. 그런데 이때 '생명 또는 신체의 손상' 역시 예시적 요건으로서 이와 다른 내용의 희생, 그리고 희생이 없는 공헌을 동시에 포함하는지는 명확하지 않다. 또 재산적 손해가 포함되는가에 대해서도 논의가 필요하다.

국가의 사회보장의 과제와 유공자보상의 입법목적을 고려하면 헌법 제34조는 다음과 같이 재구성될 수 있다.

첫째, 헌법 제34조는 개인이 스스로의 능력으로 생활을 형성 혹은 유지할 수 없는 상황을 유형화하여 추상적으로 보호하거나 혹은 개별적인 상황을 구체적으로 보호·지원하여 실현된다. 사회보험과 공공부조가 이들 과제를 실현하는 제도에 해당한다. 국가유공자보상은 '생명 또는 신체의 손상이라는 특별한 희생'으로 인하여 정상적인 생활을 할 수 없는 상황을 의제하여 추상적으로 보호하고, 또 구체적인 상황을 기준으로 보충적으로 지원하고 있다. 보상금이 전자의 예에, 생활조정수당이 후자의 예에 해당한다. 추상적인 상황을 의제하여 보호하는 기능은 유족보상금의 수급요건 및 보상의 내용에 영향을 미친다. 즉 유족보상금은 국가유공자의 사망

32) 예컨대 헌재 1995.7.21, 93헌가14, 7-2, 20면; 2000.6.1, 98헌마216, 12-1, 639면 이하 등 참조.

33) 아래 Ⅶ. 참조.

으로 인한 부양상실을 보상하기 때문에 기본적으로 수급자는 국가유공자와 생계를 같이 하였어야 한다. 이때 수급자가 여러 명 있는 경우에 생활의 정도, 혹은 나이에 따라 우선순위를 정하는 것은 사회보장의 체계와 정합성이 있지 않다.[34)]

둘째, 생명 또는 신체의 손상이 없는 공헌 그 자체에 대한 헌법적 평가는 이중적이다. 공헌이 국권의 회복, 국가의 수호 및 안전보장에 기여하는 행위이며, 또 이로 인하여 소득활동 및 가족부양이 소홀히 되었다는 점에서 희생을 의제할 수 있다. 그러나 이와 같은 공헌과 희생의 인과관계는 보상의 요건으로 정형화하기에는 너무 추상적이다. 나아가서 희생이 아니라 순수한 공헌 그 자체를 사회보장의 성격 및 기능과 연계시키는 의제는 이론적 근거가 미약하고, 또 체계형성의 기준으로서는 지나치게 포괄적이다. 즉 구체적 상황의 유형화와 추상적 규범화의 기준이 개방되어 있다.

위와 같은 논리는 국가유공자보상에 관한 입법형성 및 헌법심사에 있어서 다음과 같이 단계적 사고로 발전할 수 있다. 첫째, 공헌은 가장 기본적인 국가유공자보상의 요건이며, 공헌은 국가유공행위와 다른 의미가 아니다. 공헌 혹은 국가유공행위의 범주, 이에 대한 보상 및 예우의 종류와 내용은 법률에 의하여 형성되며, 이때 입법재량이 넓게 인정된다. 다만 정책선택 및 정책의 우선순위에 관한 설명은 여전히 필요하며, 이에 관한 사안에서 평등권이 입법의 자기구속과 체계정합성에 따른 심사의 기준으로 남는다. 둘째, 유공행위 중 발생한 생명 및 신체의 손상은 유공행위자의 소득능력 및 부양능력에 영향을 미친다. 따라서 미래지향적으로 보호의 필요성을 기준으로 보상의 대상 및 종류와 수준이 결정되어야 한다. 이 점에서 헌법재판소가 국가유공자보상이 특별희생에 대한 보상과 사회보장의 성격을 함께 갖는다는 명제는 유용한 입법방향을 제시한다. 이 경우 공헌과 희생 그 자체보다는 희생에 대한 치

34) 이에 관한 예로는 아래 각주 101 참조.

료의 필요성, 그리고 소득능력의 감소 및 상실이 입법기준이 될 수 있기 때문이다.[35] 또 애국지사와 순국열사와 같이 본인을 기준으로 미래지향적인 보상이 형성될 수 없는 경우에는 유가족의 생활보장을 위하여 필요하고 적합한 기준이 적용될 수 있다. 국가보훈기본법이 제시하는 전국 가구의 가계소비지출액이 좋은 예이다(법 제19조 제1항).

비교법적으로 보면 대부분의 국가는 유공행위 중 발생한 희생이 생활에 미치는 영향을 기준으로 보상의 여부 및 내용을 결정하고 있다.[36] 이 경우 보상은 어느 정도 생활수준, 적어도 최저생활을 보장하여야 한다. 유공행위 중 발생한 희생에 대한 보상이 목적론적 급부인 최저생활보장에 미치지 못해서는 안되기 때문이다. 헌법재판소가 헌법 제34조를 최저생활보장의 권리로 이해하고, 또 이를 국가유공자법 규정에 대한 심사에서 적용한 것은 규범구조에 적합하지 않다는 점을 다시 확인할 수 있다. 이 단계에서 사회보장의 방법론이 차별화되어야 하며, 또 부분적으로 이는 헌법문제가 될 수 있다. 예컨대 희생의 원인이 되는 상황과 국가작용의 관련성 여부 및 정도 등 구체적 기준에 따라 평등권 침해 여부가 심사될 수 있다.

마지막으로 희생이 따르지 않는 공헌행위 자체는 엄격히 보면 예우의 대상이다. 다만 공헌에 희생이 따른다고 의제하고, 이에 보

35) 이와 같이 입법체계의 명확성을 위하여 국가유공자보상이 희생으로 인한 신체의 완전성이 훼손된 여부 및 정도를 기준으로 재편되어야 한다는 견해로는 예컨대 전신욱, 위 각주 7의 논문, 91면; 오진영, 위 각주 5의 논문, 55면 이하, 77면 등 참조. 같은 취지의 견해는 정영훈, 위 각주 5의 책, 36면 이하 참조. 이밖에 외국의 입법체계에 대해서는 아래 각주 36 참조.

36) 이 점에 대해서는 Ulrich Becker, 위 각주 15의 책, 63면 이하 참조. 예컨대 독일 사회법전 제1권(SGB I) 제5조는 사회보상에 관한 규정에서 유공행위 그 자체가 아니라 유공행위 중 발생한 건강의 훼손을 보상의 대상으로 하고, 이에 의료급여와 생활보장을 위한 급여를 하도록 하고 있다. 이에 대해서는 Ulrich Becker, 위 각주 15의 책, 23면 이하; Friedhelm Hase, “Soziales Entschädigungsrecht”, Ruland/Becker/Axer(편), Sozialrechtshandbuch(Nomos, 2018), 63면 이하 등 참조.

상금 및 각종 지원을 제공할 수 있다. 이와 같은 경우에는 희생의 경우와 마찬가지로 보상의 종류와 내용은 공헌의 종류와 내용, 공헌행위가 소득활동에 미치는 추상적 혹은 구체적인 상황이 모두 고려요소가 된다. 이러한 문제는 희생을 보상의 요건으로 하면서 공헌을 고려하여 보상의 종류와 내용을 결정하는 경우에도 나타난다.[37] 예컨대 국가유공자법은 보상금을 상이등급에 따라서 차등화하면서, 전상군경에게는 추가로 전상수당을 지급하고 있다(법 제12조 제1항 제1호, 시행령 별표 4의2).

### (3) 재산권

국가유공자보상이 희생에 대한 반대급부의 성격을 갖기 때문에 재산권이 의미 있는 심사 기준이 될 것으로 기대할 수 있다. 그러나 실제 그렇지는 않았다. 사회보험에서는 가입자가 납부한 보험료에 대한 반대급부로서 급여가 지급되며, 이는 자기성취성이 인정되기 때문에 재산권에 의하여 보호된다. 다만 사회보험에서 재산권 보장은 상대적이다. 사회보험에서는 보험의 원칙과 함께 이를 수정·보완하는 사회적 조정의 원칙이 적용된다. 후자의 원칙을 실현하기 위한 급여는 사회적 성격이 강하며, 이에 재산권적 보호의 정도는 약화된다. 또 사회보험은 가입자 개인뿐 아니라 전체 가입자, 그리고 미래 수급자의 생활을 안정적으로 보장하여야 하며, 이 점에서 입법형성 및 헌법심사에 있어서 기본권 제한의 요건인 공공복리의 사고가 강하게 작용한다. 이 점이 국가유공자보상에서는 보다 뚜렷하게 나타난다.

헌법재판소는 국가유공자보상이 특별한 희생에 대한 반대급부이며, 따라서 재산권에 의하여 보호된다는 점을 부인하지는 않는다.[38] 그러나 실제 재산권은 다음과 같은 이유에서 유용한 심사기

37) 국가유공자보상에서 공헌을 고려하는 다양한 유형에 대해서는 전광석, 위 각주 14의 논문, 238면 이하 참조.

38) 헌재 1995.7.21, 93헌가14, 7-2, 22면 참조.

준이 될 수 없었다. 국가유공자보상은 추상적으로 보면 희생과 공헌을 기준으로 이를 보상하며(국가보훈기본법 제18조; 국가유공자법 제7조), 따라서 재산권에 의한 보호의 요건인 자기성취성을 갖추고 있다. 그러나 유공행위의 여부, 그리고 공헌과 희생을 정형화하여 보상하는 문제를 재산권의 규범 및 심사구조에 편입하여 구체화하는 기반은 취약하다.

기존에 보상금의 구성요소였던 기본연금과 부가연금의 예를 들어보자. 국가유공자법에서 기본연금으로 상이의 정도에 관계없이 (상이등급 7급을 제외하고는) 동일한 액이 지급되었으며, 이는 기초생활을 보장하는 기능에 해당한다.[39] 헌법재판소는 기본연금에 보은(報恩)의 성격이 있다고 보았으며, 이는 희생에 대한 보상이 아니라 예우의 성격이 강하다는 의미인 듯하다. 헌법재판소는 예컨대 무공영예수당이 특별희생이 아니며, 직접 보상의 성격을 갖지 않는다고 하면서 이와 같은 표현을 사용한 바 있다.[40] 그러나 기본연금은 상이의 정도에 따라 산정되지는 않지만 여전히 상이를 요건으로 하며, 따라서 희생에 대한 보상의 성격이 있다. 헌법재판소는 기본연금의 성격과 기능을 혼동한 것이었다.[41] 부가연금은 공헌과 희생의 정도 및 개인의 여건에 따라 차등화되었고, 이때 상이 정도와 60세 연령기준이 고려되었다.

이와 같이 기본연금은 기초생활을 보장하고, 부가연금은 희생의 정도에 따라 차등 산정되었다. 그러나 이때 희생과 (희생이 의제되는 혹은 순수한) 공헌이 함께 반영되었으며, 그 결과 보상금은 자기기여의 성격과 사회적 성격을 함께 갖고 있었다. 더구나 – 헌법

39) 이 점에 대해서는 헌재 2003.5.15, 2002헌마90, 15-1, 581면 참조. 이와 같은 기본연금과 부가연금의 구분은 1999년 개정 법률에서 폐지되었다. 그 이전 기존 보상금 구조의 문제점에 대해서는 예컨대 김용하, 위 각주 6의 논문, 203면 이하, 215면 이하 등 참조.

40) 헌재 2007.3.29, 2004헌마207, 19-1, 285면; 2011.7.28, 2009헌마27, 23-2(상), 114면 등 참조.

41) 헌법재판소의 이와 같은 이해에 대해서는 헌재 2000.6.1, 98헌마216, 12-1, 639면 참조.

재판소의 표현에 따르면 – 공헌과 희생에 대한 직접보상의 성격을 갖지 않는 급여는 공헌에 희생이 따른다는 입법적 의제를 하는 경우와는 달리 처음부터 재산권이 심사의 기준이 될 수 없다. 실제 국가유공자법에서 재산권을 침해하였다는 이유로 위헌으로 결정된 규정은 없다.

### (4) 평등권

국가유공자보상의 헌법심사에서 핵심적인 기준은 평등권이었다. 평등권 심사는 몇 가지 차원으로 분류될 수 있다. 첫째, 특정 유공행위 혹은 이로 인한 희생이 보상에서 제외되어 평등권을 침해하는가 여부이다. 둘째, 보상의 종류와 내용은 공헌과 희생의 성노에 따라 결정되는데, 그와 같은 차별의 정당성 여부가 평등권 심사의 대상이 되었다. 셋째, 국가유공자에 대한 취업지원은 취업시험에서 경쟁관계에 있는 국민과의 평등권 침해의 문제를 발생시켰다.

첫 번째와 두 번째 범주의 사안에서는 입법재량이 넓게 인정된다는 전제하에 완화된 심사기준이 적용되었다. 특히 공헌에 대한 예우의 경우 그러했다. 이때 두 가지 논증방법이 사용되었다. 우선 상대적인 상황의 차이를 비교하였다. 예컨대 공상 군경과 달리 공상 공무원을 (보상)연금의 수급대상에서 제외하는 것은 공헌과 희생, 업무의 위험성 등에 있어서 차이가 있다는 이유로 정당화하였다.[42] 또 독립유공자의 공헌 및 희생이 그밖의 공헌 및 희생에 비해서 월등하다고 보았다.[43]

절대적으로 보면 모두 보상의 필요성이 인정되거나 혹은 적어도 부인될 수 없는 경우에는 다음과 같은 논리를 반복하였다. 즉 "… 평등의 원칙은 국가가 언제 어디에서 어떤 계층을 대상으로 하여 기본권에 관한 사항이나 제도의 개선을 시작할 것인지를 선택하는 것을 방해하지 않는다. … 국가는 합리적인 기준에 따라

42) 헌재 2001.6.28, 99헌바32, 13-1, 1242면 이하 참조.
43) 위 각주 22 참조.

능력이 허용하는 범위 내에서 법적 가치의 상향적 구현을 위한 제도의 단계적인 개선을 추진할 수 있"다. "… 그것이 허용되지 않는다면 모든 사항과 계층을 대상으로 하여 동시에 제도의 개선을 추진하는 예외적인 경우를 제외하고는 어떠한 제도의 개선도 평등의 원칙 때문에 그 시행이 불가능하"게 되기 때문이다.[44] 평등을 실현하는 단계에서 과도기적으로 나타나는 불평등은 헌법에 위반되지 않는다는 것이다. 무공수훈자 중 60세 이상의 사람에 한하여 무공영예수당을 지급하는 규정에 대한 합헌결정이 이와 같은 논리를 따랐다.[45] 다만 평등을 점진적으로 실현하는 단계에서 자의적인 기준이 적용되었기 때문에 평등권을 침해하는가는 남은 문제였다.

세 번째 범주의 사안은 국가유공자에 대한 취업지원으로 인하여 일반 국민의 기본권을 제한하기 때문에 국가유공자보상의 구조 자체, 그리고 이에 관한 헌법적 기준에만 의존할 수 있는 문제가 아니었다. 국가유공자법에 관한 헌법심사에서 유일하게 위헌 취지의 결정(위헌 및 헌법불합치결정)은 이와 관련된 것이었다.[46]

## Ⅳ. 사건 및 결정 유형

### 1. 사건 유형

#### (1) 국가유공자법

특정한 인적 범위 혹은 희생 및 공헌을 보상에서 제외하는 규정에 대한 헌법심판이 다수 청구되었다. 공상 공무원에 비해서 사립학교교원을, 그리고 공상 군경과 달리 공상 공무원을 연금지급대상에서 제외하는 규정, 특수부대원을 유공자에 포함하지 않는 규

44) 예컨대 헌재 2001.6.28, 99헌바32, 13-1, 1251면; 2006.6.29, 2006헌마87, 18-1(하), 524면; 2007.3.29, 2004헌마207, 19-1, 285면 이하 등 참조.

45) 헌재 2007.3.29, 2004헌마207, 19-1, 284면 이하 참조.

46) 헌재 1999.12.23, 98헌바33, 11-1, 732면 이하; 2006.2.23, 2004헌마675등, 18-1(상), 269면 이하 등 참조.

정, 국내 대학 재학생과는 달리 해외 대학에 재학하는 자녀를 교육지원에서 제외하는 규정, 무공수훈자 중 60세 이상의 자에 한하여 무공영예수당을 지급하는 규정 등이 이러한 유형에 해당한다.[47) ] 같은 유형으로 유족의 수급자격이 여러 차례 심사의 대상이 되었다. 희생 및 공헌이 유가족의 생활에 미치는 영향을 고려하여 일부 유가족이 보상의 대상에서 제외되었기 때문이다. 유족 중 1인이 연금을 받은 사실이 있는 경우에는 자녀를 6·25 전몰군경자녀수당의 지급대상 및 취업보호의 대상에서 제외하는 규정, 유공자의 자녀가 생존하는 경우와는 달리 사망한 경우에는 손자녀를 지원하지 않는 규정, 전사한 전몰군경의 자녀와는 달리 부상을 입은 후 사망한 군경의 자녀를 6·25 전몰군경자녀수당의 대상에서 제외한 규정, 일반양자와는 달리 사후양자를 제외하는 규정, 자녀가 미성년이거나 생활능력이 없는 정도의 장애가 있는 경우에 한하여 연금수급자격을 부여하는 규정, 형제자매를 유족의 범위에서 제외하는 규정 등이 심사의 대상이 되었다.[48)]

희생과 공헌에 상응하는 보상의 종류와 내용에 관한 결정에서는 입법재량이 넓게 인정되었고, 또 최저생활보장의 권리를 침해하지는 않는다는 이유로 청구는 모두 기각되었다.[49)] 특히 무공영예수당과 같이 단순한 예우에 해당하는 경우에는 대상자 선정뿐 아니라 보상의 종류와 내용에 대한 입법재량이 넓고, 따라서 헌법심사

47) 헌재 1994.6.30, 91헌마161, 6-1, 653면 이하; 2001.6.28, 99헌바32, 13-1, 1242면 이하; 2000.4.27, 99헌마76, 12-1, 556면 이하; 2003.5.15, 2001헌마565, 15-1, 568면 이하; 2007.3.29, 2004헌마207, 19-1, 276면 이하 등 참조.

48) 헌재 2002.12.18, 2001헌마546, 14-2, 890면 이하; 2008.12.26, 2008헌마345, 20-2(하), 945면 이하; 2006.6.29, 2006헌마87, 18-1(하), 510면 이하; 2018.11.29, 2017헌바252, 30-2, 602면 이하; 2003.11.27, 2003헌바39, 15-2(상), 297면 이하; 2007.4.26, 2004헌바60, 19-1, 427면 이하; 2010.5.27, 2009헌바49, 22-1(하), 244면 이하 등 참조.

49) 헌재 2000.6.1, 98헌마216, 12-1, 622면 이하; 2003.5.15, 2002헌마90, 15-1, 581면 이하; 2015.6.25, 2013헌마128, 27-1(하), 553면 이하 등 참조.

의 가능성은 제한적이었다.[50] 이밖에 보상요건의 확인 방법에 대한 심판청구가 있었다. 유공자로 등록을 신청한 시점부터 보상이 지급되며, 희생과 공헌이 있은 시점에 소급하여 보상하지 않는 규정이 여러 차례 심사의 대상이 되었다.[51] 이 규정은 주로 보상청구권이 법률에 의하여 형성되었을 때 비로소 구체적인 권리의 성격을 갖는다는 논리에 따라 정당화되었다. 다만 과거 발생한 공헌과 희생을 보상하는 특별법과의 관계에서는 평등권이 심사기준이 되었다.[52]

국가유공자 및 그 유가족에게 가산점을 부여하여 취업을 지원하는 규정이 3차례 심사의 대상이 되었으며, 그 중 2건이 위헌과 헌법불합치로 결정되었다.[53] 위에서 언급한 바와 같이 이는 국가유공자법 자체의 논리가 아니라 일반적인 헌법논리에 따라 심사되어야 했고, 그만큼 보상의 종류와 내용에 대한 입법재량이 축소되는 구조가 나타났다. 이밖에 취업지원에서 계약직 공무원, 지도직 공무원을 가산점에 의한 지원에서 제외하는 규정, 선발인원이 3명 이하인 경우 가산점을 적용할 수 없도록 하는 규정이 심사되었다.[54]

일반적으로 사회보험, 특히 건강보험 및 직역연금에서 위임의 구체성이 빈번하게 헌법심사의 기준이 되었다. 국가유공자법에서 이에 해당하는 결정이 2건 있었다.[55] 이 중 '국가의 수호와 안전보

---

50) 헌재 2007.3.29, 2004헌마207, 19-1, 276면 이하 참조. 이는 참전명예수당에도 적용되는 논리이다. 헌재 2003.7.24, 2002헌마522등, 15-2(상), 180면 참조.

51) 헌재 1995.7.21, 93헌가14, 7-2, 26면 이하; 1998.2.27, 97헌가10등, 10-1, 15면 이하; 2006.11.30, 2005헌바25, 18-2, 471면 이하; 2011.7.28, 2009헌마27, 23-2(상), 104면 이하; 2019.6.28, 2018헌바189, 31-1, 679면 이하 등 참조. 독립유공자법에 있어서 같은 사안에 대한 결정으로는 헌재 2015.9.24, 2015헌바48, 27-2(상), 613면 이하 참조.

52) 아래 각주 72 참조.

53) 위 각주 46 참조. 합헌결정으로는 2001.6.28, 99헌바32, 13-1, 1242면 이하 참조.

54) 헌재 2012.11.29, 2011헌마533, 24-2(하), 194면 이하; 2016.10.27, 2014헌마254등, 28-2(상), 701면; 2016.9.29, 2014헌마541, 28-2(상), 510면 이하 등 참조.

55) 헌재 2009.3.26, 2008헌바105, 21-1(상), 457면 이하; 2016.12.29, 2016헌바263,

장 또는 국민의 생명·재산 보호와 직접적인 관련이 있는 교육훈련 또는 직무수행 중 상이를 입은' 요건에 관한 규정은 법적 명확성뿐 아니라 이와 같은 구분의 실체법적 타당성과 형평성을 점검하는 계기가 되었다.

### (2) 독립유공자법, 고엽제법, 참전유공자법, 보훈보상대상자지원법

독립유공자법은 1945년 8월 15일 이전 국권회복을 위한 행위 및 이로 인한 사망을 보상하기 때문에 수급권자인 자녀가 사망한 경우 혹은 자녀에 대한 보상금이 미흡한 경우 손자녀를 수급권자로 하였다. 손자녀는 유공자와 한 세대를 건너 뛰기 때문에 사회보험에서 유족의 수급자격에 일반적으로 적용되는 기순, 즉 '사망 당시 (유공자에 의한) 생계유지'의 기준을 적용할 수 없었다. 이에 독립유공자법에서 손자녀의 나이, 생활정도 등이 수급 기준이 되었다. 같은 사안은 보훈보상대상자지원법에서도 제기되었다.[56] 이에 관한 결정이 전체 8선 중 4건이있다.[57] 보상의 방법과 내용과 관련하여 2개의 결정이 있었다. 취업지원에서 동점자 처리기준으로 유공자 및 유가족을 우선 선발하는 규정, 순국선열의 유족을 애국지사와 같은 내용으로 보상하는 규정이 심판의 대상이 되었다.[58] 독립유공자법에서도 여러 차례 희생 및 공헌이 있었던 시점으로 소급하여 보상하지 않는 문제가 쟁점이 되었다.[59] 이밖에 독립유공자의 경우 건국훈장, 건국포장 또는 대통령 표창을 받아야 한다는 보상의 요건이 일반 국가유공자와 비교하여 평등권에 의한 심사의

---

28-2(하), 629면 이하 등 참조.

56) 헌재 2018.6.28, 2016헌가14, 30-1(하), 339면 이하 참조.

57) 헌재 2007.12.27, 2006헌바34, 19-2, 787면 이하; 2011.4.28, 2009헌마610, 23-1(하), 117면 이하; 2013.10.24, 2011헌마724, 25-2(하), 263면 이하; 2018.6.28, 2015헌마304, 30-1(하), 635면 이하 등 참조.

58) 헌재 2006.6.29, 2005헌마44, 18-1(하), 319면 이하; 2018.1.25, 2016헌마319, 30-1(상), 161면 이하 등 참조.

59) 헌재 2015.9.24, 2015헌바48, 27-2(상), 613면 이하 참조.

대상이 되었다.[60]

기존에 고엽제법은 피해자가 생존하여 있는 경우에 한하여 자녀에게 교육 및 취업지원을 하였다. 개정 법률은 피해자가 사망한 경우에도 지원을 하였지만 이 규정은 피해자가 법률이 시행된 시점 이후에 사망한 경우에 한하여 적용되었다. 헌법재판소는 사망의 시기는 차별취급의 합리적인 기준이 될 수 없다는 이유로 위헌결정을 하였다.[61] 고엽제후유증 피해자의 자녀와는 달리 고엽제후유의증 환자의 자녀를 보상에서 제외하는 규정은 점진적 평등실현의 논리에 따라 합헌으로 결정되었다.[62] 고엽제법에 있어서도 등록을 신청한 시점 이후에 보상이 이루어지고, 발병 시점으로 소급하여 보상하지 않는 규정이 심사의 대상이 되었다.[63]

참전유공자법에서는 70세 이상의 나이를 기준으로 참전명예수당을 지급하는 규정의 위헌 여부, 상이를 입은 경우 보상금 이외에 참전명예수당은 지급되지 않기 때문에 상이를 입지 않은 자에 비해서 오히려 불리한 취급을 받는 점이 문제가 되었다.[64] 이밖에 고엽제전우회의 회원 가입자격이 있는 자는 월남전참전자회의 가입자격을 인정하지 않는 규정이 결사의 자유 및 평등권에 의한 심사의 대상이 되었다. 그러나 이는 국가유공자보상에 관한 실체법적 문제는 아니었다.[65]

## 2. 결정 유형

### (1) 국가유공자법

2019년 말 기준으로 국가유공자법 규정에 대한 헌법재판소의

60) 헌재 2010.6.24, 2009헌바111, 22-1(하), 529면 이하 참조.
61) 헌재 2011.6.30, 2008헌마715등, 23-1(하), 430면 이하 참조.
62) 헌재 2014.4.24, 2011헌바228, 26-1(하), 16면 이하 참조.
63) 헌재 2000.7.20, 98헌가4, 12-2, 1면 이하 참조.
64) 헌재 2003.7.24, 2002헌마552등, 15-2(상), 169면 이하; 2010.10.28, 2009헌마272, 22-2(하), 264면 이하 등 참조.
65) 헌재 2016.4.28, 2014헌바442, 28-1(상), 632면 이하 참조.

결정은 35건이 있었다. 위헌결정과 헌법불합치결정은 각각 1건으로 비중이 낮은 편이다. 이는 모두 가산점을 부여하여 국가유공자의 취업을 지원하는 규정에 대한 결정이었다.[66] 25건의 청구는 기각 혹은 합헌으로 결정되었다. 8건이 각하결정이었다. 국가유공자 보상에 대한 인식과 권리의식이 커지면서 보상을 위하여 헌법소원심판을 청구하였지만 기본권 침해는 이미 종료되었기 때문에 부적법한 심판청구로 결정되는 경우가 많았다. 또 행정소송을 제기하고 패소한 후 청구한 경우 원처분에 대한 헌법소원심판에 해당하여 각하로 결정된 경우도 있었다.[67]

32건이 헌법소원심판이었으며, 권리구제형 헌법소원심판과 위헌심사형 헌법소원심판이 각각 12건과 20건이었다. 권리구제형 헌법소원심판도 대부분 법률을 대상으로 하였다. 위헌법률심판은 2건이었으며, 이는 모두 유공자 등록 및 신청의 시점부터 보상하는 규정을 대상으로 하였다.

### (2) 독립유공자법, 고엽제법, 참전유공자법, 보훈보상대상자지원법

독립유공자법 규정에 대한 결정은 8건이 있었다. 수급자격이 있는 손자녀가 여러 명 있는 때 연장자에 한하여 1인에게 보상금을 지급하는 규정이 헌법불합치로 결정되었다. 보훈보상대상자지원법의 같은 규정 역시 헌법불합치로 결정되었다.[68] 6건의 청구가 기각 혹은 합헌으로 결정되었다. 1건은 각하되었다. 8건 모두 헌법소원심판이었고, 5건이 권리구제형 헌법소원심판, 3건이 위헌심사형 헌법소원심판이었다.

고엽제법 규정에 대한 결정은 3건이 있었다. 위헌결정이 1건,

---

66) 헌재 1999.12.23, 98헌바33, 11-1, 732면 이하; 2006.2.23, 2004헌마675등, 18-1(상), 269면 이하 등 참조.

67) 헌재 1999.1.28, 98헌마16, 11-1, 654면 이하; 2008.10.30, 2006헌바80, 20-2(상), 806면 이하 등 참조.

68) 헌재 2013.10.24, 2011헌마724, 25-2(하), 263면 이하; 2018.6.28, 2016헌가14, 30-1(하), 339면 이하 등 참조.

합헌결정이 2건이었다. 위헌법률심판, 권리구제형 헌법소원심판, 위헌심사형 헌법소원심판이 각 1건이었다. 참전유공자법 규정에 대한 헌법소원심판은 모두 기각 혹은 합헌으로 결정되었다.

## V. 국가유공자보상의 법적 성격과 등록제도

국가유공자보상을 받기 위하여 등록을 신청하여야 하며, 이 시점부터 보상이 이루어진다(국가유공자법 제9조 제1항). 즉 희생과 공헌이 있었던 시점으로 소급하여 보상을 하지는 않는다. 국가유공자보상의 법적 성격이 보상의 시점에 영향을 미쳤다. 즉 국가유공자보상은 법률에 의하여 구체적으로 형성되며, 이때 보상의 시기에 관하여 입법재량이 인정된다. 보다 구체적인 논리는 다음과 같다. 즉 등록과 신청 시점에 보상청구권이 발생할 때 보상에 필요한 예산을 예측할 수 있고, 소급하여 보상을 하는 경우에는 국가재정에 부담이 된다. 희생과 공헌이 있었던 시점에 소급하여 보상을 하는 경우 과거 사실을 중심으로 인과관계를 판정하기 어렵다. 또 이미 대부분의 청구권자가 등록제도를 통하여 보호를 받고 있다.

이 점에서 국가유공자보상은 국가배상청구권과는 차이가 있다.[69] 국가배상청구권은 불법행위가 존재하지 않았더라면 있었을 상태를 회복하는 목적을 가지며, 이때 과거의 소극적 피해와 미래의 적극적 손해가 모두 배상의 범위에 포함된다. 이와 같은 제도의 본질상 청구권의 발생 시기와 배상의 범위가 법률에 의하여 정해질 수는 없다. 따라서 국가배상법이 제시하는 배상 기준이 구속력을 갖지 않으며, 배상의 상한을 의미하는 것도 아니다.[70] 또 국가배상을 대체하는 특별법이 배상법의 성격을 유지하는 한 국가배상의 범주를 제한하는 것은 허용되지 않는다.[71] 국가유공자보상은

69) 헌재 2011.7.28, 2009헌마27, 23-2(상), 114면 이하 참조.
70) 이 점에 대해서는 대판 1970.1.29, 68다1203 참조.
71) 이와 같은 이유로 헌법재판소는 정신적 피해를 배상의 대상에서 제외하였던 「민

예컨대 '5·18 민주화운동 희생에 대한 보상'과도 차이가 있다. 이 법에 따른 보상은 그 명칭에도 불구하고 배상과 보상이 혼재하여 있기 때문이다.[72] 이와 같은 책임법적 성격에 상응하여 「5·18 민주화운동 관련자 보상 등에 관한 법률」에서는 피해가 발생한 시점으로 소급하여 이를 기준으로 보상금이 산정된다(법 제5조).

등록과 신청의 시점 이후부터 보상하는 규정이 경우에 따라서 국가유공자보상의 이념에 반할 수 있다는 인식도 필요하다. (예컨대 고엽제 피해와 같이) 유공행위와 피해의 인과관계가 피해가 발생한 이후 시점에 밝혀진 경우, 혹은 (예컨대 특수부대원의 경우와 같이) 유공행위가 공식적으로 알려질 수 없었던 사정이 있는 경우에는 당사자의 귀책사유 없이 보상이 미루어졌기 때문에 보상청구권의 성립 시기를 달리 보아야 하기 때문이다.[73] 이 경우에 국가유공자보상의 보상법적 성격과 사회보장법적 성격이 경합하게 된다. 전자의 입장에서는 과거에 발생한 희생이 소급적으로 보상되어야 하지만, 후자의 입장에서는 미래지향적 생활보장이 입법목적이 되어야 한다. 다만 정책적 타당성 여부를 떠나 이에 관한 헌법적 기준

---

주화운동 관련자 명예회복 및 보상 등에 관한 법률」의 규정을 위헌으로 결정한 바 있다. 헌재 2018.8.30, 2014헌바180등, 30-2, 242면 이하 참조. 다만 국가배상법 규정에 대한 심사의 기준이 재산권이 되는가는 의문이다. 이 경우 국가배상법에 대한 입법형성권은 다시 넓어지기 때문이다. 국가배상청구권을 재산권으로 이해하는 헌법재판소의 결정으로는 헌재 1994.12.29, 93헌바21, 6-2, 390면 이하; 1996.6.13, 94헌바20, 8-1, 484면; 2018.8.30, 2014헌바180등, 30-2, 272면 이하 등 참조.

72) 헌재 2015.9.24, 2015헌바48, 27-2(상), 619면 참조. 이 점에서 헌법재판소가 5·18민주화운동 관련자에 대한 보상을 '위로금'의 성격을 갖는다고 이해하는 것은 옳지 않다. 헌재 2011.7.28, 2009헌마27, 23-2(상), 115면 참조. 이밖에 배상과 보상의 성격을 혼합하여 일괄적으로 입법적 해결을 시도하는 또 다른 예로는 「민주화운동 관련자 명예회복 및 보상 등에 관한 법률」이 있다. 이 법의 복합적인 성격에 대해서는 예컨대 헌재 2018.8.30, 2014헌바180등, 30-2, 272면 이하 참조.

73) 이와 같은 문제에 대해서는 헌재 2000.7.20, 98헌가4, 12-2, 1면 이하 참조. 다만 고엽제법은 아직 고엽제 살포행위와 피해 사이의 인과관계가 확정되지 않은 상태에서 이를 의제하여 피해자를 보호하기 위한 입법이었으며, 따라서 엄격하게 보면 사후에 인과관계가 확정된 경우에 해당하지는 않는다.

이 존재하는 것은 아니며, 등록 및 신청제도가 갖는 문제점을 인식하는 것은 필요하다.

## Ⅵ. 유형화와 평등, 유족의 자격과 범위

### 1. 신분상의 차이와 평등

입법은 모든 구체적인 사안 자체를 규율대상으로 하지는 않으며, 구체적인 사안을 유형에 따라 추상화하여 이에 법적 효과를 부여하는 방법으로 이루어진다. 국가유공자보상은 신분을 기준으로 보상 여부를 결정하였으며, 이때 유공자에서 제외되는 사람의 입장에서 보면 유형화의 합리성에 의문을 제기한다. 공상 공무원과는 달리 사립학교교원을 국가유공자에 포함시키지 않은 규정은 이러한 예에 해당한다. 이때 유형화의 기준은 공직의 보유와 수행 여부이며, 공직의 수행에는 헌법 제7조에 따른 의무가 부과된다는 점이 차별의 근거였다. 사립학교교원은 퇴직 후 생활보장과 관련하여 공무원과 함께 통일적인 제도(사학연금, 공무원연금)에 의하여 규율되고 있다.[74] 그러나 이와 같은 사실이 유공행위의 성격을 사립학교교원으로 확대하는 의미를 갖는 것은 아니다.

헌법재판소는 국가유공자보상의 적용 대상을 '공상 교원'으로 하였다면 '교원'의 여부가 입법형성의 기준이 되기 때문에 '사립학교교원'을 배제하는 규정이 위헌이었을 것이라고 보았다.[75] 그러나 이는 올바른 가정은 아니다. 공직과 그밖의 직무는 유형적으로 구분될 수 있는 반면 교원의 경우 그밖의 직무와의 구분은 명확하지 않고, 이로써 평등권 심사의 지평은 제한 없이 확대된다. 이 결정에서는 차별의 기준이 뚜렷하기 때문에 '국가의 재정능력, 전체적인 사회보장에 관한 국가유공자에 대한 평가기준 내지 사회적 가

74) 이 점에 대해서는 예컨대 헌재 2000.6.29, 98헌바106, 12-1, 844면 참조.
75) 헌재 1994.6.30, 91헌마161, 6-1, 669면 참조.

치관' 등을 논거로 입법형성권이 넓게 인정된다는 논증은 필요가 없었다.[76] 공무원인 교원과 사립학교 교원이 모두 공교육을 담당한다는 점에서 직무상의 동일성이 있고, 따라서 사립학교교원에게도 보훈 및 예우를 하는 것이 바람직하다는 서술도 오해의 여지가 있었다.[77] 이로써 유공자의 범위가 지나치게 확대되고, 국가유공자보상의 부담이 과중해지기 때문이다.

공상 군경과는 달리 공상 공무원을 연금지급의 대상에서 제외하는 규정에 대한 심사에서는 신분상의 차이와 점진적 평등의 관점이 동시에 고려되었다. 이는 1950년대 초 군인(군사원호법)과 경찰(경찰원호법)이 우선 보상의 대상이 되었고, 이후, 즉 1974년과 1992년 공무원을 국가유공자에 포함하였지만 이들에게 교육보호 등 지원을 실시하면서 연금 및 수당을 지급하지는 않았던 경로가 그대로 유지된 결과였다. 이 결정에서 헌법재판소는 다음과 같은 단계적 논리로 합헌판단에 이르렀다. 첫째, 연금 및 수당의 지급대상은 기본적으로 입법재량에 의하여 결정된다. 특히 공상 군경은 공헌과 희생, 업무의 위험성의 정도 등에 있어서 공상 공무원과는 차이가 있다. 둘째, 입법자는 법적 가치를 상향적으로 실현하는 과정에서 단계적으로 개선하는 조치를 취할 수 있으며, 이때 과도기적으로 나타나는 불평등이 평등권을 침해하는 것은 아니다.[78]

군경은 업무의 위험성에 있어서 일반 공무원과 차이가 있기는 하다. 그러나 엄격히 보면 국가와 사회를 위한 희생과 공헌에 대한 판단에 있어서 군경과 공무원의 신분상의 차이가 차별의 기준이 될 수는 없다. 오히려 일반 공무원을 국가유공자의 범위에 포함시킨 경우에는 희생과 공헌의 여부 및 정도가 입법형성의 기준이며, 이와 같은 기준의 범위 내에서 점진적 평등실현의 논리를

76) 헌재 1994.6.30, 91헌마161, 6-1, 668면 참조.
77) 헌재 1994.6.30, 91헌마161, 6-1, 670면 참조.
78) 헌재 2001.6.28, 99헌바32, 13-1, 1251면 참조.

적용할 수는 있다. 이밖에 국가예산이나 재정, 전체적인 사회보장의 수준 등을 고려하여 단계적으로 해결하는 것이 합리적이고 타당하다는 헌법재판소의 논리는 지나치게 포괄적이며, 또 국가유공자보상의 구조에 충실하지 않다.[79)]

## 2. 점진적 평등 실현과 차별의 합리성

### (1) 보상청구권과 관련된 시점 선택의 문제

국가유공자법은 과거에 보상이 충실하지 못했던 상황을 개선하면서 주로 재정적인 이유에서 일정한 시점을 기준으로 개선입법의 적용범위를 제한하였다. 이와 같은 시점의 선택과 관련된 두 개의 결정에서 평등권이 심사의 기준이 되었다. 이는 모두 6·25 전몰군경 유가족 지원에 관한 문제였다.

6·25 전몰자녀수당이 도입되었지만 시행 시점인 1998년 1월 1일 이후 유족 중 1인이 연금을 받은 사실이 있는 경우에는 지급대상에서 제외되었다. 연금을 지급받은 경우에는 가족의 부양상실은 보상되며, 따라서 자녀에게 수당을 지급할 필요가 없다고 의제한 것이다. 이에 비해서 제도의 시행 시점 이전에 연금수급이 종결된 경우에는 당시까지 전몰군경에 대한 보상이 열악했고, 따라서 사후에 자녀수당을 지급하여 보상할 필요가 있었다. 이와 같은 시점에 따른 차별이 자의적이라고 할 수는 없다.[80)] 그러나 구체적인 상황을 중심으로 보면 제도가 시행된 시점 이후에 연금을 수급하였더라도 예컨대 연금수급자가 조기에 사망하고 남은 자녀가 생활을 유지하는 능력이 없는 경우에는 자녀수당을 지급하는 것이 바람직하다. 다만 이와 같은 구체적인 상황이 모두 국가유공자법의 과제는 아니다. 헌법재판소의 결정 이후 해당 규정은 시점에 관계없이

79) 이와 같은 헌법재판소의 논리로는 헌재 2001.6.28, 99헌바32, 13-1, 1253면 이하 참조.

80) 헌재 2002.12.18, 2001헌마546, 14-2, 890면 이하 참조.

유족이 보상금을 지급받고 있는 경우에 한하여 자녀수당을 지급하지 않도록 개정되었다(법 제16조의3 제1항 단서).

6·25 전몰군경의 손자녀에 대한 취업지원도 유사한 상황을 배경으로 도입되었으며, 또 같은 논리에 따라 심사가 이루어졌다.[81] 6·25 전몰군경의 배우자가 1993년 1월 1일 이후에 연금을 받은 사실이 있는 경우에는 손자녀는 취업지원의 대상에서 제외되었다. 이는 6·25 전몰군경의 유족에 대한 보상이 실질적으로 개선된 시점이었다. 헌법재판소는 국가유공자의 손자녀는 헌법 제32조 제6항의 적용대상이 아니라고 보았다.[82] 그러나 아래에서 서술하는 바와 같이 이와 같은 해석이 타당한가는 의문이다.[83] 또 기본적으로 배우자, 자녀, 부모 등만을 보상 및 지원의 대상에 포함하며, 손자녀는 제외된다는 논리는 법률 규정을 기준으로 헌법을 해석하는 결과가 되었다. 그렇다고 손자녀가 헌법 제32조 제6항에 의하여 구체적인 보상청구권을 갖는 것은 아니며, 이는 기본적으로 유공행위의 시기, 수급권자의 연령, 그동안 보호의 충실 여부를 기준으로 법률에서 결정되어야 한다. 손자녀를 취업지원의 대상에서 제외한 것은 6·25 전몰군경의 배우자가 받은 연금이 부양상실을 대체한다고 보았기 때문이다. 이와 같은 차별이 평등권을 침해하는 것은 아니다. 다만 6·25 전몰군경자녀수당의 경우와 마찬가지로 1993년 1월 1일 이후에 연금을 지급받은 사실 자체가 아니라 계속해서 연금을 지급받는가의 여부가 보다 중요한 기준이며, 이에 관한 입법적 검토가 필요하다.

이 결정에서 헌법재판소의 주목할 만한 논리는 독립유공자와 그밖에 유공자의 차별에 관한 의견이다. 독립유공자법에 의하면 손자녀가 지원의 대상이며(법 제5조 및 제16조 제2항 제1, 2호), 심지어 손자녀가 질병·장애

81) 헌재 2008.12.26, 2008헌마345, 20-2(하), 945면 이하 참조.

82) 헌재 2008.12.26, 2008헌마345, 20-2(하), 954면 이하 참조.

83) 아래 각주 113 참조.

또는 고령 등으로 인하여 취업이 어려운 경우 그 손자녀의 자녀 1인이 지원될 수 있다. 헌법재판소는 독립유공자의 공헌 및 희생이 6·25 전몰군경의 공헌 및 희생에 비해서 월등하므로 이와 같은 차별이 정당하다고 보았다.[84] 그러나 이에 대한 헌법적 및 규범적 근거가 있지는 않다. 국가보훈기본법은 일제로부터의 조국의 자주독립 및 국가의 수호 또는 안전보장을 위한 희생 및 공헌을 병렬적으로 규정하여 전자와 후자의 우열관계를 직접 결정하고 있지는 않다(법 제3조 제1호 가, 나). 순국선열 및 애국지사의 경우 대부분 자녀가 취업 적령을 지나 있기 때문에 일반적으로 손자녀의 취업을 지원하는 필요성이 있는 반면 6·25 전몰군경의 경우 이와 같은 필요성이 개별적으로 판단되어야 하며, 따라서 유형화에 따른 차별이 정당하다는 논리가 보다 타당하다.

### (2) 차별기준의 선택과 입법재량

평등실현을 위한 입법에서 차별기준은 기본적으로 입법재량에 따라 선택되지만 자의적인 기준이 허용되는 것은 아니다. 다음과 같은 결정이 비판적 검토를 필요로 한다.

헌법재판소는 교육지원의 대상에서 국외 대학에 취학한 자녀를 제외하는 것은 합리적인 기준에 따른 차별로서 평등권을 침해하지 않는다고 판단하였다. 대학에서 교육지원은 수업료를 면제하고, 대학에 수업료의 50%를 지원하는 방법으로 이루어진다. 이는 중·고등학교에서 교육지원과 차이가 있다. 중·고등학교에서는 수업료, 입학금 등이 직접 지원되고 있다. 이와 같은 제도의 차이를 헌법재판소는 두 가지로 설명하였다. 첫째, 대학에 대한 수업료 지원은 교육지원의 범위를 벗어난 것으로서 대학의 일반적인 재정부담을 경감하는 목적이 있다. 둘째, 국외에서 대학교육을 받는 것이 아직 일반화되어 있지는 않다. 이에 따라 국가의 재정부담능력 등을

84) 헌재 2008.12.26, 2008헌마345, 20-2(하), 955면 이하 참조.

고려하여 제도를 단계적으로 개선하면서 우선 국내 대학에 취학한 자를 지원하는 것이 현저히 자의적 기준에 의한 차별은 아니다.[85)]

그러나 헌법재판소의 제도 이해와 정당화 논리는 검토를 필요로 한다. 중·고등학교에 상당 규모의 국고가 지원되며, 여기에는 국가유공자 자녀에 대한 특별한 보호가 부과되어 있다고 볼 수 있다. 이에 비해서 대학은 공교육이 위임된 기관은 아니며, 대학에 대한 국고지원은 교육과 연구를 진흥하는 일반적인 목적을 갖는다. 즉 이와 같은 재정지원이 국가유공자에 대한 교육지원을 보상하는 의미를 갖지는 않는다. 이에 국가는 수업료 면제에 따르는 부담을 덜어주기 위하여 별도로 수업료 지원에 관한 규정을 둔 것이다. 이와 같은 이해방법에 따르면 대학에서 수업료 지원이 국가유공자법에 의한 교육지원의 범위를 벗어나며, 일반적인 교육지원과 본질적으로 차이가 있는 것은 아니다. 다만 그 실현방법이 다를 뿐이다. 또 수업료 지원은 오늘날 대학교육이 보편화되어 있는 상황에서 주관적으로는 국가유공자 자녀의 교육기회에 직접적인 영향을 미친다.

이 사안에서는 아직 해외 유학이 일반적이라고 볼 수 없다는 점이 보다 설득력 있는 합헌의 논리이다. 이때 점진적 평등실현의 논리가 적용될 수 있다. 그러나 국내 대학에서의 수학과 해외 유학이 본질적으로 다른 상황인지는 의문이다. 교육을 지원하는 목적에서 보면 국내 혹은 국외 대학인가는 합리적인 차별기준은 아니며, 또 이에 관한 평등을 실현하는 데 현실적인 장애가 있는 것도 아니다. 예컨대 국내 대학에 재학하는 자가 받는 지원액에 상응하는 수준의 지원을 할 수 있기 때문이다. 이 결정의 반대의견은 이 점을 지적하였다.[86)]

희생의 원인이 되는 유공행위는 1차적으로는 법률에 의하여 확

85) 헌재 2003.5.15, 2001헌마565, 15-1, 577면 이하 참조.
86) 헌재 2003.5.15, 2001헌마565, 15-1, 579면 이하 참조.

정된다. 전쟁수행 및 전투행위는 가장 전형적이고, 또 대표적인 유공행위이다. 이밖에 국가유공자법은 공상 군경, 즉 군인이나 경찰·소방공무원이 교육훈련 또는 직무수행 중 상이를 입은 경우를 보상의 사유에 포함시켰다(법 제4조 제1항 제6호). 그런데 이 경우 보상의 대상이 지나치게 확대될 수 있기 때문에 단순 교육훈련 또는 직무수행과 구분하여 '국가의 수호·안전보장 또는 국민의 생명·재산 보호'와 '직접적인 관련'이 있는 경우로 대상을 축소하였다. 이로써 이에 해당하는 군경과 그밖의 군경에 대한 차별이 발생한다.

그러나 '국가의 수호·안전보장 또는 국민의 생명·재산 보호'와 '직접적인 관련'이 있는 경우와 그밖의 경우가 유형적으로 구분될 수 있는가, 그리고 타당한가는 의문이다. 첫째, 보상의 대상이 되는 군경의 직무수행과 그밖의 직무수행을 구분하는 경계가 불명확하다. 둘째, '직접적인 관련'에 대한 판단기준 역시 찾기 어렵다. 이와 같은 문제를 인식하였기 때문에 헌법재판소는 '직접적인 관련성'에는 '실질적인 관련성'의 요소가 포함되어 있다는 보충 논리를 제시하였다.[87] 그러나 '실질적인 관련성'과 그밖의 관련성이 구분되는 기준은 모호하고, 그 결과 해당 규정의 적용범위는 여전히 명확하지 않다. 유공행위의 구체적인 기준과 범위를 결정하는 데 고려되어야 할 사항을 제시한 규정(법 제4조 제2항)도 같은 문제를 갖고 있다. 전투 또는 이에 준하는 직무수행의 범위(제1호)는 비교적 명확하지만, '직무수행이나 교육훈련과 국가의 수호·안전보장 또는 국민의 생명·재산 보호와의 관련 정도'(제2호)는 이에 관한 심판대상인 규정의 내용을 반복하고 있을 뿐이다. 구체적으로 이 사안에서 청구인은 해안 경계근무 중 상이를 입었다. 그런데 청구인의 등록 신청을 거부한 사유가 해당 상이가 '국가의 수호·안전보장 또는 국민의 생명·재산 보호'를 위한 행위에 해당하지 않기 때문인지, 아니면

87) 헌재 2016.12.29, 2016헌바263, 29-2(하), 640면 이하; 2019.6.28, 2018헌바189, 31-1, 67면 이하 등 참조.

해당 행위와 직접적인 혹은 실질적인 관련성이 없기 때문인지는 불분명하다.[88] 적어도 이 사안에서 차별의 합리성이 확인되지는 않으며, 그 결과 자의적인, 즉 평등권을 침해하는 법집행의 우려가 있었다.

점진적인 평등실현의 논리가 합헌결정의 근거로 적합하지 않은 경우도 있다. 군경과 공무원의 신분에 따른 차별이 점진적 평등실현의 논리가 적용될 수 있는 사안이 아니라는 점은 위에서 지적하였다.[89] 국가유공자법은 6·25 전몰군경자녀수당을 도입하면서 1953년 7월 27일 이전에 전투기간 중 전사한 군경의 자녀를 수급권자로 하였다. 이에 비해서 해당 전투기간 중 부상을 당하고 이후에 사망한 군경의 자녀는 수급자격을 가질 수 없다. 헌법재판소는 전투기간 중 사망한 경우에는 가족이 부양을 상실하는 반면 부상 후에 사망한 경우에는 보상의 필요성과 절심함이 덜하기 때문에 해당 규정이 합리적인 기준을 벗어난 것은 아니라고 보았다.[90] 그러나 이에 대해서는 다음과 같은 검토가 필요하다.

국가유공자보상은 유공행위, 그로 인한 희생, 그리고 유공행위와 희생 간의 인과관계를 요건으로 성립된다. 그리고 일반적으로 사회적 위험의 원인관계를 중심으로 법률관계를 형성하는 사회보장법에서는 해당 행위 중 사망한 경우뿐 아니라 부상 혹은 질병이 발생한 후 이를 원인으로 사망한 경우를 보상의 요건에 포함시킨다. 산업재해보상보험법, 공무원재해보상법, 군인재해보상법 등이 이러한 예에 해당한다.[91] 실제 헌법재판소는 이와 유사한 사안

88) 헌법재판소가 인용한 대법원 판결은 주로 기존의 질병 및 부상이 악화된 경우에는 국가유공자 요건을 충족하기 위하여 필요한 인과관계가 결여된다는 취지였다. 대판 2016.7.27, 2015두46994; 2017.3.9, 2016두55933 등 참조. 따라서 이 판결이 헌법재판소의 결정에서 국가유공자와 보훈대상자의 구분이 명확해졌다는 판단의 근거가 될 수는 없다.

89) 위 각주 78 참조.

90) 헌재 2018.11.29, 2017헌바252, 30-2, 608면 이하 참조.

91) 공무원재해보상법 제3조 제1항 제3호, 군인재해보상법 제4조 제1항 제4호 등 참조.

을 심사한 바 있다. 즉 공무원연금법과는 달리 군인연금법에서 군인이 재직 중 질병 및 부상으로 인하여 퇴직한 경우와 달리 퇴직 후 폐질에 이른 경우를 상이연금의 지급 대상에 명시하지 않은 규정에 대해서 헌법불합치결정을 하였다.[92] 이와 같은 논리는 국가유공자법 규정에 대한 심사에도 적용되어야 했다.

헌법재판소는 전투행위 중 부상을 입은 이후에 사망한 경우 그 자녀에 대한 지원의 필요성을 부인하지는 않았으며, 따라서 해당 규정에 불평등의 요소가 있다는 점은 인정하였다. 그리고 이를 점진적 평등실현의 논리로 정당화하였다.[93] 그러나 이는 이와 같은 논리가 적용될 수 있는 사안은 아니다. 오히려 보상의 구조에 충실하게 사망 시기에 관계없이 유공행위 중 발생한 희생과 인과관계를 기준으로 차별의 합리성이 판단되어야 하며, 이때 (위에서 언급한 바와 같은) 유사한 구조를 갖는 법률과 비교하는 작업이 필요했다. 헌법재판소의 결정 이후 심판대상 규정은 개정되어 상이를 입고 요양 중 상이를 원인으로 사망한 경우에도 자녀수당 수급자격을 인정하였다(시행령 제3조의2, 별표 1).

## 3. 유족의 수급자격, 유족급여의 성격과 기능

### (1) 유족급여의 수급자격

유족급여의 수급자격에 관한 국가유공자법 규정은 부분적으로 사회보장법에 일반적인 입법례를 벗어났다. 다음과 같은 특수성이 있기 때문이다. 첫째, 유공행위가 오래 전에 발생한 경우 본인은 물론이고 자녀도 더 이상 취업지원에 적합한 연령에 있지 않기 때문에 손자녀 등으로 유족의 범위를 확대하였다. 둘째, 국가유공자

92) 헌재 2010.6.24, 2008헌바128, 22-1(하), 473면 이하; 2016.12.29, 2015헌바208, 28-2(하), 456면 이하 등 참조. 헌법불합치결정에 대한 법원의 기본권 우호적 해석 및 적용례에 대해서는 대판 2011.9.29, 2008두18885 참조.

93) 헌법재판소의 이러한 논리에 대해서는 헌재 2018.11.29, 2017헌바252, 30-2, 607면 참조.

보상의 사회보장의 성격을 주목하는 경우, 민법의 상속자격 및 순위와 달리 유족의 범위가 독자적으로 형성될 수도 있다. 다만 아래에서 살펴보는 바와 같이 국가유공자법에 대한 심사에서는 이점은 쟁점이 되지는 않았다. 이밖에 사후양자의 수급자격이 쟁점이 되었다. 이는 사회보험법에서 일반적으로 제기되는 문제로서 국가유공자법에 특유한 것은 아니었다.

국가유공자 또는 그 유가족이 사망한 경우에는 보상을 받을 권리는 소멸한다(법 제9조 제2항). 이에 따라 6·25 전쟁 중 전사 혹은 순직한 사람의 자녀인 수급권자가 사망한 경우에는 보상권 자체가 소멸하며, 이로써 손자녀의 수급자격을 인정하는 근거는 없어진다. 이에 비해서 수급권자인 자녀가 생존해 있는 경우에는 취업지원의 대상이지만 자녀는 이미 취업적령을 벗어나 있기 때문에 자녀를 대신하여 손자녀를 취업지원의 대상에 포함시켰다. 헌법재판소는 주로 국가유공자법 제9조에 의하여 수급권이 소멸되었다는 규범 내용을 확인하고, 또 유족의 수급자격은 입법재량에 의하여 결정된다는 논리로 해당 규정을 합헌으로 결정하였다.[94]

그러나 국가유공자법의 구조에서 보면 심사의 기준은 다음과 같이 구체화되어야 했다. 유족급여는 유공자의 사망으로 인한 부양상실을 보상한다. 그런데 위 규정은 수급권자인 유공자 또는 그 유가족이 사망한 이후의 상황이 더 이상 국가유공자법의 과제가 아니라는 의제에 기초해 있다. 그 결과 구체적으로 보면 자녀가 사망한 경우와 같이 오히려 보호의 필요성이 큰 경우에 그 손자녀는 지원의 대상에서 제외되었다. 이로써 국가유공자법이 예정하는 추상적인 상황과 실제 구체적인 상황이 차이가 있게 된다. 국가유공자법이 이와 같은 구체적인 상황을 개별적으로 지원하는 과제를 갖지는 않는다. 따라서 이에 관한 규정이 명백히 불합리한 기준이 적용된 차별이라고 볼 수는 없다.

---

94) 헌재 2006.6.29, 2006헌마87, 18-1(하), 524면 이하 참조.

국가유공자법은 유족급여의 수급자격을 미성년자녀로 하고, 성년자녀의 경우 생활능력이 없는 정도의 장애가 있는 경우에 한하여 수급자격을 인정하였다. 유족급여가 유공자의 사망으로 인한 부양의 상실을 대체한다는 점을 고려하면 성년자녀의 수급자격을 제한하는 것이 미성년자녀와의 관계에서 평등권을 침해하는 것은 아니다.[95] 일반적으로 부양은 자녀교육을 포함하며, 오늘날 대학교육이 보편화되어 있는 상황에서 교육과정에 있는 경우에는 성년자녀에게 수급자격을 부여하는 것이 바람직하다. 헌법재판소는 사회보험에서 유족급여의 수급자격과 관련하여 이 점을 지적한 바 있다.[96] 다만 국가유공자법은 자녀교육을 독자적으로, 그리고 일정한 조건하에 성년 이후에도 지원하기 때문에 성년자녀의 수급자격을 제한하는 규정이 평등권 및 인간다운 생활을 할 권리를 위반하는 정도가 사회보험에 비해서는 약화된다.

형제자매의 수급자격을 인정하지 않는 규정 역시 평등권 혹은 인간다운 생활을 할 권리를 침해하는 것은 아니다. 이 경우 사회보험법에서는 유족의 상속권 침해 여부가 주요 쟁점이었다.[97] 그러나 국가유공자법에서 이 점이 심사의 기준이 되지는 않았다. 헌법재판소는 보다 일반적인 기준에 따라 사안을 판단하였다. 즉 입법목적, 수혜자의 상황, 국가예산 내지 보상능력 등을 고려하여 유족의 범위가 결정될 수 있으며, 이에 따르면 형제자매를 제외하는

95) 헌재 2003.11.27, 2003헌바39, 15-2(하), 297면 이하 참조.

96) 헌법재판소의 이와 같은 문제인식에 대해서는 헌재 1999.4.29, 97헌마333, 11-1, 516면 이하; 2014.5.29, 2012헌마515, 26-1(하), 432면 이하 등 참조.

97) 공무원연금법에서 형제자매의 유족급여 수급자격에 관한 심사로는 예컨대 헌재 2014.5.29, 2012헌마555, 26-1(하), 441면 이하 참조. 공무원연금법에 관한 헌법심사에서 사회보장수급권과 상속권의 관계에 관한 헌법재판소의 논리가 일관되지는 않았다. 사회보장수급권을 상속의 대상으로 인정하지만 상속의 법리를 따라야 하는 것은 아니라는 입장, 혹은 사회보장수급권은 상속권과는 헌법적 기초와 제도적 취지를 달리한다는 입장이 공존하였다. 헌재 1998.12.24, 96헌바73, 10-2, 866면 이하; 1999.4.29, 97헌마333, 11-1, 514면; 2010.4.29, 2009헌바102, 22-1(하), 47면; 2010.5.27, 2009헌바49, 22-1(하), 244면 이하 등 참조.

것이 현저하게 합리성을 결여하고 있지는 않다.[98] 그러나 이는 사회보장법을 포함하여 급부법에 대한 헌법심사에서 일반적으로 제시되는 논리로서 이 사안에 적용하기에는 너무 포괄적이다. 유족급여는 부양상실을 보상하는데, 형제자매는 사망한 유공자와 부양관계에 있지는 않다는 특유한 논리가 제시되어야 했다.

국가유공자법은 일반 양자와는 달리 사후양자에게는 유족급여의 수급자격을 인정하지 않았으며, 다만 사후양자로 이미 등록된 사람은 수급자격을 유지한다. 헌법재판소는 사후양자의 수급자격을 인정하지 않는 근거로 두 가지를 들었다.[99] 첫째, 양자제도가 기존에 가(家)를 위한 제도에서 부모 및 자녀 등 가족구성원을 위한 제도로 변화하였다. 이로써 양자를 입양하여 가(家)를 계승하는 의미가 상실되었으며, 따라서 양자에 수급자격을 인정할 필요가 없다는 의미인 듯하다. 둘째, 사후양자는 국가유공자가 사망한 후에 비로소 양자의 자격을 갖게 된 것이며, 따라서 국가유공자의 사망 시점에 사망으로 인하여 부양관계에 영향을 받지 않는다. 그만큼 부양상실을 보상하는 필요성이 약화된다.

첫 번째 논리는 이 사건 결정에 직접적인 영향을 미치지 않으며, 두 번째 논리를 보충하는 의미를 가질 뿐이다. 일반적으로 사회보험에서 사망 당시 가입자에 의하여 생계를 유지하고 있는 유족에게 수급자격을 부여하며, 퇴직 후 혼인한 배우자와 퇴직 후 입양된 자녀에게는 수급자격을 인정하지 않는다.[100] 예컨대 공무원연금법은 퇴직일 이후에 출생한 자녀에게도 유족급여 수급자격을 인정하지 않고 있다. 이러한 논리는 국가유공자법에도 타당하며, 따라서 해당 규정이 일반양자와 사후양자를 차별하는 데에는 합리적인 이유가 있다.

98) 헌재 2010.5.27, 2009헌바49, 22-1(하), 253면 이하 참조.
99) 헌재 2007.4.26, 2004헌바60, 19-1, 438면 이하 참조.
100) 국민연금법 제73조 제1항 및 공무원연금법 제3조 제1항 등 참조.

### (2) 유족급여의 기능과 수급자 선정

독립유공자법은 유공자가 1945년 8월 14일 이전에 사망한 경우에 손자녀 1명에 보상금을 지급하였다. 손자녀가 2명 이상인 경우에는 나이가 많은 자를 우선하였다. 보훈보상대상자지원법 역시 같은 규정을 두고 있었다. 이는 일반적인 사회보장법의 입법례와는 차이가 있다. 사회보장법에서는 이 경우 두 가지 기준이 적용된다. 첫째, 사망한 자에 의하여 생계를 유지하고 있던 자가 우선 수급권자가 되거나(국민연금법 제73조 제1항) 혹은 민법의 상속순위에 따른다(공무원연금법 제31조). 둘째, 같은 순위의 자가 2명 이상인 경우에는 유족급여는 똑같이 나누어 지급한다(국민연금법 제73조 제3항, 공무원연금법 제32조).

헌법재판소는 심판대상인 규정을 헌법불합치로 결정하였다.[101] 연장자를 우선하는 규정은 국가보훈과 사회보장의 어떠한 성격과도 정합하지 않으며, 자의적인 차별에 해당한다. 사회보장의 기능에서 보면 해당 손자녀가 사망한 독립유공자와 생계를 같이 하는가의 여부가 본질적인 기준이지만 이를 사안에 적용하기는 어렵다. 독립유공자와 손자녀가 일반적으로 생계를 같이 하지 않았기 때문이다. 헌법재판소는 적어도 연령에 따른 차별은 헌법에 합치하지 않는다는 결정을 하면서 입법개선의 방향을 제시하였다. 이는 국가유공보상의 성격과 기능을 다시 검토하는 계기가 되었다. 다만 개정 법률이 헌법재판소가 지적한 위헌적 요소를 제거하지는 못했다. 즉 연장자 우선의 기준은 여전히 유지되어 있다.[102]

헌법재판소는 연장자 우선의 규정을 헌법불합치로 판단하면서 다음과 같이 대안을 제시하였다. 즉 같은 순위의 유족에게는 생활정도에 따라 보상금을 분할하여 지급하거나, 다른 유족에 비하여 특별히 경제적으로 어려운 자가 있고, 그 외의 유족에게 생활보호

101) 헌재 2013.10.24, 2011헌마724, 25-2(하), 263면 이하; 2018.6.28, 2016헌가14, 30-1(하), 339면 이하 등 참조.

102) 그럼에도 불구하고 헌법재판소는 개정 법률에 대한 합헌 취지의 기각결정을 하였다. 헌재 2018.6.28, 2015헌마304, 30-1(하), 635면 이하 참조.

의 필요가 없다면 경제적으로 생활이 어려운 자에 한정하여 보상금을 지급할 수 있다.[103] 실제 헌법재판소의 결정 이후 개정된 법률은 협의에 의하여 1명을 수급자로 하지 않는 한 국민기초생활보장법의 수급자를 우선하도록 하였다. 이는 독립유공자보상의 체계에 적합한 입법은 아니다. 독립유공자보상은 기본적으로 희생과 공헌의 정도에 따라 형성되어야 하며, 실제 보상금은 이와 같은 기준에 따라 정해져 있다(법 제7조, 시행령 제6조 및 별표 1). 그리고 유족보상금은 사망으로 인한 부양상실을 추상적으로 의제하고 이를 대체하는 급여이다. 그런데 헌법재판소의 제안은 유족보상금에 공공부조의 요소를 도입하는 결과가 된다. 유족의 구체적인 생활정도에 따라 지급 여부 및 수준을 결정하기 때문이다. 이는 평등의 원칙에 반할 뿐 아니라 재산권을 침해하는 평가를 피할 수 없다.[104] 또 이와 같은 논리에 따르면 유족에 대한 구체적인 보호의 필요성이 없는 경우에는 유족보상금을 제한하는 가능성도 열리게 된다.

---

103) 헌재 2013.10.24, 2011헌마724, 25-2(하), 272면 이하; 2018.6.28, 2016헌가14, 30-1(하), 347면 이하 등 참조.

104) 국가유공자법에서 유족급여에 대한 재산권 보호에 대한 결정이 아직 있지는 않다. 자기기여가 인정되는 급여관계를 규율하는 직역연금에서 헌법재판소는 유족급여에 대한 재산권에 의한 보호를 부인하지는 않았지만 그 보호의 정도가 약화된다고 보았다. 헌재 1999.4.29, 97헌마333, 11-1, 512면, 517면 등 참조. 이에 비해서 국민연금법상 유족연금의 성격에 대한 이해는 미세한 차이가 있었다. 즉 유족연금을 재산권에 의한 보호대상에서 명시적으로 제외하는 것은 아니었지만 이를 전제하는 듯하다. 이에 대해서는 헌재 2019.2.28, 2017헌마432, 31-1, 210면 참조. 독일 연방헌법재판소는 유족급여를 재산권에 의한 보호의 대상에서 제외한 바 있다. BVerfGE 97, 283면 이하 참조. 그러나 이는 타당한 결정이 아니었다. 이에 대한 비판적인 견해에 대해서는 예컨대 Friedhelm Hase, "Hinterbliebenenrente als Eigentum im verfassungsrechtlichen Sinn", Juristen Zeitung(2000), 591면 이하; Franz Ruland, "Rentenversicherung", Ruland/Becker/Axer(편), Sozialrechtshandbuch(Nomos, 2018), 909면, 963면 등 참조.

## Ⅶ. 헌법 제32조 제6항과 평등권

헌법재판소는 제대군인에게 가산점을 부여하여 취업을 지원하는 국가유공자법 규정을 위헌으로 결정하였다.[105] 이 결정은 국가유공자의 보상을 위한 조치가 이에 속하지 않는 일반 국민의 기본권을 제한할 수 있다는 점에서 헌법적 논의의 지평을 넓혔고, 무엇보다도 평등권 심사에 새로운 기준을 적용하는 계기가 되었다. 병역복무는 일반적인 국민이 의무를 이행하는 것이기 때문에 제대군인은 헌법 제32조 제6항에 의하여 우선적으로 근로의 기회를 부여받는 대상은 아니다. 또 헌법재판소는 헌법 제39조 제2항 불이익 금지는 병역의무의 이행으로 인한 사실상 및 경제상의 불이익을 보상하는 취지는 아니라는 점을 명확히 하였다.[106]

가산점은 제대군인에게 규범적 이익을 발생시키고, 이로써 병역의무를 이행할 수 없는 여성 및 장애인을 차별하는 결과가 되었다. 그런데 여성 및 장애인에 대한 차별금지와 보호는 헌법의 기본질서이기 때문에 제대군인 가산점은 헌법과 정합성이 없다. 또 공직수행에 현역복무를 감당할 수 있는 건강 정도가 요구되는 것은 아니기 때문에 여성 및 장애인에 불리하게 작용하는 가산점제도는 자의적인 차별이며, 이는 공무담임권을 중대하게 침해한다. 이와 같이 헌법이 금지하는 차별기준이 적용되고, 기본권이 중대하게 제한되는 경우에는 평등권 심사에서 입법형성의 범위는 줄어들고, 비례의 원칙이 심사기준으로 적용된다. 이에 제대군인에게 3~5%의 가산점을 응시 횟수에 제한 없이 부여하는 규정은 비례의

105) 헌재 1999.12.23, 98헌바33, 11-2, 732면 이하 참조. 이는 심판 당시에는 「제대군인지원에 관한 법률」에서 규율되고 있었으며, 해당 조항 역시 위헌으로 결정되었다. 헌재 1999.12.23, 98헌마363, 11-2, 770면 이하 참조.

106) 이 점에 대해서는 예컨대 헌재 1999.2.25, 97헌바3, 11-1, 133면; 2009.7.30, 2008헌바162, 21-2(상), 291면; 2010.11.25, 2006헌마328, 22-2(하), 454면 이하 등 참조.

원칙을 벗어나서 헌법에 위반된다고 판단하였다.[107)]

이 결정은 국가유공자 및 유가족에게 가산점을 부여하여 취업을 지원하는 국가유공자법 규정에 대한 위헌심사를 예고하였다. 실제 이에 대한 심판이 청구되었고, 헌법재판소는 처음에는 합헌, 그리고 이후 헌법불합치결정을 하였다. 국가유공자 및 그 유가족에 대한 취업지원은 헌법에 직접 근거가 있다는 점이 제대군인의 경우와는 다른 상황이었다. 이 점을 고려하면 심사의 기준은 자의금지의 원칙이 되어야 한다. 그러나 가산점을 통하여 일반 국민이 공직에 평등하게 접근하는 권리가 제한된다는 점을 주목하였으며, 이에 헌법재판소는 비례의 원칙에 따르되 완화된 형태로 적용된다는 절충을 하였다.[108)] 이때 완화된 비례의 원칙의 의미와 효과가 무엇인지, 그리고 헌법 제32조 제6항이 국가유공자 및 그 유가족을 우선적 지원의 대상으로 명시하였음에도 비례의 원칙이 적용되어야 하는지는 의문이었다. 비례의 원칙은 특히 법익균형성을 중심으로 심사되었다. 그런데 10%의 가산점이 응시 횟수에 제한이 없이 부여되고, 또 국가유공자의 채용 비율에 제한도 없었다. 국가유공자를 채용하는 비율의 상한에 관한 규정은 이후에 도입되어 30%를 넘지 못하도록 하였다. 그러나 당시 시점에 합격자 중 취업보호대상자가 차지하는 비율이 10%를 약간 넘었으며, 특히 전체 일반직 공무원 중 이들이 차지하는 비율은 아직 3%에도 미치지 못했다는 점이 법익균형성의 판단에 영향을 미쳤다.[109)]

두 번째 결정에서 헌법재판소는 기존 결정을 변경하여 해당 규정을 헌법불합치로 결정하였으며, 여기에는 상황의 변화가 영향을 미쳤다. 국가유공자 유가족의 수, 가산점 대상자 중 유공자 본인에 비해서 유가족의 비율이 크게 증가하였고, 공무원 임용시험의 경

107) 헌재 1999.12.23, 98헌바33, 11-2, 753면 참조.
108) 헌재 2001.2.22, 2000헌마25, 13-1, 405면 참조.
109) 헌재 2001.2.22, 2000헌마25, 13-1, 408면 이하 참조.

쟁이 치열해졌다. 이와 같은 사실관계의 변화를 배경으로 헌법 제32조 제6항에 대한 새로운 해석을 하였다.[110] 헌법 제32조 제6항에 의하여 우선적으로 근로의 기회를 부여받는 대상을 이전의 결정과는 달리 이해하였다. 즉 국가유공자와 상이군경 자신, 그리고 전몰군경의 유가족이 적용대상이다. 이에 비해서 국가유공자의 유가족 및 상이군경의 유가족은 헌법 제32조 제6항의 적용대상에서 제외되었으며, 이들에 대한 지원은 입법정책의 결과라고 이해하였다. 이들에 대한 지원이 헌법에 직접적인 근거가 없으면서 일반 응시자의 공무담임권을 중대하게 침해하기 때문에 엄격한 비례의 원칙이 적용되어야 한다.

이와 같은 결정은 사실관계의 변화를 배경으로 일반 응시자가 불이익을 받는다는 문제를 헌법해석을 통하여 극복하기 위한 노력이었다. 그러나 이는 지나치게 결과 중심적인 논리였고, 또 헌법해석, 국가유공자법의 개념 및 입법목적에 충실한 것은 아니었다. 사실 헌법해석의 혼란은 헌법 문언 자체가 제공하였다.[111] 국가유공자법에 따르면 상이군경과 전몰군경이 모두 상위 개념인 국가유공자에 해당한다(법 제4조 제1항 제3, 4호). 취업지원은 유공자가 유공행위 혹은 유공행위 중 발생한 희생으로 인하여 취업에 필요한 역량을 갖추는 기회를 가질 수 없었고, 또 자녀교육에 충실할 수 없었다는 점을 고려한 것이다. 이와 같은 취지에서 보면 취업지원의 대상이 상이군경 본인, 그리고 전몰군경의 유가족에 한정되지는 않는다.[112] 따라서 헌법 제32조 제6항에 대한 헌법재판소의 이해방법은 헌법해석의 한계를 벗어난 것이었다. 이 결정 반대의견은 이 점을 지적하고 있다.[113]

110) 헌재 2006.2.23, 2004헌마675등, 18-1(상), 288면 이하 참조.

111) 헌법 문언이 기원하는 맥락에 대해서는 정영훈, 위 각주 5의 책, 19면 이하 참조.

112) 나아가서 헌법 제32조 제6항을 국가유공자법과 연계하여 해석할 필요성이 있는가 하는 의문에 대해서는 예컨대 정영훈, 위 각주 5의 책, 53면 이하 참조.

113) 헌재 2006.2.23, 2004헌마675등, 18-1(상), 290면 이하 참조.

사회적 기본권의 특성상 취업지원의 대상과 방법은 법률에 의하여 구체화된다. 취업지원은 장기적으로 생활의 안정을 보장하는 목적을 갖는다. 따라서 예컨대 계약직 공무원과 같이 한시적인 취업의 경우는 취업지원의 목적과 어울리지 않는다. 이밖에 일반적으로 계약직은 전문지식 및 기술이 요구되며, 따라서 일반경력직 공무원이 대체할 수 없는 업무를 수행하기 때문에 취업지원의 대상에서 제외되었다. 이는 지도직 공무원의 경우에도 적용될 수 있는 논리였다.[114)]

## Ⅷ. 보상의 종류와 내용

국가유공자보상은 현금, 그리고 현물 및 서비스의 형태로 지급되며, 이때 급여의 종류에 따라 서로 기능을 대체하는 경우에는 급여의 병급(倂給)과 선택, 그리고 조정의 문제가 발생한다. 이는 국가유공자가 양로시설에 입소하는 경우에 급여를 조정하는 규정과 관련하여 심판의 대상이 되었다. 이 경우 부가연금과 생활조정수당 및 간호수당은 대통령령이 정하는 바에 따라 지급을 정지하고, 기본연금은 계속 지급된다. 위 규정은 국가유공자법의 전체적인 급여구조를 재검토하는 계기가 되었다.

국가유공자보상은 전체적으로 희생과 공헌에 대한 반대급부의 성격이 있고, 또 기본연금과 부가연금, 그리고 간호수당은 강행규정에 따른 급여이다. 이로써 이들 연금과 수당은 재산권에 의하여 보호된다.[115)] 다만 공헌 자체 및 공헌에 의하여 의제되는 희생에 대한 보상에는 자기기여의 성격과 단순 예우의 성격이 혼재해 있기 때문에 재산권이 심사의 기준으로서 유용성은 낮다. 이에 비해서 생활조정수당은 재량급여이며, 따라서 재산권이 심사기준이 될

114) 헌재 2012.11.29, 2011헌마533, 24-2(하), 201면 이하; 2016.10.27, 2014헌마254등, 28-2(상), 706면 이하 등 참조.

115) 위 각주 41 참조.

수는 없다. 헌법재판소는 유공자가 양로시설에 입소하는 경우 부가연금 및 생활조정수당의 지급이 정지되는 것은 국가의 재정부담능력, 전체적인 사회보장의 수준, 국가유공자에 대한 평가기준을 고려한 입법재량에 따른 판단이며, 또 양로시설에 입소하는 경우 기초생활이 보장되기 때문에 위 규정은 정당하다고 보았다.[116] 그러나 이는 국가유공자보상의 구조에 충실하지 않은 포괄적인 논리이며, 또 올바른 것도 아니었다. 이에 관한 심사를 위해서는 기본연금과 부가연금의 법적 성격과 기능에 대한 이해가 필요하다.

기본연금과 부가연금이 같은 기능을 갖는 다른 급여에 의하여 대체(代替)되는 경우에는 그 자체가 재산권 심사에 영향을 미치지는 않는다. 희생과 공헌이 현금 형태로 보상되어야 하는 것은 아니기 때문이다. 이에 비해서 생활조정수당은 공공부조의 성격을 갖는다. 이는 기본연금과 부가연금으로 생활을 유지할 수 없는 수급자에게 최저생활을 보장하기 위한 국가의 일방적인 급여이다. 이와 같은 성격에 상응하여 생활조정수당은 수급자의 가족 수 및 생활정도에 따라 일정한 소득에 미치지 못하는 경우 표준생계비, 임금 및 물가수준 등을 고려하여 결정된다. 이는 기본연금이 희생과 공헌에 대한 반대급부로서 기초생활을 보장하는 점과 차이가 있다.

기능적으로 보면 국가유공자가 양로시설에 입소하는 경우 기초생활이 보장되며, 따라서 기본연금과 생활조정수당의 지급이 정지된다고 해서 평등권이 침해되는 것도 아니다. 이에 비해서 부가연금의 지급 정지는 절대적으로 보면 희생과 공헌에 대한 반대급부로서 보상을 실현하지 못하여 재산권을 침해한다. 또 상대적으로 보면 희생과 공헌의 정도를 고려하지 않고 일률적으로 취급하여 평등권에 반한다. 헌법재판소는 부가연금이나 생활조정수당 등의 지급이 정지되는 경우에도 국가유공자가 시설 보호를 받음으로써 거주비, 식비, 피복비의 대부분을 스스로 부담하지 않게 되어 사실

116) 헌재 2000.6.1, 98헌마216, 12-1, 641면 이하 참조.

상 종전에 지급받던 보상금 중 상당 부분에 갈음하여 다른 형태의 보상을 받는다고 보았다.[117] 이는 기본연금 및 생활조정수당의 경우에는 적용될 수 있는 논리이다. 그러나 이들 지원이 소득능력의 상실 혹은 감소를 보상하는 부가연금을 대체할 수는 없으며, 따라서 입법재량의 범위를 벗어난다.

## Ⅸ. 의회유보 및 위임의 구체성

### 1. 사회보장법과 국가유공자법의 특수성

그동안 사회보장법 규정에 대한 헌법심사에서 위임의 구체성은 여러 차례 쟁점이 되었고, 또 부분적으로 위헌결정이 내려졌다. 그러나 전체적으로 보면 헌법재판소가 이 점을 적극적으로 심사하였다고는 볼 수 없다.[118] 국가유공자보상법에 있어서는 의회유보 및 위임의 구체성을 엄격하게 적용하기 어려운 다음과 같은 상황도 작용한다. 보상요건인 희생과 공헌의 내용은 개방적이며, 또 유형화의 가능성이 제한적이다. 보상과 예우의 성격이 복합적으로 작용한다. 또 보상은 희생과 공헌의 정도뿐 아니라 생활정도, 가족상황 등을 고려하여 결정된다. 소득 및 부양상실을 보상하기 위하여 현금뿐 아니라 각종 현물 및 서비스 형태로 급여가 지급된다. 이를 모두 법률에서 구체적으로 규율할 수는 없으며, 어느 정도 행정입법에 위임하는 것은 피할 수 없다.

그러나 국가유공자보상은 개인에게 생활의 기반을 안정적으로 보장하여야 하며, 헌법 제34조 인간다운 생활을 할 권리를 실현하는 수단이기 때문에 보상의 요건과 내용이 국회에서 충실히 공론화되고 법률에서 규율되어야 한다. 또 행정입법에 위임하는 경우에

117) 헌재 2000.6.1, 98헌마216, 12-1, 643면 이하 참조.

118) 적극적인 심사의 예로는 예컨대 헌재 1998.5.28, 96헌가1, 10-1, 509면 이하(의료보험법); 2003.9.25, 2000헌바94등, 15-2(상), 254면 이하(공무원연금법); 2009.3.26, 2007헌가5등, 21-1(상), 312면 이하(군인연금법) 등 참조.

는 법률에서 구체적인 범위를 정하여야 한다. 이 점에서 의회유보 및 위임의 구체성은 국가유공자법에 대한 심사에서도 유용한 기준이 되어야 한다. 이때 개인은 자신의 법적 지위 및 법적 지위의 변화를 알거나 적어도 예측할 수 있으며, 행정입법에 의하여 비로소 이를 인식할 수 있어서는 안된다.

국가유공자법에서 위임의 구체성에 관한 결정은 2건으로 드물었다.[119] 이 중 공상 군경의 보상요건에 관한 심사에서 쟁점이 되었던 법적 명확성 및 포괄위임의 문제에 대해서는 위에서 서술한 바 있다. 위임의 구체성에 관한 쟁점은 청구인이 적극적으로 제기하지도 않았다. 예컨대 가산점에 의한 취업지원의 대상에서 계약직 공무원과 지도직 공무원을 제외하는 규정은 법률이 아니라 시행령에 두었다. 이는 개인의 기본권을 실현하는 데 본질적인 요소이며, 또 규율에 입법기술적인 한계가 있지도 않기 때문에 의회유보의 원칙에 충실한 것은 아니었다.[120]

## 2. 입법기술적인 문제, 위임의 구체성에 대한 재확인

보상금의 산정기준은 전국가구 가계소비지출액을 고려하여 희생과 공헌의 정도에 따라 결정되며, 그 지급액, 지급방법, 그밖에 지급에 필요한 사항은 대통령령으로 정하도록 하였다(법 제12조 제4, 5항). 위임의 구체성이 쟁점이었던 사안에서는 순직군경의 경우 유족보상금이 현저히 낮은데, 이 점이 법률을 통해서는 예측할 수 없으며, 시행령에 비로소 규율되었다는 점이 문제였다. 헌법재판소는 이 규정이 위임의 구체성을 위반하지 않는다는 논거로 두 가지를 들었다.[121] 첫째, 국가유공자에게 지급되는 보상금과 추가 수당 등을

119) 헌재 2009.3.26, 2008헌바105, 21-1(상), 457면 이하; 2016.12.29, 2016헌바263, 28-2(하), 629면 이하 등 참조.

120) 헌재 2012.11.29, 2011헌마533, 24-2(하), 194면 이하; 2016.10.27, 2014헌마254등, 28-2(상), 701면 이하 등 참조. 이에 관한 실체법적 판단에 대해서는 위 각주 113 참조.

121) 헌재 2009.3.26, 2008헌바105, 21-1(상), 470면 이하 참조.

모두 법률에 규정하는 것은 입법기술적으로 어려움이 있다. 또 이를 모두 구체적으로 법률에 직접 규율하는 경우에는 보상의 내용을 탄력적으로 조정하는 데 장애가 된다. 둘째, 법률 규정에 의하여 순직군경의 유족들이 보상금을 구체적으로 산정하는 기준에 관한 내재적인 한계를 객관적으로 분명히 예측할 수 있다.

보상금 산정의 고려요소인 전국가구 가계소비지출액은 모든 보상금에 적용되는 기준이며, 수급자에게 개별적으로 보상금의 수준을 예측하는 기준이 될 수는 없다. 또 보상금의 산정기준인 희생과 공헌의 정도는 개인이 보상의 종류와 내용을 예측하기에는 너무 추상적이다. 이 경우 극단적으로는 법 제12조 제4항 이외의 입법적 결정이 없어도 위임의 구체성에 반하지 않는다는 평가에 이를 수 있다. 헌법재판소의 두 번째 논리는 기존의 위임의 구체성에 대한 이해방법을 벗어난다. 먼저, 보상금의 산정기준에 대한 내재적 한계를 분명히 예측할 수 있다는 논리의 의미와 내용을 파악할 수 없다. 내재적 한계는 일반적으로 법률 규정 자체에 이미 어느 정도 구체적인 내용이 포함되어 있거나, 혹은 법률 전체 혹은 다른 법률을 종합적으로 고찰하였을 때 행정입법의 내용을 어느 정도 예측할 수 있다는 의미로 사용되어 왔다.[122] 그런데 이 결정에서 내재적 한계는 어떠한 의미이며, 또 그에 따라 어떠한 내용을 포함하는지 전혀 논증되어 있지 않다.

## X. 맺는 말

국가유공행위로 인하여 발생한 희생을 보상하는 사고는 보편적이다. 국가유공자보상은 사회보장의 체계에 편입되어 유공 희생자의 생활을 장기적·안정적으로 보장하여야 한다. 이와 같은 보상의

122) 후자의 이해방법에 따른 결정으로는 예컨대 1997.12.24, 95헌마390, 9-2, 829면 이하; 2000.1.27, 99헌바23, 12-1, 73면 등 참조.

요건, 그리고 보상의 종류 및 내용은 일반적인 국가책임법에 의한 청구권과는 차이가 있으며, 비교적 개방적이라는 특징이 있다. 이는 국가유공자보상에서 이론과 체계가 형성되지 못하고, 정치적 성격을 강화하는 원인이 되었다.

이와 같은 문제는 국가유공자보상을 헌법 제34조 인간다운 생활을 할 권리에 편입하여 입법형성에서 최소한의 기준을 적용하여 정비될 수 있다. 인간다운 생활을 저해하는 혹은 저해하는 것으로 의제될 수 있는 희생과 공헌을 기준으로 국가유공자보상이 재구성되어야 하며, 헌법재판은 심사기준을 이 점에 집중하여야 한다. 이와 같은 기준은 유족의 범위 및 유족급여의 종류와 내용을 심사하는 경우에도 존중되어야 한다. 이와 같은 헌법적 평가는 국가유공자보상의 중요한 내용이 국회에서 공론을 거쳐 법률에 규정되고, 또 행정입법의 필요성이 인정되는 경우에도 법률에 구체적인 위임이 되어 있을 때 가능하다. 사회보장의 수단이 세분화되어 가고 있는 상황에서 국가유공자보상의 본질적인 기준에 따라 포섭될 수 없지만 보호의 필요가 있는 경우 다른 제도를 적용하는 가능성도 적극적으로 밝혀져야 한다. 이와 같은 이론 및 체계의 기반 위에서 국가유공자보상은 내부적 동질성을 강화하여 제도를 공고하게 할 수 있고, 또 다른 제도와의 기능분담을 통하여 체계적인 기준에 따라 부담을 덜 수 있다.

제7장

# 최저생활보장법

Ⅰ. 최저생활보장의 이념적 위상, 규범과 현실, 그리고 헌법재판

Ⅱ. 사건 및 결정의 유형

Ⅲ. 최저생활보장을 위한 급여의 수준 및 내용

Ⅳ. 최저의료보장의 공공부조법적 성격과 특수성

Ⅴ. 의회유보와 위임의 구체성

Ⅵ. 맺는 말

## Ⅰ. 최저생활보장의 이념적 위상, 규범과 현실, 그리고 헌법재판

우리 헌법은 이념적 기초로서 인간의 존엄과 가치를 선언하고 있으며(제10조), 이는 다양한 생활영역에 적용되는 구체적인 기본권에 의하여 실현된다(제12조 이하). 헌법 제34조 제1항은 인간다운 생활의 권리를, 그리고 그 제5항은 최저생활보장의 권리를 보장하고 있다. 우리 헌법에서 최저생활보장의 권리는 이념적으로 보면 다음과 같은 위상을 갖는다. 첫째, 최저생활의 보장은 인간의 존엄, 그리고 자유권을 실질적으로 행사하기 위한 가장 기본적인 조건이다.[1] 둘째, 모든 국민은 최저생활에 관한 한 절대적으로 평등하여야 한다. 즉 모든 국민이 적어도 최저생활을 할 수 있어야 하며, 이는 가장 낮은 수준의 평등에 해당한다. 셋째, 최저생활이 보장되었을 때 비로소 개인은 사회에 참여하여 의사소통과정에 편입될 수 있고, 이로써 객관적으로 최저생활보장은 사회통합의 최소한의 기반이다. 노인빈곤, 근로빈곤이 보편화되고 최저생활을 할 수 없는 계층의 규모가 커질수록 사회는 양극·다극화되어 사회통합이 저해된다.[2] 헌법이 최소한의 사회경제적 동질성을 보장할 수 없는 경우 헌법의 존재의미와 국가에 대한 신뢰는 그만큼 약화된다.

최저생활보장의 권리는 이와 같이 명확하고 절대적인 헌법이념이지만 지금까지 이와 같은 이념과 규범은 정합성이 없었고, 또 규범과 현실은 거리가 멀었다.

1961년 제정된 생활보호법은 인구학적, 그리고 신체적 또는 정신적인 조건을 기준으로 생계보호의 수급자를 선정하였고, 그밖의 빈민을 보호의 대상에서 제외하였다. 그 결과 생활보호법은 규범적

1) 아래 각주 21 참조.
2) 아래 각주 60 참조.

으로 보편성의 원칙에 충실하지 못했다. 이는 1944년 식민지 시대에 제정된 조선구호령의 규범구조를 그대로 이어받은 결과였다.[3] 이와 같은 규범 상황은 놀랍게도 이후 거의 40년 동안, 즉 1999년 국민기초생활보장법이 제정될 때까지 계속되었다. 이는 1976년 실질적으로 최초의 사회보험법인 의료보험법, 그리고 이후 국민연금법(1986년), 고용보험법(1993년) 등이 제정되어 질병, 소득상실, 실업의 문제를 사회보험의 방법으로 보호하는 진전이 있었고, 이 법률들이 정치적 주목을 받으면서 빈번하게 개정되었으며, 또 근본적인 구조개혁을 겪어 왔다는 점을 고려하면 눈에 띄는 정체(停滯)였다. 최저생활보장이 이념적으로 중요한 위상을 가지며, 또 자유와 평등을 실현하는 데 밀접하게 작용하기 때문에 복지국가에서 핵심적인 의제임에도 불구하고 현실정치에서는 주변문제로 취급되어 왔던 것이다.[4]

1961년 생활보호법이 최저생활을 보편적으로 보장할 수 없었던 규범적 장애는 1999년 국민기초생활보장법이 제정되면서 어느 정도 제거되었다.[5] 즉 근로능력에 관계없이 (소득평가액과 재산의 소득환산액을 합한 금액인) 소득인정액이 최저생계비에 미달하는 경우 수급자로 선정될 수 있게 되었다. 이로써 이념과 규범은 어느 정도 가까워졌다. 그러나 여전히 규범과 현실은 거리가 있었다. 비현실적으로 엄격하게 적용되었던 부양의무기준, 그리고 환산대상인

3) 이 점에 대해서는 박광준, 한국사회복지역사론(양서원, 2013), 131면 이하; 안상훈/조성은/길현종, 한국 근대의 사회복지(서울대 출판부, 2005), 141면 이하; 전광석, 한국사회보장법의 역사(집현재, 2019), 123면 이하 등 참조.

4) 이와 같이 사회보험과 공공부조의 정치적 비중이 차이가 있으며, 그 결과 나타나는 복지국가의 분열의 문제는 정도의 차이가 있지만 각국에서 일반적으로 관찰되었다. 이에 대해서는 예컨대 Hilary Silver, "Social exclusion and social security", International Labour Review(1994), 561면 이하; Florian Tennstedt/Stephan Leibfried(편), Politik der Armut und Die Spaltung des Sozialstaats (Suhrkamp, 1985) 등 참조.

5) 생활보호법의 구조적 장애 요소와 개선방향에 대해서는 예컨대 전광석, "생활보호법의 개선방향", 한국사회정책 제3집(1996). 125면 이하 참조.

재산의 범위 및 재산의 소득환산율은 규범을 구체화하는 행정입법, 그리고 집행단계에서 이념적 전환 및 규범의 의미를 퇴색시켰다. 국민기초생활보장법이 시행되면서 수급자는 기존에 약 54만 명에서 약 139만 명으로 증가하였지만, 실제 보호가 필요한 규모는 이보다 훨씬 많은, 약 3배 내외에 해당한다는 조사결과가 이를 상징적으로 보여주고 있다. 국민기초생활보장법은 2014년 빈곤의 개념을 상대화하여 수급자 선정 및 급여 기준을 기존에 '최저생계비'에서 '기준 중위소득'으로 바꾸었고(상대적 빈곤), 선정 및 급여 기준을 생계급여, 의료급여, 주거급여, 자활급여, 교육급여 등 개별 급여별로 적용하는 등 근본적으로 변화를 겪었다(통합급여에서 개별급여로의 전환).[6] 2014년 개정 법률이 최저생활보장에 어느 정도 기여할 것인지에 대해서는 아직 평가가 이르다.

최저생활보장의 이념적 및 기본권적 중요성에도 불구하고 아직도 계속되고 있는 규범 및 현실의 문제가 헌법적인 쟁점으로 제기되는 경우 헌법재판에 대한 기대는 컸다. 헌법재판이 이상적인 혹은 바람직한 최저생활보장의 정책을 견인할 수는 없겠지만 적어도 "… 그 내용이 현저히 불합리하여 헌법상 용인될 수 있는 재량의 범위를 명백히 일탈한 경우에"는 입법 및 현실을 헌법이념 및 규범에 적합하게 교정할 수 있을 것으로 기대되었다. 이 글은 이와 같은 관심에서 출발하여 지금까지 최저생활보장의 권리와 관련하여 헌법재판소의 결정에 나타난 논리를 정리·평가하는 목적을 갖는다. 그리고 그 결과 헌법재판의 논리를 강화하고, 헌법과 헌법재판이 모든 국민에게 적어도 최저생활을 보장하는 데 기여하여 존재의미를 회복하는 가능성을 찾아보도록 하였다.

---

6) 이에 대해서는 전광석, 위 각주 3의 책, 382면 이하 참조. 개별급여체계가 도입되기 전 통합체계에서 문제되었던 결정으로 헌재 2012.2.23, 2010헌바127, 24-1(상), 123면 이하 참조.

## Ⅱ. 사건 및 결정의 유형

### 1. 사건유형

지금까지 헌법재판의 대상은 대부분 불합리한 수급자 선정 및 급여 기준으로 인하여 최저생활이 보장될 수 없다는 문제였다. 먼저, 최저생활보장의 수급자격과 관련하여 교정시설 혹은 치료감호시설에 수용 중인 자를 제외하는 규정이 헌법심사의 대상이 되었다.[7] 또 수급자 선정 기준인 소득 및 재산 기준이 불합리하여 수급자로 선정되지 못하고 그 결과 최저생활보장의 권리가 침해되었다는 청구가 제기되었다.[8] 자활사업에 참가할 것을 조건으로 지급되는 생계급여에서(조건부 수급자) 이와 같은 조건이 유예되는(근로조건 유예) 범위에 일반적인 교육기관에서 교육 중인 자에 비해서 대학원에 재학 중인 자가 포함되지 않는 규정이 평등권과 인간다운 생활을 할 권리를 침해하는가 여부에 관한 청구 역시 같은 범주에 속한다.[9]

다음, 생활보호법 혹은 국민기초생활보장법의 급여 수준이 최저생활을 보장하기에는 지나치게 낮다는 청구이다.[10] 특별히 추가비용이 드는 장애인의 특성을 반영하지 못하기 때문에 최저생활보장의 권리가 침해되었다는 청구도 같은 유형에 해당한다.[11] 의료급여법에서 1종 수급권자에게 진료비용의 일부를 부담하게 하고, 선택병의원제가 적용되는 경우에 한하여 비용부담을 면제하는 규정이 심사의 대상이 되었다.[12] 의료급여법의 규율대상을 행정입법에 위

7) 헌재 2011.3.31, 2009헌마617등, 23-1(상), 416면 이하; 2012.2.23, 2011헌마123, 24-1(상), 365면 이하 등 참조.

8) 헌재 2012.2.23, 2010헌바127, 24-1(상), 123면 이하 참조.

9) 헌재 2017.11.30, 2016헌마448, 29-2(하), 211면 이하 참조.

10) 헌재 1997.5.29, 94헌마33, 9-1, 543면 이하 참조.

11) 헌재 2004.10.28, 2002헌마328, 16-2(하), 195면 이하 참조.

12) 헌재 2009.9.24, 2007헌마1092, 21-2(상), 765면 이하; 2009.11.26, 2007헌마734,

임하였기 때문에 의료수가 기준 및 계산방법과 관련하여 의료기관의 직업의 자유를 침해하는가, 그리고 수급자 선정과 관련하여는 재산의 소득환산, 그리고 소득평가액 산정의 기초가 되는 '실제소득'의 범위와 내용에 대한 위임이 구체성을 결여하였기 때문에 포괄위임에 해당하는가의 문제가 제기되었다.[13)]

## 2. 결정유형

헌법재판소 판례집에 수록된 최저생활보장에 관한 결정은 모두 12건이다. 헌법재판소가 설립되어 활동한 기간이 30년이 넘는다는 사실을 감안하면 수적으로 매우 적다는 것을 알 수 있다. 첫 번째 결정은 헌법재판소가 출범한 후 오랜 시간이 지난 1997년에 비로소 나왔다. 2012년 이후 5년간은 이례적으로 오랫동안 휴지기(休止期)였다.

이와 같이 최저생활보장의 권리에 관한 헌법재판이 드문 이유는 다음과 같이 추측할 수 있다. 첫째, 최저생활보장에 관한 권리는 수급자 선정 및 급여 신청에 대한 거부처분과 관련하여 쟁점이 되기 때문에 일반적으로는 법원이 관할하는 경우가 많기 때문이 아닌가 추측할 수 있다. 그러나 최저생활보장에 관한 일반 법원에서 판결의 빈도 및 내용에 대한 연구 결과는 아직 찾아볼 수 없다.[14)] 둘째, 최저생활보장의 문제가 아직 개인의 권리, 특히 헌법적 권리로서 인식되지 못하고 국가의 사회정책적 조치의 반사적

21-2(하), 576면 이하 등 참조.

13) 헌재 2011.11.24, 2009헌마415, 23-2(하), 487면 이하; 2012.2.23, 2009헌바47, 24-1(상), 95면 이하; 2019.12.27, 2017헌마1299. 31-2(하), 251면 이하 등 참조. 같은 취지의 청구는 기초연금법과 관련하여 제기된 바 있다. 헌재 2016.2.25, 2015헌바191, 28-1(상), 164면 이하 참조. 이에 비해서 의료급여의 수가 기준이 직업행사의 자유를 침해하는가에 대한 실체법적 판단으로는 헌재 2018.7.26, 2016헌마431, 30-2, 112면 이하 참조.

14) 예컨대 부양의무기준에 관한 법원의 판결에 대해서는 김남근, "기초생활수급자 부양의무자 요건의 법적 쟁점; 대구고등법원 2010누2549 판결 및 서울고등법원 2010누2145 판결을 중심으로", 사회보장법학 제1권 제1호(2012), 155면 이하 참조.

이익 정도로 이해되고 있었을 가능성도 있다. 셋째, 최저생활을 보장하는 법률관계에서 당사자는 일반적으로 사회적 약자이며 취약계층에 해당한다. 따라서 이들이 권리에 대한 인식과 침해에 대한 감수성이 낮고, 또 권리구제능력이 제한적이라는 사실도 작용했으리라고 생각한다. 최저생활보장에 관한 홍보와 설명 및 정보 제공, 그리고 법률구조의 필요성이 강화되어야 한다는 것을 알 수 있다.[15)]

최저생활보장에 관한 결정 12건은 모두 헌법소원심판사건이었다. 이 중 10건이 헌법재판소법 제68조 제1항에 의한 권리구제형 헌법소원심판, 2건이 헌법재판소법 제68조 제2항에 의한 위헌심판형 헌법소원심판이었다. 심사의 대상은 5건이 고시, 4건이 시행령, 1건이 시행규칙, 3건이 법률이었다. 이는 최저생활보장이 개인의 기본권, 즉 헌법 제34조 제1항 및 제5항을 실현하는 중요한 사항임에도 불구하고 고시와 시행령, 시행규칙 등 행정입법에 의하여 규율되어 왔다는 사실을 알려준다. 그리고 동시에 규범형식 자체 및 위임의 구체성에 대한 헌법재판에 기대를 갖게 한다. 12건 모두에서 청구의 목적이 달성되지 않았다. 8건이 기각되었다.[16)] 1건은 합헌으로 결정되었다.[17)] 나머지 3건은 각하되었다.[18)]

15) 특히 장애인의 법률구조 문제에 대해서는 예컨대 홍석표, "법원에서의 장애인 권리구제수단으로서의 공익소송", 사회보장법학 제6권 제1호(2017), 145면 이하; 차성안, "소송을 통한 장애인 권리구제의 쟁점", 사회보장법연구 창간호(2012), 43면 이하; 차성안, "독일의 장애인 사법지원", 사회보장법연구 제5권 제2호(2016), 41면 이하 등 참조.

16) 헌재 1997.5.29, 94헌마33, 9-1, 543면 이하; 2004.10.28, 2002헌마328, 16-2(하), 195면 이하; 2009.9.24, 2007헌마1092, 21-2(상), 765면 이하; 2009.11.26, 2007헌마734, 21-2(하), 576면 이하; 2011.3.31, 2009헌마617등, 23-1(상), 416면 이하; 2012.2.23, 2011헌마123, 24-1(상), 365면 이하; 2018.7.26, 2016헌마431, 30-2, 112면 이하; 2019.12.27, 2017헌마1299, 31-2(하), 251면 이하 등 참조.

17) 헌재 2012.2.23, 2009헌바47, 24-1(상), 95면 이하 참조.

18) 헌재 2011.11.24, 2009헌마415, 23-2(하), 487면 이하; 2012.2.23, 2010헌바127, 24-1(상), 123면 이하; 2017.11.30, 2016헌마448, 29-2(하), 211면 이하 등 참조.

# Ⅲ. 최저생활보장을 위한 급여의 수준 및 내용

## 1. 최저생활보장의 헌법적 권리

최저생활보장의 권리에 관한 헌법담론에 있어서 일반적으로, 그리고 헌법재판에 있어서도 가장 중요한 쟁점은 최저생활보장 자체, 그리고 특정한 내용 및 수준에 대한 헌법적 권리가 인정되는가 하는 문제이다. 최저생활보장에 관한 첫 번째 결정에서 이 점이 심사되었으며, 이 결정의 취지는 이후 헌법재판에서 계속 이어져 왔다. 이 결정에서 헌법재판소는 최저생활보장의 헌법적 권리를 정면으로 다루지는 않았다. 국가가 최저생활보장의 과제를 가지며, 이에 관한 보호의무를 중심으로 논리를 전개하였다.[19] 헌법재판소는 행위규범과 통제규범을 구분하였다. 최저생활을 보장하기 위해서는 입법부 및 행정부는 "가능한 한 범위 내에서 최대한으로 모든 국민이 물질적인 최저생활을 넘어서 인간의 존엄성에 맞는 건강하고 문화적인 생활을 누릴 수 있도록 하여야 한다"(행위규범). 그러나 사법심사에 있어서는 국가가 "생계보호에 관한 입법을 전혀 하지 않았든가 그 내용이 현저히 불합리하여 헌법상 용인될 수 있는 재량의 범위를 명백히 일탈한 경우에 한하여 헌법에 위반된다"(통제규범).[20]

헌법재판소는 두 번째 결정에서 최저생활을 보장받을 권리의 법적 성격을 명확히 하였다. 먼저 사회적 기본권의 기능을 다음과 같이 밝혔다. 즉 사회적 기본권은 "궁극적으로는 국민 각자가 실제로 자유를 행사할 수 있는 그 실질적 조건을 마련"하는 기능을 수행한다.[21] 그러나 최저생활보장의 헌법적 권리성은 부인되었다. 헌

19) 헌재 1997.5.29, 94헌마33, 9-1, 552면 참조.
20) 헌재 1997.5.29, 94헌마33, 9-1, 555면 참조.
21) 헌재 2004.10.28, 2002헌마328, 16-2(하), 204면 참조.

법 제34조 제1항 인간다운 생활을 할 권리는 최소한의 물질적인 생활의 유지에 필요한 급부를 요구할 수 있는 권리이다. 그런데 이는 "국가가 재정형편 등 여러 가지 상황을 종합적으로 감안하여 법률을 통하여 구체화할 때 비로소 인정되는 법률상의 권리"이다.

이밖에 헌법재판소는 인간다운 생활 및 (이를 위하여 필요한) 최소한의 조치는 그 개념이 개방적이며, 또 가변적이라는 점을 추가 논리로 제시하였다. 먼저, '인간다운 생활'은 "추상적이고 상대적인 개념으로서 그 나라의 문화의 발달, 역사적·사회적·경제적 여건에 따라 어느 정도 달라질 수 있다". 다음, 최소한의 조치는 "국민의 사회의식의 변화, 사회·경제적 상황의 변화에 따라 가변적인 것이므로, 국가가 인간다운 생활을 보장하기 위한 생계급여의 수준을 구체적으로 결정함에 있어서는 국민 전체의 소득 수준과 생활수준, 국가의 재정 규모와 정책, 국민 각 계층의 상충하는 갖가지 이해관계 등 복잡 다양한 요소를 함께 고려해야 한다". 따라서 입법부 또는 행정부 등에게 광범위한 재량이 인정된다.[22)]

## 2. 심사기준 및 내용; 헌법 제34조 제1항 및 제5항, 제10조, 제11조

### (1) 헌법 제34조 제1항과 제5항

두 번째 결정에서 위와 같은 논리는 주로 헌법 제34조 제1항을 중심으로 전개되었다. 이밖에 헌법 제10조 인간의 존엄을 심사기준으로 검토하였다. 그러나 인간의 존엄은 헌법이념의 핵심에 해당하지만 심판대상인 규정이 최저생활을 보장하는 과제에 위반되는 것은 아니며, 따라서 인간의 존엄을 침해하지 않았다는 서술에 그쳤다. 더 이상 상세하게 심사하지는 않았다. 이는 이례적이며, 이와 같은 심사기준의 선택이 적절하였는지 검토가 필요하다.

주로 헌법 제34조 제1항이 심사기준이 되었던 것은 다음과 같

22) 헌재 2004.10.28, 2002헌마328, 16-2(하), 205면 이하 참조.

은 이유에서 적합한 선택은 아니었다. 첫째, 이 사안에서 심사 기준은 일반적인 사회보장의 권리인 제34조 제1항이 아니라 최저생활보장을 특유하게 규율하고 있는 제34조 제5항이어야 한다. 이 점이 왜 주목되지 않았는지는 이해하기 어렵다.[23] 둘째, 헌법 제34조 제1항은 사회보장에 관한 일반적인 규정이기 때문에 기본권의 성격이 부인되는 것은 아니지만 기본적으로는 객관적인 국가과제라고 할 수 있다.[24] 실제 헌법재판소는 산재보험과 같이 헌법 제34조 제1항에 포섭되는 제도의 법적 성격에 관한 논리를 최저생활보장에 관한 권리에 대해서도 그대로 적용하였다. 그러나 헌법 제34조 제5항은 위에서 언급한 바와 같이 독자적인 헌법이념의 위상과 기본권적 중요성을 갖기 때문에 일반적인 사회적 기본권의 논리가 그대로 적용될 수 없다. 적극적으로 보면 최저생활보장의 권리에 있어서는 이에 특유한, 그리고 추가적인 논의의 여지가 남아 있으며, 이에 기초하여 구체적 권리를 구성하는 가능성이 있다. 그런데 헌법재판에서 헌법 제34조 제1항이 주된 심사 기준이 되었기 때문에 이와 같은 특수성은 부각될 수 없었다.

일반적으로 사회적 기본권은 구체적인 권리로 기능하기에는 규범적 및 현실적 장애가 있다. 이와 같은 논리를 기반으로 헌법재판소는 사회보험수급권의 구체적 권리성을 부인하여 왔다.[25]

---

23) 이러한 심사기준의 혼란은 거꾸로 사회보험수급권에 관한 심사기준으로 헌법 제34조 제5항을 적용하는 경우에 나타난다. 사회보험은 최저생활이 아니라 가입자가 납부하는 보험료의 산정 기초가 되는 소득을 부분적으로 보호하는 상대적 평등을 지향하기 때문에 헌법 제34조 제5항은 심사기준으로 유용성이 없었다. 이에 대해서는 헌재 2003.7.24, 2002헌바51, 15-2(상), 116면 이하; 2005.7.21, 2004헌바2, 17-2, 53면 이하; 2009.5.28, 2005헌바20등, 21-1(하), 463면; 2014.2.27, 2012헌바469, 26-1(상), 250면; 2015.6.25, 2014헌바269, 27-1(하), 501면 등 참조.

24) 헌법 제34조를 부분적으로 구체적 기본권으로 형성하는 가능성에 대해서는 예컨대 전광석, 이 책 부록 436면 이하, 447면 이하 등 참조. 이에 비해서 사회적 기본권의 객관적 성격을 강조하는 입장으로는 예컨대 한수웅, "사회복지의 헌법적 기초로서의 사회적 기본권 – 사회적 기본권의 개념과 법적 성격을 중심으로", 헌법학연구 제18권 제4호(2012), 92면 이하 참조.

25) 사회보험수급권의 법적 성격에 대한 논의로는 예컨대 헌재 2003.7.24, 2002헌바51, 15-2(상), 117면; 2004.11.25, 2002헌바52, 16-2(하), 306면 이하 등 참조.

사회적 기본권의 목표 자체가 구체적으로는 불명확하며, 이를 실현하는 방법은 다층적·다원적이다. 즉 특정 제도를 통하여 실현되어야 하는 헌법적 필연성은 없으며 사회적 기본권은 정도의 차이는 있지만 같은 혹은 유사한 목적을 여러 제도가 병존과 협력 혹은 대체관계를 형성하면서 실현된다. 또 사회보장법은 사회문제, 그리고 사회문제의 변화를 유형화하여 혹은 개별적으로 고려하여 추상적 혹은 구체적으로 적합한 보호 및 지원의 방법을 적용하고 또 이를 계속 진화시켜야 한다. 그리고 그 결과 모든 국민의 생활이 현실적으로 보장될 수 있어야 한다.[26] 이와 같은 사회적 기본권의 특성과 사회보장법의 과제에 비추어 보면 헌법의 사회적 과제는 일반적으로 입법권, 그리고 구체적으로는 법률에 의하여 위임을 받은 행정적 결정에 유보된다. 이 점이 헌법재판에서 입법재량을 폭넓게 인정하여 엄격한 심사를 기대할 수 없는 사회적 기본권의 규범적 한계였다. 사회적 기본권을 실현하기 위한 지원 및 조치가 다른 개인의 자유권과 충돌할 수 있다는 점도 규범적 장애로 작용한다. 사회적 기본권은 일반적으로 국가의 급부와 지원에 의하여 실현되는데 이에 필요한 국가 및 사회의 재정능력이 제한적이라는 점이 현실적 한계이다.

그러나 특정한 사회적 기본권이 이러한 규범적 및 현실적 장애를 극복할 수 있는 경우에는 사회적 기본권도 구체적 권리로서 기능할 수 있다. 예컨대 노동 3권은 실체적 권리가 아니라 사용자와의 관계에서 근로자의 조직 및 절차에 관한 기본권으로 적용되기 때문에 실현에 규범적 한계가 있지만 현실적 한계가 존재하는 것은 아니다.

최저생활보장의 권리는 위와 같이 사회적 기본권의 실현에 작

26) 이 점에서 사회보장법은 기본적으로 질서법적인 성격을 갖는 민법 및 형법 등과 근본적으로 차이가 있다. 이에 대해서는 전광석, 위 각주 3의 책, 69면 이하 참조.

용하는 규범적 및 현실적 장애가 어느 정도 극복될 수 있는 범주에 속한다. 헌법재판소는 사회보험수급권의 구체적 권리의 성격을 부인하는 논거로 국민소득, 국가의 재정능력과 같은 현실적인 요소를 제시하고 있다.[27] 이때 국민소득은 국민의 재정부담능력을 말하는 것으로 보인다. 그러나 최저생활보장의 이념적 중요성 및 기본권적 위상을 고려하면 국민의 부담능력과 국가의 재정능력이 최저생활보장에 관한 구체적 권리의 성격을 부인하는 비중 있는 논리인가는 의문이다. 이러한 논리는 특히 사회보험수급권과 비교하면 설득력이 떨어진다.

헌법재판소는 사회보험에서 가입자 범위 및 급여관계를 형성하는 데 있어서 사회연대의 원칙 및 소득재분배의 이념을 실현하는 입법형성권을 넓게 인정하여 왔다.[28] 소득재분배의 이념이 사회보험에 내재적인 원칙인가는 의문이지만 적어도 소득재분배는 개방적이고 불명확한 개념이기 때문에 헌법재판소와 같은 결론에 이를 수밖에 없다. 이에 비해서 최저생활보장을 위한 (최소한의) 국민적 연대의 이념은 아래에서 살펴보는 바와 같이 사회보험에서 가입자 간의 사회적 연대에 비해서는 상대적으로 범주화될 수 있고(모든 국민에 대한 최저생활), 밀도가 높으며(절대적 보호), 또 그 수급자, 급여의 종류와 내용 및 수준 등 실질적 내용이 어느 정도 헌법에서 도출될 수 있다(상대적 확정성). 이는 그만큼 헌법심사에서 입법형성권을 좁게 이해하는 근거가 된다.

이와 같은 관점에서 보면 최저생활보장의 권리에 있어서는 일반적으로 사회적 기본권의 권리성을 부인하는 논리인 재정적 한계, 즉 이른바 '가능성 유보'는 다시 검토되어야 한다. 이는 결코 절대적인 의미를 갖지 않으며, 재정부담 및 분담에 관한 상대적 우선

---

27) 위 각주 25 참조.
28) 헌재 2000.6.29, 99헌마289, 12-1, 942면 이하; 2001.8.30, 2000헌마668, 13-2, 294면 이하; 2003.10.30, 2000헌마801, 15-2(하), 131면 이하 등 참조.

순위에 관한 문제이며, 따라서 최저생활보장에 관한 한 헌법적 비중이 달라지기 때문이다.

### (2) 인간의 존엄과 평등권

위에서 언급했듯이 헌법재판에서 헌법 제10조 인간의 존엄과 제11조 평등권은 의미 있는 심사기준이 되지 못했다. 최저생활보장의 권리에 관한 최초의 결정에서 인간의 존엄은 전혀 주목을 받지 못했다. 두 번째 결정에서 비로소 인간의 존엄이 언급되었지만 진지하게 심사기준으로 적용되지는 않았다. 인간의 존엄은 '헌법이념의 핵심'이지만 독자적인 기본권은 아니라고 이해한 듯하다.[29] 그리고 개별 기본권, 즉 헌법 제34조에 의한 심사의 결과 최저생활보장의 권리가 실현되고 있다면 인간의 존엄은 침해되지 않는다고 보았다.[30] 인간의 존엄이 독자적인 기본권인가에 대해서는 논의의 여지가 있다.[31] 그러나 인간의 존엄 조항은 헌법원리로서 기본권 해석의 지침이 되며, 이와 같은 헌법의 전체적인 이해에서 보면 인간의 존엄과 관련하여 우리 헌법이 제시한 인간상에 대한 이해는 헌법 제34조의 해석에 중요한 규범적 기준이 되어야 한다.[32] 이 점이 헌법재판에 있어서 전혀 고려되지 않았다.

최저생활보장은 가장 낮은 수준의 평등을 실현하기 위한 국가과제이며, 이는 위에서 언급했듯이 개인 생활뿐 아니라 공동체의 존속, 그리고 헌법의 존재 의미를 심사하는 기준이 된다. 그럼에도

---

29) 인간의 존엄 조항의 기본권 혹은 헌법원리로서의 성격에 대한 논의에 대해서는 예컨대 최규환, 인간존엄의 형량 가능성(헌법재판소 헌법재판연구원, 2017) 참조. 이밖에 이 쟁점에 대한 독일 헌법학에서의 논의 경과에 대해서는 Josef Isensee, "Menschenwürde; die säkulare Gesellschaft auf der Suche nach dem Absoluten", Archiv des öffentlichen Rechts(2006), 187면 이하 참조.

30) 헌재 2004.10.28, 2002헌마328, 16-2(하), 209면 참조.

31) 이에 대해서는 위 각주 29 참조. 구체적 권리성을 긍정하는 결정으로는 헌재 2016.12.29, 2013헌마142, 28-2(하), 656면 이하 참조.

32) 우리 헌법이 예정하는 인간상에 대해서는 헌재 1998.5.28, 96헌가5, 10-1, 555면; 2002.10.31, 2002헌바50, 14-2, 390면; 2009.11.26, 2008헌바58등, 21-2(하), 530면 등 참조.

불구하고 평등권은 최저생활보장의 권리에 관한 헌법심사에서 의미를 갖지 못했다.

장애인의 최저생활보장에 관한 심사에 있어서 장애인과 비장애인의 차별, 조건부 수급자가 되기 위한 근로조건 유예에 있어서 일반적인 교육과정 중에 있는 자와 대학원에 재학 중인 자의 차별, 최소한의 의료보장과 관련하여 의료급여수급자와 건강보험가입자의 차별, 그리고 의료급여수급자의 범위에서 수용자를 제외하여 나타나는 비수용자와의 차별에서 평등권이 심사의 기준이 되기는 하였다.[33] 그러나 일반적으로 최저생활보장의 권리는 모든 국민에게 최저수준의 평등을 보장하기 위한 필수적인 요소이기 때문에 최저생활보장의 개념 및 범주 자체가 평등권에 관한 헌법해석의 문제이다. 물론 최저생활보장의 권리와 관련된 헌법재판에서 평등권이 직접 심사의 기준이 되지는 않는다. 비교의 대상이 설정되어 있지는 않기 때문이다. 그러나 이 경우에도 평등의 이념은 최저생활보장의 권리를 심사하는 기준이 되는 급여의 범주와 수준을 제시하는 데 중요한 기점(基點)이 되어야 했다.

### 3. 구체적 권리성

일반적으로 사회적 기본권의 내용은 위에서 언급한 규범적 및 현실적 이유에서 헌법의 해석을 통하여 도출되지 않는다. 이는 입법적으로 형성·구체화되어야 하며, 이때 구체적 (법률상의) 권리의 성격을 갖게 된다. 그러나 인간다운 최저생활의 권리는 적어도 권리의 내용, 그리고 이를 실현하기 위한 급여의 범주가 헌법 해석에 의하여 어느 정도 도출될 수 있다. 또 사실 헌법재판소는 초기 결정에서 헌법 제34조로부터 최소한의 물질적인 생활의 유지에 필

---

33) 헌재 2004.10.28, 2002헌마328, 16-2(하), 195면; 2009.11.26, 2007헌마734, 21-2(하), 576면 598면 이하; 2012.2.23, 2011헌마123, 24-1(상), 374면 이하; 2017.11.30, 2016헌마448, 29-1(하), 219면 이하 등 참조.

요한 급여를 요구할 수 있는 권리가 상황에 따라서는 직접 도출될 수 있다고 언급한 바 있다.[34] 이는 이 후 헌법재판에서 최저생활보장에 관한 구체적 권리를 인정하는 논리가 제시될 수 있다는 기대를 갖게 하였다. 그러나 이와 같은 기대는 오랫동안, 그리고 지금까지 묻혀 있다.

인간다운 최저생활은 개인이 자율적으로 생활을 형성하고, 또 사회적 의사소통에 참여하여 사회적 관련성을 갖기 위한 가장 기본적인 조건이다. 이를 위하여 최소한의 물질적인 생활뿐 아니라 '건강하고 문화적인 생활'이 보장되어야 한다.[35] 이때 헌법 제10조 인간의 존엄, 그리고 제11조 평등권은 중요한 역할을 한다. 헌법의 가치는 사회적 관련성을 갖는 인격체에 의하여 비로소 실현될 수 있으며, 인간의 존엄 조항은 이를 보호한다. 이에 인간다운 최저생활은 최소한의 물질적인 생활뿐 아니라 개인이 사회에 편입되어 사회통합이 실현되기 위하여 필요한 사회경제적 및 문화적 생활을 의미하여야 하기 때문이다.[36] 또 헌법은 자유권에 기초하여 어느 정도 불평등(수직적 자유)을 용인하지만 최저수준의 (사회경제적) 평등의 기반 위에서 모든 개인이 자유를 실현할 수 있도록 하여야 한다.

인간의 존엄 및 평등권에 기초하여 도출되는 위와 같은 결론에는 사회적 기본권에서 헌법과 일반법률 간의 상호작용에 관한 다음과 같은 논리가 보충될 수 있다. 헌법재판소가 인간다운 최저생활은 건강하고 문화적인 최저생활을 포함한다는 점을 부인하지는 않으면서, 최저생활보장의 권리가 입법적 및 행정적 구체화를 필요로 하기 때문에 법률상의 권리에 그친다는 논리는 자기모순이다.

34) 헌재 1995.7.21, 93헌가14, 7-2, 31면 참조.

35) 같은 취지로는 예컨대 김선택, "인간다운 생활을 할 권리의 헌법규범성 – 생활보호기준 결정; 헌법재판소 1997.5.29. 선고, 94헌마33 결정", 판례연구(고려대) 제9집(1998), 36면 이하 참조.

36) 이 점에 대해서는 예컨대 이덕연, "'인간다운 생활을 할 권리'의 본질과 법적 성격", 공법연구 제27집 제2호(1999), 246면 이하 참조.

국민기초생활보장법은 보호의 수준으로 '건강하고 문화적인 최저생활'을 보장할 것을 선언하고 있다(법 제4조 제1항). 이로써 헌법은 귀납적으로 입법적 결정을 수용할 수 있는 규범적 기반을 보유하게 되었다. 물론 위에서 살펴보았듯이 일반적으로 보면 사회보험수급권에 관한 입법적 결정은 헌법의 내용을 구성할 수는 없다. 이는 사회보험의 목표의 다양성과 가변성, 다층적 및 다원적 실현방법의 유보하에 이루어지는 결정이기 때문이다. 그러나 최저생활보장의 규범구조는 차이가 있다. 구체적인 급여의 종류와 내용 및 수준은 입법적 및 행정적 결정에 위임되어 있지만 최저생활의 범주에 물질적 최저생활뿐 아니라, 사회경제적, 그리고 문화적 최저생활을 포함한다는 헌법적 요청은 이제 입법적 결정에 의하여 재확인된 것이며, 이로써 입법적 결정이 헌법을 구성할 수 있게 되기 때문이다. 다만 이와 같은 결론에 이르기 위해서는 헌법의 유권적 해석기관이 입법적 결정을 특수한 상황에서는 헌법의 내용으로 수용하는 적극적인 헌법에의 의지를 가져야 한다.

## 4. 인간다운 최저생활; 급여의 종류와 내용 및 수준

### (1) 명백성 통제의 적극적인 성격

#### 1) 명백성 통제의 상대성

헌법재판소는 최저생활보장의 권리에 대한 사법심사에 있어서 헌법은 통제규범으로 기능하며, 그 결과 입법적 및 행정적 재량이 폭넓게 인정되어야 하고, 다만 "… 그 내용이 현저히 불합리하여 헌법상 용인될 수 있는 재량의 범위를 명백히 일탈한" 경우에는 헌법에 위반된다고 보았다.[37] 이러한 논리는 최저생활보장에 관한 첫 번째 결정 이후 계속 제시되었으며, 두 번째 결정에서는 좀 더 구체화되었다. 즉 "인간다운 생활"과 "최저한도의 조치"는 모두 개방적이고 가변적인 개념이기 때문에 입법적 및 행정적 재량이 넓

37) 헌재 1997.5.29, 94헌마33, 9-1, 552면 참조.

게 인정된다. 이 점에 대해서는 위에서 서술하였다.[38)]

그러나 "인간다운 생활"은 개방적인 개념이기는 하지만 헌법해석을 통하여 어느 정도 구체화될 수 있다. 특히 (추상적인 보호의 방법인 사회보험과는 달리) 최저생활보장은 현재 개인의 개별적인 상황을 구체적으로 보호하여야 하기 때문에 최소한의 조치와 관련된 사회적 상황 및 그 변화는 특정 시점에서 입법적으로 확인되어야 하며, 개념의 가변성이 이에 관한 입법적 결정을 방치하거나 다른 기관에 위임하는 사유가 되지는 않는다. 그 결과 예컨대 상황의 변화에 따른 입법개선의 필요성과 의무는 사회보험에 비해서 엄격한 심사를 필요로 한다.[39)] 남은 문제는 인간다운 최저생활을 보장하기 위한 급여의 종류와 내용 및 수준이 '현저히 불합리'하고, 따라서 '재량의 범위를 일탈'하였는가, 그리고 헌법이 입법적 및 행정적 결정을 통제할 수 있는가의 여부이다.

### 2) 심사단계와 심사를 위한 선행작업

헌법재판소는 명백성 통제에 따른 심사를 하였다. 명백성 통제가 실제 헌법재판에서 어떠한 경우에 적용되며, 어떠한 결과를 낳고 있는가는 이 글의 논의 범위를 벗어난다. 명백성 통제는 일반적으로는 사회경제적 실험법률에 대한 헌법심사에서 완화된 기준을 적용하는 논리였다.[40)] 그러나 최저생활보장의 권리와 관련하여 명백성 통제가 필연적으로 입법적 및 행정적 재량에 관한 심사를 완화하는 결과가 되는 것은 아니다.[41)]

최저생활보장의 권리에 관한 심사는 일반적으로 다음과 같은

38) 위 Ⅲ.1. 참조.

39) 유사한 맥락에서 독일 연방헌법재판소는 생계급여의 수준이 오랫동안 조정되지 않았던 상황 자체에 헌법적 비난을 한 바 있다. BVerfGE 132, 166면 이하 참조.

40) 예컨대 헌재 2002.10.31, 99헌바76등, 14-2, 430면 이하 참조.

41) 최저생활보장의 권리를 침해하는가 여부를 심사한 독일 연방헌법재판소는 명백성 통제를 적용하였지만 결과적으로는 적극적인 심사를 행한 바 있다. 이에 대해서는 BVerfGE 125, 225면 이하; 132, 165면 등 참조.

단계로 진행되었다. 첫째, 심판대상, 즉 이 사안에서는 최저생활보장을 위한 행정부의 고시에 정한 급여의 수준이 불합리하고 재량의 범위를 일탈하였는가의 여부이다. 둘째, 최저생활보장의 여부는 해당 고시에 정한 급여에 그치지 않고, 각종 수당과 보조금, 그리고 부담감면 등을 감안하여 '총괄적 수준'을 기준으로 판단하여야 한다. 셋째, 이와 같은 총괄적 수준의 급여, 지원, 보조금, 부담감면 등이 최저생활을 보장하기 위한 합리적 범위 내에 있는가, 혹은 전체적으로 입법 및 행정적 재량을 일탈했는가의 여부이다.

그런데 이와 같은 심사를 위해서는 선행 작업이 필요하다. 즉 최저생활을 보장하기 위하여 물질적·사회경제적 및 문화적 생활에 필요한 급여의 종류와 내용 및 수준이 확정되어야 한다. 이 문제를 확정하지 못하는 상태에서 위에서 언급한 세 단계의 심사는 헌법적 의미를 가질 수 없기 때문이다.[42] 헌법재판에서 심사에 필수적인 이와 같은 선행 작업이 행해지지는 않았다. 이와 같은 상태에서는 최저생활보장의 권리에 대한 헌법심사는 실질적으로 포기된 것이며, 또 앞으로도 불가능할 것이다.

### 3) 실체법적 특수성과 명백성 통제

헌법재판소는 최저생활보장을 위하여 물질적 생활 외에 사회경제적 생활, 혹은 '건강하고 문화적인 생활' 역시 심사기준이 될 수 있는가에 대해서 명확한 견해를 밝히지는 않았다. 다만 (행위규범의 관점에서 보면) 최저생활을 보장하기 위한 보호의 범위가 넓기 때문에 (통제규범에 따른) 헌법심사는 명백성 통제에 한정된다고 이해하였다. 헌법재판소는 심사를 위하여 필요한 선행 작업으로서 심사기준을 다음과 같은 단계로 확정했어야 했다.

첫째, 최저생활보장은 물질적 생활을 넘어서서 사회경제적 및 문화적 생활을 포괄하여야 한다. 이 점에서 급여의 내용과 관련된

42) 이를 확정하는 헌법재판소의 권한을 지적하는 문헌으로는 김선택, 위 각주 35의 논문, 35면 참조.

기준 자체는 명백하게 존재한다. 실제 헌법재판소는 최저생활보장의 총괄적 수준에 대한 조사를 하면서 사회경제적 생활의 관점을 어느 정도 반영한 바 있다.[43] 다만 수급자의 선정 및 급여의 기준을 결정함에 있어서 이 점을 고려했는가는 별개의 문제이다. 둘째, 사회경제적 및 문화적 생활을 포함하여 최저생활을 보장하기 위한 최저수준을 헌법재판소가 적극적으로 선도하여 결정할 수는 없다. 그러나 적어도 헌법이 통제규범으로 기능하기 위하여 필요한 합리적인 심사기준, 즉 국가작용이 절대적으로 존중하여야 하는 명백한 기준은 헌법재판소가 스스로 확정하여야 한다. 이와 같은 기준이 확정되지 않은 상태에서는 심사 자체가 이루어질 수 없기 때문이다.

국민기초생활보장법상의 수급자 선정 및 급여 기준이 현실적으로 적용될 수 없는 경우는 있다. 교도소 등에 수용된 자에 대한 최저생활보장의 권리가 이에 해당한다. 교도소 등에 수용 중인 자의 경우 최소한의 물질적 생활 외에 사회경제적 및 문화적 생활을 보장하는 데 장애가 있기 때문이다. 교도기준에 따라 최소한의 물질적인 생활, 그밖에 건강하고 문화적 생활을 위한 조치가 취해지고 있는가는 별개의 문제이다.[44]

최저생활보장의 권리가 갖는 헌법이념적 중요성과 기본권적 위상에 비추어 급여의 종류와 내용 및 수준을 적극적으로 심사할 수 있는 다음과 같은 방법을 생각할 수 있다. 최저생활보장의 수준을 결정함에 있어서 헌법재판소가 설시하고 있듯이 객관적으로는 국민의 소득수준과 생활수준, 그리고 국가의 재정능력은 중요한 변수이다. 이밖에 주관적으로는 노동자단체와 경영자단체의 이해관계에 따라 최저생활비용의 상한과 하한은 크게 차이가 있을 것이다. 또 보건사회연구원과 같은 중립적인 연구기관이 조사한 결과가 제시

43) 헌재 1997.5.29, 94헌마33, 9-1, 555면 이하; 2004.10.28, 2002헌마328, 16-2(하), 208면 등 참조.

44) 수용 중인 자에 대한 조치에 대해서는 헌재 2011.3.31, 2009헌마617등, 23-1(상), 423면 이하; 2012.2.23, 2011헌마123, 24-1(상), 372면 이하 등 참조.

되고 있다. 이와 같이 다양한 견해를 취합하여 헌법재판소 스스로가 입법적으로 수용할 수 있는, 혹은 부인할 수 없는 헌법적 기준 혹은 그 하한(下限)에 해당하는 수준을 명백성 심사의 기준으로 적극적으로 제시하여야 한다.[45]

헌법재판소는 이와 같은 심사의 기준을 확정하는 작업이 필수적이라는 사실을 간과했거나 혹은 인식하지 않았다. 그렇기 때문에 총괄적인 보호수준에 대한 조사를 하였음에도 불구하고 이러한 조사의 결과가 실제 헌법심사에서 의미 있는 역할을 하지 못했다. 즉 심사를 위한 기준이 존재하지 않았다.

일반적인 우려와는 달리 이러한 심사에서는 헌법재판소의 부담은 훨씬 덜하다. 인간다운 최저생활을 보장하기 위하여 필요한 범주에 대한 결정은 헌법의 해석을 통하여 도출될 수 있기 때문이다. 물질적 생활뿐 아니라 사회경제적 참여의 기회를 보장하여 수급자가 사회에 편입되고 사회통합을 실현하기 위하여 필요한 급여가 반영되었는가를 심사하고, 헌법재판소는 입법부 및 행정부에게 이에 관한 설명의무를 부과할 수 있다. 다만 물질적인 생활을 보장하는 급여인가, 사회경제적 및 문화적 참여의 기회를 보장하기 위한 급여인가에 따라 헌법재판에서 심사의 밀도는 차이가 있을 수 있다.[46] 물질적인 최저생활의 범주는 상대적으로는 제한적이다. 이에 비해서 사회경제적 및 문화적 참여의 기회를 보장하기 위한 생활의 영역은 상대적으로 개방적이다. 따라서 전자의 경우 입법적 및 행정적 재량의 여지가 좁고 그만큼 통제의 가능성이 높지만, 후자의 경우 재량이 넓게 인정될 수 있고, 그 결과 완화된 기준이 적용될 것이기 때문이다. 이때 헌법재판소가 생계급여 이외에 다른 법령에 의한 여러 급여와 지원 및 부담감면을 총괄적으로 판단

45) 독일 연방헌법재판소의 이와 같은 심사의 예에 대해서는 BVerfGE 125, 250면 이하; 132, 169면 이하 등 참조.

46) 이와 같은 구분에 대해서는 BVerfGE 125, 224면 이하; 132, 161면 등 참조.

하여야 한다는 입장 자체는 타당하다. 그러나 총괄적인 수준이 최저생활의 보장을 위하여 명백히 불합리한가 여부, 그리고 그 결과 재량의 일탈 여부에 대해서 판단을 하지 않은 지점(地點)에서 헌법재판소는 가장 기본적인 헌법의 과제를 소홀히 하는 결과가 되었다.

### (2) 보론; 선정기준과 급여기준

최저생활보장의 권리에 관한 두 번째 결정에서 장애인에게 특별히 드는 추가지출을 수급자 선정 및 급여 기준에 반영하지 않았고, 이와 같이 산정된 최저생계비가 급여 기준이 되었기 때문에 최저생활을 보장받을 권리가 침해되었는지 여부가 쟁점이었다. 이 결정에서 청구인은 국민기초생활보장법에 의한 수급자로 이미 선정되었기 때문에 선정 기준이 심판의 대상은 아니었다. 이 결정과 직접적인 관련성은 없지만 장애인에게 추가적으로 발생하는 비용을 선정 기준 혹은 급여 기준에 반영하는 문제는 논의의 가치가 있다.

헌법재판소는 국민기초생활보장법이 장애인에게 발생하는 추가비용을 최저생계비를 산정하는 데에 반영되지 못한 사실 자체는 인정하였다. 그러나 이 문제는 두 가지 방법을 통하여 보정(補正)되었다고 판단하였다.[47] 첫째, 장애인복지법의 각종 수당이 소득인정액에서 공제되기 때문에 생계급여 산정에 있어서 장애인에게 발생하는 추가비용이 어느 정도 반영될 수 있다. 둘째, 생계보호급여에 관한 첫 번째 결정에서와 같은 논리가 제시되었다. 즉 다른 법률에 의한 여러 지원 및 부담감면이 이루어지기 때문에 총괄적으로 보면 장애인에 대한 급여수준이 명백히 불합리하다고 볼 수 없으며, 입법적 및 행정적 재량의 범위를 명백히 일탈하지 않았다는 것이다.

최저생활을 보장하기 위한 다양한 지원 및 부담감면 등을 총괄

47) 헌재 2004.10.28, 2002헌마328, 16-2(하), 207면 이하 참조.

적으로 고려하여야 한다는 언명을 넘어서 헌법재판소가 그 실질적 범주와 최소한의 내용을 직접 결정할 수 있을 때 비로소 심사의 대상이 확정될 수 있다는 비판은 장애인의 최저생활보장에 대해서도 그대로 타당하다. 이에 비해서 장애인복지법의 각종 수당이 소득인정액에서 공제되기 때문에 장애인의 특별한 상황이 배려되고 있다는 논리에 대해서는 또 다른 평가가 필요하다.

첫째, 이러한 논리는 일정한 전제조건하에서만 타당하다. 즉 공제의 범위와 수준이 장애인에게 발생하는 추가지출을 충실히 보장할 수 있어야 한다. 당시 장애인복지법의 상황이 이러한 조건을 충족하는지는 의문이고, 또 더욱 문제는 헌법재판소가 이 점을 직접 심사하지 않았다는 것이다. 이는 장애인의 특별한, 그리고 개별적인 상황을 구체적으로 보호하는 과제를 갖는 국민기초생활보장법에 대한 체계적인 심사방법이 아니다. 이와 같은 방법으로 급여의 내용과 수준이 명백히 불합리한가, 입법적 및 행정적 결정이 재량을 일탈했는가 여부를 심사하는 것은 불가능하기 때문이다. 그 결과 헌법재판소의 결론은 설득력을 갖기 어렵다. 둘째, 이와 같은 심사에 그치는 경우 국민기초생활보장법에서 급여의 적정성에 대한 판단 이전에 선정 자체가 불합리하게 이루어질 수 있다는 문제는 간과된다. 국민기초생활보장법에서는 최저생계비를 기준으로 생계급여 수급자가 선정된다. 그런데 최저생계비의 산정에 있어서 장애로 인하여 특별히 지출되는 비용이 반영되지 못하는 경우에는 일부 장애인은 처음부터 생계급여의 대상에서 제외될 수 있기 때문이다.

국민기초생활보장법은 수급자의 개별적인 상황을 구체적으로 보호하여야 한다. 그런데 모든 급여가 재량적 판단에 맡겨져 있는 경우에는 법적 안정성이 훼손될 것이며, 또 이념과 규범 사이에 거리가 멀어질 수 있다. 따라서 일반적으로, 그리고 장애인의 경우에도 구성요건을 어느 정도 정형화하여 법률에 정해져야 한다.[48] 그리고 이에 관한 권리가 인정되어야 한다. 예컨대 수급자 선정 기준인 최저생계비의 산정에 있어서 장애인이 아닌 수급자에 비해서 장애인의 경우 일률적으로 일정한 비율을 상향 조정하는 것이 실효적인 방법이 될 수 있다. 이때 다음과 같은 점도 고려되어야 한다. 즉 다른 법률 및 제도에 의한 각종 지원 및 부담감면이 모두 실제 장애인에게 지급되는지는 명확하지 않다. 따라서 각종 지원 및 부담감면을 고려하여 급여수준을 조정할 것인지는 또 다른 판단을 필요로 한다. 이 모든 법적 및 제도적 지원을 장애인이 사전에 인지하고 지급받는다는 전제하에 장애인에 대한 최저생계비를 기준으로 급여를 지급하는 것은 장애인의 상황을 과대평가한 것이다.[49] 국민기초생활보장법의 입법목적이 다른 법 및 제도와 기능적으로 협력하면서 실현되어야 하겠지만 최저생활보장의 중심은 국민기초생활보장법이 되어야 할 것이다.

## Ⅳ. 최저의료보장의 공공부조법적 성격과 특수성

질병 보호 및 건강 보장은 자유를 실현하기 위한 가장 기본적인 조건이다. 이와 같은 인식에 기초하여－1963년 제정된 산업재해보상보험법을 제외하면－1977년 사회보험법으로서 가장 먼저 의료보험법이 시행되었다. 의료보험은 보험능력, 즉 보험료를 납부할 능력이 있는 국민을 가입자로 하여 운영된다. 이에 의료보험 가입자격을 가질 수 없는 국민의 건강을 보장하기 위하여 의료보호법

48) 구체적인 상황의 유형에 따른 정형화와 법적 안정성, 그리고 이때 구체성이 희생되는 문제에 대해서는 예컨대 Hans F. Zacher, "Verrechtlichung im Bereich des Sozialrechts", Friedrich Kübler(편), Verrechtlichung von Wirtschaft, Arbeit und sozialer Solidarität(Suhrkamp, 1984), 64면 이하 참조.

49) 장애인정책에서 이념과 규범, 그리고 규범과 현실의 괴리를 가져오는 위와 같은 문제상황에 대해서는 예컨대 전광석, "헌법과 장애인정책; 복지와 평등의 이념적 보완관계를 중심으로", 전광석(편), 한국사회와 장애인정책(인간과 복지, 2011), 49면 이하 참조.

(의료급여법)이 의료보험법과 같은 시기에 제정 · 시행되었다.[50] 여기에는 건강 보장에 있어서 차별이 적어도 정치적으로 정당화될 수 없다는 의미에서 평등의 이념이 강하게 작용하였다.

의료급여는 건강보험과 비교하면 다음과 같은 점에서 비교의 대상이 된다.

첫째, 건강보험과 의료급여는 모두 질병이 발생했을 때 적절한 급여를 적시에 지급하여 이를 보호하여야 한다. 이 점에 있어서 두 제도가 차이가 있어서는 안된다. 적극적으로 보면 다른 법률 혹은 제도에 의하여 의료급여에 상응하는 급여가 지급되는 경우 최소한의 건강보장에 관한 권리가 침해되는 것은 아니다. 교도소 등에 수용되어 있는 자에 대해서 형집행법과 같은 관련 법 및 제도에 의하여 급여가 지급되며, 이때 의료급여법의 의료급여를 정지하는 경우가 여기에 해당한다.[51] 다만 이 경우 전자의 조치가 질병에 대한 적시의 적절한 것인가에 대해서는 별도의 심사가 필요하다. 이 점에서 국민연금과 같이 소득보장을 위한 사회보험과 국민기초생활보장제도는 차이가 있다. 국민연금에서는 가입자가 보험료를 납부하여 형성된 연금청구권의 수준이 최저생활을 보장하기 위한 급여 수준에 비해서 낮아서는 안된다는 점이 중요한 쟁점이었다. 자신의 재정적 기여에 대한 반대급부로 받는 연금이 국가가 일방적으로 지급하는 사회소득(social income)에 미달해서는 안된다는 논리였다. 이 논리가 타당한 것은 아니지만 이 글에서 자세히 논의할 수는 없다.[52] 그러나 적어도 건강보험과 의료급여의 관계에

50) 의료보호법의 입법배경과 내용에 대해서는 전광석, 위 각주 3의 책, 196면, 205면 이하 등 참조.

51) 위 각주 44 참조.

52) 이에 대해서는 예컨대 전광석, "사회통합과 사회보장법", 사회보장법학 제5권 제2호(2016), 154면 이하 참조. 이밖에 독일에서 연금급여가 공공부조급여에 비해서 높은 수준을 유지하는 것은 사회보험의 본질적 내용에 해당한다는 견해로는 Ingwer Ebsen, "Nachhaltigkeit sozialer Sicherheit?", Schriftenreihe des Deutschen Sozialrechtsverbandes 55, Sozialrechtsgeltung in der Zeit(Erich Schmidt Verlag, 2007), 86면 이하 참조. 이에 비해서 특히 민간보험에 의

서 이와 같은 논리는 적용되지 않는다. 의료보장에 있어서는 적정 수준과 기초 혹은 최저수준의 구분이 있을 수 없기 때문이다.

둘째, 건강보험과 의료급여는 재정방식에 있어서 차이가 있다. 건강보험은 가입자가 납부하는 보험료 수입이 재정의 기반이 되지만 의료급여는 국가의 일반예산에 의하여 운영된다. 그 결과 건강보험급여와는 달리 의료급여는 재산권적 보호의 대상은 아니다.[53] 사실 이와 같은 재정방식의 차이가 있기 때문에 의료급여가 시행되는 초기에는 의료급여의 수가(酬價)가 건강보험의 수가와 차이가 있었다. 그러나 이는 진료기관이 의료급여수급자를 기피하는 원인이 되었으며, 또 진료의 종류와 내용에 영향을 미쳤다.[54] 현재 이러한 문제는 극복되었다.

셋째, 건강보험에서 전체 진료비용의 증가는 가입자가 납부하는 보험료에 영향을 미친다. 즉 진료비용이 증가하는 경우에는 가입자가 납부하는 보험료가 인상되는 부담이 따른다. 이에 비해서 의료급여는 일반예산이 재원이기 때문에 의료급여의 지출 증가가 수급자의 경제적 부담에 영향을 주는 것은 아니다.

헌법재판에서 심사대상이 되었던 의료급여수급자에 적용되는 본인부담제 및 선택병의원제는 건강권, 즉 자유롭게 의료기관에 접근하여 진료를 받을 수 있는 권리, 진료기관의 선택의 자유에 영향을 주는 것은 사실이다.[55] 그러나 이와 같은 조치가 건강보험과

한 자율적 배려의 가능성을 촉진하는 2001년 연금개혁(이른바 'Riester-Rente')을 통하여 이러한 구상이 더 이상 타당할 수 없게 되었다는 견해로는 예컨대 Ulrike Davy, "Pfadabhängigkeit in der sozialen Sicherheit", Schriftenreihe des Deutschen Sozialrechtsverbandes 55, Sozialrechtsgeltung in der Zeit(Erich Schmidt Verlag, 2007), 116면 이하; Ulrike Davy, "Soziale Gleichheit; Voraussetzung oder Aufgabe der Verfassung?", VVDStRL 68(2009), 134면 이하 등 참조.

53) 헌재 2009.9.2, 2007헌마1092, 21-2(상), 785면 이하 참조.

54) 이 점에 대해서는 예컨대 남찬섭, "1970년대의 사회복지 4", 복지동향(2006.6), 62면 참조.

55) 건강권에 대해서는 헌재 2009.11.26, 2007헌마734, 21-2(하), 597면; 2012.2.23, 2011헌마123, 24-1(상), 371면 이하 등 참조.

의 관계에서 평등권을 침해하는 것은 아니다. 건강보험은 비용의 증가를 가입자에게 부담시킬 수 있는 반면 의료급여는 일반예산에 의하여 운영되기 때문에 의료급여의 남용을 방지하기 위한 조치가 필요하며, 또 정당성이 있다. 본인부담이 과다하여 현실적으로 진료기관에의 접근을 차단하는 효과가 있지는 않기 때문에 건강권을 침해한다고 볼 수도 없다. 또 의료급여수급자의 입장에서 보면 선택병의원제를 이용하는 경우 본인부담은 면제된다. 이밖에 입원하거나 혹은 중증질환의 진료를 받는 경우에도 본인부담은 면제된다. 이와 같은 점을 종합적으로 고려하면 의료급여법상의 본인부담제도가 건강권을 제한하는 효과는 더욱 감소된다.

이 결정에서 한 가지 쟁점은 남는다. 청구이유와 결정문을 보면 건강보험과 의료급여에 있어서 비급여의 범위와 관련하여 부분적으로 차이가 있는 것으로 보인다.[56] 헌법재판소는 건강보험가입자와 의료급여수급자가 위에서 서술한 바와 같은 차이가 있기 때문에 동일한 비교집단으로 볼 수 없다는 입장이다.[57] 그러나 적어도 건강보장을 위하여 적절한 급여가 적시에 지급되어야 한다는 기준에서 보면 건강보험가입자와 의료급여수급자는 비교대상이 되며, 이 점에서 두 집단에 대한 차별이 정당화될 수는 없다. 구체적인 사안 및 이에 대한 심사가 이루어지지 않았기 때문에 더 이상 자세히 다룰 수는 없지만 심사가 충실하지 못했다는 점은 지적되어야 한다.

## V. 의회유보와 위임의 구체성

### 1. 신화(神話)와 신화의 해체

일반적으로 사회보장법 규정을 헌법의 실체법적인 기준에 따라

56) 헌재 2009.11.26, 2007헌마734, 21-2(하), 589면, 594면 등 참조.
57) 헌재 2009.11.26, 2007헌마734, 21-2(하), 600면 참조.

심사하는 데에는 한계가 있다는 점에 대해서는 위에서 서술하였다. 이는 사회보장법 사안에서 의회유보 및 위임의 구체성의 기준에 따른 심사에 있어서도 일종의 신화(神話)와 같이 지속적으로 영향을 미쳤다. 그러나 이는 규범구조에 충실한 이해는 아니었다. 사회보장법에서 의회유보 및 위임의 구체성은 엄격한 심사를 할 수 있으며, 또 필요하다.[58)]

사회적 기본권의 규범적 불명확성과 실현에 작용하는 현실적 한계로 인하여 헌법재판에서 사회적 기본권은 실질적 심사기준으로 유용성이 제한적이지만 이 점이 규범형식의 선택에 미치는 영향이 절대적이지는 않다. 즉 의회유보는 여전히 원칙으로 남는다. 또 위임의 구체성은 사회적 기본권이 입법권에 부여하는 재량과 직접적인 관련성은 없다. 사회적 기본권에서 재량적 판단은 헌법과 입법권의 관계에서 논의되는 주제이다. 이에 비해서 위임의 구체성은 국회가 헌법이 부여한 재량의 범위 내에서 직접 결정할 것인가, 아니면 이를 행정권에 위임할 것인가의 문제이기 때문이다. 이때 국회는 행정(입법)의 지침을 제시하고, 또 이를 통제할 수 있어야 한다. 따라서 사회보장법이 급부법에 해당한다는 이유로 의회유보의 범위가 좁아지고, 또 위임의 구체성이 완화될 수 있는 것은 아니다.[59)] 다만 입법기술적인 이유에서, 예컨대 건강보험에서 요양급여가 서비스 형태로 지급되는 경우와 같이 규범화하는 데 기술적인 어려움이 있는 경우에는 의회유보 및 위임의 구체성의 요청은 완화될 수밖에 없다.

58) 이에 대한 일반적인 서술로는 예컨대 김진곤, "사회보장법 영역에서 포괄위임입법금지의 원칙의 적용과 그 한계", 사회보장법학 제3권 제1호(2014), 제3권 제1호(2014), 37면 이하; 이준일, "사회보장 영역에서 법률유보원칙 – 의회유보원칙을 중심으로", 같은 책, 5면 이하 등 참조.

59) 침익적 법률과 수익적 법률에서 의회유보 및 위임의 구체성에 관한 일반적인 차이를 유지하는 헌법재판소의 결정으로는 예컨대 헌재 1997.12.24, 95헌마390, 9-2, 817면 이하; 2000.7.20, 99헌가15, 46면 등 참조.

## 2. 정책 선택과 내재적 위임?

위와 같은 사회적 기본권의 일반적인 문제 외에 최저생활보장의 권리에 관한 한 의회유보 및 위임의 구체성은 다음과 같은 이유에서 더욱 완화될 수 있는 헌법적 기준이 아니다. 첫째, 최저생활보장의 권리는 개인에게 생존적인 중요성을 가지며, 따라서 개인은 법률 자체로부터 혹은 법률의 위임 규정으로부터 자신의 법적 지위를 알 수 있거나, 적어도 예측할 수 있어야 한다. 이 점에서 최저생활보장의 권리에 관한 결정이 개인의 권리의무관계에 미치는 영향과 객관적 중요성이 침익적 법률에 비해서 적다고 할 수 없다. 둘째, 정치적 및 국가조직법적 관점에서 볼 때에도 최저생활보장의 권리는 법률에 의하여 규율되거나 법률이 위임하는 경우에도 위임이 구체적이어야 한다. 더구나 오늘날 노인빈곤 및 노동빈곤 등이 새로운 사회문제(new social risks)를 형성하면서 최저생활보장은 더 이상 사회의 주변 문제가 아니라 핵심적인 시대의 정치적 의제가 되었다.[60] 그런데 이와 같은 의제가 입법과정에서 개방적인 공론의 대상이 될 때 정책의 투명성이 확보되고 정치적 정당성을 얻을 수 있기 때문이다. 이와 같은 개인의 주관적인 법적 지위, 그리고 객관적 정책의 중요성에 비추어 보면 최저생활보장의 법률관계는 입법적으로 결정되어야 한다. 또 아래에서 서술하는 바와 같이 최저생활보장의 정책내용이 법률에 내재해 있다고 볼 수도 없다.

위임의 구체성이 헌법심사의 기준이 되었던 사건은 위와 같은 관점에서 주목받을 만하다. 최저생활을 보편적으로 보장하는 국민기초생활보장법의 이념은 규범화 과정에서 상당 부분 손상되었다.

60) 이와 같은 새로운 위험의 상황에 대해서는 예컨대 김영란, "신빈곤(new poverty)의 발생구조와 빈곤정책의 변화에 관한 연구", 사회복지정책 제20집(2004), 245면 이하; 박제성, "사회적 형평과 사회적 양극화, 그리고 사회적 연대", 노동법연구 제20권(2006), 97면 이하; 전광석, "사회적 불평등의 구조, 평등의 이념과 규범", 법학연구(연세대학교 법학연구원) 제28권 제3호(2018), 22면 이하 등 참조.

비현실적으로 형성된 부양의무기준과 재산의 소득환산제도가 대표적인 원인이었다.[61] 국민기초생활보장법은 재산의 소득환산 방법을 다음과 같이 규정하였다(법 제2조 제10호). 개별 가구의 재산가액에 소득환산율을 곱하여 재산의 소득환산액을 산출한다. 이 경우 개별 가구의 재산범위·재산가액의 산정기준 및 소득환산율, 그밖의 필요한 사항에 관하여는 보건복지부령으로 정한다. 실제 재산의 소득환산에 있어서 중요한 요소는 재산가액의 산정 기준과 소득환산율이다. 그런데 예컨대 현재 주거용 목적으로 보유 혹은 임대하고 있는 주택의 가액 및 임대료를 재산가액에 포함시킬 경우 주거를 포기하도록 하는 결과가 된다. 소득환산율도 그 정도에 따라서 동일한 효과를 가질 수 있다. 즉 소득환산율이 높을 경우 주거 목적의 재산을 축소하거나 처분하도록 강요하는 효과를 갖는다. 그만큼 이와 같은 사항은 최저생활보장을 위한 권리의 실현 여부 및 급여 수준을 결정하는 데 있어서 중요한 정책선택의 문제이다. 그럼에도 불구하고 국민기초생활보장법은 직접 이에 관한 어떠한 단서도 제시하고 있지 않다. 재산가액의 산정 기준은 시행규칙에, 그리고 공제되는 기본재산액 및 소득환산율 등은 고시에서 비로소 정하고 있다. 당시 소득환산율로 일반재산, 금융재산 및 승용차에 대해서 각각 월 4.17%, 6.26%, 그리고 100%가 적용되었다.

위와 같은 규범적 상황에 대해서 헌법재판소는 일반적인 설명

61) 부양의무기준의 정책적 및 헌법적 문제에 대해서는 예컨대 김지혜, "국민기초생활보장법 부양의무자 기준의 위헌성", 공법연구 제41집 제3호(2013), 111면 이하; 박성민, "평등권 침해를 중심으로 본 부양의무자 기준의 위헌성", 사회보장법학 제5권 제1호(2016), 73면 이하; 박영아, "기초생활보장과 부양의무", 사회보장법학 제5권 제1호(2016), 103면 이하; 손윤석, "국민기초생활보장법상 부양능력미약제도에 관한 법적 고찰", 사회보장연구 제28권 제2호(2012), 1면 이하 등 참조. 재산기준에 대한 정책적 문제에 대해서는 예컨대 박미현/정영순, "노후소득보장의 사각지대 해소를 위한 국민기초생활보장제도 개혁방안 연구", 사회보장연구 제25권 제4호(2009), 106면 이하; 허선/김미곤/유현상, "국민기초생활보장제도에 있어서 재산의 소득환산제도에 대한 평가 – 형평성을 중심으로", 사회보장연구 제25권 제1호(2009), 3면 이하 등 참조.

방법에 따라 위임의 구체성을 벗어나지 않는다고 판단하였다.[62] 다양한 사실관계를 규율하거나 사실관계가 수시로 변화할 것이 예상될 때에는 위임의 구체성이 완화된다는 논리였다. 또 위임의 구체성과 관련해서는 당해 법률의 전반적인 체계와 관련 규정에 비추어 위임조항이 내재적인 위임의 범위나 한계를 객관적으로 분명히 확인할 수 있다면 포괄위임에 해당하지 않는다.

그러나 이와 같은 기존의 헌법재판소의 논리를 최저생활보장의 수급요건에 해당하는 재산의 소득환산액에 관한 규정에 적용하는 것은 다음과 같은 이유에서 신중하여야 한다.

첫째, 최저생활을 보장하기 위한 급여의 종류와 내용은 헌법 자체로부터 어느 정도 도출될 수 있다. 따라서 다양한 사실관계에 해당하거나 수시로 변화할 것이 예상되는 사안이라는 이유로 이에 관한 구체적인 입법의무가 부정되는 것은 아니다. 또 최저생활보장이 현재 개인의 개별적인 상황을 구체적으로 보호하는 과제를 갖는다는 점을 다시 상기할 필요가 있다. 이와 같은 제도적 목적에 비추어 보면 최저생활보장의 권리에 관한 사항에 대해서는 적시(適時)에 구체적인 입법적 결정, 그리고 입법의 개선을 필요로 한다.[63]

둘째, 국민기초생활보장법에 보충성의 원칙이 적용되고, 따라서 수급자격을 확인하기 위해서는 수급자의 소득 및 재산이 조사되어야 한다. 그런데 재산의 일부는 수급자의 현재의 생활에 기여하고 있고, 따라서 재산 전체가 가액산정에 반영되어서는 안된다는 점은 예측할 수 있다. 그러나 어느 범위의 재산이 현재의 생활유지에 기여하기 때문에 재산가액의 산정에서 공제되는지는 예측의 범위를 벗어난다. 기존에 주거 목적으로 이용되는 재산은 재산가액을 산정하는 대상에서 제외되어야 한다는 주장이 있었던 것을 고

62) 헌재 2012.2.23, 2009헌바47, 24-1(상), 105면 이하 참조. 이러한 입장은 기초연금법의 규정에 대한 심사에서도 유지되었다. 헌재 2016.2.25, 2015헌마191, 28-1(상), 164면 이하 참조.

63) 위 각주 39 참조.

려하면 위임의 불명확성은 더욱 증가한다. 결국 이는 법률에 내재해 있는 문제가 아니라 법률에 의하여 독자적인 정책선택이 필요하며, 위임을 하는 경우 그 범위는 시행령의 내용을 알거나 예측할 수 있을 정도로 구체적이어야 한다.

셋째, 주택이 재산가액의 산정에 포함되지만 일부 가액은 기본재산액으로서 공제되고 있다는 상황에서 보면 기본재산액의 수준은 수급자 선정에 있어서 중요한 기준이다. 그런데 이 역시 법률자체로부터 예측하는 것은 불가능하다.

최저생활보장의 요건과 관련하여 법률이 구체적인 범위를 정하지 않고 행정입법에 위임하였고, 또 정책선택의 문제를 행정입법에 유보한 결과가 되었음에도 불구하고 헌법재판소가 적극적인 심사를 하지 않은 예는 소득인정액의 산정과 관련된 결정에도 나타났다.[64)]

국민기초생활보장법은 소득평가액 산정의 기초인 실제소득의 범위, 기준 등을 대통령령에 위임하였다. 시행령은 실제소득의 범위에 근로소득, 사업소득, 재산소득과 함께 이전소득을 포함시켰다. 이전소득에는 국민연금법, 공무원연금법 등 사회보험법에 의한 급여, 국가유공자법에 의한 급여 이외에 기초연금법에 의한 기초연금이 포함된다. 이 결정에서는 기초연금이 실제소득에 포함되는 점이 문제가 되었다. 기초연금은 65세 이상 노인의 기초생활을 보장하는 목적을 가지며, 이는 국민기초생활보장법의 생계급여와 같은 기능을 갖기 때문에 실체법적으로 기초연금을 실제소득에 포함시키는 규정이 헌법에 위반된다고 볼 수는 없다. 그러나 위에서 언급한 바와 같은 이전소득이 모두 같은 기능을 수행하는 것은 아니다. 실제 이전소득 중 일부는 소득평가액 산정에서 제외되었다(시행령 제5조의2). 시행령을 기준으로 보면 근로능력의 상실 그 자체를 보호하거나, 실제 추가로 소요되는 비용의 성격을 갖는 경우 소득평가액에서

64) 헌재 2019.12.27, 2017헌마1299, 31-2(하), 251면 이하 참조.

공제하는 것으로 보인다. 그런데 이와 같은 목적을 위하여 기초연금이 소득평가액에서 공제되는가는 정책판단의 문제이며, 또 적어도 법률에 이에 관한 최소한의 기준이 규율되어야 한다. 위에서 언급한 바와 같은 기초연금은 생계급여와 기능적으로 동일성이 있기 때문에 예측가능성이 없다고 볼 수는 없다. 그러나 전체적으로 보면 위임의 구체성이 결여되어 있는 규정이었다.

마지막으로 주택이 부분적으로 재산가액을 산정하는 데 포함되며, 또 기본재산액이 공제된다는 가능성 이외에 소득환산율 자체를 예측하는 것은 거의 불가능에 가깝다. 해당 결정을 선고할 당시 적용되었던, 위에서 언급한 소득환산율에 대해서는 일반적으로 비판적이었다.[65] 주거에 이용되고 있는 주택이 일반재산에 포함되어 일반재산에 대한 환산율이 적용되었으며, 오늘날 생활 및 영업활동에 필수품이라고 할 수 있는 승용차의 환산율이 100%라는 점이 특히 비판을 받았다.[66] 객관적으로 보면 이와 같은 중요한 사항을 법률에 직접 규정하거나 혹은 위임의 구체적인 범위와 내용에 관한 규정을 두었을 때 비로소 입법과정에서 객관적인 타당성에 대한 정책적 검토가 이루어질 수 있다.

## Ⅵ. 맺는 말

사회적 기본권은 일반적으로 규범적, 그리고 현실적인 이유에서 실현에 한계가 있다고 이해되어 왔다. 그러나 이는 절대적인 한계는 아니다. 즉 헌법규범의 특수한 의미와 성격에 비추어 규범적 및 현실적 한계를 극복할 수 있는 경우에는 사회적 기본권이 구체적 권리로서 실현될 수 있다. 헌법 제34조 제5항 최저생활보장에 관한 권리가 이러한 범주에 속한다.

65) 위 각주 61 참조.

66) 2019년 현재 재산의 소득환산율은 일반재산의 경우 4.17%이지만, 이 중 주거용 재산에 적용되는 환산율은 1.04%로 낮아졌다.

지금까지 헌법재판소는 사회적 기본권 일반에 적용되는 논리를 최저생활보장의 권리에 관한 심사에 적용하였기 때문에 해당 사안에 대한 특유하고 집중적인 심사를 할 수 없었다. 입법재량이 넓게 인정된다는 점, 그리고 급여 및 지원, 그리고 부담감면조치 등을 종합적으로 고려하여 최저생활보장의 권리를 침해했는가 여부를 판단하여야 한다는 점이 주요 논리로 제시되었다. 그러나 헌법 제34조 제5항, 제10조 및 제11조는 최저생활보장의 권리에 특유하고 (상대적으로) 구체적이며, 헌법심사 및 입법형성에 있어서 의미 있는 기준을 도출하는 근거가 된다. 이와 같은 기준은 최저생활보장이라는 헌법의 절대적 과제를 실현하는 데 있어서는 적극적으로 기능하여야 한다. 예컨대 일반적으로 완화된 심사기준으로 이해되는 명백성 통제의 논리가 최저생활보장의 권리에 관한 심사에 있어서는 헌법재판소의 역할을 뒷받침하도록 적극적으로 기능할 수 있다. 이를 통하여 최저생활보장이 헌법적 중요성에 상응하는 정치적 주목을 받아 주변문제에서 우리 사회의 핵심의제로 공론화될 수 있으며, 이때 비로소 최저생활보장의 주관적 권리 및 객관적 제도의 안정성과 예측가능성을 도모하는 데 기여할 수 있고, 또 하여야 한다.

# 제8장

# 사회복지법 – 아동복지법, 노인복지법, 장애인복지법 등

Ⅰ. 보호의 필요성과 규정 방식 및 권리구제의 불균형
Ⅱ. 헌법재판에 대한 기대와 현실
Ⅲ. 사건 및 결정 유형
Ⅳ. 장애인복지의 심사기준
Ⅴ. 장애인 고용지원의 규범구조와 헌법이념
Ⅵ. 사회복지기관 및 종사자의 의무
Ⅶ. 위임의 구체성
Ⅷ. 맺는 말

## Ⅰ. 보호의 필요성과 규정 방식 및 권리구제의 불균형

사회복지법은 스스로의 능력으로 생활을 형성·유지하기 어려운 아동, 노인 및 장애인 등을 적극적으로 지원·보호하여 인간다운 생활을 보장하고, 또 사회의 구성원으로서 참여하여 사회통합을 실현하는 목적을 갖는다. 사회복지법에는 아동복지법, 노인복지법, 장애인복지법, 그리고 부분적으로 이들 법의 목적을 실현하기 위하여 제정된 관련 법률이 포함된다.[1)]

위에서 지적한 바와 같은 사회복지법의 적용대상과 제도목적에 비추어 사회복지법은 다음과 같은 특성을 갖는다.[2)]

첫째, 사회복지법은 '다양한 생활영역'에서 장기적으로 이들을 지원·보호하여야 한다. 특히 장애인의 경우 이와 같은 특수성은 뚜렷하게 나타난다. 이를 위하여 아동복지법, 노인복지법, 장애인복지법과 같은 기본법 외에 이들을 다양한 생활관계에서 적합한 방법으로, 그리고 집중적으로 지원하는 개별법들이 형성되어야 한다. 예컨대 장애인 지원 및 보호를 위하여 장애인복지법뿐 아니라

1) 아래에서 설명하는 바와 같이 이 글은 이들 법률 규정에 관하여 헌법재판소 판례집에 수록된 결정을 서술의 대상으로 하였다. 따라서 해당 주제와 관련된 모든 결정이 포함되어 있는 것은 아니다. 또 넓은 의미에서 사회복지법에 포섭되는 모든 법률 규정에 대한 헌법재판소의 결정을 포함시킨 것은 아니다. 영유아보육법 규정에 관한 결정이 그러한 예이다. 이에 해당하는 결정으로는 헌재 2011.11.24, 2010헌바373, 23-2(하), 383면 이하; 2018.1.25, 2015헌마1047, 30-1(상), 150면 이하 등 참조. 전자의 결정은 영유아보육시설의 설치 의무가 있는 사업장의 범위에 관한 포괄위임 여부가 쟁점이었으며, 합헌으로 결정되었다. 후자의 결정은 보육료·양육수당의 수급대상에서 국내 거주 재외국민의 영유아를 제외한 규정을 심사의 대상으로 하였으며, 위헌으로 결정되었다.

2) 사회복지법의 규율대상 및 규범구조와 관련된 일반적인 특수성에 대해서는 예컨대 전광석, "사회복지법의 규범체계와 과제", 법제연구 제41호(2011), 11면 이하 참조. 사회복지서비스의 특수성이 전달체계에 미치는 함의에 대해서는 남찬섭, "사회서비스 전달체계 개편의 전개과정과 함의 및 전망", 법무법인 태평양/재단법인 동천(편), 사회복지법연구(경인문화사, 2019), 379면 이하 참조.

활동지원(장애인활동지원에 관한 법률), 소득보장(장애인연금법), 고용촉진(장애인고용촉진 및 직업재활법), 편의증진(장애인·노인·임산부 등의 편의증진보장에 관한 법률), 이동편의(교통약자의 이동편의증진법) 등을 위하여 개별법이 시행되고 있다. 일부 장애에 대해서는 그 특수성을 고려하여 지원과 보호의 방법과 내용을 특별히 규율하는 독립 법률이 제정되었다. 2014년 제정된 「발달장애인 권리보장 및 지원에 관한 법률」이 여기에 해당한다.[3] 또 「장애인차별금지 및 권리구제 등에 관한 법률」은 복지의 이념을 보충하여 장애인정책의 지평을 더욱 넓혔다.[4]

둘째, 개별 생활영역에서 이들의 상황을 '구체적으로 지원'하여 제도목적이 실현되어야 한다. 예컨대 사회보험은 사회적 위험이 발생했을 때 법률에 정한 급여를 지급하고, 이로써 사회적 위험이 극복된다는 가정에 기초하여 이를 추상적으로 보호한다. 이에 비해서 사회복지법은 이들을 직접 대면(對面)하고 서비스(personal service)를 제공하여 현실적으로 생활을 보장하여야 하며, 이때 비로소 입법목적이 실현된다. 이를 위하여 이들의 개별적인 상황이 지속적으로 관찰되어야 하고, 이에 대한 구체적인 지원의 종류와 내용이 계속 보완되어야 한다. 이는 사회복지법 자체의 과제이지만, 동시에 사회보험법 등 다른 사회보장제도와 협력관계에서 사회보험의 기능을 뒷받침하고, 또 사회보험의 추상적 보호가 남기는 구체적인 보장의 공백을 보충하는 종합적 구상이 필요한 과제이다. 2012년 개정 사회보장기본법에서 사회보장의 개념요소에 도입된 '사회서비

3) 발달장애인을 위한 특별법 형성의 방향에 대해서는 전광석, "장애인정책과 입법방법론 – 발달장애인법안을 중심으로", 저스티스(2013.8), 105면 이하 참조.

4) 장애인정책에서 복지와 평등의 이념적 보완관계에 대해서는 예컨대 전광석, "헌법과 장애인정책; 복지와 평등의 이념적 보완관계를 중심으로", 전광석(편), 한국사회와 장애인정책(인간과 복지, 2011), 43면 이하 참조. 실제 정책 차원에서 복지와 평등의 상호 보완관계에 대해서는 예컨대 조광자, "장애인차별금지법과 장애인의 경제적 복지 – 미국의 장애인법과 소득보장정책의 긴장관계를 중심으로 –", 사회복지정책 제34권(2008), 109면 이하, 124면 이하 등 참조.

스'(법 제3조 제1호 및 제4호)는 사회복지법의 제도목적에 내재해 있는 수단이며, 또 전체적으로 서비스형태의 지원은 노동빈곤, 노인빈곤 및 저출산 고령사회의 새로운 상황에서 더욱 중요성을 더해가고 있다.[5)]

셋째, 사회복지법은 인간다운 생활과 사회참여를 보장하는 목표를 지향하지만, 동시에 이와 같은 목표는 '현실적으로 실현'되어야 한다. 이때 사회복지법에서 제도목표와 규율방식 사이에 긴장관계가 나타난다. 전자의 관점에서 보면 사회복지법이 목표를 실현하는 방법과 내용을 망라하여 규율할 수 없기 때문에 추상적이고 개방적인 규율방식을 띨 수밖에 없다. 또 개별적인 상황이 다양하고, 지원과 보호는 집행단계에서 개별상황에 적합한 방법과 내용으로, 경우에 따라서는 집행단계에서 독자적인 결정에 의하여 이루어지기 때문에 재량 판단의 여지가 인정되어야 한다.[6)] 그러나 이는 사회복지법의 목적을 안정적으로 실현하는 데 장애가 된다. 이로써 법적 권리의 성격은 약화되며, 오히려 사회복지급여의 공급 능력에 따라 수요가 일방적으로 결정될 수 있다. 또 이 과정에서 재정적 이유가 과다하게 작용할 수 있기 때문이다.[7)]

---

5) 사회서비스의 다양한 이해방법에 대해서는 예컨대 신권철, "사회서비스 개념의 법적 재구성", 사회보장법연구 제9권 제1호(2020), 34면 이하, 42면 이하 등 참조. 이밖에 서비스의 (소득보장과의 관계에서) 비대체적(非代替的) 성격에 대해서는 예컨대 문진영/김윤영, "소득보장(현금급여)인가?, 사회서비스(현물급여)인가?", 사회복지연구회(엮음), 복지국가 쟁점 1(한울, 2019), 213면 이하 참조.

6) 사회복지서비스의 이와 같은 특징에 대해서는 예컨대 하명호, "사회복지서비스법 총론 구성의 시론", 사회보장법학 제1권 제1호(2012), 201면 이하, 217면 이하 등 참조. 사회보장법에서 재량판단의 필요성과 이로 인하여 규범구체성이 희생되는 구조에 대해서는 예컨대 Hans F. Zacher, "Verrechtlichung im Bereich des Sozialrechts", Friedrich Kübler(편), Verrechtlichung von Wirtschaft, Arbeit und sozialer Solidarität(Suhrkamp, 1984), 64면 이하 참조.

7) 실제 사회복지서비스에서 국가의 최소기능과 주로 민간위탁에 의존하였던 기존 경로(path), 그리고 2000년대 이후 적극적 변화에 대해서는 남찬섭, 위 각주 2의 논문, 382면 이하; 백종만, "사회(복지)서비스에서 공공과 민간의 역할 변화", 김병섭 외, 우리 복지국가의 역사적 변화와 전망(서울대 출판문화원, 2015), 280면 이하 등 참조.

## Ⅱ. 헌법재판에 대한 기대와 현실

위에서 지적했듯이 사회복지법이 추상적 목표규범의 성격을 가지면서 재량규정의 방식을 취하고 있기 때문에 권리구제가 실효적이지 못했다.[8] 이에 비해서 헌법재판에서 인간다운 생활을 할 권리 및 이에 관한 국가의 과제, 그리고 장애인 등 사회적 약자의 평등과 같은 헌법 규정이 입법 및 행정작용을 견인하여 사회복지법의 규범력을 높일 수 있다는 기대를 할 수 있다. 그러나 헌법과 헌법재판이 사회복지법의 이념·목적과 규범, 그리고 현실의 간격을 줄이는 역할에는 한계가 있다. 여기에는 다음과 같은 요소들이 작용하기 때문이다.

첫째, 헌법, 그리고 헌법의 사회적 과제에 관한 규정이 갖는 규범력의 한계이다. 장애인 등에 대한 지원과 보호, 그리고 사회참여를 통한 통합은 헌법에서 도출되는 과제이다.[9] 그러나 이에 관한 헌법 규정의 실체법적 내용은 여전히 추상적이다. 또 이들이 조건과 법적 효과를 규율하는 형태가 아니라 객관적인 목표를 지향하는 규정이기 때문에 목표를 실현하는 과정에서 정책의 우선순위 및 실현방법, 그리고 국가재정과의 관련성에 대한 판단은 기본적으로 입법적 결정에 유보되어 있다.[10]

둘째, 사회복지법의 규정 방식 자체가 미치는 영향이다. 위에서 언급했듯이 사회복지법은 특히 지원의 내용에 관한 한 일반적으로 재량규정으로 되어 있거나 혹은 – 구체적인 위임이 없이 – 행정입법에 위임하고 있다. 예외적으로 아동수당법 및 기초연금법은 수급

8) 이에 비해서 구체적 규정(노인복지법 시행령에서 노령수당의 지급 연령)에 따른 권리구제의 가능성에 대해서는 대판 1996.4.12, 95누7727 참조.

9) 장애인보호의 헌법적 위상에 대해서는 예컨대 헌재 1998.12.23, 98헌바33, 11-1, 752면 참조.

10) 사회적 기본권의 일반적인 규범력 한계와 특수한 상황에서 구체적 권리로 기능하는 가능성에 대해서는 예컨대 이 책 부록 436면 이하, 447면 이하 등 참조.

액을 정액으로 법률에서 직접 정하고 있다(아동수당법 제4조, 기초연금법 제5조 제3항). 이는 이들 급여가 일종의 보편적 수당의 성격을 갖고, 이에 관한 규정이 예산과 직접 관련성을 가지며, 실제 국회에서 예산안 의결과 구체적으로 연계되어 제정되었기 때문이다. 이와 같은 예외적인 경우를 제외하고 일반적인 규범 상황에서는 개인이 권리의식을 갖고 이를 실현하기 위하여 헌법재판을 제기할 가능성은 제한적이다. 특히 일반적으로 장애인의 경우 법률상 권리의 존재, 그리고 그 침해를 인식하는 능력이 낮고, 그 결과, 그리고 장애인의 특수성을 반영하는 제도가 미비하여 일반적으로 기대되는 권리구제절차가 기능하지 못하고 있다.[11] 실제 법적 명확성 및 위임의 구체성이 쟁점이 되었던 사회복지법 규정에 관한 헌법심사에서도 급여의 종류와 내용 및 수준에 관한 적극적인 청구가 목적인 경우는 없었다.[12]

위와 같은 이유에서 사회복지법 규정에 대한 헌법재판소의 결정이 많지 않으며, 특히 사회복지법의 이념과 목적에 관한 헌법재판은 더욱 드물다. 오히려 예컨대 사회복지기관 및 종사자의 기본권, 위임의 구체성 등 일반적인 쟁점이 헌법재판에서 심사의 대상이 되었다.

11) 장애인의 권리의식 및 권리구제의 특수성, 이를 보완하는 제도개선의 가능성에 대해서는 예컨대 임성택/김예원, "장애인 권리옹호체계의 도입과 과제", 법무법인 태평양/재단법인 동천(편), 장애인법연구(경인문화사, 2016), 4면 이하, 27면 이하 등 참조. 이밖에 장애인 법률구조의 현황과 문제에 대해서는 예컨대 윤수정, "장애인정책의 적극적 사법심사를 위한 심사방법의 모색", 공법연구 제43집 제4호(2015), 31면 이하; 홍석표, "법원에서의 장애인 권리구제수단으로서의 공익소송", 사회보장법학 제6권 제1호(2017), 145면 이하; 차성안, "소송을 통한 장애인 권리구제의 쟁점", 사회보장법연구 창간호(2012), 43면 이하; 차성안, "독일의 장애인 사법지원", 사회보장법연구 제5권 제2호(2016), 41면 이하 등 참조.

12) 아래 Ⅶ. 참조.

## Ⅲ. 사건 및 결정 유형

### 1. 사건유형

사회복지법 규정 혹은 이에 관한 국가작용에 대한 헌법재판은 다음과 같이 두 가지 유형이 있었다. 첫째, 사회복지법의 이념과 목적에 따른 지원의 부재(不在) 혹은 불충분을 다투는 청구이다. 이는 모두 장애인지원에 관한 청구였다.[13] 둘째, 장애인 고용지원이 의무고용의 형태로 시행되면서 이는 필연적으로 장애인을 고용하는 사업주의 경제적 자유와 관련성을 갖는다. 이에 장애인 의무고용 및 고용부담금, 그리고 적용제외에 관한 규정이 사업주의 기본권을 침해하는가 여부가 쟁점이 되었다.[14] 유사한 심사구조는 장애인의 이동편의를 위하여 민간사업이 시설 및 설비(저상버스)를 갖추는 의무와 관련하여 제기되었다.[15]

사회복지법의 목적을 달성하기 위하여 사회복지법인 혹은 종사자에게 부과되는 특별한 의무, 그 위반에 대한 제재 규정이 여러 차례 심사의 대상이 되었다. 사회복지사업법에 따라 사회복지법인이 기본재산을 처분하는 데 따르는 제한, 사회복지법인에 외부추천 이사 및 외부감사를 두도록 하여 법인 운영의 자유를 제한하는 문제가 쟁점이 되었다.[16] 유사한 유형으로 양로시설을 설치하고자 하는 경우 신고의무를 부과하고 이를 위반하는 경우 형사처벌을 하는 노인복지법 규정이 심사대상이 되었다.[17] 장애인활동지원 급여

---

13) 헌재 1992.6.9, 92헌마105, 4, 290면 이하; 2002.12.18, 2002헌마52, 14-2, 904면 이하; 2007.10.25, 2006헌마1236, 19-2, 513면 이하 등 참조.

14) 헌재 2003.7.24, 2001헌바96, 15-2(상), 58면 이하; 2003.7.24, 2002헌바82, 15-2(상), 131면 이하; 2012.3.29, 2010헌바432, 24-1(상), 494면 이하 등 참조.

15) 헌재 2002.12.18, 2002헌마52, 14-2, 904면 이하 참조.

16) 헌재 2005.2.3, 2004헌바10, 17-1, 97면 이하; 2014.1.28, 2012헌마654, 26-1(상), 169면 이하 등 참조.

17) 헌재 2016.6.30, 2015헌바46, 28-1(하), 571면 이하 참조.

비용을 정부에서 고시로 정하고, 이와 같은 수가(酬價)로 인하여 활동보조기관의 직업수행의 자유를 제한하는 규정에 대한 심사도 넓은 범위에서 이와 같은 유형에 속한다.[18]

이밖에 장애인 보장구를 제작·판매하는 사업의 요건과 관련하여 심판이 청구되었다.[19] 사회복지종사자의 자격 제한에 관한 규정이 직업의 자유를 기준으로 심사되었다. 아동학대 범죄로 인하여 형의 선고를 받은 자에게 관련 업무에 10년 동안 종사할 수 없도록 하는 규정은 사회복지법 규정에 대한 헌법재판에서 유일하게 위헌으로 결정되었다.[20] 또 아동을 정서적으로 학대한 자를 형사처벌하는 규정이 심판의 대상이 되었다.[21]

사회복지법 규정에 대한 결정에서 법적 명확성 및 위임의 구체성이 여러 차례 심사의 대상이 되었다. 이는 예상될 수 있었다. 사회복지법이 개방적인, 그리고 객관적 목표규범의 성격을 띠고 있으며, 사회보장법 일반에 있어서와 마찬가지로 사회복지법에서도 중요한 사항을 법률에 의하여 결정해야 한다는 헌법구상이 소홀히 되어 왔기 때문이다. 여기에는 정치적 환경도 작용했을 것이다. 국민 대다수가 관련성을 갖는 사회보험의 중요한 제도 변화 및 개정 논의와 달리 사회복지법의 적용대상은 적어도 사회보험 가입자 및 수급자에 비해서 정치적 영향력이 제한적이고, 그만큼 사회적 합의의 장(forum)이 형성될 수 없었기 때문이다.

## 2. 결정유형

2019년 말까지 헌법재판소 판례집에 수록된 사회복지법 규정에

18) 헌재 2018.2.22, 2017헌마232, 30-1(상), 342면 이하 참조.
19) 헌재 2016.2.25, 3013헌바260, 28-1(상), 83면 이하 참조.
20) 헌재 2018.6.28, 2017헌마130등, 30-1(하), 696면 이하 참조. 이밖에 유사한 사안에 대한 합헌결정으로는 헌재 2015.7.30, 2012헌마1030, 27-2(상), 332면 이하 참조.
21) 헌재 2015.10.21, 2014헌바266, 27-2(하), 58면 이하 참조.

대한 결정은 모두 14개였다.[22] 사회복지법 관련 법률이 개별 생활 영역에서 세분화되어 범위가 넓고, 또 이들에 대한 권리구제의 필요성이 크다는 점을 고려하면 헌법재판은 많지 않은 셈이다. 장애인 지원에 관한 청구가 8건으로 가장 많았다. 아동복지와 노인복지에 관한 청구가 2건과 1건이었다. 노인복지에 대한 일반적인 사회적 및 정책적 관심에 비해서 청구가 많지 않았던 것은 노인의 생활지원과 고용촉진, 그리고 소득보장의 문제를 노인장기요양보험법, 「고용상 연령차별금지 및 고령자 고용촉진에 관한 법률」 및 기초연금법이 분담하고 있다는 점이 영향을 미쳤을 것으로 생각한다. 그러나 이들 법규정에 관한 심판청구도 많지는 않았다.[23] 사회복지사업법에 관한 결정은 3건이었다. 그러나 이들 심판이 사회복지법의 급여 및 규범적 특수성과 관련된 사안은 아니었다.

사회복지법 규정에 대한 헌법재판은 모두 헌법소원심판으로 청구되었다. 권리구제형 헌법소원심판이 8건, 위헌심사형 헌법소원심판이 6건이었다. 지원을 적극적으로 청구하는 헌법소원심판은 행정부작위를 대상으로 하였다. 이는 지원의 종류와 내용이 법률에 규정되지 않은 점과 관련이 있다. 이에 비해서 장애인 의무고용 및 고용부담금, 아동복지 종사자에 대한 제재와 같이 법률에 근거가 있는 경우에는 위헌심사형 헌법소원이 청구되었다. 이때 법적 명확성 및 위임의 구체성이 독자적으로 혹은 실체법과 함께 헌법심사의 기준이 되었다. 아동복지법에서 사회복지기관 종사자의 자격에 관한 규정이 유일하게 위헌으로 결정되었다.[24] 10건이 합헌 혹은 기각으로 결정되었으며, 3건의 청구는 각하되었다.

22) 이밖에 관련 결정에 대해서는 위 각주 1 참조.

23) 노인장기요양보험법에 관한 결정으로는 헌재 2017.6.29, 2016헌마719, 29-1, 328면 이하 참조. 「고용상 연령차별금지 및 고령자 고용촉진에 관한 법률」에 관한 결정으로는 헌재 2015.6.25, 2014헌마674, 27-1(하), 598면 이하 참조. 기초연금법에 관한 결정으로는 헌재 2016.2.25, 2015헌바191, 28-1(상), 156면 이하; 2018.8.30, 2017헌마906등, 30-2, 333면 이하 등 참조.

24) 위 각주 20 참조.

## Ⅳ. 장애인복지의 심사기준

### 1. 헌법 제34조 제5항

장애인의 이동편의를 위하여 필요한 저상버스의 도입이 지체되고 있는 부작위가 장애인의 기본권을 침해하는지 여부가 쟁점이 되었다. 이는 사회복지법 규정에 대한 심사에서 구체적인 지원과 관련된 유일한 결정이었다.[25] 심판청구는 각하되었지만 헌법재판소는 장애인 지원의 헌법적 근거, 그리고 해당 규정의 규범력을 검토하여 이후 장애인 지원뿐 아니라 사회복지법 규정에 관한 심사에서 일반적으로 적용되는 기준과 의미를 서술하였다.

1990년대 이후 우리 사회에서 장애인 복지 및 평등의 현실을 되돌아보고, 장애인운동이 활발하게 전개되었다.[26] 이때 1990년 제정된 미국의 장애인법(ADA; Americans with Disabilities Act)이 전범(典範)이 되었다. 우리 사회에서 장애(인)에 대한 인식이 발달하고 이에 관한 사회운동이 확대되면서 사회적 공감을 얻게 되었고 이는 2007년 「장애인차별금지 및 권리구제 등에 관한 법률」의 제정으로 결실을 맺었다. 이때 이동권 및 접근권이 핵심 규율영역이었으며, 저상버스는 이와 관련된 문제였다. 장애인의 이동권 보장을 위해서는 이미 1997년 「장애인·노인·임산부 등의 편의증진보장에 관한 법률」이 제정되었다. 이 법에 의하여 장애인 등의 접근권, 이에 관한 국가 및 지방자치단체의 의무, 그리고 민간의 편의시설 설치를 유도·지원하는 조치가 함께 규정되었다(법 제4조, 제6조, 제13조).

헌법재판소는 헌법 제34조 제1항 인간다운 생활을 할 권리가 사회적 약자에 대해서는 제2항 내지 제6항에서 구체화되었다고 이

25) 헌재 2002.12.18, 2002헌마52, 14-2, 904면 이하 참조.

26) 당시 장애인운동의 현황에 대해서는 예컨대 김도현, 차별에 저항하라; 한국 장애인운동 20년(1987-2006)(박종철 출판사, 2007); 정근식, 나는 나쁜 장애인이고 싶다(삼인, 2002) 등 참조.

해하였다. 그리고 장애인 지원에 관한 특유한 헌법 근거는 제34조 제5항으로 보았다. 이에 사회적 기본권에 관한 헌법재판에서 일반적으로 제시되었던 논리가 장애인법 규정에 대한 심사에서 반복되었다. 즉 사회적 기본권을 실현하는 구체적 의무 및 정책의 우선순위는 법률에 의하여 구체화되며, 이때 국가재정이 함께 고려된다.[27] 이 점을 고려하면 저상버스의 도입에 관한 헌법적 권리를 인정하는 데에는 이중적인 장애가 있었다. 먼저, 다른 사회적 약자와의 관계에서 장애인이 우선적 지원의 대상이 되는 헌법적 근거는 없다. 또 장애인을 지원하는 방법으로서 규범적·정책적으로 저상버스의 도입이 우선순위를 갖는다고 볼 수도 없다. 저상버스의 도입은 민간기업에 재정적 의무를 부과한다는 규범적 문제도 있다.

## 2. 헌법 제34조 제1,2항과 평등권

이 사안에서 헌법재판소는 청구를 각하하면서 실질적인 심사를 하였다. 결론이 달라질 수는 없었겠지만 이에 관한 논리는 다음과 같은 두 가지 점에서 검토할 필요가 있다.

첫째, 장애인 지원에 관한 특유한 헌법적 근거, 그리고 심사기준이 헌법 제34조 제5항인가 하는 문제이다. 제34조 제5항은 우리 헌법에서 장애인을 언급하고 있는 유일한 조항이다. 그러나 보호대상은 '신체'장애자로 한정되어 있다. 이는 1987년 헌법 개정 당시 장애에 대한 진지한 문제인식이 결여되었기 때문이지만, 해석에 의하여 극복될 수 없는 문제는 아니었다. '신체'장애인이 예시적으로 표현되었다고 볼 수 있기 때문이다. 보다 구조적인 문제는 헌법 제34조 제5항이 생활능력이 없는 국민에 대한 최저생활의 보장을 목적으로 한다는 점이다. 그러나 장애인정책은 장애 그 자체를 지원하여야 한다. 장애인의 경우 개인 및 사회생활을 하는 데 특별한 지원이 필요하다는 점 자체가 기준이 되어야 하며, 소득 여부

27) 예컨대 헌재 2004.10.28, 2002헌마328, 16-2(하), 205면 이하 참조.

및 정도와 같은 구체적인 생활능력을 기준으로 지원대상이 한정되어서는 안된다. 또 장애인정책이 이들에게 최저생활을 보장하는 것을 목표로 하는 것은 아니다. 이와 같이 장애인정책이 대상을 한정하고 목표를 제한하는 경우에는 장애인정책은 장애인 평등과 뚜렷한 불균형관계에 있게 된다. 평등의 관점에서 보면 장애의 특별한 상황 자체가 입법 및 헌법심사의 기준이 되고, 이 점이 지원의 선정 기준 및 급여 기준에 반영되어야 하기 때문이다.[28] 헌법 제34조 제5항은 이와 같이 구조적인 문제가 있기 때문에 오히려 제34조 제1,2항 자체가 장애인 지원의 헌법적 근거이며, 또 헌법심사의 기준이 되어야 한다.

둘째, 헌법 제34조 제1,2항 자체가 헌법심사의 기준이 될 때 비로소 장애인 지원의 헌법적 지평이 넓어질 수 있다.[29] 이때 비로소 장애인 지원은 헌법 제34조 제5항의 규율대상 및 규범목적의 제한에서 벗어나 인간다운 생활을 할 권리에 편입되면서 개방적인 목표를 갖게 된다.[30] 이로써 복지 차원에서 장애인 정책에 관한 논의

28) 이 점에 대한 인식이 부족했던 결정례로는 헌재 2004.10.28, 2002헌마328, 16-2(하), 207면 이하 참조. 이에 대한 자세한 지적으로는 이 책 제7장 310면 이하 참조.

29) 다만 헌법재판에서 심사기준이 달라지는가는 별개의 문제이다. 헌법재판소는 장애인차별이 헌법에 의하여 특별히 평등을 요구하는 사안은 아니라는 이유로 엄격한 비례의 원칙이 아니라 자의금지의 원칙을 심사기준으로 적용하고 있다. 헌재 2004.10.28, 2002헌마328, 16-2, 210면 이하 참조. 예컨대 독일 헌법은 1994년 헌법 개정을 통하여 "모든 국민은 장애를 이유로 불이익을 받지 않는다"는 조항을 도입하여 헌법에서 직접 장애인차별을 특별히 금지하였다. 해당 헌법규정의 의미와 실현구조에 대해서는 예컨대 Ulrike Davy, "Das Verbot der Diskriminierung wegen einer Behinderung im deutschen Verfassungsrecht und im Gemeinschaftsrecht", Schriftenreihe des Deutschen Sozialrechtsverbandes. Bd.49, Die Behinderten in der sozialen Sicherung(2002), 18면 이하 참조.

30) 이를 국제연합의 「장애인권리협약」은 진화하는 개념(evolving concept)으로 표현하고 있으며, 여기에는 장애에 대한 의료적 모델에서 사회적 모델로의 진화가 영향을 미친 바 있다. 이와 같은 개념의 개방성과 이해의 변화에 대해서는 예컨대 김경미/김미옥, "한국 장애인복지학 연구동향에 관한 분석과 고찰", 한국사회복지학 제58권(2008), 269면 이하; 김재원/현지원, "장애 개념과 장애 차별의 특성", 법무법인 태평양/재단법인 동천(편), 장애인법연구(경인문화사, 2016), 90면 이하, 107면 이하 등 참조.

의 영역이 넓어지고, 또 헌법 제11조 평등권의 규범구조에 편입되어 차별금지의 기준으로 기능할 수 있기 때문이다.

위와 같은 헌법적 근거와 심사기준에 따르더라도 헌법재판의 결론이 달라지지는 않았을 것이다. 장애인평등은 '정당한 편의제공'(장애인차별금지법 제4조 제1항 제3호)에 의하여 실현되며, 또 차별행위를 하지 않기 위하여 '과도한 부담 혹은 현저히 곤란한 상황이 있는 경우'에는 차별로 보지 않는다(장애인차별금지법 제4조 제3항 제1호). 이를 헌법적으로 보면 장애인정책이 국가의 재정능력, 민간의 시설 및 설비 운영자의 부담으로 인하여 실현에 한계가 있다는 의미를 갖는다.[31] 그리고 이 경우 일반적으로 급부법에 관한 헌법심사에서 제시되었던 평등권의 논리가 적용되었을 것이다. 즉 평등의 원칙은 "국가가 언제 어디에서 어떤 계층을 대상으로 하여 기본권에 관한 사항이나 제도의 개선을 시작할 것인지를 선택하는 것을 방해하지 않는다. … 국가는 합리적인 기준에 따라 능력이 허용하는 범위 내에서 법적 가치의 상향적 구현을 위한 제도의 단계적인 개선을 추진할 수 있"다. "… 그것이 허용되지 않는다면 모든 사항과 계층을 대상으로 하여 동시에 제도의 개선을 추진하는 예외적인 경우를 제외하고는 어떠한 제도의 개선도 평등의 원칙 때문에 그 시행이 불가능하"게 되기 때문이다.[32]

31) 장애인차별금지법에서 정당한 편의제공에 관한 법원의 판결에 대해서는 예컨대 홍석표, "한국 장애인 공익소송의 역사와 과제", 법무법인 태평양/재단법인 동천(편), 장애인법연구(경인문화사, 2016), 407면 이하 참조. 이에 대한 해석의 다양한 가능성에 대해서는 조원희 외, "장애인 차별금지 및 권리구제 등에 관한 법률상 정당한 편의제공 거부에 의한 차별의 위법성 판단기준", 같은 책, 323면 이하 참조.

32) 예컨대 헌재 2001.6.28, 99헌바32, 13-1, 1251면; 2006.6.29, 2006헌마87, 18-1(하), 524면; 2007.3.29, 2004헌마207, 19-1, 285면 이하 등 참조.

## V. 장애인 고용지원의 규범구조와 헌법이념

### 1. 장애인의무고용 및 고용부담금의 정당성

1981년 심신장애자복지법이 제정되었다. 이 법에 고용촉진에 관한 규정을 두었으나 이는 선언적인 의미를 가졌을 뿐이다.[33] 고용은 경제적 생활의 기반이며, 장애인은 고용을 통하여 사회에 편입되어 소외를 극복하고 자기결정을 하는 인격을 형성할 수 있어야 한다. 이 점을 주목하여 1990년 장애인고용을 지원하는 「장애인고용촉진 등에 관한 법률」이 독자적으로 제정되었다. 이 법은 2000년 「장애인고용촉진 및 직업재활법」으로 이름을 바꾸고 개정되었다.[34] 「장애인고용촉진 등에 관한 법률」은 장애인의 고용을 실질적으로 지원하기 위하여 일정 규모 이상의 사업주에게 일정한 비율(기준고용률) 이상의 장애인을 고용하도록 하였으며(의무고용), 이를 위반하는 경우 고용부담금을 부과하였다.[35] 이는 기업의 경제적 자유를 제한하는 효과가 있었으며, 이에 헌법소원심판이 청구되었다. 이 결정에서는 위임의 구체성 역시 쟁점이었으며, 이 점에 대해서는 아래에서 따로 다룬다. 당시 법률은 국가 및 지방자치단

33) 심신장애자복지법 제11조 제1항: 국가 또는 지방자치단체는 심신장애자의 고용을 촉진하기 위하여 다음 각호의 사업을 실시하여야 한다. 1. 심신장애자에게 적합한 직종의 개발 및 보급, 2. 심신장애자에 대한 적성검사 및 직업지도. 3. 작업환경 또는 기능에 적응할 수 있도록 하기 위한 훈련. 제2항: 국가 또는 지방자치단체는 스스로 경영하는 사업에 심신장애자의 능력과 적성에 따라 이들을 고용하도록 노력하여야 한다. 제3항: 국가 또는 지방자치단체는 심신장애자에게 적합한 직종의 사업을 경영하는 자에 대하여 심신장애자의 능력과 적성에 따라 이들을 고용하도록 권유할 수 있다.

34) 장애인고용정책의 변화과정에 대해서는 헌재 2003.7.24, 2001헌바96, 15-2(상), 76면 이하 참조. 이밖에 유완식, "우리나라 장애인고용정책의 변천 및 발전 방향", 전광석(편), 한국사회와 장애인정책(인간과 복지, 2011), 67면 이하; 전광석, 한국사회보장법의 역사(집현재, 2019), 242면 이하, 289면 이하, 350면 이하, 409면 이하 등 참조.

35) 장애인고용정책의 대상 및 방법론에 대한 다양한 입법례에 대해서는 헌재 2003.7.24, 2001헌바96, 15-2(상), 73면 이하 참조.

체의 경우에는 장애인 고용을 위한 노력에 관한 규정을 두었을 뿐 의무고용 및 고용부담금을 적용하지는 않았다. 이는 평등권에 따라 심사되었다. 2000년 국가 및 지방자치단체에도 의무고용이 확대되었다. 다만 고용부담금에 관한 규정을 적용하지 않았으며, 고용부담금은 2010년 개정 법률에 의하여 비로소 적용되기 시작하였다.

당시 의무고용은 300인 이상 사업장에 적용되었고, 의무고용률은 2%였다. 이후 의무고용률은 점차 높아졌고, 또 적용사업장이 확대되었다.[36] 이를 위반하는 경우 고용부담금이 부과되며, 고용부담금은 의무고용에 미치지 못하는 장애인 수에 부담기초액을 곱한 액의 합계이다. 부담기초액은 장애인을 고용하는 경우 필요한 시설·장비의 설치, 수리에 소요되는 비용, 장애인의 적정한 고용관리에 필요한 비용, 기타 장애인을 고용하기 위하여 특별히 소요되는 비용을 기초로 산정하고, 최저임금의 60% 이상의 범위에서 정해진다. 고용부담금은 장애인고용촉진기금의 재원으로 조성되며, 장애인 시설·장비의 설치 및 개·보수비용 지원, 장애인고용 지원금 및 장려금 지급, 자영업 창업자금 등 직업생활을 위한 융자지원, 장애인 직업능력개발사업 등에 사용된다.

의무고용은 장애인의 근로의 권리(헌법 제32조), 인간다운 생활을 할 권리(헌법 제34조)를 실현하는 목적을 갖는다. 그런데 자본주의경제에서 고용능력은 민간기업이 가지고 있기 때문에 장애인의 고용지원을 위해서는 고용의무를 사업주에 부과하는 방법은 피할 수 없으며, 이에 의무고용에 의하여 사업주의 경제활동의 자유 및 계약의 자유를 제한하는 것이 정당하다고 보았다. 고용부담금은 장애인을 고용하는 사업주와 그렇지 않은 사업주 간에 장애인 고용에 따르는

36) 의무고용률의 적용에는 유예기간을 두었다. 의무고용률은 1991년 1%, 1992년 1.6%였으며, 1993년 비로소 2%가 되었다. 2019년 현재 의무고용률은 3.1%이다. 적용사업장의 범위는 2007년 50인 이상 사업장으로 확대되었다. 다만 50인 이상 100인 미만의 사업장에는 고용부담금에 관한 규정을 적용하지 않았기 때문에 실질적으로는 100인 이상 사업장이 의무고용의 적용대상이 된 셈이다.

경제적 부담의 불균형을 조정하는 목적을 갖는다.[37)]

헌법재판소는 고용부담금을 재정(조달)목적보다는 유도·조정목적, 다른 표현에 의하면 정책실현 목적의 특별부담금으로 보았다. 그리고 고용부담금이 부과되는 집단은 일반 국민과 구별되는 사업주라는 논리, 즉 집단적 동질성의 논리에 의하여 정당화되었다.[38)] 객관적 근접성과 집단적 책임성의 기준이 독자적으로 심사되지는 않았다. 이는 특별부담금의 부과요건으로 객관적 근접성과 집단적 책임성이 본질적인 요소이며, 집단적 동질성과 집단적 효용성은 엄격히 요구되지 않는다는 헌법재판소의 태도에 비추어 보면 이례적이다.[39)]

생각건대 고용부담금은 이 요건 역시 충족한다. 자본주의경제에서 민간기업이 고용능력이 있기 때문에 사업주는 장애인 고용의 헌법적 과제와 밀접한 관련성이 있다. 또 이들이 적극적으로 장애인을 고용하지 않는다면 다른 방법으로 장애인 고용이 증진될 수 없기 때문에 특별한 책임이 있기도 하다. 고용부담금은 정책실현의 목적이 있기 때문에 집단적 효용성은 처음부터 심사의 기준이 될 수 없다. 고용부담금이 이를 납부하는 사업주를 위하여 사용된다면 고용부담금을 통하여 의무고용을 유도·조정하는 효과, 또 사업주 간에 장애인 고용에 따르는 부담을 분산하는 효과가 없기 때문이다.

## 2. 고용부담금의 목적과 적용제외의 논리

장애인 의무고용은 일부 사업주를 이로부터 제외하는 규정의 위헌 여부에 대한 심사에서 다시 쟁점이 되었다.[40)] 이에 따르면 장

37) 헌재 2003.7.24, 2001헌바96, 15-2(상), 82면 참조. 이밖에 헌재 2012.3.29, 2010헌바432, 24-1(상), 504면 참조.

38) 헌재 2003.7.24, 2001헌바96, 15-2(상), 92면 참조.

39) 헌재 2007.5.31, 2005헌바47, 19-1, 380면 이하; 2007.12.27, 2006헌바25, 19-2, 779면 등 참조.

40) 헌재 2003.7.24, 2002헌바82, 15-2(상), 131면 이하 참조.

애인을 고용하기 어렵다고 인정되는 직종에서는 적용제외율을 적용하여 그만큼 장애인 고용의무가 줄어든다. 이 결정에서는 적용제외율에 관한 규율을 노동부장관에게 포괄적으로 위임하고 있는 점이 헌법에 위반되는지가 주로 심사되었다. 부분적으로 해당 규정에 대한 실체법적 평가가 이루어졌다. 헌법재판소는 의무고용은 장애인을 고용하기 어려운 직종에서 사업주에게 과중한 부담을 준다는 논리로 적용제외 규정이 정당하다고 보았지만 이러한 논리가 타당한가는 의문이다.

의무고용 및 고용부담금이 사업주에게 지나친 부담을 줄 수 있다는 관점은 이미 의무고용이 적용되는 사업장의 범위를 근로자 수를 기준으로 한정하는 규정에 반영되어 있다. 더구나 2000년 개정 법률은 2007년부터 50인 이상 근로자를 사용하는 사업장에 의무고용을 적용하면서 50인 이상 100인 미만의 사업장에는 고용부담금에 관한 규정을 적용하지 않도록 하였다.[41] 이로써 적용제외 규정은 사업주의 의무고용으로 인한 부담을 이중으로 경감하는 조치를 취한 셈이다.

위와 같이 의무고용과 관련하여 일부 사업장을 이중으로 배려하는 것 자체가 이에 해당하지 않는 사업장과의 관계에서 자의적인 차별은 아니다. 그러나 이와 같은 배려가 의무고용의 제도목적에서 볼 때 합리적인 기준인가는 의문이다. 적용제외는 영세사업주의 경제적 부담이 아니라 장애인 고용에 적합한 직종인가를 기준으로 그 적용 여부가 결정된다. 그런데 고용부담금은 장애인을 고용하는 사업주와 그렇지 않은 사업주 간에 장애인 고용으로 인한 경제적 부담의 불균형을 조정하는 목적을 갖는다.[42] 이와 같은 목적이 직무의 성격상 장애인 고용에 적합한 직종인가에 따라 달라

41) 법제정 이후 의무고용률 및 적용사업장의 확대과정에 대해서는 위 각주 36 참조.
42) 이 점은 아래에서 살펴보는 바와 같이 의무고용 적용제외에 대하여 위임의 구체성을 심사하는 경우에도 적용되어야 하는 논리였다. 아래 각주 67 참조.

지는 것은 아니다. 또 직무의 성격상 의무고용을 적용하기에 적합하지 않지만 경제적 부담능력이 있는 사업이 얼마든지 있을 수 있다. 헌법재판소는 심판대상 규정이 장애인 의무고용과 분리될 수 없는 규정으로서 사업주의 부담을 경감하기 때문에 기본권을 제한하는 성격이 없다고 보았다.[43] 그러나 이전 결정에서 확인하였던 고용부담금의 목적, 즉 사업주 간에 장애인 고용에 따르는 경제적 부담의 불균형을 조정하는 목적이 적용제외 규정에 대한 헌법적 판단에는 독자적인 논리가 되지 못한 것은 이례적이다.

## Ⅵ. 사회복지기관 및 종사자의 의무

### 1. 신고의무, 비용보상, 보장구사업 요건

노인복지법은 양로시설을 설치하고자 하는 자는 이를 신고하여야 하며, 이를 위반하는 경우 형사처벌의 대상으로 하였다. 이는 우리나라에서 사회복지시설을 민간에 위탁하고 국가는 보조금을 지급하며 관리·통제의 권한을 보유하여 왔던 기존의 경로(path)를 반영한 규정이었다.[44] 노인복지법은 종교단체가 소규모로 양로사업을 하는 경우에도 신고하도록 하였으며, 이 규정이 종교의 자유를 침해하는지 쟁점이 되었다.[45] 양로시설은 노인에게 안정적이고 쾌적한 환경을 제공하여야 한다. 그리고 이를 위해서는 적정한 시설 및 인력 기준을 갖추고 운영되어야 하며, 이에 대한 관리·감독이 필요하다. 이와 같은 시설 및 인력 기준의 준수, 그리고 이에 대한 감독의 필요성은 종교단체가 운영하는 경우에 예외가 될 수 없으

43) 헌재 2003.7.24, 2002헌바82, 15-2(상), 141면 참조.

44) 사회복지시설의 관리·운영에 관한 위와 같은 경로의 기원과 발전에 대해서는 위 각주 7 참조. 이 사안에서 문제되었던 종교단체의 사회복지사업에서 국가 역할의 기원과 발전에 대해서는 예컨대 강인철, "해방 후 종교사회복지와 국가 – 복지재원과 정치적 자율성의 상관성을 중심으로", 김병섭 외, 우리 복지국가의 역사적 변화와 전망(서울대 출판문화원, 2015), 470면 이하 참조.

45) 헌재 2016.6.30, 2015헌바46, 28-1(하), 571면 이하 참조.

며, 이에 해당 규정은 합헌으로 결정되었다.

「장애인활동지원에 관한 법률」에 의한 활동지원급여는 활동보조기관에서 지급되며, 급여에 대한 보상은 활동지원급여의 종류 및 활동지원등급에 따라 보건복지부장관이 정하여 고시한다. 구체적인 산정방법에 필요한 사항은 보건복지부령으로 정한다. 이에 따르면 급여비용은 급여제공시간에 시간당 비용(수가(酬價))을 곱하여 산정된다. 이 점은 아래에서 서술하는 바와 같이 위임의 구체성을 기준으로 심사되었다.[46)]

장애인활동 지원은 지방자치단체의 장이 지정하는 활동보조기관이 제공한다는 점에서 장기요양기관이 요양급여를 제공하는 노인장기요양보험법의 법률관계와 유사하다. 노인장기요양보험은 공급을 제한하는 방법으로 수요를 제어하여 재정팽창을 방지하고 재정안정을 유지하는 데 중점을 두었다.[47)] 이에 예컨대 (건강보험과는 달리) 월한도액의 범위에서 요양급여를 지급하였고, 또 (건강보험에서와 같이) 본인이 요양급여비용의 일부를 부담하도록 하였다. 이와 같은 제도설계에서 수요와 공급에 따라 시장에서 가격이 결정되는 방법이 그대로 적용될 수는 없다. 또 수급자가 필요한 지원을 받을 수 있도록 부담가능한 가격을 형성하여야 하며, 동시에 활동보조기관에게는 지원활동에 소요되는 비용을 보상하여 기관이 운영될 수 있어야 한다. 이때 비용보상이 활동보조기관에 수익(收益)을

46) 헌재 2018.2.22, 2017헌마322, 30-1(상), 351면 이하 참조.

47) 독일의 경우 이 점은 장기요양보험(Pflegeversicherung)을 시행하면서 특별히, 그리고 체계적으로 반영되었다. 요양급여는 요양수요를 부분적으로 보호하였으며, 시설보호에 비해서 재가보호(häusliche Pflege)를 우선으로 하였다. 보험료 수입의 범위 내에서 지출이 이루어지도록 하였다. 급여항목을 열거적·폐쇄적으로 규정하였으며, 이에 따라 급여를 확대하기 위해서는 법률의 개정이 필요하였다. 이는 모두 건강보험과 차이가 있는 점이었다. 예컨대 건강보험에서는 요양급여는 필요한 범위에서 합목적적인 기준에 따라서, 그리고 경제적 방법과 내용으로 제공하도록 하였으며, 그만큼 요양급여의 종류와 내용에 관한 규율은 예시적·개방적이었다. 이를 뒷받침하는 독일 연방헌법재판소의 결정으로는 BVerfGE 115, 25면 이하 참조. 이 결정, 그리고 이 결정에 대한 비판적인 평가에 대해서는 이 책 제1장 12면 이하 참조.

보장하여야 하는가에 대해서는 논의의 여지가 있다.

건강보험에서 요양기관은 사경제주체이기 때문에 어느 정도 수익을 보장하는 구조가 필요하고, 그렇지 않을 경우 직업행사의 자유를 침해한다. 장애인활동 지원에 있어서 이에 관한 헌법재판소의 태도는 명확하지 않았다. 헌법재판소는 활동보조기관이 지정을 받아 설치·운영되며, 이는 국가가 시장형성 기반을 조성한 후 자유롭게 경쟁하는 구도를 설계한 것으로 보았다. 그리고 이와 같은 구도에서 국가가 활동보조기관에 수익을 보장하는 의무가 있지는 않으며, 이 점은 활동보조기관이 경영손실에 따른 위험을 자율적인 책임하에 부담하여야 한다는 논리와 연계되었다.[48)]

그러나 이 사안에서 활동보조기관의 직업행사의 자유와 수익보장의 관점이 분리될 수 있다는 논리는 추가적인 논증이 필요한 문제였다. 직업행사와 관련하여 활동보조기관의 특별한 지위와 기능, 그리고 공익적 관련성이 논증되지 않은 상태에서 직업의 자유의 중요한 내용이 보장되지 않는다는 결론을 이끌어낼 수는 없기 때문이다. 활동보조기관이 경영손실에 따른 위험을 부담한다는 일반적인 논리는 이 사안에서 의미가 없다. 오히려 공법적으로 형성된 법률관계로 인하여 활동보조기관의 존립 및 운영에 극복할 수 없는 부담을 주는지가 쟁점이 되어야 했다. 다만 전체적으로 보면 정부는 공급과 수요의 관계뿐 아니라 사업의 재정규모 등을 종합적으로 고려하여 수가(酬價)를 결정하며, 이와 같은 수가 수준이 활동보조기관의 직업의 자유를 침해한다고 볼 수는 없다. 건강보험에서도 유사한 사안에서 수가 기준 자체가 아니라 비용보상의 결정구조 및 규범형식, 그리고 위임의 구체성이 주로 심사의 기준이 되었다.[49)]

48) 헌재 2018.2.22, 2017헌마322, 30-1(상), 352면 참조.
49) 예컨대 헌재 2003.12.18, 2001헌마543, 15-2(하), 581면 이하 참조. 이 결정에 대해서 자세히는 이 책 제1장 51면 이하 참조.

신체장애인이 사용하는 의지·보조기를 제조 또는 수리하는 업(業)을 하고자 하는 자는 본인이 의지·보조기 기사가 아닌 한 의지·보조기 기사를 두어야 하며, 이를 위반하는 경우 형사처벌을 받는다. 이 규정은 신체장애에 대한 의·공학적 전문지식을 갖춘 기사가 의지·보조기를 제작할 때 품질관리와 안정성, 그 결과 장애인의 생명 및 건강권이 보호될 수 있는 논리로 쉽게 정당화되었다.[50)]

## 2. 사회복지법인의 공공성

사회복지사업법 규정에 대한 헌법재판은 모두 사회복지법인의 자율성과 공공성이 충돌하는 지점(地點)에서 제기되었다. 사회복지법인의 재산은 기본재산과 보통재산으로 구분되고, 기본재산을 처분하기 위해서는 사회복지법인은 보건복지부장관의 허가를 받아야 한다. 사회복지법인이 허가를 받지 않고 기본재산을 처분하는 경우 해당 처분은 무효이다.[51)] 기본재산을 처분하기 위하여 보건복지부장관의 허가를 받아야 하는 규정이 심사의 대상이 되었으며, 이때 법인 운영의 자유 및 재산권이 심사기준이 되었다.[52)]

기본권 제한의 정당성은 쉽게 인정되었다. 사회복지법인은 특수목적의 법인으로서 보건복지부장관의 허가를 받아 설립된다. 법인의 특수목적을 지원하기 위하여 정부는 운영에 필요한 비용의 상당 부분을 보조하고 세제상의 혜택을 주며, 국공유재산의 우선 매각 및 임대 등의 지원을 하고 있다. 사회복지법인의 자율성은 보장되어야 하지만 법인에 대한 국가의 관리·감독 역시 필요하다. 그런데 사회복지법인이 기본재산을 처분하는 경우 재정 기반, 그리고 그 결과 사업운영이 불안정하게 되기 때문에 이 경우 보건복지

50) 헌재 2016.2.25, 2013헌바260, 28-1(상), 83면 이하 참조.

51) 대판 1977.9.13, 77다1476; 1994.1.25, 93다42993; 2003.9.26, 2002헌마4353 등 참조.

52) 헌재 2005.2.3, 2004헌바10, 17-1, 110면 이하 참조.

부장관은 허가를 통하여 법인의 목적이 계속 유지될 수 있는가를 감독 및 통제할 수 있어야 하기 때문이다.

일반 법인과는 달리 사회복지법인에 적용되는 이사회 구성 및 감사 선임에 관한 규제 역시 법인의 공공성에 의하여 정당화되었다.[53] 사회복지사업법은 사회복지법인에 이사 정수의 3분의 1을 사회복지위원회 혹은 지역사회 복지협의체에서 추천한 사람 중에서 선임하도록 하였다. 또 직전 3회계연도의 예산결산서에 따른 세입의 평균이 30억원 이상인 법인의 경우 시도지사가 외부감사를 추천하여 선임하도록 하였다. 법인 내에서 설립자 등이 사회복지법인의 의사결정을 지배하여 설립목적을 벗어나는 우려는 처음부터 있었다. 이에 사회복지사업법의 제정 당시(1970년) 민법 규정(제777조)에 의한 친족이 임원 총수의 3분의 1을 초과할 수 없도록 하였다. 이후 이와 같은 기본 태도를 유지하면서 어느 정도 변형을 거쳤으며, 2012년 개정 법률에 의하여 외부추천이사 제도가 도입되었다.

헌법재판소는 사회복지법인이 일반적인 행동의 자유권 혹은 사적 자치권의 주체이며, 해당 규정을 통하여 기본권이 제한된다는 점은 인정하였다. 그러나 사회복지법인이 설립목적에 충실하게 운영되기 위해서는 설립자 및 주변 인사의 독단적인 지배 혹은 사적 이익의 추구를 견제하여야 한다. 또 사회복지시설에서 시설 수용자의 인권을 침해하고 경제적인 이익을 위하여 착취하는 폐단을 방지하기 위하여 법인의 개방적이고 투명한 운영이 필요하다. 이는 모두 중요한 공익에 해당한다. 이와 같은 일탈 및 폐해의 위험은 내부적인 통제만으로 방지될 수 없으며, 이에 외부감사 추천 역시 쉽게 정당성이 인정되었다.

### 3. 사회복지종사자의 자격 기준과 직업의 자유

공적 업무에 종사하는 자는 직무에 충실할 의무가 있고, 이를

53) 헌재 2014.1.28, 2012헌마654, 26-1(상), 169면 이하 참조.

위반하는 경우 제재를 가하는 것은 일반적인 입법례이다. 공무원이 여기에 해당하는 대표적인 예이다.[54] 사회복지사업법과 아동복지법이 유사한 규정을 두었으며, 이와 관련하여 헌법재판이 청구되었다. 이 결정에서 주로 과잉금지의 원칙이 심사기준이 되었다.

2012년 아동복지법은 일정한 범죄 전력(前歷)이 있는 사람은 사회복지시설의 종사자가 될 수 없다는 규정을 신설하였다. 사회복지사업 또는 직무와 관련하여 아동복지법상의 아동학대 등의 범죄, 「보조금 관리에 관한 법률」에 의한 보조금의 부정수급 혹은 사용의 죄, 형법에 의한 아동 유기 및 학대, 또는 횡령·배임 등의 범죄로 인하여 집행유예의 형이 확정된 후 7년이 경과하지 않은 사람이 이에 해당한다. 이와 같은 불이익은 해당 직업에의 접근 자체를 차단하며, 종사자의 법령준수 및 직무성실 위반사실이 제한의 기준이기 때문에 '직업선택'의 자유를 '주관적 요건'에 따라 제한한다.

이 결정에서 헌법재판소는 '주관적 요건'에 따른 제한이라는 점을 중시하여 입법형성권이 넓게 인정된다고 보았다.[55] 사회복지종사자는 사회복지법인 및 시설의 운영에 관여하며, 또 시설이용자를 직접 대면(對面)하여 지원 및 보호를 하기 때문에 법령준수 및 직무성실이 강하게 요구되고, 따라서 위와 같은 제한이 정당성이 있다. 특히 최소침해의 원칙과 관련하여 제한 사유가 '직무와 관련된' '일부 범죄'에 한정되는 점을 주목하였다. 사회복지사업의 공공

54) 공무원이 직무상의 범죄로 인하여 형의 선고를 받은 경우 가해지는 신분상의 제재와 이에 대한 헌법적 평가에 대해서는 헌재 2003.10.30, 2002헌마684등, 15-2(하), 211면 이하; 2003.9.25, 2003헌마293등, 15-2(상), 536면 이하 등 참조. 헌법재판소 결정을 비판적으로 평가하는 문헌으로는 예컨대 장철준, "공무담임권의 제한과 과잉금지원칙 – 구 국가공무원법상 공무원의 당연퇴직사유에 대한 헌법재판소 결정 비판", 법학연구(연세대 법학연구원) 제14권 제1호(2004), 180면 이하 참조. 이 경우 연금법적 불이익과 이에 대한 헌법적 평가에 대해서는 헌재 1995.7.21, 94헌바27등, 7-2, 91면 이하; 2007.3.29, 2005헌바33, 19-1, 211면 이하 등 참조. 이에 대해서는 이 책 제3장 144면 이하 참조.

55) 헌재 2015.7.30, 2012헌마1030, 27-2(상), 337면 이하 참조.

성, 종사자의 이용자에 대한 성실의무 및 이용자의 종사자에 대한 신뢰가 유지되어야 한다는 점에서 보면 헌법재판소의 결정은 타당하다.

해당 규정은 경과규정을 두지 않았다. 이에 해당 범죄전력이 있는 경우 개정 법률은 기존에 종사자에게도 적용되어 더 이상 근무할 수 없기 때문에 신뢰보호의 원칙에 따른 심사가 필요했다. 헌법재판소는 이 점이 신뢰보호원칙을 위반하는 것은 아니라고 보았다.[56] 헌법재판소는 신뢰보호원칙의 일반적인 심사기준을 제시한 후 사회복지종사자가 해당 규정의 입법가능성을 충분히 예측할 수 있었으며, 국가 혹은 관련 법령이 청구인을 관련 업무에 종사하도록 유인한 객관적 사정이 없기 때문에 신뢰보호는 약화된다는 논리로 합헌의 결정을 하였다.

그러나 위와 같은 논리는 타당하지도 않고, 또 낯설다. 2012년 사회복지사업법은 기존에 법령위반 등의 행위를 한 경우 형벌을 부과하는 규정과는 다른 차원에서 해당 제재 규정을 도입하였으며, 이와 같은 새로운 정책결정을 일반 국민 혹은 사회복지종사자가 예측할 수는 없다. 국가가 개인을 해당 직업으로 유인한 객관적 사정이 있을 때 계속 직업수행에 관한 개인의 신뢰가 보호되고, 또 이와 같은 사정이 없는 경우에는 신뢰보호가 약화된다는 논리는 생소하다. 예컨대 이는 국가가 특별한 정책효과를 의도하여 적극적으로 국민에게 일정한 행위를 유인하는 조치를 취한 후에 최초의 구상과는 달리 이른 시점에 이를 철회하는 경우와 비교된다. 이 경우에는 국가의 적극적인 유인행위에 따라 개인이 취한 조치가 존속한다는 신뢰는 중대하게 제한된다. 다만 이 경우에도 일반적으로 해당 조치가 계속 존속한다는 신뢰가 절대적으로 보호되는 것은 아니며, 개별적인 상황에 따라 경과규정을 두어 신뢰침

56) 헌재 2015.7.30, 2012헌마1030, 27-2(상), 340면 이하 참조.

해를 최소화하는 보완이 필요하다.[57] 그러나 위 사안은 이러한 범주에 해당하지 않으며, 따라서 국가의 적극적인 유인에 관한 논리가 적용되는 경우가 아니었다.

신뢰보호원칙에 따른 심사는 엄격했어야 했다. 첫째, 해당 규정이 공익을 위하여 정당하고, 또 필요하더라도 적용 시점에 관한 규정을 두지 않아 사회복지시설에서 이미 오랫동안 직무를 수행한 자에게도 적용되었다. 이로 인한 신뢰 침해가 적지 않다. 예컨대 해당 사안에서 청구인은 2007년 형이 확정된 사람인데 2012년 신설 규정이 적용되어 2010년부터 재직하던 사회복지시설에서 더 이상 근무할 수 없게 되었다. 둘째, 직업'선택'의 자유와 직업'행사'의 자유를 제한하는 효과의 차이가 의미 있게 고려되지 못했다. 새로운 조건을 제시하여 직업행사의 자유를 제한하는 경우에는 일반적으로 보면 개인은 이에 적응하여 직업을 수행할 것인가를 결정할 수 있다.[58] 이에 비해서 직업에의 접근 자체를 차단하는 제한은 그 기준이 객관적인 경우는 물론이고 주관적인 경우에도 특히 제한 요건인 개인의 속성이 과거에 종결된 경우에는 이를 극복하는 것은 불가능하다. 이와 같은 차이가 아래에서 서술하는 아동복지법 규정에 관한 심사에서는 의미 있는 영향을 미쳤다. 그러나 이 결정에서는 주관적 요건에 따른 제한이라는 점이 강조되면서 오히려 입법형성권이 넓다는 논리로 이어졌다.

아동복지법은 유사한 규정을 두었다. 이에 따르면 아동학대 관련 범죄로 인하여 형의 선고를 받은 사람은 그 형이 확정된 때부터 형의 전부 또는 일부의 집행이 종료되거나 집행을 받지 않기로 확정된 후 10년까지의 기간 동안 아동관련기관을 운영하거나 이에

57) 이와 같은 특징이 나타나는 결정으로는 예컨대 헌재 1995.10.26, 94헌바12, 2, 459면 이하 참조.

58) 이와 같은 유형의 불이익에 대한 헌법재판소의 결정으로는 예컨대 헌재 2003.10.30, 2001헌마700, 15-2(하), 159면 이하; 2014.4.24, 2012헌마811, 26-1(하), 265면 이하 등 참조.

취업 또는 사실상 노무를 제공할 수 없다. 이 규정 역시 주관적 요건에 의하여 직업선택의 자유를 제한한다. 다만 이 결정은 직업선택의 자유를 제한하는 경우에는 엄격한 심사가 필요하다는 논리에 따랐으며, 이에 위헌결정을 하였다.[59)]

특히 최소침해의 원칙이 심사의 기준이 되었다.[60)] 위헌의 논리는 다음과 같은 두 가지였다. 첫째, 아동학대 관련 범죄로 인하여 형의 선고를 받았다는 이유만으로 범죄행위의 유형이나 구체적인 태양을 개별적으로 고려하지 않고 재범의 위험을 단정하여 관련 업무를 수행하지 못하게 하는 것은 기본권을 필요 이상으로 제한한다. 둘째, 일정한 유형의 범죄행위에는 재범의 위험이 있다는 입법적 판단이 일반적으로 옳더라도 이를 직업선택의 자유를 제한하는 사유로 적용하기 위해서는 개별적인 판단이 필요하다. 즉 여러 사정에 비추어 재범의 위험이 없어졌거나 현저히 낮아졌다고 입증되면 더 이상 직업선택의 자유를 제한하는 사유로 적용해서는 안 된다.

직업'선택'의 자유를 제한하는 경우 엄격한 심사를 하고, 또 아동관련 범죄를 저지른 사람에게 형의 경중, 혹은 구체적인 태양을 기준으로 경우에 따라서는 법관이 취업제한기간을 개별적으로 판단하여야 하며, 이와 같은 관점에서 해당 규정이 기본권을 지나치게 제한하기 때문에 위헌이라는 결정 자체는 타당하다. 다만 위에서 서술한 사회복지사업법의 유사한 규정에 대한 심사와는 그 논리와 결론에 있어 뚜렷한 불균형을 보였다.

## Ⅶ. 위임의 구체성

사회복지법의 목표규범의 성격, 그리고 개방적 규율방식으로 인

59) 같은 내용의 「아동·청소년의 성보호에 관한 법률」의 규정 역시 위헌으로 결정되었다. 헌재 2016.7.28, 2013헌마436; 2016.7.28, 2015헌마359 등 참조.

60) 헌재 2018.6.28, 2017헌마130등, 30-1(하), 706면 이하 참조.

하여 법적 명확성과 위임의 구체성은 헌법재판에서 빈번하게 심사의 기준이 되었다. 이와 관련하여 헌법재판소는 급부법에 일반적으로 적용되는 논리를 제시하였다.[61] 즉 급부법에서 다양한 사실관계를 규율하거나 사실관계가 수시로 변화하는 것이 예상될 때에는 위임의 구체성이 완화된다. 이는 해당 사항을 법률에 상세하게 규율하는 것이 입법기술적으로 어렵다는 논리와 연계되었다. 사회복지법에서 서비스형태의 지원을 규율하는 경우가 이에 해당하는 전형적인 예이다. 그러나 이는 다음과 같은 논리로 발전할 수도 있다. 첫째, 입법기술적인 어려움이 없다면 사회복지법 규정에 대한 헌법심사에서 위임의 구체성을 완화하기 위해서는 추가적인 논리가 필요하다. 둘째, 다양한 사실관계를 규율하거나 사실관계가 수시로 변화하는 규율대상의 특성은 아직 위임의 구체성을 완화하는 충분한 요건이 되지 못한다. 즉 이 경우에도 가능한 한 법률이 구체적으로 범위를 정하여 위임하여야 하며, 특히 해당 규율이 중요한 정책 선택 및 결정의 성격을 갖는 경우에는 더욱 법률에서 직접 규율하거나 혹은 적어도 구체적으로 범위를 정하여 위임하여야 한다. 이를 행정입법에 포괄적으로 위임하는 것은 국회와 행정부간 권한배분의 헌법 구상에 위반된다.

장애인고용법은 의무고용이 적용되는 사업장의 범위를 근로자 수를 기준으로 정하였다. 즉 "대통령령이 정하는 일정 수 이상의 근로자를 고용하는 사업주는 그 근로자의 총수의 100분의 1 이상 100분의 5 이내의 범위 안에서 대통령령이 정하는 비율 이상에 해당하는 장애인을 고용하여야 한다"(법 제35조 제1항). 당시 시행령에 의하면 300인 이상 근로자를 고용하는 사업장에 의무고용이 적용되었으며, 기준고용률에 따른 고용이 이루어지지 않는 경우 고용부담금이 부과되었다.

헌법재판소는 이 규정이 포괄위임에 해당하지 않는다고 판단하

61) 예컨대 헌재 1997.12.24, 95헌마390, 9-2, 817면 이하 참조.

였다.[62] 다음과 같은 논리였다. 첫째, 의무고용의 적용기준을 고용근로자 수로 한다는 기본원칙이 법률에 정해져 있다. 둘째, 의무고용이 적용되는 사업장의 범위는 전체 실업자 수, 장애인 실업자의 비율, 경제상황 등을 고려하여 탄력적으로 정하여야 하기 때문에 구체적인 적용범위를 법률에 직접 정하는 것은 적당하지 않다. 셋째, 의무고용률에 관한 규정 자체가 의무고용이 적용되는 사업장의 범위를 어느 정도 암시하고 있다. 즉 장애인고용법은 의무고용비율을 1% 이상 5% 이하의 범위에서 정하도록 하였는데, 5%의 고용비율이 적용되어 장애인을 고용하기 위해서는 근로자 수가 최소한 20명이 되어야 한다. 이때 비로소 1명 이상의 장애인을 고용할 의무가 부과될 수 있기 때문이다. 이로써 사업장 범위의 하한(下限)이 도출된다. 이 결정에서는 재판관 5인이 위헌의 반대의견을 제시하였다.[63]

합헌의견의 논리는 무리였다. 고용근로자 수가 의무고용의 적용기준이 된다는 규정 자체에 의하여 의무고용의 적용 여부를 예측할 수는 없다. 문리적으로 보면 이로부터 실제 적용기준인 근로자의 수가 도출되지 않으며, 예측가능성을 부여하지 못하는 것은 뚜렷하다. 또 의무고용의 적용 여부는 이익조정의 문제이며, 그만큼 입법적 결정을 필요로 한다.[64] 의무고용은 한편으로 사업주에게 장애인 고용에 따르는 시설 및 설비를 설치·운영하는 경제적 부담을 지우며, 다른 한편 의무고용은 장애인고용정책의 중요한 요소로서 공익적 관점과 사업주의 경제적 부담이 조정되는 지점(地點)이기 때문이다.[65] 이는 법률에 직접 규정하는 데 입법기술적인 어려움이 있는 사안도 아니다. 실제 현행 「장애인고용촉진 및 직업재

62) 헌재 2003.7.24, 2001헌바96, 15-2(상), 87면 이하 참조.
63) 헌재 2003.7.24, 2001헌바96, 15-2(상), 88면 이하 참조.
64) 이익조정이 필요한 경우 해당 사안을 직접 법률에 규율하여야 한다는 지적으로는 헌재 2004.3.25, 2001헌마888, 16-1, 441면 이하 참조.
65) 이 경우 법률에 의한 규율의 필요성에 대해서는 헌재 2004.3.25, 2001헌마882, 16-1, 454면 이하 참조.

활법」은 의무고용이 적용되는 사업장의 근로자 수를 직접 규정하고 있다(법 제28조 제1항).

의무고용이 적용되는 사업장의 범위를 정하는 데 작용하는 요소, 즉 전체 실업자 수, 장애인 실업자의 비율, 경제상황 등이 가변적이며, 이에 유연하게 대응하기 위하여 위임이 필요하다는 논리도 설득력이 없다. 우선 해당 기준 요소가 장애인 의무고용의 범위를 정하는 데 의미를 갖는지 자체가 의문이다.[66] 의무고용의 목적이 비장애인과 비교하여 고용에 있어서 장애인의 평등을 실현하는 데 있지는 않다. 오히려 의무고용은 장애인복지를 위한 수단으로서 장애인의 경제활동능력에 적합하게 고용을 증진하는 절대적 목적을 갖는다. 그런데 전체 실업자 수 및 장애인 실업자의 비율과 같은 사실적인 요소는 평등실현 및 심사의 기준이 될 수는 있지만 장애인 고용의 복지정책을 형성하는 지향점이 될 수는 없다. 또 경제상황에 대한 고려는 제도의 안정성을 해치는 자의적인 기준이 될 수 있다. 의무고용률이 5% 이하이기 때문에 의무고용이 적용되는 사업장 규모의 하한이 근로자 수 20명이라는 점은 위임의 구체성을 완화하는 논리가 될 수 없다. 의무고용률은 장애인의 비율, 장애인 근로자의 비율, 그리고 장애인 실업자 수 등 독자적인 기준에 따라 결정되며, 의무고용이 사업장 근로자 수가 20명 이상 되어야 산술적으로 적용될 수 있다는 논리는 입법목적과 관련성이 없기 때문이다. 또 당시 의무고용이 300명 이상 근로자를 고용하는 사업장에 적용되었다는 점에서 보면 사업장 규모의 하한이 20명 이상 근로자를 고용하는 사업장이라는 점은 의무고용의 적용 여부에 대한 판단 및 이에 관한 예측가능성에 의미 있는 기여를 할 수 없었다.

66) 이 점에 대해서는 예컨대 전광석, "장애인 의무고용의 규범적 정당성과 제도적 타당성 연구", 법학연구(연세대 법학연구원) 제21권 제1호(2011), 148면 이하 참조.

위와 같이 법률이 주요 사항을 직접 정하지 않거나 기준 자체가 명확하지 않고, 또 타당성이 없는 경우는 다른 결정에서도 확인된다. 장애인고용법은 적용제외제도를 두었다. 이에 따르면 "장애인을 고용하기 어렵다고 인정되는 직종의 근로자가 상당한 비율을 차지하는 업종에 대해서는 노동부장관이 (장애인고용촉진)위원회의 심의를 거쳐 정하는 적용제외율에 해당하는 근로자의 수를" 제외할 수 있다(법 제35조 제1항 단서). 헌법재판소는 이 규정이 고용의무를 경감하는 데 목적이 있다고 보았고, 이에 급부법의 특수성에 따라 완화된 심사를 하였다.[67] 헌법재판소는 먼저 업무의 성격상 신체적 활동을 크게 요구하거나 정상적인 근로능력이 특별히 요구되는 업종이 적용제외의 대상이며, 이에 기초하여 행정입법에서 규정될 업종의 대강을 예측할 수 있다고 보았다. 또 이는 적용제외율을 정하는 기준이 될 수도 있다.

적용제외 사업장 및 적용제외율이 법률에 직접 정하기 어렵다는 평가는 위에서 서술한 의무고용 사업장의 범위와 비교하면 적어도 상대적으로는 타당하다. 그러나 헌법재판소는 좀 더 적극적인 의견을 제시하였어야 했다. 고용부담금이 사업주 간에 장애인 고용으로 인하여 발생하는 경제적 부담을 조정하는 목적을 갖는다는 점은 적용제외 사업장의 범위 및 적용제외율의 결정에도 영향을 미칠 수 있다. 즉 이때 경제적 부담의 조정과 업무의 특수성은 적용제외 사업장 및 작용제외율를 결정하는 데 선택적 기준이 되며, 그렇다면 이는 직접 법률에서 명확하게 결정되어야 한다.[68] 그런데 이와 같은 목적과 기준이 명확하지 않은 경우 예측가능성을 쉽게 인정할 수는 없다.

67) 헌재 2003.7.24, 2002헌바82, 15-2(상), 143면 이하 참조.

68) 이와 같은 문제는 예컨대 장애인을 위한 일자리가 제한되어 있어 의무고용이 현실적으로 적용될 수 없는 경우에도 나타난다. 독일 연방헌법재판소는 이 경우에도 장애인을 고용하는 사업주와 그렇지 않은 사업주 간에 부담의 형평을 유지하기 위하여 고용부담금이 부과되어야 한다는 판단을 한 바 있다. BVerfGE 57, 139면 이하 참조.

법적 명확성 및 위임의 구체성을 심각하게 훼손하는 것은 아니지만 헌법의 구상에 충실하기 위해서는 헌법재판소의 지적이 필요한 경우도 있었다. 이는 사회보장법 일반에 있어서 중요한 사항을 법률에 직접 정하지 않고, 구체적 위임이 없이 행정입법에 포괄적으로 위임하는 입법문화를 개선하는 효과를 가질 수 있다. 사회복지사업법에서 기본재산에 관한 규정이 이러한 예에 해당한다. 사회복지법인의 재산은 보건복지부령이 정하는 바에 의하여 기본재산과 보통재산으로 구분하고, 기본재산은 그 목록과 가액을 정관에 기재하여야 한다. 기본재산을 처분하기 위해서는 보건복지부장관의 허가를 받아야 한다(법 제23조 제2, 3항). 그렇지 않은 경우 해당 처분의 사법적 효력은 무효이다.[69]

그런데 사회복지사업법은 기본재산에 관한 정의 및 내용에 관한 규정을 두지 않았고, 이에 법적 명확성 및 위임의 구체성에 위반되는지가 쟁점이 되었다.[70] 우선 법적 명확성이 심사 기준이 되었다. 헌법재판소는 사회복지법인의 목적에 비추어 기본재산은 목적사업을 수행하는 데 필요한 재산이며, 이는 목적사업에 직접 사용되는 재산(목적사업용 기본재산)과 목적사업을 수행하는 데 필요한 경비를 충당하기 위한 재산(수익용 기본재산)으로 구성된다고 해석될 수 있기 때문에 그 내용이 명확해지며, 적어도 자의적인 법해석 및 적용의 여지는 없다고 보았다.[71] 그런데 사실 이와 같은 이해는 사회복지사업법 시행규칙의 규정을 그대로 따른 것이며(시행규칙 제12조 제2항), 법률 규정 자체가 이와 같은 예측가능성을 부여하는가는 의문이다.

기본재산과 보통재산의 구분을 보건복지부령에 위임하고, 기

69) 위 각주 51 참조.

70) 헌재 2005.2.3, 2004헌바10, 17-1, 105면 이하 참조.

71) 이밖에 아동복지법에서 '아동의 정신건강 및 발달에 해를 끼치는 정서적 학대행위', 노인복지법에서 '양로시설'에 관한 규정 역시 해석에 의하여 그 내용이 명확해지고, 적어도 자의적 법적용의 우려가 없기 때문에 법적 명확성에 위반되지 않는다고 판단하였다. 헌재 2015.10.21, 2014헌바266, 27-2(하), 66면 이하; 2016.6.30, 2015헌바46, 28-1(하), 578면 이하 등 참조.

본재산의 목록과 가액을 정관에 정하도록 하는 규정을 통하여 위임의 구체성은 약화되었다. 기본재산 및 보통재산의 개념과 범위가 명확하지 않은 상황에서 보건복지부령의 규정에 따라 정관에의 기재 범위가 달라질 수 있기 때문이다. 이 결정에서 법률과 정관의 관계가 심사의 대상은 아니었다. 다만 법률에서 구체적인 범위를 정하지 않고 정관에 포괄위임을 하는 결과 정관의 기재사항에 따라 기본재산과 보통재산의 구분의 명확성과 타당성이 훼손될 수 있다.[72] 이와 같은 문제를 방지하기 위해서는 기본재산과 보통재산의 구분을 법해석에 맡길 것이 아니라 법률 자체에 정의 규정을 두거나 혹은 기본재산과 보통재산의 구분 기준을 구체적으로 정하여 위임하고, 이와 같은 규범적 기초 위에서 정관에서 자율적으로 결정하도록 하여야 한다. 이 점에서 헌법재판소는 법적 명확성과 위임의 구체성을 엄격하게 구분하지 않았고, 또 정관의 기재 사항에 따라 법적 안정성이 훼손될 수 있다는 점을 명확히 하지 못했다.

## Ⅷ. 맺는 말

사회복지법은 아동, 노인, 장애인 등에게 장기간 다양한 생활영역에서 개별적인 상황을 구체적으로 지원·보호하여 인간다운 생활을 보장하고 사회참여를 지원하여 인격을 실현하게 하는 목적을 갖는다. 사회복지법은 규범목적과 법적 성격 및 규율방식 간에 뚜렷한 불균형을 보이고 있다. 사회보험은 사회적 위험이 발생했을 때 법률에 정한 급여를 지급하여 개인 생활을 추상적으로 보호한다. 이에 비해서 사회복지법에서는 지원과 보호를 통하여 생활보장과 사회적 참여에 의한 사회통합이 현실적으로 실현되어야 한다. 이를 위해서는 개별적인 상황이 계속 규범에 포섭되고, 이에 적합

72) 법률유보사항을 자치규약에 규율하도록 하는 규정에 대한 위헌결정으로는 예컨대 헌재 2012.4.24, 2010헌바1, 24-1(하), 47면 이하 참조.

한 방법으로 지원과 보호가 안정적으로 이루어져야 한다. 그러나 사회복지법에서 지원과 보호가 필요한 상황은 계속 변화하며, 지원과 보호의 방법 및 내용은 개방되어 있다. 또 사회복지법에서 급여의 공급자는 수급자를 직접 대면(對面)하여 적시(適時)에 적합하게 지원과 보호를 하여야 한다. 이와 같은 규범 및 급여의 특수성으로 인하여 재량 규정의 순기능이 인정된다. 다만 여기에는 법적 안정성이 희생된다는 문제가 따른다. 그 결과 사회복지법에서 사법적 권리구제가 활성화되지 않았고, 헌법재판도 예외가 아니었다. 이에 사회적 약자를 안정적으로 지원·보호하는 절차 및 조직에 관한 방법론을 모색하는 것은 헌법의 새로운 과제이다.[73)]

헌법재판은 장애인정책에 집중되었다. 그러나 장애인 의무고용 및 고용부담금의 목적과 규범의 정합성에 대한 심사 기준이 체계적으로 적용되지는 못했다. 헌법과 헌법재판은 권리구제뿐 아니라 입법형성의 유권적 혹은 적어도 유력한 기준이 된다는 점에서 이에 대한 진지한 검토가 필요하다. 법적 명확성과 위임의 구체성은 특히 사회복지법의 규율대상인 사회적 약자에게 안정적 혹은 적어도 예측가능한 지원과 보호를 하기 위하여 필요하며, 또 이 점이 입법 및 입법문화를 견인하는 적극적인 기준으로 적용되어야 한다.

73) 이에 관한 사회복지법의 과제에 대한 지적으로는 하명호, 위 각주 6의 논문, 228면 이하 참조.

제9장

# 기초연금법

## Ⅰ. 노령에 대한 인식의 지평; 개별적 보호의 필요성과 구조적 문제

### 1. 문제의 제기

이 글은 기초연금법 규정에 대한 헌법재판소의 결정을 정리·분석하고 비판적으로 평가하는 목적을 갖는다. 국민연금법이 재정안정을 위하여 1998년에 이어 2007년 급여 수준을 더욱 낮추는 개정을 하면서 발생하는 노후소득보장의 공백을 메우기 위하여 2007년 기초노령연금법이 제정되어, 2008년 시행되었다.[1] 이미 널리 퍼지고, 또 깊어가는 노인빈곤을 국민연금이 감당할 수 없으며, 국민의 복지인식이 성장하고 복지정책이 정치적 정당성의 중요한 축을 이루면서 법 제정의 공감대가 있었다. 그러나 기초노령연금의 제도구상, 기능, 그리고 특히 체계에 대한 충실한 논의와 합의가 있었던 것은 아니었다. 이에 관한 논쟁은 법 제정 이후에도 계속되었다.[2]

기초노령연금 및 기초연금에 관한 사회정책 및 규범적 논의에서 상위법인 헌법은 중요한 입법형성 및 심사의 기준이 될 수 있다. 이에 관한 헌법재판소의 결정이 기초연금법에 관한 쟁점을 망라한 것은 아니며, 대표성을 갖는 표본은 아니다. 그러나 헌법재판소의 결정에는 직접 심사의 대상이 되지는 않았지만 기초연금법의 여러 쟁점을 포괄하는 잠재력이 내포되어 있다. 예컨대 포괄위임금지와 관련하여 소득평가액 및 재산의 소득환산액을 형성하는 기준은 기초연금의 성격, 기초연금과 국민연금, 그리고 기초연금과 국민기초생활보장의 관계에 영향을 준다. 또 공무원연금법에 의한 퇴직연금일시금을 받는 자의 기초연금 수급자격에 관한 결정은 전체

1) 기초노령연금법의 제정 및 시행 배경에 대해서는 예컨대 전광석, 한국사회보장법의 역사(집현재, 2019), 378면 이하 참조.

2) 기초연금법의 체계와 제도구상에 관한 논쟁에 대해서는 아래 Ⅱ.2. 참조.

노후소득보장의 구상과 연계되어 있다. 심판의 대상이었던 기초연금법 규정은 정책결정을 필요로 하는 문제였으며, 이 점이 헌법재판에서 실체법 및 규범형식에 관한 판단에 영향을 줄 수 있다. 이러한 이유에서 기초연금법의 그 동안의 변화, 그리고 기초연금의 체계에 대해서 먼저 서술하기로 한다(Ⅰ.2 및 Ⅱ). 이와 같은 서론적 고찰이 헌법재판소의 결정을 비판적으로 분석·평가하는 데 필요하고, 또 독자적으로 헌법적 쟁점을 포함하고 있기 때문에 서론적 서술이 길어졌다.

### 2. 기초노령연금법 및 기초연금법의 제정 배경과 제도 변화

#### (1) 기초노령연금법 이전 시기

1981년 노인복지법이 제정되었다. 노인복지법은 노인의 건강보장과 생활안정을 입법목적으로 하였지만 관련 규정은 대부분 선언적인 내용이었다. 소득보장을 위한 조치는 아직 없었다. 1986년 국민연금법 제정에 있어서 국민연금이 미래 노인에 대한 소득보장의 목적을 갖지만, 그동안 우리 사회가 이룬 경제성장에 대한 현세대 노인의 기여와 희생을 보상하는 구상도 나타났다. 이를 위하여 무갹출연금의 방안이 논의되었다. 그러나 국민연금의 재정방식이 기본적으로 적립방식이었기 때문에 무갹출연금이 진지한 의제가 될 수는 없었다.[3] 국민연금법은 국민연금이 시행되는 당시 이미 45세 이상이어서 노령연금을 수급하기 위하여 필요한 가입기간 20년을 충족할 수 없는 가입자를 위한 '특례노령연금'을 규정하여 부분적으로 현세대 노인을 배려하였다. 1989년 개정 노인복지법은 처음

3) 예컨대 1957년 독일의 연금개혁(Rentenreform)은 전후(戰後) 경제성장의 성과를 이에 기여한 노인세대가 함께 향유하여야 한다는 사고가 강하게 작용하였다. 이는 연금재정방식을 부과방식으로 전환하면서 가능해졌다. 이에 대해서는 예컨대 Andreas Glaser, Nachhaltige Entwicklung und Demokratie(Mohr Siebeck, 2006), 323면 이하; Andreas Glaser, "Nachhaltigkeit und Sozialstaat", Wolfgang Kahl(편), Nachhaltigkeit als Verbundbegriff(Mohr Siebeck, 2008), 641면 이하 등 참조.

으로 현금급여로 '노령수당'을 도입하였다. 다만 이는 임의급여였으며, 구체적인 내용은 행정입법에 위임되었다.[4] 또 노령수당의 수급요건과 수준은 공공부조에 해당하는 생계급여의 범주를 넘지 못했다.

1997년 개정 노인복지법은 노령수당을 '경로연금'으로 바꾸었다. 이는 1998년 국민연금의 수준을 낮추는 개정을 보완하는 상징적인 의미가 있었으며, 또 부분적으로 이에 상응하는 내용을 담았다. 노인의 생활보장을 위한 보편적 소득지원의 가능성, 국민연금과의 연계는 이때 맹아(萌芽)를 보였다. 2007년 기초노령연금법이 이와 같은 선례에 의하여 영향을 받은 것인지는 명확하지 않다. 경로연금은 강행규정의 형식을 띠었다. 경로연금액은 위에서 언급한 바 있는 국민연금법의 '특례노령연금'의 최저지급액을 감안하여 결정한다. 경로연금이 현세대 노인에 대한 지원이라는 점에서 특례노령연금과 어느 정도 공통점이 있다는 점을 주목한 것으로 보인다. 경로연금은 명칭과는 달리 계속적인 급여가 아니었고, 수급 요건은 생활보호법과 유사했다. 공적연금 수급자는 연금액에 관계없이 경로연금의 지급대상에서 제외되었으며, 이에 비해서 (국민기초생활보장법의 전신이었던 생활보호법에서) 생활보호 대상자는 경로연금 수급자가 될 수 있었다(노인복지법 제9조 제3항). 이는 체계정합성을 검토한 결과는 아니었고, 또 경로연금이 상징적인 의미를 갖는 데 그쳤기 때문에 이후 입법에 있어서 의미 있는 선례가 될 수는 없다.

### (2) 기초노령연금법 및 기초연금법

#### 1) 제정 배경

노인소득보장은 2000년대 이후 구조적인 변화가 필요했다. 1998년에 이어 2007년 국민연금의 소득대체율이 더욱 낮아지면

4) 노인복지법 시행령이 노령수당의 연령 기준을 65세로 하였음에도 행정실무에서 70세 이후에 노령수당을 지급하도록 하였던 규정에 대한 위법 판결로는 대판 1996.4.12, 95누7727 참조.

서 국민연금에 의하여 국민의 노후소득을 보장하는 기능이 제한적이라는 점은 뚜렷해졌다. 이에 비해서 이미 당시 우리나라의 노인빈곤률은 OECD 국가 중 가장 높았으며, 국민연금 외에 노인빈곤을 보호하는 제도의 보충이 필요했다. 이에 한편으로는 퇴직연금을 확대하고, 또 퇴직연금의 안정성을 높이는 정책개선이 도모되었다. 다만 이는 근로자에 한정된 정책이었고, 또 적용범위가 아직 좁았다. 다른 한편 국민연금의 수준 및 적용범위에 관한 사각지대가 보충되어야 했다.[5)]

이와 같은 시대배경에서 기초노령연금법이 제정되었다. 그런데 이때 두 가지 다른 구상이 혼재해 있었다.[6)]

첫째, 기초노령연금은 국민연금의 수준이 낮아졌기 때문에 이로 인한 보장의 공백을 부분적으로 메우고, 이로써 공적연금에 의한 소득대체율을 유지하는 구상이다. 이에 기초노령연금에서 국민연금 수급자가 지급대상이 되고, 국민연금과 연계하여 급여수준이 결정되는 등 국민연금이 제도운영의 기준이 되었다. 이는 기초노령연금을 '노후소득보장'의 기저(基底)제도로, 그리고 보편적 수당으로 하는 구상으로 발전하였다.

둘째, 기초노령연금이 노인에게 최저생활을 보장한다는 구상이다.[7)] 여기에는 국민연금이 노후소득보장의 기능을 정상적으로 수행할 때까지 기초노령연금은 임시적으로 운영된다는 구상이 포함되어 있었다. 이는 기존에 국민기초생활보장법이 노인의 특수성을 충실하게 반영하지 못했고, 이 점에 대한 제도개선이 지체되고 있

5) 사회보험 일반에서 사각지대의 문제에 대해서는 예컨대 성은미, "비정규노동과 사회보장", 이호근(편), 비정규노동과 복지(인간과 복지, 2011), 17면 이하 참조.

6) 이 점에 대해서는 예컨대 김지혜, "빈곤과 기초노령연금법", 사회보장법학 제2권 제1호(2013), 46면 이하 참조. 당시 기초노령연금법의 기능에 대한 논의에 대해서는 예컨대 윤석명, "인구고령화를 반영한 공적 연금 재정전망과 정책과제; 국민연금과 기초노령연금을 중심으로", 보건복지포럼(2011.8), 16면 이하 참조.

7) 기초생활보장제도를 중심으로 노인빈곤을 보호하는 각국의 예에 대해서는 예컨대 박미현/정영순, "노후소득보장의 사각지대 해소를 위한 국민기초생활보장제도 개혁방안 연구", 사회보장연구 제25권 제4호(2009), 103면 이하 참조.

었기 때문에 최저생활을 보장할 수 없었으며, 그 결과 '노인빈곤'이 극복될 수 없었던 점을 주목한 것이다. 노인생활 및 가족구조가 변화하는 현실과 거리가 있었던 부양의무 기준과 재산 기준이 대표적인 예이다. 국민기초생활보장법에서 노인이 생계급여를 수급하기 위해서는 자녀의 부양의무가 먼저 이행되어야 하며, 그렇지 않을 경우 생계급여를 지급한 보장기관은 자녀에게 구상권을 행사할 수 있다. 이 점이 노인이 생계급여의 청구를 꺼리는 원인으로 작용하여 왔다. 또 오늘날 가족구조 및 가족 간 부양의식이 변화하면서 적어도 노인에게 부양의무와 관계없이 기초생활을 보장하는 필요가 있었다.[8] 실제 우리나라에서 사적 이전(private transfer)이 노인소득보장에 기여하는 비율은 점점 떨어지고 있었다. 국민기초생활보장법에서 재산에 관한 선정기준이 비현실적이어서 입법목적이 실현되지 못하는 문제는 일반적으로 지적되어 왔다.[9] 그런데 노인에게 재산 기준은 또 다른 특수성이 있다. 주거목적으로 사용되는 재산의 처분 가능성이 노인에게는 특히 제한적이기 때문에 재산 기준을 적용하는 경우에도 어느 정도 변형이 필요했다.

### 2) 제도 내용 및 제도 변화

기초노령연금을 도입하여 노인소득보장을 중층화하는 방안은

8) 당시 국민기초생활보장법에서 부양의무로 인하여 나타나는 암수(暗數)의 문제, 즉 수급자격이 있음에도 불구하고 급여 신청을 하지 못하는 문제에 대해서는 예컨대 김남근, "기초생활수급자 부양의무자 요건의 법적 쟁점 – 대구고등법원 2010누2549 판결 및 서울고등법원 2010누2145 판결을 중심으로", 사회보장법학 제1권 제1호(2012), 166면 이하; 김지혜, "국민기초생활보장법 부양의무자 기준의 위헌성", 공법연구 제41집 제3호(2013), 111면 이하; 박성민, "평등권 침해를 중심으로 본 부양의무자 기준의 위헌성", 사회보장법학 제5권 제1호(2016), 73면 이하, 103면 이하; 박영아, "기초생활보장과 부양의무", 사회보장법학 제5권 제1호(2016), 103면 이하; 손윤석, "국민기초생활보장법상 부양능력미약제도에 관한 법적 고찰", 사회보장연구 제28권 제2호(2012), 1면 이하 등 참조.

9) 이에 대해서는 예컨대 박미현/정영순, 위 각주 7의 논문, 106면 이하; 허선/김미곤/유현상, "국민기초생활보장제도에 있어서 재산의 소득환산제도에 대한 평가 – 형평성을 중심으로", 사회보장연구 제25권 제1호(2009), 3면 이하 등 참조.

2007년 국민연금법 개정의 전제 조건이었다.[10] 이에 기초노령연금법은 지급액을 국민연금과 연계시켰다. 기초노령연금이 기존의 노인복지법에 의한 경로연금과 비교하여 가장 큰 차이는 선정 기준인 소득인정액의 산정에 있어서 본인과 배우자의 소득만을 반영하였고, 자녀 등과 관련된 부양의무의 기준을 적용하지 않았다는 것이다. 그 제도적 취지에 대해서는 위에서 언급한 바 있다.[11]

기초노령연금법 부칙은 매우 이례적인 규정을 두었다. 즉 "국가는 2008년 7월 1일 이후 최초로 제3조에 따라 연금을 지급하는 경우 그 대상이 65세 이상 노인 중 100분의 60 수준이 되도록 노력하여야 한다". 법 시행에 앞서 개정된 법률에서는 이 점을 보다 단정적으로 선언하였다. 즉 "국가는 2008년 7월 1일 이후 최초로 연금을 지급하는 때는 수급자가 65세 이상인 자 중 100분의 60 수준이 되도록 하고, 2009년 1월 1일 당시 수급자가 65세 이상인 자 중 100분의 70 수준이 되도록 한다". 제정과정에서 전체 노인에게 기초노령연금을 지급하는 필요성에 의문이 제기되었고, 또 재정적 이유가 작용하여 65세 이상 노인의 일부를 배제하는 선택적 제도가 되었다. 소득상위 30% 구간에서 소득이 급격히 상승하며, 따라서 이들을 기초노령연금에서 배제하는 것이 타당하거나 적어도 부당하지는 않다는 의미였다. 그러나 이에 대해서는 당시 기초노령연금이 보편적 수당으로 발전하는 단계에서 과도기적인 조치라는 이해도 여전히 존재했다.

기초노령연금의 지급액은 처음에는 국민연금 가입자 전체평균 소득월액(이른바 'A값')의 5%로 하고, 단계적으로 10%로 올리도록 하였다. 이에 따라 국민연금의 소득대체율 40%에 기초노령연금에 의하여 10%를 보완하여 전체적으로 공적연금에 의한 소득대체율을

10) 노인소득보장의 구조를 중층화하는 다양한 입법례에 대해서는 아래 각주 12 참조.
11) 위 각주 8 참조.

50%로 유지할 수 있다는 것이다.[12)]

기초노령연금 수급권자는 소득인정액을 기준으로 선정되며, 이는 기본적으로 국민기초생활보장법에 의한 소득인정액이다. 다만 소득 및 재산의 범위, 소득평가액 및 재산의 소득환산액 산정방식 등을 다르게 정할 수 있도록 하였고, 이에 대한 규율은 보건복지부령에 위임되었다(기초노령연금법 제2조 제4호). 수급권자의 소득인정액과 기초노령연금액을 합한 금액이 선정기준 금액을 넘는 경우에는 기초노령연금액의 일부를 감액하여 지급할 수 있다. 이는 임의규정이었으며, 또 감액의 구체적인 기준 및 감액의 수준은 대통령령에 위임되었다(기초노령연금법 제5조 제1항, 시행령 제5조). 그만큼 법적 및 제도적 안정성이 결여되었다.

기초노령연금법은 2014년 기초연금법으로 이름을 바꾸고 개정되었다. 개정의 정치적 계기는 2012년 대통령선거에서 제시된 공약이었으며, 노인빈곤을 보호하는 기능에 비해서 보편적 사회수당의 성격을 강화하는 데에 개정의 목적이 있었다. 이 점은 기초연금법의 입법목적에 뚜렷하게 표현되었다. 2007년 기초노령연금법은 "… 생활이 어려운 노인에게 … 생활안정을 지원하"는 목적을 가졌다. 이에 비해서 2014년 기초연금법은 "노인에게 … 안정적인 소득기반을 제공함으로써 노인의 생활안정을 지원하고 복지를 증진함을 목적으로" 하였다. 그러나 입법목적에 관한 규정 이외에 실제 보편적 노인소득보장으로 전환하는 구상이 제도적으로 반영되지는 않았다. 부분적으로 제도의 변화가 있었지만 이는 구조적인 것은 아니었다. 예컨대 국민연금 가입자가 기초연금에 있어서 불이익을 받게 되었으며, 이는 국민연금을 보완하는 구상에 충실하지

12) 소득대체율 50%의 구상은 국제노동기구(ILO), 세계은행(World Bank) 등 국제기구가 제시하는 노인소득보장의 기준을 따른 것으로 보인다. 이에 대해서는 예컨대 유호선, "다층노후소득보장제도의 유형화 및 유형별 특성의 분석 – 유럽연합 국가들을 중심으로", 사회보장연구 제29권 제4호(2013), 173면 이하 참조. 예컨대 1952년 국제노동기구의 「사회보장최저기준에 관한 협약 152호」와 1967년 「장애, 노령 및 유족보상에 관한 협약 제128호」는 30년 가입기간을 기준으로 소득대체율을 40%와 45%로 제시하였다.

못했다. 또 수급자에게 소득이 있는 경우 여전히 기초연금액은 감액되었다(법 제8조, 시행령 제11조). 이로써 기초연금을 보편적 사회수당으로 형성하려는 의도는 대부분 반영되지 못했고, 여전히 공공부조의 요소가 지배적이었다.

기준연금액이 20만원으로 법률 부칙에 규정되었다(법 부칙 제7조). 이 규정은 2018년 개정 법률에서 비로소 본문으로 이동하였고(법 제5조 제3항), 기준연금액은 25만원으로 인상되었다. 2019년 개정 법률에서는 소득인정액이 100분의 20 이하인 경우 기준연금액을 30만원으로 하였다. 이는 2020년 소득인정액이 100분의 40 이하인 경우로 확대되었다(법 제5조 의2).

기초연금액은 국민연금의 수급 여부를 기준으로 다음과 같이 조정된다. 첫째, 국민연금 수급자의 경우 기준연금액에서 국민연금 수급권자가 받을 수 있는 연금의 금액 중 이른바 'A값'에 3분의 2를 곱한 금액을 빼고, 부가연금액을 더한 액이 지급된다. 부가연금액은 기준연금액의 2분의 1에 해당하는 금액을 말한다. 이는 국민연금 균등부분과 기초연금이 모두 소득재분배의 기능을 수행하며, 따라서 소득재분배의 중복을 조정할 필요가 있다고 보았기 때문이다.[13] 다만 이 경우에도 국민연금 급여액이 기준연금액의 100분의

13) 이와 같은 구상은 기초연금이 보편적 사회수당으로서 노후소득보장의 기저가 되어야 한다는 입장도 공유하고 있다. 이에 따르면 기초연금에서 충실하게 소득재분배가 설계되면 국민연금은 순수한 소득비례연금으로 재편되어야 한다. 이와 같은 입장으로는 예컨대 김연명, "국민연금과의 관계에서 본 '인수위원회' 기초연금 도입(안)의 평가", 사회복지정책 제40권 제3호(2013), 389면 이하; 김원섭 외, "우리나라 공적 연금의 보편적 중층보장체계로의 재구축 방안에 관한 연구", 사회보장연구 제32권 제4호(2016), 14면 이하; 이용하/김원섭, "인수위 기초연금 도입(안)에 대한 평가와 전망", 사회보장연구 제29권 제2호(2013), 21면; 정다은/임현, "노후소득보장으로서의 기초연금제도의 적정성에 대한 검토", 법과 정책연구 제16집 제4호(2016), 129면 이하 등 참조. 그러나 아래 II.에서 설명하는 바와 같이 국민연금과 기초연금은 체계적 층위를 달리한다. 즉 노후소득보장을 위하여 기초연금은 국민연금을 기능적으로 보완하고, 국민기초생활보장법과 같은 층위에서 노인빈곤을 보호한다. 국민연금에서 소득재분배는 보험료를 납부하여 형성되는 법률관계에서, 그리고 가입자 간의 연대에 기초한다. 이에 비해서 기초연금에서 소득재분배는 국가의 일방적인, 그리고 국가적 혹은 전국민적 연대에 기초한

150 이하인 때에는 기준연금액을 기초연금액으로 한다(기초연금법 제6조, 시행령 제10조). 국민연금과 기능적 관련성을 유지하면서 낮은 연금수급자를 배려하는 조치였다. 둘째, 국민연금 수급자에 해당하지 않는 경우에는 기초연금액은 기준연금액으로 한다. 다만 소득이 있는 경우 기초연금은 감액될 수 있다. 2014년 헌법재판의 대상이 되었던 규정, 즉 공무원연금법에 의한 퇴직연금 등을 받는 자와 그 배우자에게 수급자격을 인정하지 않는 규정이 도입되었다(법 제3조 제3항).[14] 이들이 종전의 기초노령연금법에 따른 기초노령연금의 수급권자이며, 소득인정액이 선정기준액 이하인 경우에는 기준연금액의 100분의 50을 기초연금으로 지급할 수 있다(부칙 제5조 제1항). 그러나 이는 임의규정이었으며, 또 지급금액에도 제한이 있었다.

## Ⅱ. 노후소득보장의 구조, 기초연금법의 체계와 구상

### 1. 노후소득보장의 구조

기초노령연금법 및 기초연금법의 제정과 시행, 노인소득보장과 노인빈곤보호의 목적상의 차이, 그리고 국민연금 및 국민기초생활보장과의 연계 등의 문제는 노인소득보장을 위한 제도가 중층화하고 같은 차원에서 다원화되면서 새로운 과제를 부과하고 있다. 즉 이들 제도 간에 보완과 조정 및 대체관계를 명확한 구상에 기초하여 종합적으로 분석·평가하고, 또 체계에 정합하게 형성하여야 한다.[15] 이는 기존의 노인복지법이 노인소득 보장에 관하여 상징적인

다. 이는 기초연금에 한하지 않고 국민기초생활보장, 각종 수당 등 국가의 일방적인 급여관계에서 형성된다. 이와 같이 양자의 법률관계 및 연대의 기반이 다르기 때문에 이를 조정하는 필연성이 있는지는 의문이다.

14) 이는 기존에 기초노령연금법과는 미세한 차이가 있었다. 기초노령연금법에서는 기초노령연금과 공무원연금 등 공적연금 수급권이 발생한 때에는 본인이 하나를 선택할 수 있도록 하였다. 다만 그 연금액이 대통령령으로 정하는 금액 미만인 경우에는 기초노령연금의 전부 또는 일부를 지급할 수 있다(법 제14조). 이와 관련하여 기초연금법의 문제에 대해서는 아래 각주 41 참조.

15) 새로운 제도적 환경에서 노후소득보장에 대한 구조적인 논의의 필요성에 대해서

규정을 두었던 시대와는 근본적으로 다른 상황이다. 이는 실업과 고용문제와 관련하여 고용보험과 국민기초생활보장 외에 새로운, 그리고 독자적인 실업부조가 도입되어야 하며, 동시에 체계정합한 기능 분담이 필요하다는 요청과 유사한 맥락이다.[16] 이밖에 지난 몇 년간 전혀 다른 차원에서 기존의 체계를 벗어나 주목을 받았던 기본소득(basic income)의 구상은 또 다른 구조적인 문제를 제기하게 될 것이다.[17]

현재 우리 노후소득보장체계는 – 원래 기초연금법을 제정하는 정치적 동기와 달리 제도적으로 보면 – 사회보험인 국민연금(및 직역연금)을 기저(基底)로 하고(1), 국민연금(및 직역연금)의 낮은 연금수준 및 사각지대가 남긴 보장의 공백을 기초연금이 기능적으로 보완하며(2a), 두 제도에 의하여, 또는 두 제도 간의 기능장애로 인하여 최저생활을 할 수 없는 경우에 국민기초생활보장법이 보충하도록(2b) 설계되어 있다고 볼 수 있다. 기초연금은 한편으로는 사회보험과 기능적으로 연계되어 추상적으로 노인소득을 보장하고 (1+2a), 다른 한편 사회보험과 기초연금이 남기는 보장의 공백을

---

는 예컨대 정다은/임현, 위 각주 13의 논문, 127면 이하, 137면 이하 참조. 노인소득보장의 다양한 방법론에 대해서는 예컨대 김원섭 외, 위 각주 13의 논문, 1면 이하; 유호선, 위 각주 12의 논문, 169면 이하 등 참조. 최근 국민연금 개편, 그리고 이에 따르는 기초연금의 역할에 대한 다양한 방안에 대해서는 예컨대 윤석명, "2018년 정부 노후소득보장 강화방안 평가: 국민연금과 기초연금", 보건복지포럼(2019.3), 61면 이하 참조.

16) 2020년 6월 「구직자 취업촉진 및 생활안정지원에 관한 법률」이 제정되었으며, 2021년 시행을 앞두고 있다. 기존에 실업과 노동빈곤과 관련하여 고용보험과 국민기초생활보장의 기능을 보충하는 실업부조의 도입 논의에 대해서는 예컨대 김종수, "실업부조제도로서 자활급여 및 국민취업지원제도에 관한 검토", 사회보장법연구 제8권 제2호(2019), 171면 이하; 이병희, "한국형 실업부조 도입의 쟁점과 과제", 한국사회정책 제20권 제1호(2013), 123면 이하; 이병희, "근로빈곤 특성과 한국형 실업부조 도입 방향", 노동리뷰(2018.12), 35면 이하 등 참조.

17) 기본소득의 도입에 관한 최근 논의에 대해서는 노호창, "기본소득의 법적 고찰", 사회보장법학 제9권 제1호(2020), 143면 이하; 백승호/이승윤, "기본소득 논쟁 제대로 하기", 한국사회정책 제25권 제3호(2018), 37면 이하; 이재희, 기본소득(Basic Income)에 대한 헌법적 검토(헌법재판소 헌법재판연구원, 2018) 등 참조.

국민기초생활보장이 최종적으로 보충하여 구체적으로 노인빈곤을 보호하여야 한다[(1+2a)+2b)]. 전자의 구조에서 노인소득은 추상적으로 보장되며, 후자의 체계에서 노인빈곤을 구체적으로 보호하는 협력관계가 형성된다.

## 2. 기초연금법의 체계와 구상

이와 같은 구상에서 보면 사회보험에 의하여 추구하는 소득보장 혹은 그 흠결을 보완하는 기능에 있어서 기초연금법은 근본적인 오류가 있었다. 이는 국민연금 수급자의 경우 기초연금액을 감액하는 규정, 그리고 직역연금 수급자를 기초연금 수급대상에서 제외하는 규정 모두에서 나타난다.[18] 전자의 경우 오히려 기초연금이 국민연금을 보완하는 의도를 정면으로 벗어난다. 이 경우 기초연금은 국민연금을 대체하는 결과가 되기 때문이다.[19] 이로써 특히 국민연금의 소득대체율이 낮고, 보험료 산정의 기준인 소득에 상한이 있기 때문에 일반적으로 연금액이 낮다는 점을 고려하면 기초연금이 국민연금을 보완하는 의도는 더욱 현실적이지 않다. 기초연금법은 위에서 지적한 바와 같이 국민연금이 낮은 수급자를 배려하는 규정을 두고 있지만, 이로써 기능적 장애가 일반적으로 제거될 수 있는지는 의문이다. 또 이와 같이 기초연금과 국민연금이 서로 대체(代替)하도록 연계되면서 국민연금 가입자는 기초연금에서는 불이익을 받기 때문에 오히려 국민연금의 가입 및 가입자격의 유지를 회피하는 유인이 될 수도 있어 신설되는 제도의 의미를 감소시킨다.[20]

직역연금 수급자의 기초연금 수급자격을 부인하는 규정은 더욱 근본적인 문제를 제기한다. 국민연금의 소득대체율을 유지하는 것

18) 이에 대해서는 아래 Ⅳ.3. 참조.
19) 이러한 지적으로는 예컨대 정다은/임현, 위 각주 13의 논문, 137면 참조.
20) 기초연금법 시행 전·후 주로 이와 같은 구상에 따른 제도 비판에 대해서는 예컨대 김연명, 위 각주 13의 논문, 389면 이하 참조.

자체가 아니라 국민의 노후소득보장 혹은 노인빈곤의 극복이 기초연금의 입법목적이라는 점이 간과되기 때문이다. '사회정책적으로' 보면 국민연금 수급자를 그밖의 국민과 구분하여 보호하는 데 정당성도, 또 타당성도 없다. 또 거꾸로 국민연금 수급자를 다른 제도에 의한 수급자에 비해서 불이익하게 처우하는 경우에도 같은 문제가 제기된다. 이는 동시에 '헌법적 문제'이다. 국민연금 수급자에게 기초연금 수급자격을 인정하는 경우에는 다른 제도, 예컨대 직역연금 수급자와 평등의 문제를, 그리고 국민연금을 수급한다는 이유로 급여를 제한하는 경우에는 기초연금이 노인빈곤을 구체적으로 보호하지 못하여 인간다운 (최저)생활의 권리를 보장할 수 없는 문제가 발생하기 때문이다. 이 경우 최후의 사회적 안전망인 국민기초생활보장법이 적용되겠지만 일종의 특별법으로서 기초연금의 제도적 의미는 그만큼 약화된다. 기초연금법의 제정 당시, 그리고 이후에도 이에 대한 정책적 및 체계적 문제가 검토되었다는 흔적은 없었다. 이와 같이 기초연금의 제도형성은 정치적 관점 및 무분별한 정책논리에 따랐으며, 처음부터 문제의 본질을 벗어났다.[21] 그만큼 정치적 결정의 여지를 넓게 남겨 두었다.

노후소득보장에서 기초연금을 기저로 하거나 혹은 기초연금을 충실화하여 국민연금을 보충하고, 그 대신 국민연금을 소득비례연금으로 개편하는 방안이 일반적으로 지지를 받는 듯하다.[22] 이를 선호하는 가장 기본적인 논리는 이로써 공적연금의 소득대체율을 적정한 수준으로 유지하여 노인소득을 보장할 수 있다는 점이었다.[23]

21) 이밖에 기초노령연금법 및 기초연금법의 입안과정에서 정치적 상황이 작용하여 합리성을 상실하는 과정에 대해서는 전상욱, "기초연금법 입법과정 연구; Kindon의 다층흐름 모형을 중심으로", 정책분석평가학회보 제24권 제4호(2014), 134면 이하, 147면; 정다은/임현, 위 각주 13의 논문, 115면 이하 등 참조.

22) 이와 같이 주로 소득재분배의 중복에 따른 비판과 대안에 대해서는 김연명, 위 각주 13의 논문, 389면 이하; 김원섭 외, 위 각주 13의 논문, 14면 이하; 정다은/임현, 위 각주 13의 논문, 131면 이하 등 참조.

23) 위 각주 12 참조.

그러나 기초연금이 국민연금을 보완하여 소득대체율을 높이는 구상은 현실적이지 않고, 구상 자체가 모호하며, 또 체계정합성이 있지도 않다.

먼저, 기초연금이 노인소득보장의 기저가 되기 위해서는 기초연금은 보편적으로 적용되어야 하고, 또 지급액이 높아져야 한다. 이를 위하여 제도적으로 기초연금과 국민연금을 통합하거나, 혹은 재정조달을 위하여 국민연금기금의 일부를 기초연금의 재원으로 사용하는 제안이 있었다.[24] 그러나 사회보험 보험료는 특별한 목적을 위한 공과금이기 때문에 다른 제도에서 일반목적을 위하여 사용되는 것은 재산권 및 평등권의 헌법적 기준에 명백히 반한다.[25] 또 이는 정치적으로 관철될 수 있는 주장도 아니다.

다음, 소득대체율을 유지하는 구상은 국민연금 자체의 목표가 될 수는 있지만 기초연금과 연계하여 기초연금의 목표로 기능하기는 어렵다. 국민연금 가입자의 가입기간 및 소득 수준에 따라 소득대체율이 갖는 의미는 다르다. 또 소득대체율은 가입자의 기존의 소득수준을 보장하는 비율로서 노후소득보장과 관련이 있지만 여기에 정액인 기초연금이 미치는 영향은 개별적이다. 예컨대 저소득 가입자의 경우 소득대체율이 높다는 것이 절대적으로 소득을 충실히 보장한다든가 혹은 노인빈곤이 보호된다는 의미를 가질 수는 없다. 또 국민연금은 가입자의 소득상실을 소득 및 자산, 그리고 구체적인 상황에 관계없이 추상적으로 보호한다. 그런데 기초연금은 소득 및 재산 등을 기준으로 선정 여부 및 지급액을 결정하며, 국민연금의 수급자에 대해서는 기초연금이 감액되기 때문에 기초연금이 국민연금을 보완하는 관계가 보편적이지 않다.

---

24) 예컨대 김연명, 위 각주 13의 논문, 394면 이하; 이용하/김원섭, 위 각주 13의 논문, 12면 이하 등 참조.

25) 이에 대해서는 예컨대 헌재 2000.6.29, 99헌마289, 12-1, 943면 이하 참조. 전체 공과금체계에서 사회보험 보험료의 특수성에 대해서는 예컨대 전광석, 한국헌법론(집현재, 2021), 669면 이하 참조.

마지막으로, 기초연금을 노인소득보장의 기저로 하는 방안은 시장경제와 체계정합성도 없다. 국민연금 등 사회보험급여는 가입자가 시장에서 취득한 소득에 기초하여 산정하고 납부한 보험료에 어느 정도 비례하여 지급되기 때문에 연금소득이 시장관련성을 유지한다. 또 국민연금은 보험료에 대한 반대급부이기 때문에 재산권에 의하여 보호되고, 그만큼 법적 및 정치적 안정성이 있다.[26] 이에 비해서 기초연금은 국가의 일방적인 급여이기 때문에 정치적 및 재정적 결정에 의한 변화를 헌법적으로 방어하는 논리는 빈약하다.[27] 그만큼 기초연금이 노후소득보장의 기저, 또 노후소득보장을 보완하는 제도로서 법적 및 제도적 안정성이 취약하다.

기초연금은 국민기초생활보장을 보완하는 기능을 가질 때 제도를 형성하는 기준, 그리고 그 결과 체계정합성에 관한 헌법심사의 기준은 명확해진다. (소득대체율의 의미와 기능에 비해서는) 기초연금이 국민연금 등 사회보험과 함께 노인빈곤의 보호, 즉 노인의 최저생활을 보장하는 목표를 가질 때 이를 실현하기 위한 구도가 명확하게 형성된다. 즉 국민연금과 기초연금의 기능적 관계와는 다른 층위에서 기초연금과 국민기초생활보장이 특별법과 일반법의 관계를 구성하여 노인은 1차적으로 기초연금의 수급자가 되고, 보충적으로 국민기초생활보장법이 적용되어 노인빈곤의 최후의 안전망으로 기능할 수 있다. 이때 기초연금이 국민기초생활보장법의 소득인정액에 포함되는가에 관한 소모적인 논쟁도 피할 수 있다.[28]

26) 국민연금 등 사회보험급여에 대한 재산권적 보호에 대해서는 예컨대 헌재 2004.6.24, 2002헌바15, 16-1, 730면 이하 참조.

27) 국가의 일방적인 급여에 대한 재산권적 보호를 부정하는 결정으로는 예컨대 헌재 2009.9.24, 2007헌마1092, 21-1(상), 785면; 2012.2.23, 2009헌바47, 24-1(상), 108면 이하 등 참조.

28) 이와 관련하여 소득보장 및 비용보상의 유형에 따른 급여의 산입과 조정, 특히 기초연금을 국민기초생활보장법상의 소득인정액에 산입하는 문제에 대해서는 예컨대 남찬섭/허선, "공공부조와 기초연금 등 각종 현금급여 간의 관계 설정 원칙: 공적급여 간에 보충성 원리를 어떻게 적용할 것인가?", 비판사회정책 제59호(2018), 193면 이하, 214면 이하; 손윤석, "기초연금법에 대한 법적 검토 – 국민

이 점에서 보면 기초연금을 보편적 사회수당으로 이해하는 것은 우선 현행 기초연금법 규정과 정합성이 없다. 노인소득을 보장하기 위한 보편적 혹은 선택적 사회수당으로 발전하는 단계에서 과도기적인 제도를 형성하는 것은 완전히 새로운 구상에 따라 독자적으로 이루어져야 하며, 또 이에 상응하는 제도내용을 가져야 한다. 이는 최근 논의되는 기본소득과 마찬가지로 기존의 사회보장 혹은 소득보장의 체계를 벗어나서 독자적인 위상을 갖게 된다.[29] 이와 같은 구상이 타당한가는 별개의 문제이다.

## Ⅲ. 사건 개요 및 결정

2019년 말까지 기초연금법에 관한 결정은 헌법재판소 판례집에 수록된 것을 기준으로 2건 있었다. 권리구제형 헌법소원심판과 위헌심사형 헌법소원심판이 각각 1건이었으며, 모두 기각 및 합헌으로 결정되었다.

첫 번째 결정에서는 기초연금의 선정기준인 소득평가액 및 재산의 소득환산액을 산정하는 소득 및 재산의 범위를 대통령령으로 정하고, 소득평가액과 재산의 소득환산액의 구체적인 산정방법을 보건복지부령으로 정하도록 위임한 규정(법 제2조 제4호)이 포괄위임에 해당하는지가 쟁점이었다.[30] 두 번째 결정은 공무원연금법의 퇴직연금일시금을 받은 사람과 그 배우자에게 기초연금 수급자격을 인정하지 않는 규정(법 제3조 제3항 제1호)이 인간다운 생활을 할 권리를 침해하는지를 심사하였다.[31] 아래에서는 편의상 실체법적 기준이 적용되었던 두 번째 결정을 먼저 서술하고, 이어 첫 번째 결정을 살펴본다. 다

---

기초생활보장법상 생계급여와의 이중급여제한 문제를 중심으로", 법학연구 제56권(2014), 296면 이하 등 참조.

29) 위 각주 17 참조.

30) 헌재 2016.2.25, 2015헌바191, 28-1(상), 156면 이하 참조.

31) 헌재 2018.8.30, 2017헌마906등, 30-2, 333면 이하 참조.

만 첫 번째 결정 역시 실체법적 논의의 필요성이 있는 사안이었다.

## Ⅳ. 기초연금과 다른 노후소득보장제도의 조정

### 1. 심사의 기준

기초연금법의 가장 기본적인 수급요건은 '65세 이상'인 사람으로서 '소득인정액'이 선정기준액 이하이어야 한다(법 제3조 제1항). 그런데 기초연금법은 공무원연금법에 의한 퇴직연금 등 수급자(이하 '퇴직연금 수급자')와 그 배우자에게는 수급자격을 인정하지 않았다. 헌법재판소는 인간다운 생활을 할 권리를 심사기준으로 하였다. 평등권을 심사기준으로 하지 않는 이유를 다음과 같이 설명하였다. 해당 규정이 공무원을 신분에 따라 차별하는 것이 아니라 공무원연금법에 따른 퇴직연금 등을 지급받은 경우 기초연금 수급자격을 인정하지 않기 때문에 이는 인간다운 생활을 할 권리와 관련하여 고려되는 사항이며 평등권이 독자적인 심사기준이 되지는 않는다.[32)]

그러나 평등권은 이 사안에서 유용한 심사기준이 된다. 우선, 이 사안에서 핵심적인 쟁점은 '퇴직연금 수급자'와 그밖의 국민, 구체적으로는 '퇴직연금 수급자'와 국민연금 수급자를 차별하는 데 합리적인 이유가 있는가의 여부이다. 다음, 인간다운 생활을 할 권리는 실체적 내용이 명확하지 않으며, 또 지금까지 헌법재판소에서 이에 따른 심사는 추상적인 논리에 따라 소극적이었거나 혹은 심사를 포기한 것과 같은 결과가 되었다.[33)] 이는 이 결정에서도 반

32) 헌재 2018.8.30, 2017헌마906등, 30-2, 340면 이하 참조.

33) 최저생활보장의 권리와 관련하여 이와 같은 결정으로는 헌재 1997.5.29, 94헌마33, 9-1, 555면; 2004.10.28, 2002헌마328, 16-2(하), 205면 이하 등 참조. 이는 사회보험법 규정에 대한 심사에서도 마찬가지였다. 헌재 2001.4.26, 2000헌마390, 13-1, 989면 이하(국민연금법); 2011.11.24, 2010헌마510, 23-2(하), 524면 이하; 2012.8.23, 2010헌바425, 24-2(상), 501면 이하(직역연금법) 등 참조.

복되었다. 이에 비해서 평등권은 적어도 추상적으로는 관련 규범구조를 비교·평가하는 유용한 기준이며, 차별에 합리적인 이유를 제시하는 입법적 소명과 사법적 논증의 부담을 준다. 그만큼 체계정합하게 기초연금법을 형성하는 논의가 부재(不在)한 상태에서 이에 관한 헌법적 논의의 지평이 넓어진다. 실제 이 결정에서 헌법재판소의 예고와는 달리 평등권이 중요한 심사기준이 되었다.

이밖에 재산권, 직업선택의 자유, 그리고 행복추구권의 침해가 청구이유로 제시되었으나 이들 기본권은 심사기준이 될 수 없었다. 기초연금은 그 명칭에도 불구하고 보험료에 대한 반대급부가 아니라 국가의 일방적인 급여이기 때문에 재산권에 의한 보호의 대상은 아니다.[34] 심판대상인 규정이 공무원 직업을 선택하는 데 영향을 미치지는 않기 때문에 직업선택의 자유와 관련성이 없다. 또 기초연금은 적극적인 급부이기 때문에 국가의 간섭을 배제하는 행복추구권이 심사기준이 될 수 없었다.

## 2. 인간다운 생활을 할 권리

인간다운 생활을 할 권리는 다음과 같은 단계로 심사되었다. 첫째, 인간다운 생활을 할 권리로부터 기초연금수급권, 그리고 기초연금제도 자체가 도출되지 않으며, 기초연금수급권은 법률에 의하여 비로소 형성된다. 헌법재판소는 인간다운 생활을 할 권리는 '최소한의 물질적인 생활의 유지에 필요한 급부'를 내용으로 한다는 점을 확인하였다. 둘째, 인간다운 최저생활보장의 권리는 기초연금뿐 아니라 다른 법령에 의한 각종 급여와 부담의 감면 등을 함께 고려하여 그 침해 여부가 판단되어야 한다. 셋째, 이 결정에서는 국가의 재정능력과 이를 고려하여 수급자격을 제한하는 정당성이 직접적인 심사의 내용이었다. 우리나라에서 노인인구와 노인빈곤이 함께 증가하고 있으며, 이에 비해서 국가재정은 제한적이기 때문에

34) 위 각주 27 참조.

다른 법령에 의하여 생활유지에 필요한 소득이 보장될 수 없는 취약한 노인으로 기초연금 수급자를 한정할 필요가 있다.[35)]

위와 같은 논리는 해당 규정에 대한 심사에 직접 관련되어 있지는 않았고, 또 실제 진지하게 적용되지도 않았다. 그럴 수밖에 없었으며, 이는 인간다운 생활을 할 권리가 이 결정에서 적합하고, 또 유용한 심사기준이 될 수 없다는 점을 확인시켜 준다.

첫 번째 논리는 헌법에 충실한 것은 아니었다. 인간다운 생활을 보장하는 헌법 제34조 제1항은 일반적인 사회보장의 권리와 이에 상응하는 국가의 과제를 규정하며, 이때 보장의 목표가 최저생활보장에 한정되는 것은 아니다. 최저생활보장의 직접적인 근거는 오히려 헌법 제34조 제5항이다. 이 외에 제34조 제4항 노인의 복지향상을 위한 국가의 정책의무는 노인의 빈곤보호 및 일반적인 사회보장의 근거가 될 수 있으며, 이는 기초연금을 보편적 사회수당으로 형성하는 헌법적 근거가 될 수 있다. 다만 이에 대한 제도적 필연성이 있지는 않다. 헌법재판소가 지적했듯이 기초연금은 법률에 의하여 비로소 형성되는 제도이기 때문이다. 또 이러한 제도가 뚜렷하게 헌법에 더 우호적인 것도 아니며, 이는 정책결정의 문제이다.

헌법 제34조 제5항을 기초연금을 논의하는 기반으로 하는 경우에도 최소한의 물질적인 생활의 유지에 필요한 급부로 그 내용이 한정되지는 않는다. 헌법이 예정하는 인간상, 그리고 헌법이 보장하는 인간의 존엄과 가치는 물질적인 최소한 뿐 아니라 사회경제적 지원과 보호를 통하여 사회참여, 그리고 이를 통하여 사회통합의 구성원으로 편입되어 인격을 실현하는 기회를 보장할 때 비로소 실현된다.[36)] 따라서 인간다운 최저생활을 위와 같이 소극적이고

35) 헌재 2018.8.30, 2017헌마906등, 30-2, 342면 참조.

36) 이에 관한 구체적 권리로의 구성 가능성에 대해서는 예컨대 김진곤, “인간다운 최저생활을 보장 받을 권리와 외국인”, 헌법학연구 제26권 제1호(2020), 282면 이하; 전광석, 이 책 부록 450면 이하 등 참조. 이에 관한 독일 연방헌법재판소

협소하게 이해할 수 없다. 이와 같은 이해를 떠나서 해당 논리가 이 사안에서 심사기준이 될 수 없었다. 기초연금이 최저생활을 실질적으로 보장하는지가 쟁점이 아니었기 때문이다.

두 번째 심사 내용 역시 이 사안에서 유용하지 않았다. 해당 규정 이외에 다른 법령에 의한 지원 및 부담의 감면 등이 함께 고려되어야 한다는 논리는 헌법재판소에서 최저생활보장의 권리가 심사기준이 되었을 때 합헌의 이유로 계속 제시되어 왔다.[37] 이와 관련하여 헌법재판소는 기초연금 외에 노인장기요양보험법에 의한 요양급여, 노인복지법 및 국민기초생활보장법에 의한 각종 지원 및 부담 감면이 취해지기 때문에 청구인의 인간다운 생활을 침해하지 않는다고 판단하였다.

위에서 언급한 바와 같이 노인정책은 여러 제도가 협력, 즉 보완·대체 혹은 조정을 하는 구조에서 실현되며, 헌법재판소의 지적이 타당한 것은 물론이다. 그러나 기초연금은 소득인정액을 선정 기준으로 하고, 또 소득인정액이 지급액 결정에 영향을 미친다는 점에서 개인의 노후소득을 구체적으로 보장하며, 이는 공공부조의 요소에 해당한다. 따라서 기초연금의 적용 대상 및 적용 배제에 대한 헌법심사가 각종 제도에 의한 지원과 보호 및 부담 감면을 추상적으로 언급하는 데 그쳐서는 안된다. 이 경우 헌법심사는 포기된 것이나 마찬가지이다. 또 이와 같이 각종 지원과 보호 및 부담 감면이 고려되는 경우에는 기초연금의 선정기준 및 급여액이 불안정해진다. 이로써 기초연금이 추상적으로 국민연금을 보완하는 성격은 상실된다. 또 국민기초생활보장법을 보충하여 노인빈곤을 보호하는 구상도 실현될 수 없다. 최후의 사회적 안전망인 국민기

---

의 결정으로는 예컨대 BVerfGE 125, 222면 이하 참조.

37) 예컨대 헌재 1997.5.29, 94헌마33, 9-1, 555면 이하; 2004.10.28, 2002헌마328, 16-2(하), 207면 이하 등 참조. 이 점에 대한 비판적인 지적으로는 김선택, "인간다운 생활을 할 권리의 헌법규범성 – 생활보호기준 결정; 헌법재판소 1997.5.29. 선고, 94헌마33 결정", 판례연구(고려대) 제9집(1998), 35면; 전광석, 이 책 제7장 306면 이하 등 참조.

초생활보장의 적용 여부가 불명확해지기 때문이다. 예컨대 이와 같은 논리에서 보면 국민연금 수급자에게 기초연금 수급자격을 인정하지 않은 경우에도 헌법심사의 결과는 마찬가지일 것이다.

세 번째 논리, 즉 재정의 논리는 일반적으로 급부법에 의한 적용 대상을 한정하는 규정을 정당화하는 사유가 될 수 있다. 그러나 이 사안에서 쟁점은 기초연금의 대상을 제한하는 절대적 상황이 아니다. 이는 이미 소득분포에서 상위 30%의 노인을 기초연금의 수급대상에서 제외하는 규정에 반영되어 있다. 오히려 이 사안에서 핵심적인 쟁점은 국민연금 수급자와는 달리 '퇴직연금 수급자'가 배제되는 상대적 차별이며, 이는 전형적으로 평등권에 따라 심사되어야 할 사안이다. 즉 이 사안에서 '퇴직연금 수급자'에게 기초연금 수급자격을 인정하지 않는 직접적인 이유는 이들이 국민연금 수급자와 비교하여 다른 상황에 있다고 의제하였기 때문이지 재정적인 한계 그 자체가 아니었다.

### 3. 평등권

국민연금 수급자와는 달리 '퇴직연금 수급자'에게 기초연금의 수급자격을 인정하지 않는 차별은 두 경우가 다른 상황이라는 논리에 따라 정당화되었다.[38)]

공무원연금의 재정은 공무원과 국가 또는 지방자치단체가 기여금과 부담금을 납부하여 부담하며, 기여금 및 부담금으로 급여비용을 충당할 수 없는 경우 국가 또는 지방자치단체의 보전금이 투입된다.[39)] 이에 비해서 국민연금의 재정은 저소득 가입자에게 보험료

38) 헌재 2018.8.30, 2017헌마906등, 30-2, 343면 이하 참조.

39) 공무원연금법에서 정부보증에 관한 규정은 2000년 개정 법률에서 다음과 같은 두 가지 형태로 도입되었다. 첫째, 퇴직급여 및 유족급여에 소요되는 비용을 기여금 및 부담금으로 충당할 수 없는 경우에는 국가 또는 지방자치단체가 그 부족한 금액(보전금)을 부담한다(법 제71조 제1항). 둘째, 국가 및 지방자치단체는 공무원연금재정의 안정을 위하여 예산의 범위 안에서 책임준비금을 연금기금에 적립하여야 한다(법 제72조).

를 지원하는 사업('두루누리'사업)을 제외하고는 거의 전적으로 가입자와 사용자가 함께(직장가입자의 경우) 혹은 가입자가 단독으로(지역가입자의 경우) 부담하는 보험료로 충당된다. 즉 국민연금에서 국가 및 지방자치단체의 재정부담은 공무원연금에 비해서는 제한적이다. 그럼에도 불구하고 '퇴직연금 수급자'에게 기초연금을 지급하는 경우 이는 국가의 이중부담에 해당한다는 것이다. 여기에는 다음과 같은 점도 고려되었다. 즉 국민연금과 달리 공무원연금에서 수급자는 퇴직연금일시금을 선택할 수 있다. 이 경우 수급자는 증여 등의 방법으로 재산을 낮추어 기초연금의 선정기준을 충족시키고 이를 지급받는 형태로 제도가 남용될 수도 있다.

보다 본질적으로는 다음과 같은 상황의 차이를 들었다. 즉 '퇴직연금 수급자'는 소득기반이 이미 마련되어 있기 때문에 일반적으로 기초연금에 의한 보호의 필요성이 없다는 암시를 하였다.[40] 그러나 헌법재판소가 심사에 본질적인 중요성을 갖는 이와 같은 문제를 본격적으로 논증하지 않았던 것은 이례적이다.

'퇴직연금 수급자'는 적어도 국민연금 가입자와 비교하면 노후소득이 어느 정도 보장되어 있다는 일반적인 가정 자체가 잘못된 것은 아니다. 공무원연금은 10년 이상 비교적 장기의 재직기간을 충족한 경우에 지급된다. 공무원의 재직관계는 안정적이고, 재직관계에 부수하여 공무원연금의 법률관계가 형성·유지되기 때문에 적용 대상에 관한 사각지대가 발생하지도 않는다. 또 공무원연금의 소득대체율은 국민연금에 비해서는 높은 편이다. 여기에 더하여 다른 법령에 의하여 보호와 지원 및 부담 감면이 이루어진다는 점을 고려하면 '퇴직연금 수급자'에게 기초연금 수급자격을 인정하지 않는다고 하여 인간다운 최저생활의 권리가 침해된다고 볼 수는 없다. 위에서 지적한 바와 같이 헌법재판소는 이 점을 이유로 합헌의 결정을 하였다.

40) 헌재 2018.8.30, 2017헌마906등, 30-2, 344면 참조.

그러나 평등권 심사에 있어서 다음과 같은 논리가 보충되어야 한다. 먼저 '퇴직연금 수급자'의 연금소득이 일반적으로 기초연금의 선정기준액을 초과하는가 여부에 대한 설명이 필요하다. 기초연금법에서 공적연금 등 연금소득은 소득평가액에 산입되고 소득평가액과 재산의 소득환산액을 합한 금액인 소득인정액이 선정기준액을 초과하는 경우에는 기초연금은 지급되지 않는다.[41] 또 이때 현재 65세 이상의 사람 중 기초연금 수급자가 70%가 될 수 있도록 선정기준액이 결정되어야 하는데, '퇴직연금 수급자'의 연금소득이 일반적으로 하위 소득 70%를 넘는가에 대한 논증도 필요하다. 이밖에 '퇴직연금 수급자'가 기초연금의 수급자가 되어 과잉 보장이 되는 문제는 입법적으로 얼마든지 극복될 수 있다. 현행 법률에 의하면 – 위에서 살펴본 바와 같이 – 국민연금 수급자의 경우 국민연금과 기초연금을 조정하는 규정이 있다. '퇴직연금 수급자'의 경우에도 이와 같은 조정 규정을 도입할 수 있기 때문이다. 결국 이 결정에서 핵심적인 기준인 평등권이 충실하게 심사되지 못했고, 그 결과 자의적인 차별이 부각되지 못했다. 이와 같은 심사구조에서 헌법재판소의 결정이 설득력을 갖기는 어려웠다.

국가가 공무원연금에서 부담금을 납부하고, 또 보전금을 부담하기 때문에 '퇴직연금 수급자'에게 기초연금을 지급하는 경우 국가의 이중부담이 된다는 논리는 공무원연금의 재정에 대한 충실한 이해는 아니었다.[42] 공무원연금에서 국가의 부담금은 국민연금에서 사용자의 부담금에 해당한다. 헌법재판소는 여러 결정에서 부담금

41) 이 점에서 보면 2007년 기초노령연금법의 규정이 현행 기초연금법에 비해서 오히려 입법목적에 충실한 것이었다. 이 점에 대해서는 위 각주 14 참조.

42) 국가의 이중부담의 논리는 과거 군인연금법에서 연금수급자가 공공기관에 재취업하여 소득이 있는 경우 공적연금을 감액하는 규정에 대한 합헌의견의 논거가 되었다. 헌재 1994.6.30, 92헌가9, 6-1, 551면 참조. 그러나 이후 연금과 조정되는 소득의 범위가 공공기관에 취업하여 얻은 소득에 한정되지 않고 모든 소득으로 확대되면서, 이러한 논리는 더 이상 적용될 수 없었다. 이에 대해서는 헌재 2008.2.28, 2005헌마872등, 20-1(상), 300면 이하 참조.

에 의하여 형성된 급여는 임금후불이 아니라 사회적 조정의 요소이며, 따라서 재산권에 의한 보호의 정도가 약화된다고 평가한 바 있다.[43] 그러나 엄격히 보면 부담금은 국가의 일방적인 지원이 아니라 공무원의 재직 중 근무에 대한 대가의 성격을 갖고, 공무원에 귀속되는 일종의 임금후불에 해당한다.[44] 이와 같은 관점에서 보면 부담금에 의하여 형성된 급여 역시 재산권에 의하여 보호되며, 또 기여금에 의하여 형성된 급여에 비해서 재산권에 의한 보호의 정도가 약하다고 볼 수 없다. 보전금은 전체적으로 공무원연금의 수입으로 지출을 충당할 수 없는 경우에 지급되는 예비적 재원이다. 보전금이 직접, 그리고 개별적으로 '퇴직연금 수급자'에 귀속되는 것은 아니다.[45] 따라서 보전금이 사실상, 그리고 간접적으로 연금재정에 긍정적 영향을 미치겠지만, 이 점이 '퇴직연금 수급자'의 구체적인 소득상황을 평가하는 규범적 기준이 될 수는 없다. 결국 이중부담의 논리는 이 사안에서 차별을 정당화하는 사유가 되지 못한다.

이밖에 '퇴직연금 수급자'가 증여 등의 방법으로 재산을 낮추어 신고하면 선정기준액에 미달하게 되어 기초연금을 지급받는 남용이 발생할 수 있다는 우려는 기초연금 수급자격과 제도적으로 관련된 문제는 아니다. 이는 공무원연금뿐 아니라 국민연금에서, 그리고 나아가서 국민기초생활보장에서도 발생할 수 있는 문제이다. 이와 같이 헌법재판소가 사회보장수급권이 남용될 수 있는 문제를 일반화하여 이를 퇴직연금 수급자에 한하여 의제하고 수급자격을 배제하는 규정을 정당화하는 것은 무리한 논리였다.

---

43) 부담금에 의하여 형성된 사회보장수급권에 대한 이와 같은 이해방법에 대해서는 예컨대 헌재 2000.6.29, 99헌마289, 12-1, 944면; 2001.8.30, 2000헌마668, 13-2, 295면(이상 건강보험법); 2019.2.28, 2017헌마403등, 31-1, 198면(공무원연금법) 등 참조.

44) 이 점에 대해서는 이 책 제3장 126면 이하 참조.

45) 이 점은 유사한 취지를 갖는 건강보험의 준비금에 대한 심사에서 확인된 바 있다. 헌재 2000.6.29, 99헌마289, 12-1, 947면 이하 참조.

## V. 법률유보와 위임의 구체성

### 1. 급부법에서 위임의 구체성

기초연금법에서 수급자 선정기준인 소득인정액은 소득평가액과 재산의 소득환산액으로 구성된다. 소득 및 재산의 범위는 대통령령에 정해지고, 소득평가액과 재산의 소득환산액의 구체적인 산정방법은 보건복지부령에 위임되었다. 헌법재판소는 이들 규정이 포괄위임에 해당하지 않는다고 판단하였다.[46)]

지금까지 헌법재판소는 급부법에서 위임의 구체성이 완화된다는 입장을 밝혀 왔다. 규율대상이 다양하거나 수시로 변화하는 성질이 있는 경우 위임의 구체성이 완화되며, 일반적으로 급부법에 이와 같은 특성이 나타난다고 보았다. 급부법 규정에 의하여 기본권이 침해되지 않거나 침해의 정도가 약하다는 전제에 기초한 것으로 보인다. 다만 급부법에서 제재 규정에 대해서는 엄격한 심사를 하였으며, 이에 따라 위헌결정이 적지 않았다.[47)] 이에 비해서 예컨대 건강보험에서 보험료 부과와 같이 재정부담에 관한 규정을 심사할 때에는 위임의 구체성을 엄격하게 적용하지는 않았다.[48)] 규율대상이 다양하거나 수시로 변화하는 성질이 있다는 논리 외에 보험료 부과가 급여와 연계되어 있어 전체적으로 급부법의 성격을 유지한다는 점을 주목한 것인지는 명확하지 않다.

이 결정에서 헌법재판소는 급부법의 논리에 따라 위임의 구체성을 완화하여 심사하였다.[49)] 기초연금의 수급자격은 인간다운 생

46) 헌재 2016.2.25, 2015헌바191, 28-1(상), 156면 이하 참조.
47) 예컨대 헌재 1998.5.28, 96헌가1, 10-1, 509면 이하; 2002.6.27, 2001헌가30, 14-1, 577면 이하(이상 건강보험법); 2013.8.29, 2011헌바390, 25-2(상), 443면 이하; 2016.3.31, 2014헌가2등, 28-1(상), 324면 이하(이상 고용보험법) 등 참조.
48) 예컨대 헌재 2019.2.28, 2017헌마245, 31-1, 73면 이하 참조.
49) 헌재 2016.2.25, 2015헌바191, 28-1(상), 165면 참조.

활을 보장하는 중요한 요소이며, 또 이로부터 배제되는 경우에는 기본권이 보장될 수 없기 때문에 급부법에 따른 논리가 적용되는 사안인지는 의문이다. 다만 이 경우 규율대상이 다양하고 수시로 변화하는 성질을 갖는가, 혹은 입법기술적인 이유에서 구체적인 범위를 정하여 위임하는 데 한계가 있는지는 검토되어야 하는 문제이다.

## 2. 입법적 결정의 집행과 구체화, 정책결정 또는 선택

기초연금법에서 소득 및 재산의 범위, 그리고 소득평가액과 재산의 소득환산액 산정방법은 제도의 취지에 적합하게 형성·적용되어 수급자가 선정되어야 하며, 이는 기본권을 실현하는 요소이기 때문에 기본적으로 입법의 형식으로 결정되어야 한다.[50] 행정입법에 위임하는 경우 위임의 구체성과 관련하여 규율대상이 다양하고 수시로 변화하는 특성 자체가 아니라, 이에 관한 문제를 부분적으로 행정부의 전문적 판단에 맡기는 것이 적합하거나(구체적 전문성) 혹은 사안의 본질상 (예컨대 서비스급여와 같이) 행정입법에 위임하고 이와 같은 단계에서 비로소 규범목적이 실현될 수 있는지(급여 및 규범구조의 특성) 여부가 중요한 기준이다. 이와 같은 구조에서 해당 사안에 관한 중요한 사항을 구체적으로 형성하는 경우에는 법률과 행정입법의 기능이 분담되어야 한다. 이에 비해서 행정입법이 새로운 정책 결정 및 선택의 의미를 가져서는 안된다.[51]

기초연금은 기본적으로 노인빈곤을 보호하기 위한 요소로 구성되어 있지만 노인소득을 보장하기 위한 보편적 사회수당의 요소가 일부 가미되어 있다. 이는 기본적으로는 입법의 오류이며, 이로 인

50) 법률유보 및 위임의 구체성에 충실하지 못한 기초연금법의 문제 일반에 대해서는 예컨대 김남희, “기초연금법 제정의 의미와 헌법적 문제점”, 사회보장법학 제3권 제2호(2014), 60면 이하; 정다은/임현, “노후소득보장법제와 의회유보: 「기초연금법」을 중심으로”, 법과 정책연구 제15집 제2호(2015), 646면 이하 등 참조.

51) 행정입법이 헌법상 예정된 법률과의 관계를 일탈하는 다양한 유형에 대해서는 예컨대 전광석, 한국사회보장법의 역사(집현재, 2019), 72면 이하 참조.

한 체계 혼란에 대해서는 위에서 지적하였다. 기초연금법은 입법적으로 체계를 명확히 할 수 없었고, 그 결과 전체적으로 의회유보에 충실할 수 없었던 것은 피할 수 없었다. 이와 같은 상황에서 기초연금의 수급자 선정 및 지급 기준이 행정입법에 위임되었기 때문에 위임의 구체성은 처음부터 충족될 수 없었고, 불가피하게 행정입법이 입법적 결정을 대체하게 되었다. 이 사안에서 입법기술적인 한계는 고려요소가 아니다. 예컨대 건강보험에서 요양급여의 종류와 내용은 환자를 대면(對面)하여 전문적 지식에 따라 의사가 개별적·구체적으로 판단하여 최종적으로 결정하며, 이를 규범화하는 데에는 입법기술적인 한계가 있다.[52] 그런데 기초연금은 개인의 소득 및 재산, 이를 기초로 산정되는 소득평가액 및 재산의 소득환산액, 그리고 이들 요소로 구성되는 소득인정액을 기준으로 수급자격을 정하며, 이는 적어도 구체적인 범위를 정하여 규율하는 데 장애가 있지는 않기 때문이다.

핵심적인 쟁점은 소득평가액과 재산의 소득환산액을 산정하는 기준인 소득 및 재산의 범위를 대통령령에, 그리고 소득평가액과 재산의 소득환산액의 구체적인 산정 방법을 보건복지부령에 위임하는 규정이 포괄위임에 해당하는지 여부이다. 이에 비해서 선정기준액을 법규명령이 아니라 행정규칙에 정하도록 한 것이 형식위반인지는 본질적인 쟁점은 아니다. 물론 위임입법은 원칙적으로 법규명령이어야 하며, 행정규칙에의 위임은 예외적이어야 한다.[53] 하지만 그 구분이 항상 명확한 것은 아니며, 또 헌법재판소가 이와 같은 기준에 따라 헌법적 비난을 한 경우도 없다.[54]

헌법재판소는 기초연금법의 제도적 취지, 그리고 수급 요건을

52) 이 점에 대해서 보다 자세히는 전광석, "건강보험법의 형성과 발전, 그리고 과제", 의료법학 제20권 제3호(2019), 8면 이하 참조.

53) 이와 같은 원칙과 예외의 관계에 대해서는 예컨대 헌재 2014.7.24, 2013헌바183 등, 26-2(상), 158면 참조.

54) 이 결정 반대의견은 이와 같은 논리에 따라 선정기준액에 관한 규정을 위헌으로 판단하였다. 헌재 2016.2.25, 2015헌바191, 28-1(상), 170면 이하 참조.

구성하는 소득 및 재산, 소득평가액, 재산의 소득환산액 등에 관한 규정을 예측할 수 있다고 보았다. 소득 및 재산에는 노인의 안정적인 생활에 기여할 수 있는 것으로서 근로소득, 사업소득, 재산소득, 공적이전소득 등, 그리고 부동산, 자동차 등의 일반재산과 금융재산 등이 포함된다. 소득평가액은 각종 소득을 합한 금액을 기준으로 산정된다. 재산의 소득환산액은 재산가액에 일정한 소득환산율을 적용하여 산정될 것을 예측할 수 있다는 것이다. 이 사건 청구인은 국가유공자보상법에 의한 보상금을 공적 이전소득에 포함하는 문제를 다투었다. 헌법재판소는 해당 보상금이 소득에 포함될 것을 어느 정도 예측할 수 있다고 보았지만 이는 지나치게 단순한 판단이었다.

먼저 소득의 범위는 입법적 결정을 필요로 하는 문제였다. 기초연금법은 이에 관한 구체적인 내용과 기준을 전혀 규정하지 않았으며, 시행령에서 비로소 이를 규율하고 있다.[55] 예컨대 국민기초생활보장과 달리 기초연금제도에서는 사적 이전소득을 소득평가액에서 제외하는 점은 시행령을 통하여 비로소 알 수 있다. 이는 유사한 기능을 가지며, 동시에 일반법의 성격을 갖는 국민기초생활보장법이 이에 관한 기본적인 기준 규정을, 그리고 시행령에서 이를 구체화하는 규정을 두었던 점과 비교했을 때에도 이례적이다.[56] 그만큼 기초연금법 입법 자체, 그리고 입법체계에 대한 명확한 구상과 진지성이 결여되었다.

이 사안에서 문제가 되었던 국가유공자법에 의한 급여가 소득평가액에 포함되는지는 법률에 아무런 근거가 없으며, 시행령에 비로소 언급되어 있다. 이에 따르면 국가유공자법에 의한 보상금은 소득평가액의 산정요소인 소득에 포함되는 반면 생활조정수당, 간호수당 및 무공영예수당은 제외된다(시행령 제2조 제1항 제4호 나.). 헌법재판소는 국

55) 기초연금법 제2조 제4호 및 시행령 제2,3조 참조.

56) 국민기초생활보장법 제6조의3 및 시행령 제5조 이하 참조.

가유공자 보상금이 생활안정을 위하여 지급되기 때문에 소득에 포함되지만 생활조정수당, 간호수당 및 무공영예수당 등은 생계가 곤란하거나 상이 정도가 심한 경우에 지급하며, 혹은 무공의 영예를 예우하기 위한 지원이기 때문에 소득에서 제외하는 것이 인간다운 생활의 권리를 침해하는 것은 아니라고 판단하였다. 그러나 보상금과 각종 수당은 부분적으로 법적 성격이 다르지만 인간다운 생활을 보장하는 기능에 있어서는 차이가 없다. 인간다운 생활을 할 권리는 심사 기준으로 명확하지 않고, 또 입법형성권이 넓게 인정되기 때문에 유용한 심사 기준이 될 수 없다는 점을 다시 확인시켜 준다.

결과적으로는 다음과 같은 형평의 문제가 제기될 수도 있다. 희생과 공헌에 대한 반대급부의 성격이 있는 보상금은 소득에 포함되어 기초연금의 수급에 부정적인 영향을 미치고, 이에 비해서 (헌법재판소의 표현에 따르면) 공로보상 혹은 예우의 성격을 갖는 급여는 오히려 기초연금의 수급자 선정 및 지급액 결정에 영향을 주지 않기 때문이다.[57] 이와 같은 문제 제기는 국가유공자법의 보상금이 순수한 보상의 성격을 갖는 경우에는 타당할 수 있다. 그러나 보상금이 국가의 일방적인 급여는 아니지만 생활보장의 기능을 갖기 때문에 소득평가액에 포함되는 것이 옳다. 다만 이와 같은 근본적인 문제는 입법과정에서 진지하게 검토되고, 법률의 형식으로 결정되어야 한다.

소득평가액 및 재산의 소득환산액은 기초연금법뿐 아니라 국민기초생활보장법에서 수급자 선정의 기준으로 적용되고 있다. 이에 두 가지 사안에 대한 검토가 필요했다.

첫째, 위에서 언급했듯이 기초연금법은 도입 단계에서 제도 구상에 혼란이 있었으며, 이후에도 아직 체계 및 체계정합한 제도가

57) 예컨대 무공영예수당의 법적 성격에 대해서는 헌재 2007.3.29, 2004헌마207, 19-1, 285면; 2011.7.28, 2009헌마27, 23-2(상), 114면 등 참조.

정립되어 있지 않다. 그런데 특히 노인빈곤을 보호하는 기능에 주목하는 경우에도 소득평가액 및 재산의 소득환산액과 같은 요소를 동일한 내용으로 형성할 것인가, 아니면 기초연금법의 제도적 취지에 따라서 달리 할 것인가는 또 다른 독자적인 정책결정을 필요로 한다. 실제 2007년 기초노령연금법은 소득인정액을 국민기초생활보장법에 따른 소득인정액으로 하면서 단서 규정을 두었다. 즉 보건복지부령으로 정하는 바에 따라 소득·재산의 범위, 소득평가액 산정방식 및 재산의 소득환산액 산정방식을 다르게 정할 수 있다(기초노령연금법 제2조 제4호). 이 자체도 위임의 구체성에 충실한 규정은 아니었지만, 노인빈곤의 특수성을 반영할 여지를 두었다는 점에서 현행법에 비해서 오히려 합리적이었다.

둘째, 이미 국민기초생활보장법에서 특히 재산 중 현재 주거목적으로 사용되고 있는 재산의 소득환산 범위 및 비율에 대해서 비현실적이라는 지적이 있어 왔고, 이에 부분적으로 개선이 이루어진 바 있다.[58] 이 점은 노인을 적용대상으로 하는 기초연금법에서는 또 다른 고려와, 이에 따른 독자적인 결정이 필요하다.[59] 노인이 주거하고 있는 재산의 처분가능성은 일반적인 경우에 비해서는 제한적이기 때문이다. 이 점에서 보면 재산의 소득환산률을 법률에서 구체적 범위를 정하지 않고 위임하는 경우 행정입법이 국회입법을 대체하는 결과가 된다는 것을 알 수 있다. 그렇다고 기초연금의 수급 요건에 관한 행정입법의 내용이 수권규정에 내재해 있거나 예측될 수 있는 것은 아니기 때문에 독자적인 정책결정과 선택이 필요한 사안임을 알 수 있다.

58) 예컨대 기존에 일반재산에 일률적으로 적용되었던 4.17%의 소득환산율은 2016년 주거를 일반재산에서 분리하여 주거용 재산에 1.04%를 적용하도록 변경되었다.
59) 위 각주 9 참조.

## Ⅵ. 맺는 말

고령사회가 깊어지고 가족구조 및 가족 간의 부양의식이 변화하였지만, 노인의 생활보장을 위한 제도는 적용 범위와 보호 수준에 있어서 사각지대를 넓고 깊게 보였다. 이에 우리 사회에서 노인빈곤은 일부 계층에 한정된, 주변적인 사회문제가 아니라 보편적이고 일상적인, 그리고 핵심적인 정책의제가 되었다. 2007년 기초노령연금법이 제정되었고, 이는 2014년 기초연금법으로 바뀌면서 시행되고 있지만 그 체계적 위상은 아직 혼란스러운 상태에 있다.

헌법재판소는 그 동안 기초연금법 규정에 대한 2건의 결정을 하였다. 이 결정이 기초연금법의 쟁점을 포괄하지는 않지만 체계를 형성하고 이에 따라 제도를 구체화하는 중요한 기준을 논의하는 계기가 되었다. 기초연금 수급자격과 관련하여 공무원연금법에 의한 퇴직연금 혹은 퇴직연금일시금을 받는 자를 제외하는 것은 기초연금의 선별적 보편성의 원칙과 조화되기 어렵고, 특히 선별 기준을 적용함에 있어서 국민연금 수급자와 차별하는 결과가 되었다. 헌법재판소는 국민연금과 공무원연금의 차이를 근거로 이와 같은 차별의 합리성을 논증하였지만 이는 공무원연금법의 규범 구조 및 재정 방식에 충실한 논리는 아니었다. 소득평가액 및 재산의 소득환산률, 그리고 선정 기준을 모두 구체적인 위임이 없이 행정입법에 위임하는 규정은 기초연금이 노인빈곤에 관한 중요한 요소임에도 불구하고 선정 여부 및 지급액에 대한 예측가능성을 주지 못한다는 점에서, 또 이로써 노인빈곤의 중요한 제도에 대한 정책선택 및 결정의 권한을 국회가 직접 행사하지 않고 행정부에 유보하였다는 점에서 헌법의 구상을 벗어난다. 이와 같은 쟁점에 대한 헌법심사는 기초연금의 체계와 구상이 정합성이 없어 자의적으로 형성되는 가능성을 제어하고, 또 이에 관한 소모적인 논쟁을 방지할 수 있다는 점에서 실천적 의미를 갖는다.

# 부록

# 사회적 기본권 이론의 형성과 전개 – 인간다운 생활을 할 권리를 중심으로 –

Ⅰ. 이념과 규범, 그리고 규범과 현실의 불균형

Ⅱ. 서술의 목적과 의미

Ⅲ. 헌법이론과 헌법규범의 비동시성

Ⅳ. 이론의 모색, 성과와 과제, 그리고 오랜 정체(停滯)

Ⅴ. 헌법의 보편성 강화, 사회적 기본권과 인권, 헌법재판

Ⅵ. 남겨진 과제 – 결론을 대신하여

# Ⅰ. 이념과 규범, 그리고 규범과 현실의 불균형

## 1. 헌법 일반의 문제

근대 헌법의 핵심요소는 민주주의와 기본권이다. 민주주의는 정치적 평등과 소수보호의 가치, 대의제와 권력분립과 같은 실현원리로 헌법에 규범화되었다. 기본권은 국가로부터 사회 및 개인의 분화(分化)와 자율성 보장, 법치국가원리 등의 형태로 담아졌으며, 법치국가원리는 비례의 원칙 및 신뢰보호의 원칙, 그리고 사법적 권리구제를 포함하였다.

그러나 이와 같은 원리와 원칙, 제도 등은 그 기반이 불안정하였다. 근대 헌법의 출발점인 국민주권주의에서 헌법적 및 정치적 정당성은 국민의 의사에 기초하는데, 국민 전체의 의사는 실존(實存)하는 것이 아니며 이념적 통일체로 의제된다.[1] 국민 전체의 의사가 절차적으로 형성·확인될 것으로 기대되었지만 절차적 정당성이 실질적 정당성을 보장하는 것은 아니며, 민주주의에서 정당성의 기반은 여전히 가변적·역동적인 성격을 벗어날 수 없었다.[2] 이는 헌법규범적으로는 가치의 다원성과 상대성, 그리고 헌법윤리적으로는 관용의 미덕으로 표현되었다. 그러나 이념을 규범화하는 데에는 한계가 있었으며, 이에 민주주의의 불안정성은 피할 수 없었다. 지배적인 가치와 이념을 명확하게 규범화하거나 거부할 수 없는 사실로서 확정하려는 지점(地點)에서 가치의 독재가, 그리고 민주주

1) 이에 우리 헌법학 초기에는 국민주권주의의 규범적 의미를 이해하기 어려운 상황에 있었다. 이에 대해서는 전광석, 한국 헌법학의 개척자들(집현재, 2015), 142면 이하 참조. 국민주권의 문제를 헌법학의 연구대상으로 하기에 주저하는 견해로는 박일경, "국민의 지위", 법정(1964.1), 16면 이하; 박일경, "주권자로서의 국민", 고시계(1964.6), 25면 등 참조.

2) 이와 같은 근대 헌법의 기능 조건과 기능 조건을 보장할 수 없는 문제상황에 대해서는 Ernst-Wolfgang Böckenförde, "Die Entstehung des Staates als Vorgang der Säkularisation", Staat, Gesellschaft, Freiheit(Suhrkamp, 1976), 60면 참조.

의의 퇴행이 시작되었던 딜레마는 낯설지 않은 역사적 경험이었다. 1972년 헌법에서 주권적 수임기관(통일주체국민회의)(제35조)을 실정화 한 것이 대표적인 예이다.[3] 또 하부구조가 상부구조를 결정한다는 역사법칙에 입각하여 구성된 사회주의헌법에서도 하부구조의 존재와 변화를 확인하는 문제가 객관화될 수 없으며, (영도적 유일) 정당이 이 역할을 담당하면서 진정한 민주주의의 실패는 예정되어 있었다.[4]

이념과 불균형·불안정한 관계에 있는 규범은 현실과도 어느 정도 차이가 있다. 헌법에서 규범과 현실의 차이는 두 가지 형태로 나타난다. 첫째, 헌법내재적인 문제이다. 헌법(및 국가)의 정당성을 뒷받침하는 국민 전체의 의사는 공익을 지향하는 반면, 현실은 개별적 이익을 추구하기 때문이다. 이에 더하여 공익을 지향하는 규범의 내용이 추상적·가변적이기 때문에 구체적인 현재의 상황과는 항상 접촉하는 면(面)이 일치하지 않고, 또 차이가 있다. 예컨대 국민에 의한, 즉 대의과정에서 형성된 의사결정이 국민을 위한 헌법현실을 보장하는 것은 아니다.[5] 이와 같은 규범과 현실의 차이는 일상에서 경험할 수 있고, 또 이론적으로 극복될 수도 없었다. 둘째, 헌법의 규범적 특성에 기인하는 문제이다. 즉 헌법적 가치의

3) 이에 대해서는 전광석, 위 각주 1의 책, 130면 이하 참조. 이미 1960년대 후반 국민주권과 헌법적 권한의 관계가 전도(轉倒)되는 경향에 대해서는 예컨대 한태연, "헌법과 국가 – 헌법의 신화를 벗어나서", 세대(1969.9), 69면 이하, 78면 등 참조. 독일 나치 시대에 비상상황에서 혁명적 결단을 국민주권의 본질로 이해하고 이를 영도자(Führer)의 의사로 대체한 것이 또 하나의 예이다. 이에 대해서는 Carl Schmitt, Der Hüter der Verfassung(Duncker & Humblot, 1931), 36면 이하 참조. 당시 이와 같은 사고에 기여했던 헌법학자의 역할에 대해서는 예컨대 Ewald Grothe, Zwischen Geschichte und Recht – Deutsche Verfassungsgeschichtsschreibung 1900–1970(Oldenbourg, 2005), 256면 이하; Bernd Rüthers, Entartete Juristen(C.H.Beck, 1988), 59면 이하 등 참조.

4) 사회주의헌법의 실험과 예정된 실패에 대해서는 예컨대 Ernst-Wolfgang Böckenförde, Die Rechtsauffassung im kommunistischen Staat(Kösel-Verlag, 1967), 24면 이하 참조.

5) 국민에 의한 정치와 국민을 위한 정치의 가교(架橋)될 수 없는 긴장관계에 대해서는 전광석, 한국헌법론(집현재, 2021), 102면 이하 참조.

실현이 지체되는 경우에 헌법 규범을 기준으로 헌법 현실과의 차이가 즉시 교정되지는 않는다. 헌법 규범에 친화적인 조치는 정치과정에서 비로소 취해지기 때문이다.

위와 같은 문제는 사회적 기본권에서 전형적으로 나타난다.[6] 보편적인 평등을 실현하는 과정에서 나타나는 과도기적인 차별에 대한 헌법적 평가, 그리고 일반적으로 보면 헌법재판에서 헌법불합치결정이 이러한 예에 해당한다. 이와 같은 헌법 규범과 현실의 차이, 그 정도는 여러 변수에 종속되어 있다. 예컨대 이론적으로 보면 기본권이 입법권을 포함하여 모든 공권력, 그리고 모든 생활영역으로 효력을 확대하여 보편적 효력을 가질수록, 또 제도적으로 보면 헌법재판기관이 이를 심사할 수 있도록 충실히 설계되고, 또 기능하는 상황에서는 헌법 규범과 현실의 차이는 줄어들 것이다. 따라서 재판에 대한 헌법소원을 원칙적으로 금지하고 있는 헌법재판소법(제68조 제1항)은 헌법이 입법권과 사법권으로 효력을 확대하는데, 그리고 그 결과 헌법 규범과 현실의 차이를 줄이는 데 적지 않은 장애요소이다.[7] 이 점에서 보면 사회적 기본권의 법적 성격에 관한 논의는 이론의 문제이면서 동시에 제도적 관련성이 영향을 미치는 문제였다.[8]

---

6) 아래 각주 57 참조.

7) 이 규정에 대한 헌법적 평가에 대해서는 헌재 1997.12.24, 96헌마172등, 9-2, 858면 이하 참조. 이밖에 이에 대해서는 예컨대 김하열, "재판에 대한 헌법소원의 필요성과 범위; 재판소원의 부분적 도입을 위한 시론", 헌법학연구 제16권 제4호(2010), 165면 이하 참조. 독일에서 헌법이 보편적 효력을 갖는 데 있어서 헌법이론의 기여, 그리고 헌법재판소의 활동 범위를 확대할 수 있었던 역사적 경험에 대해서는 예컨대 Rainer Wahl, "Die objektiv-rechtliche Dimension der Grundrechte im internationalen Vergleich", Detlef Merten/Hans-Jürgen Papier(편), Handbuch der Grundrechte Bd.1(C.F.Müller, 2004), 754면 이하; Rainer Wahl, Herausforderungen und Antworten: das öffentliche Recht der letzten fünf Jahrzehnte(De Gruyter, 2005) 등 참조.

8) 아래 V.2.(2) 참조.

## 2. 사회적 기본권의 특수성과 역사성

### (1) 특수성

자유권적 기본권은 개인에게 자유의 공간을 보장하며, 자유의 공간이 확보될 수 없거나 침식될 때 침해된다. 이와 같이 자유권적 기본권은 규범의 내용 및 실현 구조가 명확하며, 또 규범은 현실을 심사하는 직접적인 기준으로 작용할 수 있다. 사회적 기본권은 교양과 재산, 노동의 기회 등 자유권을 행사하기 위하여 필요한 조건을 갖추지 못한 경우에는 개인에게 실질적인 자유가 보장될 수 없다는 산업사회의 역사적 경험에서 기원하였다. 이와 같은 시대상황에서 자유와 평등의 관계도 새로운 관점에서 관찰되었다. 자유의 기회를 평등하게 보장하여야 할 뿐 아니라 자유의 기회를 실질적으로 향유하기 위하여 필요한 조건을 평등하게 조성하는 적극적·실질적인 과제가 보충되어야 하기 때문이다.[9] 사회적 기본권은 위에서 서술한 헌법 일반에서의 이념과 규범, 그리고 규범과 현실의 차이의 문제를 다른 차원에서 공유하게 되면서 문제상황은 더욱 깊다. 이는 다음과 같이 정리될 수 있다.

#### 1) 이념과 규범

자유권의 보장과 자유권을 실현하기 위하여 필요한 조건을 보장하는 과제, 즉 사회적 기본권의 과제는 비대칭적이다.[10] 자유권은 특정한 생활영역에서 국가와 개인의 관계를 설정하는 형식으로 실현된다. 그리고 이는 해석의 여지는 있지만 완결적이다. 이에 비해서 사회적 기본권에서는 일정한 상황, 즉 인간다운 생활 혹은 인간의 존엄에 상응하는 최저생활을 보장하는 목표는 명확하지만

---

9) 평등이 복지를 선도하는 기능과 복잡한 실현구조에 대해서는 아래 V.1. 및 VI. 참조.

10) 이는 사회적 기본권을 도입하여 세계적으로 주목을 받았던 독일 바이마르헌법의 경험이기도 하였다. 이 점에 대해서는 예컨대 Christoph Gusy, Die Weimarer Reichsverfassung(Mohr Siebeck, 1997), 351면 참조.

구체적인 내용과 실현 방법은 헌법에 내재해 있지는 않으며 정치 과정에서 비로소 결정된다. 이 점에서 아래에서 살펴보는 바와 같이 사회적 기본권의 실현에 관한 사안을 헌법에 직접 규정하는 데에는 한계가 있다. 또 헌법이 성립된 이후 사회경제적 상황과 헌법 이념이 변화하면서 국가의 사회적 과제가 새롭게 형성되기도 한다.[11] 이때 일반적으로 보면 새로운 이념에 상응하는 실체적 내용, 그리고 이념 및 내용을 실현하기 위하여 필요한 제도와 조직 및 절차에 관한 규정이 헌법 이념과 동등한 규범적 효력을 갖지는 않는다.

비교헌법적으로 보면 국가의 사회적 과제는 사회적 기본권, 개별적인 생활에 관한 국가목표 혹은 일반적인 복지실현의 과제 등으로 표현되었다.[12] 우리 헌법은 1948년 이래 계속 다양한 사회적 기본권을 규정하고, 동시에 사회적 기본권을 실현하기 위해서 필요한 거시질서로서 경제질서에 관한 장(章)을 두어 왔다.[13] 이에 비해서 독일 헌법은 1949년 제정 당시에는 바이마르헌법의 전통에서 벗어나 사회적 기본권을 포기하고 이에 관한 일반적인 국가목표를

11) 미국 헌법에서 입법이 헌법을 보충하는 관계에 대해서는 예컨대 Mark Tushnet, Why the Constitution matters(Yale University Press, 2010), 6면 이하, 156면 이하 등 참조. 복지국가의 과제가 상황의 변화에 따라서 헌법에 포섭되는 현상에 대해서는 예컨대 Goodwin Liu, "Rethinking Constitutional Welfare Rights", Stanford Law Review vol.6 issue 2(2008), 227면 이하 참조. 이밖에 미국헌법에서 복지국가의 이념에 대해서는 예컨대 석인선, "생계보장에 대한 헌법상 권리 논의 – 미국의 경우를 중심으로", 헌법학연구 제17권 제4호(2011), 273면 이하; 이상경, "빈곤에 대한 헌법적 접근 – 사회적 기본권 및 헌법원리 실현을 통한 빈곤극복의 과제와 복지재정지출의 한계", 공법연구 제44집 제3호(2016), 45면 이하; 홍석한, "미연방헌법과 복지권 논의", 미국헌법연구 제23권 제1호(2012), 334면 이하 등 참조.

12) 헌법의 사회적 과제에 대한 다양한 규정형태에 대해서는 예컨대 Hans F. Zacher, "Das soziale Staatsziel", Josef Isensee/Paul Kirchhof(편), Handbuch des Staatsrechts Bd.1(C.F.Müller, 1987), 1054면 이하 참조.

13) 아래 Ⅲ.1. 참조. 이밖에 우리 헌법에서 사회적 기본권과 경제질서의 계속성과 미세한 변화에 대해서는 예컨대 전광석, "헌법 제119조", 한국헌법학회(편), 헌법주석[법원, 경제질서 등](경인문화사, 2018), 1477면 이하 참조.

사회국가(Sozialstaat)로 선언하였다.[14] 이러한 태도는 환경보전의 과제를 헌법에 편입하는 상황에도 계속 영향을 미쳐 오랜 논의 끝에 독일 헌법은 환경권의 형태가 아니라 환경보전에 관한 객관적 규정을 삽입하였다.[15] 이와 같이 헌법의 사회적 과제에 관한 이념을 규범화하는 정형(定型)은 존재하지 않는다. 이는 사회적 기본권의 법적 성격을 주관적 혹은 객관적 성격으로 차별적으로 이해하는 원인이 되었다.[16]

### 2) 규범화의 한계, 사실적 평등

우리 헌법과 같이 사회적 과제를 사회적 기본권의 형태로 규범화하는 경우에도 규범이 이념을 충실히 담는 데에는 한계가 있다. 위에서 지적한 바와 같이 자유권적 기본권의 이념과 실현 방법은 헌법에 최종적으로 규율된다. 예컨대 헌법 제10조 행복추구권은 해석의 여지를 남기지만 행복이란 무엇인가, 그리고 이를 어떠한 방법과 내용으로 실현할 것인가는 개인의 자율적인 결정에 맡겨져 있다.[17] 그리고 행복이 실현될 수 없는 현실적인 '불운'은 더 이상 행복추구권의 문제는 아니다. 이는 개인의 운명이거나 (그러한 운명을 헌법의 과제로 주목하는 경우) 헌법의 다른 규정에 의하여 배려·교정되어야 하는 것은 별개의 문제이다. 말을 바꾸어 하면 행복추

14) 독일 헌법이 사회적 기본권을 도입하는 데 소극적이었던 역사적 상황, 그리고 이후 사회국가원리에 대한 이해방법에 대해서는 예컨대 Werner Weber, "Die verfassungsrechtlichen Grenzen sozialstaatlicher Forderungen", Der Staat(1965), 413면 이하 참조.

15) 이에 대해서는 Der Bundesministerium des Innern/Der Bundesministerium der Justiz, Staatszielbestimmungen. Gesetzgebungsaufträge(1983), 130면 이하 참조.

16) 이에 대해서는 아래 Ⅳ.3. 및 V.2. 등 참조.

17) 실제 헌법재판소는 행복추구권을 국가에 대한 적극적인 권리가 아니라 국가의 불개입을 내용으로 하는 소극적인 권리로 이해하여 왔다. 헌재 1995.7.21, 93헌가14, 7-2, 32면; 2002.12.18, 2001헌바546, 14-2, 902면 등 참조. 이와 같은 이해방법이 처음부터 지배적이지는 않았다. 1987년 헌법 초기에 행복추구권을 사회적 기본권과 연계하여 이해하려는 시도에 대해서는 예컨대 김철수, "생존권적 기본권의 법적 보장 – 사회보장에 관한 권리를 중심으로", 고시계(1987.9), 122면 참조.

구권 등 자유권적 기본권은 목표의 실현 여부가 아니라 이에 관한 국가의 행위양식을 규율의 대상으로 한다.[18]

이에 비해서 제34조 인간다운 생활을 할 권리는 같은 목적(행복)을 갖지만 개인이 자율적인 결정을 할 수 있는 조건 혹은 그러한 상황 및 결과를 보장하여야 한다.[19] 이와 같은 목표는 실체법적으로는 개인이 자율적으로 결정하는 기준이 아니라 어느 정도 객관적인 기준에 따라서 확정되고, 또 진화한다. 이와 같은 객관적인 기준이 자의적으로 혹은 편향된 가치에 따라 결정되는 것을 방지하기 위하여, 또는 당사자의 참여를 보장하여 결정의 정당성을 확보하기 위하여 절차법 및 조직법적인 매체를 필요로 한다.

사회적 기본권의 내용과 실현 방법은 헌법이 직접 규정할 수도 있으며, 또 헌법의 해석을 통하여 확인되는 경우도 있다. 의무무상교육(헌법 제31조 제3항), 최저임금제도(헌법 제32조 제1항) 등이 전자의 예이며, 최저생활보장(헌법 제34조 제1항 및 제5항)이 후자의 예에 해당한다.[20] 그러나 일반적으로 사회적 기본권의 실체법적 내용, 그리고 제도·조직 및 절차는 법률에 의하여 형성된다. 사회적 기본권이 보호하는 조건과 상황은 다양하고 가변적이며, 경제성장·국가재정·노동시장의 변화와 같은 거시적 환경에 영향을 받는다. 또 이는 법률관계 당사자의 권리의무와 조정되어야 한다.[21] 개인의 개별적 상황은 유형화될 수 없을 만큼 구체적으로는 차이가 있으며, 따라서 모든 문제를 추상화하여 헌법에 규정하는 것은 입법기술적으로도 불가능하다. 이에 우리 헌법학에서 오랫동안 사회적 기본권이 입법권을 구속하는가, 또 입법권에 대한 구속은 구체적인가 추상적인가 하는 문제가 제기되어 왔다.

18) 이 점에 대한 인권법의 다른 시각 및 평가에 대해서는 아래 V.3. 참조.

19) 헌재 2004.10.28, 2002헌마328, 16-2(하), 204면 참조.

20) 헌재 1991.2.11, 90헌가27, 3, 22면; 2012.4.24, 2010헌바164, 24-1(하), 55면(의무무상교육); 1995.7.21, 93헌가14, 7-2, 31면(최저생활보장) 등 참조.

21) 헌재 2004.10.28, 2002헌마328, 16-2(상), 205면 이하; 2014.8.28, 2013헌마553, 26-2(상), 434면 이하, 438면 이하 등 참조.

사회적 기본권에 관한 규범관계를 헌법에 직접 규정하는 것은 바람직하지도 않다. 사회적 및 개인적 상황에 대한 진단과 이에 대한 처방을 헌법에 구체적으로 규율하는 경우에는 헌법은 상황과 상황의 변화에 따라 적시(適時)에 적합한 정책을 형성하는 데 오히려 장애가 된다. 또 사회적 과제를 헌법에 구체적으로 규범화하는 결정은 이에 관한 합목적적인 기준에 따른 입법적 및 행정적 결정의 권한을 잠식한다. 이는 선거의 의미를 상실시키는 결과가 되기도 한다. 이 경우 장기적으로 보면 세대 간 결정권한을 적절히 분배할 수 없게 되며, 대부분의 경우에는 미래 세대에 부담이 될 우려도 있다.[22] 이 점에서 헌법의 사회적 과제는 실체법적 규범의 성격보다는 절차적 성격이 강하다.

위와 같이 사회적 기본권을 규범화하는 한계로 인하여 헌법구조적으로는 다음과 같은 확인을 할 수 있다. 즉 헌법의 사회적 과제는 민주주의의 의사결정에서 구체화되고, 재산권, 신뢰보호의 원칙, 비례의 원칙 등 법치국가원리를 형성하는 요소에 의하여 안정성을 갖게 된다. 이에 비해서 민주주의에서 사회적 과제가 인식되지 못하고, 또 법치국가원리가 상황의 변화에도 불구하고 개인의 기득권 보호와 사회의 현상유지(status quo)에 집착하는 경우에는 사회적 기본권의 규범력은 약화된다. 이 점에서 사회적 기본권, 그리고 헌법의 사회적 과제는 이념과 규범의 관계에서 민주주의 및 법치국가원리와 비대칭적이다.

전통적으로 자유와 평등은 이념적인 긴장에도 불구하고 서로 기능을 보완하는 관계에 있다고 이해되었다.[23] 모든 국민이 평등하게 자유를 향유하여야 하며, 평등은 자유를 상향적으로 선도하

22) 이때 제기되는 사회적 지속가능성과 세대 간 형평 및 정의의 문제에 대해서는 예컨대 전광석, "지속가능성과 세대 간 정의", 헌법학연구 제17권 제2호(2011), 281면 이하 참조.

23) 평등이념의 다차원적 이해에 대해서는 예컨대 김종철, "평화적 공존의 전제로서의 평등", 헌법학연구 제19권 제3호(2013), 19면 이하 참조.

는 기본조건에 해당하기 때문이다.[24] 그러나 사회적 과제를 적극적으로 실현하는 헌법관계에서는 자유와 평등의 긴장관계는 현재화된다. 자유권을 행사하기 위하여 필요한 조건을 평등하게 보호하기 위해서는 주어진 상황을 같게 혹은 다르게 취급하는 데 그치지 않고, 사전적으로 자유권을 행사하는 기회를 적극적·실질적으로 보장하고(기회의 평등), 또 사후적으로는 평등의 기회를 현실적으로 행사할 수 없거나 혹은 평등의 기회를 행사했음에도 불구하고 의도한 결과가 실현되지 못하는 상황을 교정하여야 한다(결과의 평등). 그런데 특히 결과의 평등에 있어서는 규범화의 한계가 뚜렷하다. 이 경우 공동체의 관점에서 국가재정과 개인의 권리의무관계가 재조정되어야 한다.[25] 이와 같은 구체적인 법률관계와 이에 기초한 법적 및 사실적 부담의 조정 및 부담의 한계를 모두 헌법에 직접 규율하는 것은 불가능하며, 이는 대부분의 경우 입법적 결정을 필요로 하거나 혹은 입법적 결정을 하기에도 적합하지 않은 경우에는 사법적 결정에 유보되어야 하기 때문이다.[26] 각종 차별금지법이 시설 및 설비를 운영하는 사인(私人)에게 정당한 편의제공의무를 부과하고 있지만 합리적인 사유가 있는 경우에는 의무가 면제되도록 자체에 예외를 두고 있는 것이 대표적인 예이다.[27]

---

24) 이에 대해서는 이명웅, "자유와 평등의 관계 – 상호 조화의 관점", 헌법논총 제14집(2003), 335면 이하 참조.

25) 위 각주 21 참조. 이밖에 결과의 평등을 실현하는 다양한 방법에 대해서는 예컨대 이재희, 적극적 평등실현조치에 대한 위헌심사(헌법재판소 헌법재판연구원, 2018), 39면 이하 참조.

26) 결과의 평등을 실현하는 적극적 평등실현(affirmative action)에 대한 입법적 및 사법적 판단의 예에 대해서는 김지영, 미국 헌법상 성소수자 권리보호와 성적 지향에 대한 평등심사(헌법재판소 헌법재판연구원, 2016), 38면 이하; 이재희, 혼인의 헌법적 보장(헌법재판소 헌법재판연구원, 2017), 70면 이하, 88면 이하 등 참조.

27) 장애인차별금지법 제4조 제1항 제3호 및 제3항 참조. '정당한 편의제공'에 관한 이해방법에 대해서는 이 책 제8장 336면 참조.

### 3) 여러 단계에서 작용하는 다양한 변수

위에서 서술한 바와 같이 헌법 일반에서 추상적 규범과 구체적 현실은 차이가 있고, 또 헌법은 자기집행력을 갖지 못하며, 따라서 집행이 지체(遲滯)되는 문제가 어느 정도 용인되는 특수성이 있다. 이밖에 헌법의 사회적 과제는 목표규범의 특수성으로 인하여 다음과 같이 여러 단계에서 규범이 현실화되지 못하는 상황이 나타난다.

첫째, 위에서 언급한 바와 같이 사회적 기본권이 실현되기 위해서는 다른 헌법원리, 특히 민주주의, 그리고 정치질서 및 경제질서의 거시적 환경이 뒷받침되어야 한다.

먼저, 사회문제에 대한 인식과 처방의 필요성이 민주주의의 의사결정구조에 투입될 수 없는 경우에는 사회적 기본권의 규범과 현실은 큰 차이를 보인다.[28] 민주주의가 이념적으로, 또 정치구도에서 사회화되어 있는 경우 이는 사회적 기본권이 헌법 현실을 견인하는 우호적인 환경이다. 이에 비해서 정치권력이 사회정의의 근본적 혹은 시대적 중요성을 주목하지 못하는 경우에는 설혹 부분적으로 사회정책이 시행되더라도 이는 불안정하고, 또 쉽게 철회될 수 있다. 우리나라에서 1961년 군사쿠데타 이후 군사정부가 초기에 사회정책의 관심과 입법의지를 보였지만, 사회보장의 재정부담에 대한 우려와 경제성장에 대한 정책의 우선순위로 인하여 이를 철회한 것이 좋은 예이다.[29] 또 1962년 헌법에 인간다운 생활, 그리고 사회보장에 관한 권리가 도입되었지만(제30조) 민주주의의 정치과정에 편입되지 못하면서 규범과 현실의 차이는 줄어들 수 없었다. 아래에서 서술하는 바와 같이 1948년 우리 헌법은 정치적 민

28) 민주주의와 사회질서의 다양한 유형에 대해서는 예컨대 전광석, "복지국가론 – 기원 · 발전 · 개편(신조사, 2012), 108면 이하 참조.

29) 이에 대해서는 전광석, 한국사회보장법의 역사(집현재, 2019), 141면 이하 참조. 이밖에 이에 대해서는 손준규, 사회보장 · 사회개발론(집문당, 1983), 94면 이하 참조.

주주의와 사회경제적 민주주의의 이념을 제시하였다. 그러나 정치적 민주주의에 사회경제적 과제가 내재해 있는 것은 아니다.[30] 따라서 전자가 후자에 무관심하거나 혹은 긴장관계가 첨예하여 조정될 수 없는 경우에는 후자의 관심이 민주주의의 의사결정과정에 진입할 수 없다.[31]

다음, 사회적 기본권은 시장에서 극복될 수 없는 생활위험 및 빈곤을 사회문제로 인식하고 국가가 시장의 기능을 보충하거나 혹은 이를 대체하고, 이로써 사회분열을 방지하고 사회통합을 도모하는 목표를 갖는다. 우리 헌법은 처음부터 이러한 구상을 헌법에 편입하였다(1948년 헌법 제84조).[32] 그러나 헌법의 경제질서는 구체적인 입법을 매개로 실현된다. 경제의 사회적 책임, 그리고 분배정의가 현실정치에서 의제화될 수 없는 경우에는 분배정의의 흠결을 보충하는 재분배정책이 논의될 공간도 찾을 수 없게 된다. 그 결과 규범과 현실은 큰 차이를 보이게 된다.

둘째, 사회적 기본권의 이념을 규범화하는 데 한계가 있다는 점은 규범과 현실의 관계에도 영향을 미친다. 사회적 기본권은 개인에게 자율적인 결정과 참여의 기회를 보장하여야 한다. 자유권적 기본권의 경우 자유가 실제 실현되지 못하는 상황이 기본권 자체의 문제는 아니다. 행복추구권의 예에 대해서는 위에서 서술한 바 있다.[33] 이에 비해서 사회적 기본권은 헌법이 의도하는 상황 혹은 결과의 실현 여부가 기본권 심사의 기준이다. 그런데 추상적 규범이 구체적 현실을 따라가는 것은 벅차기 때문에 사회적 기본권에서 규범과 현실의 차이는 본질적이다. 따라서 사회적 기본권을 실현하기 위한 제도에 접근할 수 없거나, 유형화를 벗어난 개인의

30) 미국의 예에 대해서는 위 각주 11 참조.

31) 일찍이 이 점을 지적하는 문헌으로는 예컨대 한태연, "사회적 기본권에 대하여", 고시계(1963.10), 114면 이하 참조.

32) 이에 대해서는 아래 Ⅲ.1. 참조.

33) 위 각주 17 참조.

구체적인 상황이 제도에 포섭될 수 없는 경우에도 헌법이 규범력을 잃지 않기 위해서는 지속적으로 제도 및 규범이 보충되고, 또 진화하여야 한다. 장애인이 장애인 보호를 위한 규범에 대한 인식능력이 제한되어 있기 때문에 제도에 접근할 수 없는 경우가 전자의 예에, 그리고 장애인의 생활 및 고용보장에 있어서 특별한 추가비용이 지출되어야 하기 때문에 일반적인 기초생활보장에 의하여 최저생활을 할 수 없는 것이 후자의 예에 해당한다. 일반적으로 보면 이와 같이 사회적 기본권의 규범 자체가 추상적이기 때문에 평등의 상대적 기준이 규범과 현실의 차이를 의제화하고 논증하는 데 훨씬 강력한 추동력을 갖는다.[34]

셋째, 헌법의 사회적 과제를 실현하기 위해서는 목표 혹은 결과에 이르기까지 여러 단계의 정치적 및 정책적 결정을 거친다.[35] 입법단계에서 이념의 규범화가 제한되어 있으며, 규범의 추상성과 현실의 구체성에서 오는 차이에 대해서는 앞에서 설명하였다. 그런데 예컨대 인간다운 생활을 할 권리가 의료급여, 장기요양급여 등 서비스의 형태로 실현되어야 하는 경우에는 규범과 현실의 관계는 더욱 불안정하다. 서비스급여에서는 기본적인 사항이 법률에 추상적인 형태로 규정된 후에는 개별적인 상황에 대한 진단, 필요한 급여의 종류와 내용 및 수준, 급여 시기, 그리고 처방의 효과에 대한 예측은 최종적으로는 수급자와 대면(對面)하는 급여전달자가 직접, 그리고 구체적으로 판단한다. 그리고 이때 급여전달자에게는 넓게 재량이 인정되어야 한다. 그런데 이러한 결정을 규범적으로 선도하는 가능성은 제한적이다.[36]

---

34) 아래 각주 128 및 189 참조.

35) 국가과제를 실현하기 위한 여러 단계의 결정 구조에 대해서는 예컨대 전광석, "공공거버넌스와 공법이론: 구조이해와 기능", 공법연구 제38집 제3호(2010), 185면 이하 참조.

36) 서비스급여에 있어서 재량규정의 필요성과 문제상황에 대해서는 예컨대 Hans F. Zacher, "Verrechtlichung im Bereich des Sozialrechts", Friedrich Kübler(편), Verrechtlichung von Wirtschaft, Arbeit und sozialer Solidarität(Suhrkamp,

### (2) 역사성

#### 1) 개방성과 미완성성

헌법은 근대 이후 역사적으로 형성된 보편적 가치를 규범으로 체화(體化)하고, 기존 가치의 존속을 확인하거나 혹은 가치의 변화 가능성을 수용하여 정치적 안정성과 개방성을 동시에 유지하는 과제를 갖는다.[37] 성윤리, 그리고 이에 관한 가치관의 변화에 따라 혼인빙자간음죄, 간통죄에 대한 헌법재판에서의 평가가 달라진 것이 좋은 예이다.[38] 또 입법적 차원에서는 가치의 역사적 상대성은 위헌결정의 효력과 관련하여 가치의 전환을 과거로 소급하면서, 동시에 그 시간적 제한을 두는 방법으로 반영되었다.[39]

사회적 기본권은 위와 같은 헌법의 역사성을 공유하면서 다음과 같은 특수성을 갖는다. 사회적 기본권은 사회경제적 상황 및 그 변화과정에서, 그리고 제도의 불균형으로 인하여 새로이, 경우에 따라서는 예상할 수 없었던 상황으로 인하여 발생하는 사회문제를 신속하게 포섭하고 이를 규율하는 헌법적 기준이 되어야 한다. 또 사회적 기본권은 특정한 결과를 지향하기 때문에 규범목적이 실제 실현될 수 있도록 규범과 현실, 그리고 규범과 현실의 관계를 지속적으로 관찰하여야 한다. 그리고 사회문제는 지속적으로 새로운 양상을 띠기 때문에 기존의 제도가 존속 혹은 변화하면서 사회적 기본권에 (간접적으로 혹은 직접적으로, 정책적으로 혹은 규범적으로) 영향을 미친다. 예컨대 헌법재판소가 인간다운 생활을 할 권리로부터 직접적으로 의료보험수급권을, 그리고 평등권을 기준으로

---

1984), 59면 이하 참조.

37) 헌법에 작용하는 역사성의 정태적 및 동태적인 측면에 대해서는 예컨대 Ernst-Wolfgang Böckenförde, "Die Historische Rechtsschule und das Problem der Geschichtlichkeit des Rechts", Staat, Gesellschaft, Freiheit(Suhrkamp, 1976), 17면 이하 참조.

38) 헌재 2009.11.26, 2008헌바58, 21-2(하), 520면 이하; 2015.2.26, 2009헌바17등, 27-1(상), 20면 이하 등 참조.

39) 헌법재판소법 제47조 제3항 단서 참조.

간접적으로 통근상의 재해에 대한 보상청구권을 인정한 것이 좋은 예이다.[40] 이와 같이 사회적 기본권은 본질적으로 개방적이고 미완성적이다.[41]

### 2) 기능의 특수성

사회적 기본권의 역사적 성격은 입법형성뿐 아니라 헌법심사의 기준으로 기능하는데 다음과 같이 작용한다.

#### a) 규범과 현실의 중간매체

사회적 기본권의 실체는 역사적 맥락에서 변화하기 때문에 일반적으로는 직접 입법 및 사법적 기준으로 적용하는 데 적합하지 않다. 이에 헌법 규범과 헌법 현실을 매개하는 중간기준이 필요하다.[42] 이는 헌법적 효력을 가질 수도 있지만 대부분의 경우에는 입법정책적으로 고려되어야 할 요소이다. 그러나 후자의 경우에도 체계유지 및 형성의 기준이 되며, 그 결과 사회적 기본권의 유동성과 불명확성을 극복하고 안정성과 명확성을 갖는 데 기여한다. 이때 간접적으로 체계정당성의 논리에 따라 헌법적 문제로 발전할 수 있다. 소득재분배 및 보충성의 원칙이 이와 같은 가능성과 한계를 보여주는 좋은 예이다.

헌법재판소는 사회보험에서 강제가입, 보험료 산정방법 등을 정당화하는 근거로서 소득재분배의 이념을 자주 원용하여 왔다.[43] 그

---

40) 아래 V.4.(3).1) 참조.

41) 이에 대해서는 예컨대 전광석, 위 각주 29의 책, 69면 이하 참조. 이밖에 Michael Stolleis, Die unvollendete Gerechtigkeit. Das Projekt Sozialstaat und seine Zukunft(Franz Steiner Verlag, 2005), 674면 이하; Hans F. Zacher, “Der Sozialstaat als Prozess”, Abhandlungen zum Sozialrecht(C.F.Müller, 1993), 73면 이하 등 참조.

42) 1995년 제정된 사회보장기본법의 의도는 여기에 있었다. 사회보장기본법의 입법의도, 그리고 입법 의도가 실현될 수 없었던 정치적 및 입법정책적 배경에 대해서는 예컨대 전광석, “사회정책과 사회보장법 – 사회보장기본법과 개별 사회보장법의 관계를 중심으로”, 사회보장법학 제1권 제1호(2012), 41면 이하 참조.

43) 헌재 2000.6.29, 99헌마289, 12-1, 942면 이하; 2001.8.30, 2000헌마668, 13-2, 294면 이하; 2003.10.30, 2000헌마801, 15-2(하), 131면 이하 등 참조.

러나 소득재분배가 사회적 기본권의 체계를 형성하는 중간매체로 기능하기 위해서는 순차적으로 다음과 같은 작업이 필요하다. 먼저, 소득재분배의 규범 구조 자체가 분석되어야 한다. 경제질서와 사회질서, 분배와 재분배의 기능 분화, 국민적 연대에 기초한 재분배와 사회단위에서의 재분배, 소득의 재분배와 위험분산 등의 구조에 대한 이해가 필요하다.[44] 이어서 소득재분배의 이념이 헌법에 구조화되어 기능하는 가능성과 한계가 검토되어야 한다. 재분배의 매체인 조세와 보험료의 헌법적 성격, 재분배구조에서 이익을 얻는 개인과 집단, 그리고 불이익을 받는 개인 및 집단의 헌법적 권리와 제한 및 그 한계 등에 대한 이해가 필요하다. 마지막으로 소득재분배가 개별적 제도의 특징을 충실히 고려하여 차별적으로 적용되고 있는가를 검토하여야 한다.

예컨대 국민건강보험과 산재보험의 규범 목적에 비추어 보면 재분배가 실현되는 가능성과 한계는 차이가 있다. 예컨대 산재보험이 기존의 손실보상으로부터 사회보장으로 사고를 전환하는 변화에 대해서 사회적 기본권이 직접 심사 기준이 되기는 어렵다. 이에 비해서 산재보험이 일반 국민을 대상으로 하는 사회보험, 예컨대 국민건강보험과 국민연금에 비해서 소득재분배와 관련하여 갖는 차별성은 유용한 심사의 기준이 될 수 있다.[45] 그러나 아직 이러한 작업이 성숙되어 있지는 않다.

사회적 기본권을 형성하고, 또 심사하는 데 있어서 보충성의 원칙은 추상적으로는 타당해 보인다. 보충성의 원칙은 우리 헌법학에서 특히 사회적 기본권과 관련하여 이례적으로 폭넓은 공감을 받아 왔다.[46] 또 헌법재판소도 이에 관한 결정을 남긴 바 있

44) 소득재분배의 규범 구조에 대해서는 전광석, "사회보장의 소득재분배구조에 대한 헌법적 접근", 전광석, 사회보장법학(한림대 출판부, 1993), 53면 이하 참조.

45) 이 점에 대해서는 예컨대 전광석, 이 책 제4장 193면 이하 참조.

46) 예컨대 전훈, "양극화 해소대책과 보충성원칙", 공법연구 제35집 제1호(2006), 625면 이하; 정극원, "헌법상 보충성의 원칙", 헌법학연구 제12권 제3호(2006), 190면 이하; 홍성방, "헌법상 보충성의 원칙", 공법연구 제36집 제1호(2007),

다.[47] 사회적 기본권과 관련해서는 개인이 스스로의 능력과 노력으로 생활위험을 극복하여야 하며, 이것이 불가능한 경우에 한하여 비로소 국가가 개입하는 구도가 우리 헌법의 인간상에 친화적이라고 생각할 수 있기 때문이다.[48] 그러나 산업화 이후, 그리고 1990년대 이후 산업구조가 변화하고, 또 저출산과 고령화가 깊어가는 시기에 개인이 가족관계 및 고용관계에서 안정적으로 생활위험을 극복할 수 있다는 가정은 더 이상 현실적이지 않다. 또 1997년 말 외환위기와 2007~8년 세계적인 재정위기를 거치면서 고용관계가 현재 생활의 기초가 되고, 고용관계에 기초하여 형성된 사회보장청구권이 미래 생활을 보장한다는 순환관계의 정형은 불가역적(不可逆的)으로 손상되었다.[49] 고용관계가 최저생활의 기반도 될 수 없는 새로운 상황은 근로빈곤의 개념이 상징하고 표현하고 있다.[50]

위와 같은 상황에서 국가는 가족, 고용 등 1차적 생활 단위에서 개인이 자율적으로 생활을 형성할 수 있도록 적극적으로 개입하여야 한다.[51] 또 1차적 생활 단위에서 이러한 기능이 기대될 수 없다는 가정하에 처음부터 모든 국민을 2차적 생활관계에 편입시킬 수도 있다. 전체 국민이 사회적 보호의 필요성이 있다는 입법

---

615면 이하; 홍완식, "헌법과 사회보장법에 있어서의 보충성의 원리", 공법연구 제28집 제4호 제2권(2000), 184면 이하 등 참조.

47) 예컨대 헌재 1989.12.22, 88헌가13, 1, 377면 이하 참조.

48) 우리 헌법의 인간상에 대해서는 헌재 1998.5.28, 96헌가5, 10-1, 555면; 2002.10.31, 2002헌바50, 14-2, 390면; 2009.11.26, 2008헌바58등, 21-2(하), 530면 등 참조.

49) 1997년과 2007년 이후 상황의 공통점과 차이점에 대해서는 예컨대 전광석, 위 각주 29의 책, 365면 이하 참조.

50) 빈곤문제의 새로운 구조에 대해서는 예컨대 김영란, "신빈곤(new poverty)의 발생구조와 빈곤정책의 변화에 관한 연구", 사회복지정책 제20집(2004), 245면 이하 참조.

51) 오늘날 점점 중요성을 더해가는 활성화(activation) 혹은 능동적 지원정책, 또 사회투자국가(social investment state)의 필연성에 대해서는 예컨대 김영순, "사회투자국가가 우리의 대안인가? – 최근 한국의 사회투자국가 논의와 그 문제점", 경제와 사회 제74호(2007), 84면 이하; 전광석, "사회통합과 사회보장법", 사회보장법학 제5권 제2호(2016), 156면 이하 등 참조.

적, 즉 추상적 의제가 부정될 수는 없게 되었다는 것이다.[52] 실제 사회보험의 가입대상을 거의 전체 국민으로 확대하는 규정은 헌법재판에서 모두 합헌으로 결정되었으며, 이로써 보충성의 원칙은 헌법심사의 기준으로 유용성은 없게 된 셈이다.

이 점에서 보면 보충성의 원칙은 일반적인 헌법원칙이 아니며, 또 사회적 기본권의 심사기준이 될 수도 없다.[53] 그렇다고 사회적 기본권의 논의에서 보충성의 원칙이 전혀 의미가 없는 것은 아니다. '이념적'으로 보면 국가가 사회적 기본권을 실현하는 과제를 포괄적으로 독점하는 경우에는 오히려 자유권 및 자유가 희생된다. '사회정책적'으로 보면 생활위험이 발생한 영역 자체에서 이를 보호하는 것이 문제를 충실하게 인식하고, 또 적합한 방법을 모색하는 데 유리하다. '재정적'으로 보면 이로써 국가의 재정부담이 덜어지고 사회정책은 필요한 부분에 집중할 수 있다. 또 '경제정책적'으로 보면 국가의 독점적인 사회보장의 운영은 경제정책의 공간을 협소하게 하고, 또 효율성을 떨어뜨릴 수 있다. 이와 같은 관점은 사회보장이 전체 국가정책의 핵심적인 요소가 되면서 사회적 기본권의 이념적 기초인 자유와 복지의 균형을 형성하는 기준이 될 것으로 기대된다.[54]

b) 실험적 성격

사회적 기본권은 역사적 맥락에서 형성되고 또 진화하기 때문에 이를 구체화하는 국가작용은 실험적 성격을 띠게 된다. 실험은 이중적이다. 우선, 사회적 기본권을 실현하는 방법은 다양하며, 미래의 기능에 대한 예측에 기초하여 선택이 이루어진다. 이때 실험

52) 위 각주 43에서 소개한 우리 헌법재판소 결정과 달리 독일 연방헌법재판소는 생활위험에 대한 추상적 보호의 필요성을 사회보험 강제가입의 논거로 제시하여 왔다. 예컨대 BVerfGE 11, 105(113); 63, 1(35); 75, 108(146) 등 참조.

53) 보충성의 원칙에 대한 헌법적 효력에 대해서는 예컨대 Josef Isensee, Subsidiaritätsprinzip und Verfassungsrecht(Duncker & Humblot, 1968), 313면 이하 참조.

54) 이와 같은 과제에 대해서는 아래 VI. 참조.

의 주체인 입법부에 넓은 재량이 인정된다.[55] 이에 비해서 실험을 거치지 않고 헌법이 직접 실현의 방법을 고정시키는 것은 바람직하지 않고, 또 위험하다. 미래 세대에 부담을 전가하는 위험에 대해서는 위에서 지적한 바 있다.[56] 다음, 입법적 실험은 규범적 혹은 현실적인 이유에서 적용 대상과 보호되는 위험을 점진적으로 포섭하고 평가할 수 있어야 하며, 이때 포섭되지 못한 집단 및 위험에 대한 불평등은 헌법적으로 용인될 수 있다. 특히 이와 같은 불평등이 보편적 평등으로 확대되는 과정에서 나타나는 과도기적 현상일 경우에는 사회적 기본권의 헌법적 기준은 약화된다.[57]

c) 규범과 현실의 상대성

사회적 기본권의 기능적 특수성으로 인하여 사회적 기본권의 규범적 성격을 과대평가하는 경우에는 규범과 현실이 연계될 수 없다. 1948년 헌법 당시, 그리고 이후에도 노동의 권리가 직접 실현될 수 없는 경우에는 고용보장 혹은 실업급여 등 최소한의 생활보장으로 전환된다는 이해방법이 있었다. 이러한 해석론은 다분히 독일 바이마르헌법의 노동의 권리에 관한 제163조의 규정을 우

55) 예컨대 헌재 2002.10.31, 99헌바76등, 14-2, 433면 이하 참조.

56) 위 각주 22 참조. 최근 스위스에서 기본소득(basic income)을 헌법에서 직접 규정하는 헌법개정 국민투표가 국민의 지지를 받을 수 없었던 것이 좋은 예이다. 기본소득의 다양한 개념 및 정책구상, 그리고 평가에 대해서는 예컨대 백승호/이승윤, "기본소득 논쟁 제대로 하기", 한국사회정책 제25집 제3호(2018), 37면 이하; 양재진, "기본소득은 미래 사회보장의 대안인가?", 한국사회정책 제25권 제1호(2018), 48면 이하; 최승호, "기본소득보장의 개념, 적용사례, 쟁점", 사회복지연구회(엮음), 복지국가 쟁점 1(한울, 2019), 185면 이하 등 참조. 이밖에 기본소득과 헌법의 정합성에 대해서는 김주영, "기본소득제도의 실행 가능성에 관한 소고", 세계헌법연구 제24권 제2호(2018), 37면 이하; 노호창, "기본소득의 헌법적 근거에 관한 모색적 연구", 헌법논총 제28집(2017), 111면 이하; 이재희, 기본소득(Basic Income)에 대한 헌법적 검토(헌법재판소 헌법재판연구원, 2018); 홍석한, "기본소득의 헌법적 정당성에 관한 시론적 고찰", 공법학연구 제18권 제3호(2017), 190면 이하 등 참조.

57) 사회적 기본권을 실현하는 실험적 입법, 그리고 평등권과의 관련성에 대해서는 헌재 1991.2.11, 90헌가27, 3, 25면 이하 참조.

리 헌법의 해석에 차용한 것으로 보인다.[58] 그러나 헌법에 직접 근거가 없는 이와 같은 이해방법은 헌법해석의 범위를 넘어 사회적 기본권에 대한 지나친 기대이며, 이는 현실, 그리고 현실의 변화를 과소평가하는 예에 해당한다.[59] 아래에서 살펴보는 바와 같이 원칙규범과 규칙의 범주에서 근로의 권리가 경우에 따라서 구체적 권리로 전환될 수 있다는 구성 역시 헌법규범에 대한 지나친 기대이다.[60]

그렇다고 사회적 기본권의 불확정성과 가변성, 그리고 현실관련성, 또 이에 관한 입법재량을 지나치게 강조하는 경우에는 사회적 기본권의 규범력은 국가재정 등 거시환경에 흡수되어 규범의 성격을 상실한다. 최저생활보장의 주관적, 그리고 헌법이념적 및 기본권적 중요성에도 불구하고 일반적으로 사회적 기본권의 실현에 장애로 작용하는 규범적·현실적인 요소들을 근거로 구체적인 권리의 성격을 부인하는 것이 좋은 예이다.[61]

## Ⅱ. 서술의 목적과 의미

### 1. 목 적

사회적 기본권은 우리 헌법의 경로(path)적 특성에 해당한다. 사회적 기본권의 규범적 성격과 기능에 대한 회의적인 평가가 있어

58) 이 규정의 헌법적 성격과 기능에 대해서는 Christoph Gusy, 위 각주 10의 책, 353면 이하 참조.

59) 1948년 헌법에서 노동의 권리에 대한 이와 같은 이해에 대해서는 김기범, "생존권적 기본권", 고시계(1960.8), 131면 이하; 김기범, "근로의 권리", 고시계(1963.2), 109면; 유진오, 신고 헌법해의(일조각, 1959), 82면 등 참조. 이밖에 현행 헌법에서 이에 관한 논의로는 권영성, "사회적 기본권의 헌법규범성고(考) – 헌법소송적 실현을 위한 시론", 헌법논총 제2집(1991), 187면 이하; 정태호, "원리모델에 의한 사회적 기본권 침해 여부의 판단 기준 및 심사 구조", 헌법학연구 제13권 제3호(1997), 564면 이하 등 참조. 이밖에 헌재 2002.11.28, 2001헌바50, 14-2, 679면; 2013.10.24, 2010헌마219등, 25-2(하), 256면 이하 등 참조.

60) 아래 각주 152 참조.

61) 이에 대해서는 아래 V.4.(3).2) 참조.

왔지만 그렇다고 헌법정책적으로, 즉 사회적 기본권의 존속 자체에 의문이 제기된 적은 없다.[62] 이와 같이 우리 헌법의 확고한 전통에 해당하는 사회적 기본권에 대한 헌법학에서의 이해를 정리하는 것이 이 글의 기본적인 목적이다. 이 문제를 헌법학연구를 중심으로 서술하려는 이유는 다음과 같다.

첫째, 사회적 기본권은 사회경제적 거시환경, 그리고 민주주의·법치국가원리·경제질서 등 규범적 환경과 상호 관련 속에서 형성되고 기능한다. 적어도 초기 헌법학에서 사회적 기본권을 이와 같은 헌법 구조에 편입하고 이념과 규범, 규범과 현실의 정합성을 검토하는 연구가 진행되지는 않았다. 이념에 대한 적확한 이해가 있었지만 오랫동안 헌법학(이론)은 헌법 규범에 뒤쳐져 있었다. 이는 사회적 기본권에 대한 연구를 서술하는 데 중요한 소재(素材)이다. 과거의 지층에 머물러 있던 사회적 기본권에 대한 이해가 이후 새로운 국가 및 헌법의 시대에, 특히 민주화와 사회보장법의 보편화, 그리고 헌법재판을 경험하면서 (아직 소극적이기는 하지만) 변화하는 관계를 관찰할 수 있기 때문이다.

둘째, 우리 헌법학이 발전하면서 사회적 기본권에 대한 이해에 있어서 정치적 성격과 규범적 성격이 혼재되어 있었으며 시대의 변화에 따라 어느 정도 중점의 변동이 있어 왔다. 이는 헌법의 기능구조와 밀접한 관련성을 갖는다. 예컨대 1987년 민주화 이후 시기에 사회적 기본권의 논의는 세분화되었다. 그리고 사회적 기본권을 (다분히 헌법재판을 염두에 두고) 오히려 객관화하는 입장과 구체적 권리로 이해하는 입장이 함께 있어 왔다. 이에 대한 원인과 결과를 평가할 필요가 있으며, 이러한 작업은 전체적으로 헌법의 역사를 충실히 서술하는 데 기여할 수 있다.

셋째, 사회적 기본권의 성격과 관련하여 우리 헌법학에서 (정치적) 프로그램, 추상적 혹은 구체적 권리, 국가목표규정 등 다양한

62) 한병호, “사회적 기본권 50년”, 헌법학연구 제4집 제1호(1998), 107면 이하 참조.

이해방법이 존재해 왔다. 그러나 이와 같은 이해방법이 갖는 헌법적 의미가 분석되지는 못했고, 따라서 이에 관한 논의는 공허하면서, 또 혼란스럽기도 했다. 예컨대 사회적 기본권의 성격으로 프로그램, 입법방침 혹은 입법위임의 개념이 제시되었을 뿐 헌법에 합치하는 혹은 헌법에서 기대되는 내용을 획득할 수 없었다. 추상적 권리설은 지나치게 재판에 의한 권리구제의 가능성에 대한 설명에 집중되어 있었다. 이와 같은 헌법이론의 지체(遲滯)를 극복하고 사회적 기본권의 의미를 되살리기 위해서는 과거 헌법이론을 과거의 상황에서 설명하고, 또 현재의 상황과 비교하여 이론적 타당성과 그 시대적 한계가 밝혀져야 한다.

넷째, 지금까지 사회적 기본권에 대한 설명은 다음과 같은 문제도 있었다. 즉 다양한 사회적 기본권을 차별화하는 설명이 소홀히 되었고, 또 주로 사회보장에 한정 혹은 집중하여 서술하면서 이에 관한 논리를 전체 사회적 기본권에 그대로 적용하는 경향도 있었다. 서술 대상이 협소하였지만 그 의미를 일반화하는 불일치가 있어 왔다는 것이다. 이와 같은 이해방법이 유지되는 한 헌법 규정, 즉 인간다운 생활을 할 권리의 헌법적 기능과 의미에 관한 서술은 다른 사회적 기본권과 차별성을 잃게 되고, 공허한 상태로 남게 된다. 이 점을 오랫동안 헌법학이 주목하지 않았다.

## 2. 의 미

역사서술이 역사 그 자체로부터 현재의 문제에 대한 해법을 찾거나 혹은 적어도 단서를 찾는 데 목적이 있는 것은 아니다. 이 점에서 헌법(학)사에 대한 연구는 법학보다는 역사학의 범주에 속한다.[63] 그렇다고 사회적 기본권에 관한 과거의 이해가 현재적 관

63) 이 점에 대해서는 전광석, 위 각주 1의 책, 21면 이하 참조. 이밖에 Michael Stolleis, “Vorurteile und Werturteile der rechtshistorischen Forschung zum Nationalsozialismus”, Recht im Unrecht(Suhrkamp, 1994), 55면 이하 참조.

련성을 상실해서는 안된다. 무엇보다도 현재의 관점은 '과거 상황'에서 제정되고 전개된 규범과 이론이 현재 혹은 미래의 상황과 규범, 그리고 이론과의 관계에서 지속 혹은 변화하는 점을 설명하는 기준이 되기 때문이다.[64] 또 현재의 관점은 과거 역사의 상대성과 비교의 대상이 되기 때문에 '과거의 현재'를 이해하는 데 필수적이거나 적지 않은 기여를 한다. 과거에 대한 연구가 오늘날 사회적 기본권의 이해에 직접적인 준거를 제시하는 것은 아니다. 그러나 적어도 과거의 경험이 오늘날에도 계속되는가 혹은 전혀 새로운 상황과 규범하에서 현재성을 더 이상 유지할 수 없는가를 진단하는 기초가 될 수는 있다. 다음과 같은 두 가지가 좋은 예이다.

1948년 헌법의 경제질서는 제84조가 사회(주의)적 성격이 강한 경제사회질서를 제시하였고, 또 제87조가 국공유의 범위를 넓게 규정하였다는 점을 함께 고려하면 일정한 체계를 형성하고 있었다.[65] 이에 비해서 현행 헌법 제119조 제2항 경제민주화에 관한 규정은 헌법질서에서 고립된 돌출(突出)에 해당한다. 이 점은 특히 1948년 헌법질서와 비교하는 과정을 거치면서 현행 헌법에 대한 과도한 해석을 억제하는 데 도움을 준다.[66]

현행 헌법 제34조 인간다운 생활을 할 권리의 헌법적 위상과 의미에 대해서는 아직 의견이 나뉘어져 있다. 사회적 기본권의 이념적 기초인가, 구체적 기본권인가, 또 사회적 약자에게 인간다운 최저생활을 보장하는 목표를 갖는가, 모든 국민의 인간다운 생활보장(사회보장)을 목표로 하는가 등의 문제이다. 그런데 이 문제에 있어서 현행 헌법 제34조 인간다운 생활을 할 권리와 1948년 헌법 제19조 생활유지의 능력이 없는 자에 대한 국가의 보호에 관한 규정의 관계가 주목을 받지 못해 왔다. 1962년 헌법 제30조(1987년 헌법 제34조)

64) 이 점에 대해서는 전광석, 위 각주 1의 책, 29면 이하 참조.
65) 이에 대해서는 아래 각주 70 참조.
66) 이에 대해서 자세히는 전광석, 위 각주 13의 책, 1503면 이하 참조.

에 도입된 인간다운 생활을 할 권리가 완전히 새로운 헌법 규정인가, 1948년 헌법 제19조를 발전적으로 변형시킨 것인가에 따라서 인간다운 생활을 할 권리의 헌법적 위상과 의미는 달라진다. 이 경우 헌법학사에 대한 연구는 중요한 단서를 제공할 수 있음에도 불구하고 그동안 헌법학연구는 헌법 규범의 변화, 그리고 이에 따라 전개되어 왔던 헌법 이론의 소재(素材)를 외면하여 왔고, 그 결과 비판적 검토의 기회를 갖지 못했다.

## Ⅲ. 헌법이론과 헌법규범의 비동시성

### 1. 현대적 헌법을 위한 규범의 설계

1948년 헌법, 그리고 이후 우리 헌법을 지배한 개념은 '현대적 헌법'이었다. 1948년 헌법의 설계자였던 유진오에 의하면 '현대적 헌법'을 구성하는 핵심 원리는 정치적 민주주의와 사회경제적 민주주의이며, 사회경제적 민주주의는 사회경제적 약자에게 자유를 행사하기 위하여 필요한 조건을 보장하는 목표를 갖는다.[67] 이는 다음과 같은 헌법규정으로 구체화되었다.[68]

첫째, 다양한 사회적 기본권을 두었다(제16조 이하). 지나치게 사회적 관점에 치우쳐서 실현가능성이 의심스러운 경우도 있었다. 예컨대 헌법제정과정에서 치열한 논의를 거쳐 제18조 제2항 근로자의 이익분배균점권이 보장되었지만, 이 규정은 현실적 의미를 갖지 못했다.[69] 둘째, 경제에 관한 장을 두었다(제84조 이하). 여기에서 '모든 국민에게 생활의 기본적 수요를 충족할 수 있게 하는 사회정의의 실현'

67) 유진오, 위 각주 59의 책, 51면 이하, 61면 등 참조. 이밖에 유진오, "우리 헌법의 윤곽", 유진오, 헌법의 기초이론(일조각, 1950), 83면 참조.

68) 독일 바이마르헌법과의 유사성에 대해서는 아래 각주 105 참조.

69) 이 논의에 대해서 자세히는 예컨대 전광석, "제헌의회의 헌법구상", 법학연구(연세대 법학연구원) 제15권 제4호(2005), 36면 이하; 황승흠, "제헌헌법상의 근로자의 이익균점권의 헌법화 과정에 관한 연구", 공법연구 제31집 제2호(2002), 302면 이하 등 참조.

이라는 사회질서의 목표를 우선적으로 규율하는 특징을 보였다(제84조). 또 자본주의 시장경제의 헌법에서는 이례적으로 국공유의 대상이 되는 산업의 범위가 넓었다(제87조 제1항). 셋째, 사회경제적 민주주의의 이념을 실현하기 위하여 필요한 기본권의 공동체적 관련성을 이미 전문 및 총강에 배치하였다. 전문(前文)에 이는 '국민생활의 균등한 향상'으로 표현되었다. 총강에 배치된 제5조에 의하면 "대한민국은 정치, 경제, 사회, 문화의 모든 영역에 있어서 각인의 자유, 평등과 창의를 존중하고 보장하며 공공복리의 향상을 위하여 이를 보호하고 조정하는 의무를 진다"(제5조). 유진오는 이를 '외국 헌법에 유례가 없는' 규정으로서 전자는 정치적 민주주의를, 후자는 사회경제적 민주주의의 핵심을 선언한 것으로 설명하였다.[70] 이후 우리 헌법에서 제84조는 현행 헌법 제119조에 부분적으로 변형을 거쳐 유지되어 있고, 제87조 제1항은 1954년 헌법개정에서, 제18조 제2항과 제5조는 1962년 헌법에서 삭제되었다. 그러나 전체적으로 보면 우리 헌법사에서 사회적 기본권은 동일성을 유지하여 왔고, 헌법의 사회적 과제에 관한 태도가 근본적으로 변화한 것은 아니었다.

이에 비해서 사회적 기본권에 관한 이론은 헌법의 안정적 및 개방적 기능과의 연관 속에서 진화하여 오지는 못했다. 사회적 기본권의 규범력을 논의할 만한 거시환경이 존재하지 않았고, 또 이에 대한 국민의 의식과 기대가 성숙하지 않았기 때문이다. 사회적 기본권과 같은 특별한 주제를 집중적으로 연구할 인력도 부족했다. 그래도 당시 헌법학은 새로운 공화국을 건설하는 데 필요한 이념을 공급하였고, 또 이를 설명하는 노력을 하였다. 유진오 외에 한

70) 이 규정의 시대사적 의미는 '현상유지를 위한 규정' 혹은 '사회혁명적 요소'로 상반되게 평가되었다. 전자의 견해로는 유진오, "憲法草案과 金性洙氏", 헌법기초회고록(일조각, 1980), 30면 이하 참조. 후자의 입장에 대해서는 한태연, "제헌헌법의 신화 – 이상과 타협과 착각의 심포니", 동아법학 제6호(1988), 63면 이하 참조.

태연, 박일경, 문홍주, 김기범 등이 당시 현대적 헌법과 우리 헌법의 과제를 충실히 인식하고 설명하였다. 다만 이후 사회적 기본권의 서술은 교과서의 수준에 머물렀으며, (특히 1980년대 후반 이후의) 사회보장의 새로운 거시환경을 사회적 기본권 등 헌법질서에 편입하여 이해하는 발전은 지체되었다. 헌법이론이 헌법 규범과 헌법 현실에 뒤처져 있었던 것이다.

## 2. 초기 헌법 및 기본권 이해, 기본권의 분류와 사회적 기본권

헌법의 사회적 과제는 '현대적 헌법'의 의미에 걸맞게 기본권, 그리고 헌법과 법률의 관계에 대한 새로운 구상이었다. 그리고 사회적 과제가 사회적 기본권의 형태로 규범화되면서 사회적 기본권이 주권자로서 국민의 지위를 구성하는 요소라는 점에 대한 인식이 필요했다. 그런데 초기 우리 헌법학은 법실증주의의 영향을 계속 받고 있었다.[71] 또 주권과, 헌법에 의하여 형성된 국가권력의 관계를 이해하는 능력은 제한적이었다. 국민주권의 이념에 기초하는 민주공화국의 헌법에서 식민지 시대의 유산인 국가주권이 계속 영향을 미치고 있었다.[72]

이와 같은 이론적 한계는 기본권을 분류하는 방법에서 관찰되었다. 기본권이 헌법질서를 형성하는 요소라는 점이 인식되지 않았으며, 기본권은 (국가주권에 의하여 형성된) 국가권력과의 관계를 중심으로 분류되었다. 당시 이러한 이해에는 엘리네크(Georg Jellinek)의 이론이 전범(典範)이 되었다.[73] 사회적 기본권은 국가권력과 국민의 관계에 관한 전통적인 분류인 소극적 지위, 적극적 지위, 능

71) 초기 헌법학의 법실증주의적 경향에 대해서는 김효전, "한국헌법과 바이마르헌법", 공법연구 제14집(1986), 23면; 한상범, "한국에서의 헌법사상의 전개와 과제", 헌법연구 제4집(1979), 119면 이하 등 참조.

72) 초기 헌법학에서 국가주권의 흔적에 대해서는 유진오, "주권이론", 헌정의 이론과 실제(일조각, 1956), 17면 이하, 23면 이하 참조. 이밖에 문홍주, 한국헌법론(법문사, 1965), 72면 이하 참조.

73) 예컨대 박일경, 헌법(조문사, 1950), 87면 참조.

동적 지위 및 수동적 지위 중 적극적 지위에 포섭되는 수익권으로 이해되었다.[74] 일부 문헌은 사회적 기본권의 특수성을 주목하여 생존권적 수익권의 개념을 사용하였고, 혹은 일반적인 수익권으로부터 사회적 기본권을 분리하기도 하였다.[75] 이에 비해서 사회적 기본권이 헌법의 전체 구도에서, 즉 자유권적 기본권, 경제질서, 민주주의, 법치국가원리 등과 상호 작용하면서 실현되는 구도에서 설명되는 단계에 이르지는 못했다.

위와 같은 이해방법을 벗어나는 시도가 없었던 것은 아니다. 예컨대 한태연의 분류는 차이가 있었다. 한태연은 자유권적 기본권을 전국가적·초국가적 권리로 이해하여 당시 법실증주의에서 벗어나 자연법적 사고를 도입하였다. 또 오늘날 국민주권을 이념으로 하는 민주주의에서 기본권의 방어권적 의미는 약화되었으며, 오히려 국가기능에 참여하는 기능을 강화하게 되었다는 점을 간파하여 기본권 이론의 새로운 지평을 열었다.[76] 그러나 이와 같은 이해는 자유권적 기본권의 설명에 한정되었으며, 보편적 기본권 이론으로 진화하지는 못했다. 한태연은 기본권을 자유권적 기본권, 제도적 보장으로서의 기본권, 참정권으로 분류하고, 제도적 보장으로서의 기본권에 경제적 기본권, 사회적 기본권, 그리고 고전적 의미의 수익권을 포함시켰다. 경제적 기본권에는 재산권, 근로자의 권리, 근로의 권리, 생활능력이 없는 자의 보호를 받을 권리 등이 포함된다. 사회적 기본권을 실현하기 위하여 경제질서의 재편성이 필요하다는 점을 지적하였다.[77] 재산권을 포함하여 경제적 기본권은 인간다운 생활을 보장하는 목적을 갖는다.[78] 교육의 권리, 그리고 혼인과 가

74) 박일경, 위 각주 73의 책, 89면 이하; 유진오, 위 각주 59의 책 63면 이하; 한태연, 헌법학(양문사, 1955), 178면 이하, 265면 등 참조.
75) 김기범, "생존권적 기본권", 고시계(1960.8), 128면 이하; 한태연, 위 각주 74의 책, 304면 등 참조.
76) 한태연, 위 각주 74의 책, 234면, 236면 이하 참조.
77) 한태연, 위 각주 74의 책, 288면 이하 참조.
78) 한태연, 위 각주 74의 책, 234면, 289면 이하 참조.

족의 보호가 사회적 기본권에 해당한다. 제도적 보장으로서의 기본권은 그 존재 및 내용이 법률에 의하여 규정된다.

그러나 제19조 생존권적 기본권을 경제적 기본권으로 분류하는 것은 사회적 기본권의 기원 및 헌법적 기능에 적합한 이해방법은 아니었다. 이는 사회문제가 경제질서에서 기원한다는 인식을 반영한 것으로 보인다. 이와 같은 입장은 이후 시기에 인간다운 생활을 할 권리를 경제생활에 적용되는 기본권으로 분류한 견해에서도 나타났다.[79] 그러나 사회적 기본권이 기본적으로 자본주의 시장경제를 유지하는 전제하에 경제에 사회적 책임을 부과하여 경제질서와 밀접한 관련성을 갖지만 기능적으로 분리되어 있다는 점은 아직 인식되지 못하고 있었다.[80]

이 시기에 전체적으로 사회적 기본권에 대한 이해가 헌법 규범을 따라가지 못하고 있었다. 먼저, 헌법 제18조 제1항 노동 3권의 성격에 관한 문제이다. 당시 노동 3권은 자유권적 기본권 혹은 사회적 기본권으로 분류되었다.[81] 제도적 보장으로서의 기본권으로 이해하는 견해도 있었으나 이는 아래에서 설명하는 바와 같이 자체 모순이었다.[82] 노동 3권의 성격에 대해서는 현행 헌법하에서도 계속 이견(異見)이 있으며, 또 헌법재판소의 이해도 통일되어 있지 않다.[83]

그러나 기본적으로 다음과 같은 의문이 제기되었어야 했다. 노

79) 예컨대 허영, 헌법이론과 헌법(중)(박영사, 1985), 339면 이하 참조. 이밖에 홍성방, "헌법재판소결정례에 나타난 사회적 기본권", 서강법학연구 제4권(2002), 41면 이하 참조.

80) 경제질서와 사회질서, 분배정책과 재분배정책의 헌법적 기능구조에 대해서는 위 각주 44 참조.

81) 전자의 입장으로는 박일경, 위 각주 73의 책, 113면 이하; 유진오, 위 각주 59의 책, 63면 등 참조. 후자의 입장으로는 한태연, 위 각주 74의 책, 296면 이하 참조.

82) 아래 각주 93 참조.

83) 이에 대해서는 예컨대 김진곤, "노동복지의 헌법적 기초로서 노동기본권", 헌법학연구 제18권 제3호(2012), 69면 이하 참조. 이에 관한 헌법재판소의 태도에 대해서는 예컨대 정태호, "사회적 기본권과 헌법재판소의 판례", 헌법논총 제9집(1998), 610면 이하 참조.

동 3권이 자유권적 기본권에 해당한다면 일반적인 결사의 자유와 비교하며 독자적인 존재의미가 있는가, 그리고 노동 3권이 우리 헌법편제에서 사회적 기본권에 위치하고 있는 의미는 어디에 있는가 하는 의문이다.[84] 보다 적극적으로 보면 노동 3권은 국가가 노사관계에 적극적으로 개입하여 근로자와 사용자의 협상력을 대등하게 형성하여 실현된다.[85] 이와 같은 규범적 개입과 지원을 통하여 주관적으로는 근로자의 근로조건을 개선하고 객관적으로는 노사관계의 안정 및 산업평화를 도모하는 것은 사회적 기본권의 전형적인 과제이다. 다만 노동3권은 국가의 급부작용이 아니라 근로자와 사용자의 협상력을 대등하게 하기 위하여 필요한 제도와 조직 및 절차를 형성하여 실현된다는 점에서 근로의 권리, 인간다운 생활을 할 권리 등 다른 사회적 기본권과 실현 구조에 있어서 차이가 있다.

헌법학에서 평등의 위상과 기능에 관한 이해도 헌법 규범과는 거리가 있었다. 초기 일부 헌법학 문헌은 오늘날 보면 이례적이지만 평등권을 독자적인 범주로 다루지 않고 자유권적 기본권으로 분류하였고, 평등을 단순히 자유의 전제조건으로 이해하였다.[86] 우리 헌법학 초기에 헌법 규범과 이론은 이 지점에서 현저한 차이를 보였다. 위에서 언급했듯이 자유와 평등은 이념적 긴장이 있지만 국가의 불간섭을 통하여 자유를 보장하는 과제를 갖는 헌법에서는 어렵지 않게 조화될 수 있다. 그리고 이 경우에는 평등을 자유의 내재적인 이념으로 이해하고 함께 서술할 수 있다.[87] 이에 비

84) 이와 같은 의문을 제기하는 문헌으로는 김기범, 위 각주 75의 논문, 132면 참조.
85) 이 점을 간파한 문헌으로는 예컨대 김기범, “근로자의 단결·단체교섭·단체행동권”, 고시계(1959.10), 24면 이하, 26면 등 참조. 이밖에 김기범, 헌법강의(법문사, 1963), 186면 참조.
86) 유진오, 위 각주 59의 책, 62면, 65면; 한태연, 위 각주 74의 책, 255면 이하 등 참조. 이밖에 김기범, 위 각주 75의 논문, 127면 참조. 이에 대한 예외로는 박일경, 위 각주 73의 책, 90면 이하 참조.
87) 위 각주 24 참조.

해서 (1948년 우리 헌법과 같이) 헌법이 자유의 실현조건을 평등하게 보장하는 실질적, 그리고 적극적 과제를 갖는 경우에는 평등은 국가 혹은 제3자에게 규범적 혹은 사실적인 상황을 적극적으로 조성하는 의무를 부과하며, 이때 국가의 재정능력, 그리고 제3자의 자유권과 구조적으로 긴장관계에 있다. 실제 당시 헌법학에서도 평등이 실질적 내용을 갖게 되었다는 점이 주목되기는 하였다.[88] 그러나 이 경우 평등은 자유와 구조적인 긴장관계 속에서 실현된다는 점이 아직 진지하게 인식되지는 못했다.

### 3. 몇 가지 해석론적 문제

당시 헌법학은 헌법의 해석에 충실하지 않았으며, 그 결과 사회적 과제와 규범의 간극을 인식하지 못했다. 헌법 제17조와 제19조가 대표적인 예이다. 제17조 근로의 권리에 대해서는 위에서 설명한 바 있다.[89]

헌법 제19조는 사회적 과제에 충실한 규범은 아니었다. 노령, 질병 등으로 인하여 생활유지의 능력이 없는 자로 보호의 대상을 한정하였다. 이는 제도적으로 보면 국가의 과제를 공공부조로 한정하는 의미를 가졌다. 그러나 이와 같은 문제점이 인식되지는 못했다. 당시 문헌은 헌법 제19조를 제도적으로 사회보장과 연계하여 설명하였다.[90] 특히 당시 존재하지 않음에도 불구하고 사회보험이 주목을 받았다.[91] 그러나 헌법 제19조는 개념적으로, 그리고 제도적으로 사회보장의 구상과는 차이가 있었다. 또 헌법 제19조의 문언은 사회보험과 체계적 정합성이 없었다. 사회보험은 근로능력이 있는 자가 소득을 상실하는 위험을 보호하기 때문이다. 이와 같은

88) 예컨대 한태연, 위 각주 74의 책, 260면 이하, 265면 등 참조.

89) 위 각주 59 참조.

90) 김기범, 위 각주 75의 논문, 135면 참조.

91) 문홍주, 한국헌법론(일조각, 1957), 112면; 박일경, 위 각주 73의 책, 120면; 유진오, 위 각주 59의 책, 86면; 한태연, 위 각주 74의 책, 303면 등 참조.

해석은 1962년 헌법에서 (적어도 규범적으로 보면) 근로능력의 유무와 관계없이 생활유지의 능력이 없는 자로 보호의 대상을 확대하고, 보호의 방법으로 사회보장을 제시하면서 비로소 헌법적으로 가능해졌다. 거꾸로 보면 1948년 헌법이 제정되던 당시 사회보장에 대한 충실한 지식이 없었다는 사정은 별론으로 하고 적어도 헌법규범은 사회적 기본권에 관한 한 국가의 사회적 과제에 대한 이해 자체가 협소했으며, 사회적 취약계층을 보호하는 데 그쳤다.[92] 이와 같이 이념과 규범이 일치하지 않았고, 또 규범과 제도에 대한 이해가 부족했다.

## Ⅳ. 이론의 모색, 성과와 과제, 그리고 오랜 정체(停滯)

### 1. 사회적 기본권에 대한 헌법구조적 이해

위와 같이 규범을 벗어난 혹은 규범을 따라갈 수 없었던 이론은 1950년대에 변화를 모색하였다. 예컨대 위에서 지적한 한태연의 기본권에 대한 이해와 분류방법을 한태연 자신이 오래 유지하지는 않았다. 이에 따르면, 즉 사회적 기본권과 재산권을 제도적 보장으로 분류하는 경우에는 이들의 기본권의 성격은 상실되기 때문이다.[93] 이는 사실 독일에서 기원하는 제도적 보장에 대한 이해방법과도 차이가 있었다. 제도적 보장은 독일 바이마르헌법의 시대에 기본권의 범주에 속하지는 않지만 헌법의 중요한 제도, 적어도 그 본질적인 내용을 입법적으로 폐지할 수 없도록 하기 위하여 고안되었다.[94] 그러나 당시 우리 역사의 경험에서 사회적 기본권의 본질에 관한 이론은 현실성이 없었고, 또 이를 밝히는 시도가 있

92) 이에 대해서는 김기범, 위 각주 75의 논문, 129면 참조.
93) 실제 한태연의 이러한 평가에 대해서는 한태연, 위 각주 74의 책, 248면 이하 참조.
94) Carl Schmitt, Verfassungslehre(Duncker & Humblot, 1928), 170면 이하 참조.

었던 것도 아니었다.

한태연은 기존의 입장에서 벗어나서 새로운 기본권 분류를 제안하였다. 제도적 보장으로서의 기본권의 용어는 더 이상 사용되지 않았으며, 사회적 기본권은 독자적인 범주로 분류되었다. 한태연의 사회적 기본권에 대한 이해는 당시 헌법학의 이론적 지평을 확대하였다. 첫째, 사회적 기본권이 자유권적 기본권을 실질적으로 보장하는 목적을 갖는다는 점을 명확히 하였다. 이 점에서 기본권의 중점이 자유권에서 수익권으로 옮겨갔다는 지적은 옳지 않다고 보았다.[95] 둘째, 1960~70년대 초반까지는 아직 사회적 기본권의 성격이 진지하게 논의되지는 않았으며, 적어도 이 점에 있어서 한태연도 다르지 않았다.[96] 그러나 한태연은 헌법이 정치질서와 사회경제적 질서, 법치국가원리와 사회국가원리로 구성되며 이들 요소가 긴장관계에 있기 때문에 사회적 기본권의 규범력이 제한적이라는 구도를 제시하였다. 그리고 정치질서가 우리 헌법의 사회경제적 질서를 따라올 수 없는 상황을 우려하였다.[97] 헌법원리로서 민주주의와 복지국가원리의 비대칭관계를 지적한 것이다. 한태연이 열어 준 이와 같은 사회적 기본권에 관한 논의의 장(場)은 유용했지만 아쉽게도 당시, 그리고 후대의 학자들이 주목하지는 않았다. 그리고 이후 오랫동안 사회적 기본권을 민주주의적 정당성과 연계하여 논의되는 장은 형성되지 못했다.[98]

한태연 자신도 사회적 기본권을 소극적으로 이해하는 선회(旋回)를 하였으며, 이로써 논의의 장은 협소해졌다. 즉 사회적 기본

95) 당시 이와 같은 지적으로는 예컨대 박일경, 위 각주 73의 책, 89면 이하 참조.

96) 추상적 권리와 구체적 권리로의 이해가 혼재해 있던 당시 상황에 대해서는 김기범, 위 각주 75의 논문, 135면, 137면; 문홍주, 위 각주 72의 책, 230면 이하; 한상범, "생활권의 법리와 그 실태 – 인간다운 생활을 할 권리에 관한 학설과 판례 및 그 실태의 소묘", 사법행정(1974.8), 14면 이하 등 참조.

97) 한태연, 신헌법(법문사, 1960), 153면 이하 참조. 이밖에 법치국가원리의 정형성과 사회국가원리의 무정형성에 대해서는 한태연, "근대 헌법에 있어서의 법치국가와 사회국가", 헌법연구 제1집(1970), 68면 이하 참조.

98) 1990년대 이후 비로소 열려진 논의의 장에 대해서는 아래 V.1. 참조.

권은 일종의 프로그램으로서 정치적·사회변혁적 성격을 갖는데, 사회적 기본권에 헌법적 효력을 부여하는 경우 현상유지의 기능을 수행하고 형식적 성격을 엄격히 유지하여야 하는 법치국가원리가 희생될 것으로 우려하였다. 이에 이전과는 또 다른 관점에서 사회적 기본권은 진정한 의미의 기본권이 아니라는 기존의 태도가 되살아났다.[99] 여기에는 당시 독일 헌법에서 사회국가원리에 관한 담론이 영향을 미친 것으로 보인다. 1949년 독일 헌법에 사회국가원리가 도입되었지만 사회국가원리의 의미와 내용, 그리고 헌법적 기능에 관한 학문적 논의는 1953년 독일 국법학자대회의 주제가 되면서 비로소 맹아를 보였다. 한태연교수가 소개하고 공감했던 포르스트호프(Ernst Forsthoff)는 특히 법치국가원리와 관계에서 사회국가원리의 헌법적 성격을 부인하였다. 한태연은 초기에 사회적 기본권의 국가성격과의 관련성, 그리고 다른 헌법원리와의 관계를 비교적 중립적으로 서술하였지만 이후 사회적 기본권에 대해서 소극적 입장을 갖게 된 것은 이와 같은 당시 독일 학계의 영향을 받은 것으로 추측된다.[100]

그러나 한태연의 사회적 기본권에 대한 이와 같은 소극적인 입장은 당시 헌법 이론 및 정치 상황에서 보면 현재적이지 않았다. 우선 헌법이 정치화될 우려를 할 만큼 (긍정적인 의미에서 혹은 부정적인 의미에서) 사회적 기본권이 정치과정에서 의제화된 상황이 아니었다. 또 법치국가원리가 무력화될 것을 우려할 만큼 우리 헌법

99) 위 각주 94 참조. 이밖에 이에 대해서는 한태연, 헌법(법문사, 1970), 216면 이하 참조.

100) 한태연, "사회적 기본권에 대하여", 고시계(1963.10), 114면 이하; 한태연, "사회적 기본권의 헌법적 과제 – 자유의 개념의 20세기적 전개", 동아법학 제9호(1989), 82면 이하 등 참조. 당시 독일 국법학자대회에서 발표로는 Ernst Forsthoff, "Begriff und Wesen des sozialen Rechtsstaates", Ernst Forsthoff(편), Rechtsstaatlichkeit und Sozialstaatlichkeit(Wissenschaftliche Buchgesellschaft, 1968), 165면 이하 참조. 이후 사회국가원리에 대한 이해의 변화에 대해서는 Hans F. Zacher, "Das soziale Staatsziel", Abhandlungen zum Sozialrecht Ⅱ(C.F.Müller, 2008), 66면 이하 참조.

학과 국가작용에서 이에 대한 이해가 성숙되어 있는 것도 아니었다.[101]

## 2. 규범 및 규범구조의 변화, 이론의 괴리

1962년 헌법은 부분적으로 기본권의 구조에 변화를 가져왔다. 제8조에서 인간의 존엄과 가치를 보장하였다. 제30조에 인간다운 생활을 할 권리를 신설하였다. 모든 국민은 인간다운 생활을 할 권리를 가진다(제1항). 국가는 사회보장의 증진에 노력하여야 하며(제2항), 생활능력이 없는 국민은 법률이 정하는 바에 의하여 국가의 보호를 받는다(제3항). 이러한 구조는 1972년 헌법에서는 그대로 이어졌고(제30조), 1980년 헌법은 사회보장 외에 사회복지의 용어를 추가하였다(제32조).

1962년 헌법은 '사회보장'의 용어를 처음으로 사용하였고, 인간다운 생활을 할 권리가 적극적인 정책에 의하여 뒷받침되어야 한다는 점을 뚜렷이 하였다. 그러나 이로써 사회적 기본권이 국가목표규정이 되었다고 평가할 수는 없으며, 오히려 사회적 기본권의 실현구조를 제시한 것으로 보아야 한다. 이와 같은 변화로 인하여 다음과 같은 몇 가지 문제에 대한 해명이 필요하게 되었다. 첫째, 헌법 제8조 인간의 존엄 조항이 제30조 인간다운 생활을 할 권리의 성격과 위상에 어떠한 영향을 주는가의 문제이다. 둘째, 위에서 언급했듯이 1948년 헌법 제19조는 적용 대상이 협소하고 제도 범위가 혼란스러웠다.[102] 이 점은 새로운 헌법 제30조와의 비교를 통하여 보다 명확해졌으며, 이러한 차이에 대한 인식은 헌법 제30조의 헌법적 위상과 내용을 해명하는 데 도움을 줄 것으로 기대되었다.

101) 우리 헌법학에서 법치국가원리에 대한 연구가 지체되었던 상황과 원인에 대해서는 전광석, 위 각주 1의 책, 31면 참조. 이밖에 전광석, "공법학연구 및 과제의 시대적 상대성과 통시적 계속성", 법학연구(연세대 법학연구원) 제26권 제3호(2016), 12면 이하 참조.

102) 위 각주 90, 91 참조.

1962년 헌법 제8조 인간의 존엄 조항은 1949년 독일 헌법 제1조에 영향을 받은 것이었으며, 우리 헌법에 있어서도 개별적인 기본권이 아니라 최고의 헌법원리, 또 기본권의 지도적 이념으로 이해되었다. 예컨대 김기범은 헌법 제8조가 일반적인 원칙이며 구체적인 기본권의 성격을 갖지는 않는다는 점을 명확히 하였으며, 또 인간의 존엄과 가치는 절대적인 효력을 갖는다고 이해하였다.[103) ]이러한 이해에 따르면 인간의 존엄과 가치는 국가권력과 목적과 수단의 관계에 있고, 국가권력의 정당성을 심사하는 기준이 된다. 인간의 존엄 조항의 이와 같은 헌법적 위상과 기능은 자유권적 기본권뿐 아니라 사회적 기본권과의 관계에서도 타당하다.[104)] 이에 비해서 헌법 제30조는 1919년 바이마르헌법 제151조의 일부를 차용한 것이었다. 바이마르헌법 제151조는 우리 헌법에서 세 부분으로 분리되어, 그리고 비동시적으로 도입되었다.[105)] 경제질서가 사회정의의 실현을 목표로 한다는 규정은 이미 1948년 헌법 경제의 장 처음에 규정되었다(제84조). 인간다운 생활을 할 권리는 1962년 헌법 제30조에 편입되었다. 마지막으로 이와 같은 국가목표의 범위 내에서 개인의 자유가 보장된다는 규정은 1948년 헌법 제5조에 규정되었다.

이제 헌법학은 헌법 제8조 인간의 존엄 조항이 새로이 도입된 헌법 제30조의 위상과 적용 범위와 관련하여 갖는 의미를 밝혀

103) 이에 대해서는 김기범, “인간으로서의 존엄과 가치”, 사법행정(1964.6), 7면 참조. 이밖에 같은 견해로는 문홍주, 한국헌법(법문사, 1968), 171면; 한태연, 헌법(법문사, 1970), 232면 이하 등 참조. 이후 시기에 인간의 존엄의 원칙규범과 구체적 기본권의 성격에 대한 논의에 대해서는 예컨대 이계일, “인간의 존엄은 형량 가능한가?”, 원광법학 제26권 제1호(2010), 157면 이하; 최규환, 인간존엄의 형량가능성(헌법재판소 헌법재판연구원, 2017) 등 참조.

104) 이에 대해서는 김기범, 위 각주 103의 논문, 8면; 김기범, “헌법 제8조를 논함”, 사법행정(1966.12), 35면 이하; 문홍주, 위 각주 72의 책, 172면; 한태연, 위 각주 103의 책, 235면 등 참조.

105) 바이마르헌법 제151조; “경제질서는 모든 국민에게 인간다운 생활을 보장하는 목표를 갖는 정의의 원칙을 존중하여야 한다. 개인의 경제적 자유는 이러한 범위 내에서 보장된다”.

야 했다. 그러나 당시, 그리고 이후에도 헌법학은 이와 같은 새로운 헌법구도를 충실하게 관찰하지 못했다. 헌법 이론이 헌법 규범과 그 변화를 따라가지 못했다는 것이다. 위에서 언급한 바와 같은 비동시적(非同時的)인 독일 헌법의 규정(1919년 및 1949년)이 비동시적으로 우리 헌법에 도입되었다는(1948년 및 1962년) 점을 주목하지 못했기 때문에 혼란이 커졌다. 당시 헌법학에서 헌법 제30조에 대한 이해방법은 다음과 같이 나누어져 있었다.

첫째, 헌법 제30조를 사회적 기본권에 대한 구성적 원리로 이해하는 입장이다.[106] 이는 이후 시기에 사회적 기본권의 총칙적 규정 혹은 방법적 기초로 표현되었다.[107] 기본적으로 이러한 입장에 있으면서 헌법 제30조를 다층적으로 이해하는 견해도 있었다. 이에 따르면 기본권 전체 체계를 중심으로 보면 헌법 제8조(인간의 존엄과 가치)가 주기본권이며, 그밖의 기본권은 인간의 존엄을 실현하기 위한 파생적 기본권이다. 헌법 제30조 역시 이중적인 지위를 갖는다. 즉 인간다운 생활을 할 권리는 인간의 존엄과 가치와의 관계에서 보면 파생적 기본권이지만 개별 사회적 기본권과의 관계에서 보면 주된 기본권의 위상을 갖는다.[108]

이와 같은 견해는 여러 차원에서 우리 헌법구도에 대한 체계적 이해에 기여하기는 힘들었다. 이 경우 무엇보다도 헌법 제8조와 제30조는 기능적으로 중복되고, 그 결과 헌법 제30조가 독자적인 위상과 기능을 가질 수 없다. 이는 다분히 1919년 독일 바이마르 헌법 및 1949년 독일 헌법의 체계에 대한 이해방법이 이와는 다른 구조를 갖는 우리 헌법에 이식(移植)된 결과였다. 또 이러한 기본권 체계에서는 헌법 제30조 제1항과 제2항의 비대칭관계를 설명할

106) 이에 대해서는 한태연, 위 각주 103의 책, 294면 참조.
107) 권영성, 헌법학원론(상)(법문사, 1979), 580면; 허영, 위 각주 79의 책, 341면 등 참조.
108) 이와 같은 분류방법에 대해서는 김철수, 헌법학개론(법문사, 1977), 169면, 201면 이하, 276면 이하 등 참조.

수도 없었다. 전체 사회적 기본권에 적용되는 일반원칙에 관한 규정(제1항)이 사회보장에 관한 특별한 과제(제2항)와 함께 편제되어 있기 때문이다. 헌법 제30조 제1항이 사회적 기본권의 총칙적 규정의 성격을 갖는다면 제30조 제1항에 이어 같은 조에서 사회보장의 권리, 근로의 권리, 근로자의 권리, 혼인과 가족의 보호 등이 규정되거나 아니면 제30조 제2항이 제31조 이하에 노동의 권리 및 노동3권, 그리고 혼인과 가족의 보호 등과 같이 독립적으로 규정되어야 한다.

위와 같은 이해에 따르면 헌법 제30조 제1항 자체의 내용이 불분명하고, 또 제2항 이하와의 관계에 의문이 생긴다. 제1항 인간다운 생활을 할 권리가 (총칙에 해당하는 규정으로서) 독자적인 기본권으로 기능할 수 없기 때문에 헌법조문이 남용되는 결과가 된다. 또 제1항이 제2항 및 제3항과 연관성을 상실하게 되면서 제2항 및 제3항의 기본권의 성격은 불분명해진다. 제2항과 제3항은 개인의 권리가 아니라 국가의무의 형식으로 규정되어 있기 때문이다.[109] 실제 현행 헌법에 있어서도 이와 같은 구조 및 규정형식에 집착하여 헌법 제34조 제2항의 기본권의 성격을 부인하는 견해가 여전히 존재하고 있다.[110]

둘째, 헌법 제30조를 독자적인 기본권으로 이해하는 방법이다. 이러한 입장에서는 1962년 헌법 제30조는 1948년 헌법 제19조와 보호 범위와 제도 범주에 있어서 차이가 있지만 기본적인 이념에 있어서는 계속성을 갖는 규정이 된다.[111] 이 경우 인간다운 생활을 할 권리는 독자적인 보호영역을 갖는 기본권의 위상을 갖는다. 이때 비로소 헌법 제30조 제1항, 그리고 제2항 및 제3항은 목적과

109) 당시 헌법 제30조에 대한 본문에서와 같은 이해에 대해서는 예컨대 한태연, 위 각주 103의 책, 294면 이하 참조.
110) 이에 대해서는 아래 각주 140 참조.
111) 이와 같은 이해방법으로는 김기범, "개정헌법상의 생존권적 기본권", 고시계 (1963.9), 15면 이하 참조.

수단의 관계에 있게 되고, 제2항과 제3항은 제1항에 포섭되어 기본권의 성격을 보유하게 된다. 더욱 가정적으로 말하면 제30조 제2항과 제3항이 존재하지 않더라도 제1항만으로 헌법 제30조는 사회보장에 관한 기본권으로 기능할 수 있다는 것이다.[112] 이는 현행 헌법 제34조에 대해서도 마찬가지로 적용된다.[113] 이때 비로소 특별한 생활영역을 헌법에 의하여 집중적으로 보호하는 기본권의 의미가 유지되고, 또 객관적 규범으로서 사회국가원리와 규정 형식의 차이가 설명될 수 있다. 다만 당시 헌법학은 인간다운 생활을 할 권리를 1948년 헌법 제19조와 비교하면서 그 성격과 기능을 검토하는 관심을 기울이지는 않았다. 이는 새로운 헌법 제30조를 이해하는 데 필수적이었기 때문에 이례적인 연구 경향이었다.

1962년 헌법 제30조는 사회보장의 기본권으로 이해되어야 하며, 또 이를 제2항이 명확히 하였기 때문에 1948년 헌법 제19조에 비해서 보호의 범위와 정책 수단은 훨씬 넓어졌다. 당시 헌법학에서는 헌법 제30조를 1948년 헌법에서와 마찬가지로 사회보장을 소재로 하여 서술하였고, 또 여전히 최저생활보장에 관한 권리가 중심에 있었다.[114] 아래에서 살펴보는 바와 같이 이러한 이해 방법은 아직도 영향을 미치고 있으며, 헌법재판소도 이에 따르고 있다.[115] 당시 헌법 제30조 제3항은 1948년 헌법과는 달리 생활유지의 능력이 없는 원인으로 '근로능력의 상실'이라는 요건을 삭제하였다는 점을 주목하지 않았거나 이와 같은 변화에도 불구하고 기본권의

---

112) 김기범, 헌법강의(법문사, 1963), 190면 참조. 헌법 제30조 제1항을 사회적 기본권의 총칙규정으로 보는 입장에서도 제2항 및 제3항이 제1항을 실현하기 위한 방법으로 이해하는 경우가 있다. 김철수, 헌법학개론(법문사, 1977), 291면 참조. 이는 결론적으로 올바른 것이었지만 헌법 제30조 제1항을 사회적 기본권의 총칙 규정으로 이해하는 체계의 구상과는 정합성이 없었다.

113) 예컨대 이덕연, "'인간다운 생활을 할 권리'의 본질과 법적 성격", 공법연구 제27집 제2호(1999), 242면 이하 참조.

114) 예컨대 김기범, 위 각주 112의 책, 191면 참조.

115) 아래 각주 167 참조.

의미와 보호 대상은 동일하다고 이해하였다.[116] 이로써 근로능력과 의지가 있음에도 불구하고 근로의 기회가 없기 때문에 생활을 유지할 수 없는 상황은 사회보장에서 포착될 수 없었다. 그래도 당시 헌법학에서 부분적으로 적어도 최저생활보장의 권리에 관한 한 구체적 권리로서의 성격을 인정하는 진전이 있었다.[117] 다만 입법방침의 성격을 갖는 인간다운 생활을 할 권리에서 최저생활보장에 관한 구체적 권리가 도출되는 논리에 대한 설명은 부족했다.

### 3. 사회적 기본권의 법적 성격

이전 시기에 사회적 기본권은 일반적으로 프로그램규정, 입법방침규정 혹은 입법위임규정으로 이해되었으며, 국가, 특히 입법적 의무를 중심으로 법적 성격이 접근되었다. 이에 따르면 사회적 기본권은 법률에 의하여 비로소 구체화되며, 헌법 규정을 근거로 권리의 내용이 확정되는 것은 아니다.[118] 이는 사회보장입법과 현실이 모두 헌법 규범을 따르기 힘겨웠던 시대를 서술하는 것이었지만 미래를 지향하는 규범에 대한 진지한 설명방법이 될 수는 없었다.

1970년대에 들어와서 사회적 기본권에 관한 논의는 법적 권리의 성격을 밝히는 데 주력하였다. 가장 눈에 띄는 변화는 두 가지 정반대의 방향으로 나타났다. 첫째, 객관적 프로그램 혹은 국가의 의무에 그치지 않고 주관적 권리로 사회적 기본권을 구성하기 시작했다. 둘째, 독일의 사회국가원리에 관한 논의를 차용하면서 우리 헌법이 기본권의 형태로 국가의 사회적 과제를 규정했지만 법치국가원리와의 긴장관계, 그리고 사회적 과제를 실현하기 위하여

116) 이와 같은 이해방법으로는 김기범, 위 각주 111의 논문, 15면 이하 참조.

117) 예컨대 한태연, 헌법학(법문사, 1977), 389면 참조. 이밖에 권영성, 위 각주 107의 책, 581면 이하; 김철수, 위 각주 108의 책, 276면 이하; 김철수, "생존권 – 사회복지에의 권리", 고시계(1978.11), 46면 이하 등 참조.

118) 김기범, 위 각주 75의 논문, 135면; 박일경, 위 각주 73의 책, 119면 이하; 유진오, 위 각주 59의 책, 86면 이하; 한동섭, "사회적 기본권의 법적 성격", 법정(1962.3), 42면; 한태연, 위 각주 74의 책, 303면 이하 등 참조.

필요한 재정부담 및 분배결정에 관한 입법 권한을 고려하면 사회적 기본권이 주관적 권리로 실현될 수 없으며, 이는 국가목표규정에 해당한다. 이 중 두 번째 문제는 1987년 헌법 이후 헌법재판과의 관련 속에서 집중적으로 논의되었기 때문에 아래에서 따로 서술한다.[119] 우선 주관적 권리를 중심으로 사회적 기본권을 구성하려는 이론적 시도와 한계에 대해서 살펴보기로 한다.

이 논의는 프로그램, 혹은 입법위임 및 헌법위임 등과 같은 성격을 갖는 경우에는 사회적 기본권이 규범적 의미, 특히 재판규범으로서의 의미를 가질 수 없다는 문제의식에서 출발하였다. 그러나 동시에 사회적 기본권의 규범력이 자유권적 기본권과 같을 수 없다는 점도 인식되었다. 이에 사회적 기본권의 성격을 추상적 권리와 구체적 권리로 나누어 설명하였다. 여기에는 1960년 일본에서 아사히(朝日)소송을 전후(前後)하여 사회적 기본권을 정치적 프로그램에서 헌법적 권리로 전환시키고, 또 재판규범의 성격을 부여하려고 했던 논의가 결정적인 영향을 미쳤다.[120] 이후 우리나라에서 이와 같은 담론은 오랫동안 사회적 기본권의 논의를 지배하였지만 이론의 핵심이 명확하지는 않았다. 무엇보다도 헌법적 논리가 입법 및 집행의 실제와 연계되어 입법을 비판적으로 검토하고, 또 입법형성을 선도하는 수준으로 발전하지 못했다. 이론이 존재할 뿐 이론이 적용될 소재(素材)가 없었기 때문이다.

추상적 권리설에 따르면 사회적 기본권은 입법권을 구속한다. 그러나 개인은 여전히 사회적 기본권을 직접 근거로 하여 사법적으로 권리를 실현할 수는 없다. 이 점에서 추상적인 권리설은 기

119) 아래 V.2.(1) 참조.

120) 일본 헌법학에서 규범설이 등장하는 배경과 이론 전개, 그리고 재판에서의 실질적 영향에 대해서는 예컨대 가타기리 유끼, "사회보장판례와 일본 헌법 제25조 – 재판규범성에 관한 헌법동향", 헌법재판연구 제4권 제2호(2017), 254면 이하 참조. 이밖에 김철수, "생존권적 기본권의 법적 성격과 체계", 학술원논문집(인문·사회과학편), 제40집(2001), 18면 이하 참조.

존의 프로그램규정설과 다르지 않다는 것이 일반적인 평가였다.[121) 다만 추상적 권리설의 입장에 있으면서 최저생활보장에 관한 한 구체적 권리로 인정되어야 한다는 견해.[122) 그리고 앞으로 구체적 권리로 인정하기 위한 적극적인 이론구성이 필요하다는 전향적인 논리가 나타나기 시작하였다.[123)

보다 일반적으로 보면 추상적인 권리설은 다음과 같은 의미에서 진화의 가능성을 내포하고 있었다. 첫째, 사회적 기본권 자체가 재판규범이 될 수는 없지만 이를 구체화하는 법률이 제정되어 있는 경우에는 사회적 기본권은 해당 법률과 함께 작용하여 구체적 권리로 전환될 수 있다. 이 점에서 보면 추상적 권리설과 구체적 권리설은 어느 정도 상대적이다.[124) 또 구체적 법률을 집행하는 과정에서 집행행위의 위법 여부가 문제되었을 때 법률의 해석기준으로 사회적 기본권이 규범적 기능을 수행할 수 있다.[125) 이와 같은 관점에서 보면 1961년 제정된 생활보호법이 제4조에서 이미 건강하고 문화적인 최저생활을 보호의 수준으로 하였다는 점이 사회적 기본권의 이해에 영향을 미치고, 이에 따라 입법 및 집행행위에 기준으로 작용하여야 했지만 당시 이 점이 주목을 받지는 못했다. 둘째, 필자가 보기에 더욱 중요한 변화는 사회보장법의 형성 및 이에 대한 평가에 있어서 정책적 논리가 헌법에 편입되어 사회적 기본권 혹은 평등 조항에 의하여 보충 혹은 강화될 수 있게 되었고, 이 점이 과소평가될 것은 아니었다.

사회적 기본권의 규범성을 인정하는 변화가 이를 근거로 직접 청구권을 도출하는 수준으로 발전하지는 못했다. 그러나 어떠한 경우에 사회보장에 관한 구체적 권리로 전환되는가, 그리고 구체적

121) 예컨대 권영성, 위 각주 107의 책, 581면 참조.

122) 위 각주 117 참조.

123) 예컨대 김철수, 위 각주 117의 논문, 51면 이하; 권영성, 헌법학원론(법문사, 1991), 492면 등 참조. 실제 권영성의 이론구성에 대해서는 아래 각주 170 참조.

124) 아래 V.2.(2) 참조.

125) 가타기리 유끼, 위 각주 120의 논문, 268면 참조.

권리의 내용을 구성하는 요소는 무엇인가 하는 의문을 남겼다. 구체적으로 최저생활을 구성하는 요소와 내용 및 수준을 확정하는 필요성이 제기되었다. 이 시기에 일부 문헌이 건강하고 문화적인 최저생활에 관한 구체적인 권리를 언급하기 시작하였다.[126] 이러한 용어가 어디에서 기원했는가는 명확하지 않다. 일본 헌법 제25조가 이에 관한 규정을 두고 있었고, 또 위에서 언급했듯이 이미 1961년 제정된 우리 생활보호법이 보호의 수준으로 이를 명시하고 있었다(법 제4조).

## V. 헌법의 보편성 강화, 사회적 기본권과 인권, 헌법재판

### 1. 헌법의 사회적 과제에 대한 재인식

1987년 헌법 이후의 시기는 일반적으로, 그리고 특히 사회적 기본권과 관련된 논의에 중대한 양적 및 질적 변화를 가져왔다. 이와 같은 변화에는 다음과 같은 몇 가지 계기가 있었다.

첫째, 헌법이 보편적인 효력을 강화하였다. 1987년 민주화 이전 시기에 헌법은 주로 (저항적) 정치규범으로 이해되었다. 헌법 규범 및 헌법 현실이 헌법의 보편적 가치를 벗어나 있었고, 국민의 의사와 이익이 정치과정에 투입될 수 없었다. 민주화를 계기로 헌법 이념이 헌법 규범에 충실히 담겨졌고, 또 헌법 규범은 헌법 현실을 정상화하는 기준으로 기능하였다. 여기에는 1948년 헌법에 이미 선언되었지만 오랫동안 잊혀져 있었던 사회적 과제가 포함되었다. 이는 자연스럽게 사회적 기본권에 대한 관심이 증가하는 경향으로 이어졌다. 1987년 이후 민주화 시대에 오랫동안 지적되어 왔던 문제, 즉 1987년 체제가 정치적·형식적 민주주의에 어느 정도 기여했지만 사회경제적·실질적 민주주의로 확대될 수 없었다는 지

126) 예컨대 김철수, 위 각주 117의 논문, 52면 이하 참조.

적은 헌법학 연구에도 영향을 미쳤다.[127)]

둘째, 2001년 국가인권위원회가 출범하여 우리 사회에서 인권, 특히 평등 및 차별금지에 관한 인식이 민감해졌다. 생활 속의 인권은 헌법의 차원에서는 사회적 기본권에 관한 기대와 관심을 높였다. 인권법 및 국제인권법은 사회적 기본권의 법적 성격에 관한 그동안 논의의 정형, 즉 규범력이 높은 자유권적 기본권과 규범력이 낮은 사회적 기본권의 차별성을 부인하고, 후자의 실효성을 강화하는 시도를 하였다. 이는 부분적으로 헌법학에 새로운 사고의 계기가 되었다.

셋째, 1987년 헌법에 헌법재판소가 도입되면서 이전 시기에 사회적 기본권의 재판규범성에 관한 이론은 실천적 의미를 갖고, 헌법재판은 그동안 형성된 이론의 실험장이 되었다. 위에서 지적한 상황의 변화에 비해서 이 점은 헌법학 연구에 직접적인 영향을 미쳤다.

넷째, 인간다운 생활을 할 권리는 법적 성격에 관계없이 헌법에서 민주적 정당성의 핵심요소가 되었다. 그런데 인간다운 생활을 할 권리의 실체가 불명확할수록 평등의 이념이 지배적인 영향을 미치게 되었다. 사회적 기본권을 구체화하는 입법이 풍부해지면서 해당 제도에 의한 보호의 필요성과 욕구는 높아졌지만 이에 대한 사회적 기본권 자체의 헌법적 근거는 여전히 취약했다. 이에 비해서 사회적 보호가 평등하게 실현되어야 한다는 이념은 명확하

127) 이미 1990년대 초반 이 문제를 지적하는 문헌으로는 예컨대 송호근, "배제적 민주화와 유보된 이중전환; 한국 민주화의 사회적 성과와 한계", 임현진/최장집(편), 한국 사회와 민주주의(나남, 1997), 61면 이하; 임혁백, "민주주의의 기본원리와 신생민주주의의 공고화", 세계화 시대의 민주주의(나남, 2000), 223면 이하, 237면 이하 등 참조. 사회과학에서의 이와 같은 지적에 대한 헌법학에서의 평가에 대해서는 전광석, "헌법과 한국민주주의; 1987년 헌정체제를 중심으로", 헌법학연구 제12권 제2호(2006), 237면 이하 참조. 1987년 헌법에 대한 개정 논의가 활발하게 전개되는 현재 상황에서도 위와 같은 평가는 변하지 않았다. 이에 대해서는 예컨대 조희연, "'87년 체제', '97년 체제'와 민주개혁운동의 전환적 위기", 김종엽(엮음), 87년 체제론(창비, 2009), 110면 이하 참조.

기 때문에 이는 사회적 보호의 필요성을 상향적으로 견인할 수 있게 되었으며, 또 민주적 정당성에 영향을 미치는 중요한 요소가 되었다.[128] 이러한 평등의 논리는 헌법재판소의 적극적인 역할을 기대하는 매체가 되었다.[129] 다만 이로써 평등의 이념과 규범은 인간다운 생활을 보장하기 위한 제도에의 포섭 여부, 보호의 필요성에 관한 개인의 추상적 및 구체적 상황 등이 모두 비교의 대상이 되면서 그 실현구조가 훨씬 복잡한 구조를 띠게 되었다.[130]

마지막으로 우리 사회보장법은 이미 1960년대 초반 활발하게 논의되었으며, 부분적으로 입법작업이 이루어졌다.[131] 이후 사회보장입법은 오랫동안 정체(停滯)되었지만 1980년대 후반 이후 팽창하였다. 1977년과 1988년 시행된 의료보험법과 국민연금법은 1980년대 후반 및 1990년대 후반 전국민보험으로 발전하였다. 1999년에는 기존의 생활보호법이 국민기초생활보장법으로 개편되어 적어도 규범적으로는 최저생활을 보편적으로 보장할 수 있게 되었다.[132] 이로써 사회보장법, 그리고 인간다운 생활을 할 권리는 사회적 취약계층의 보호에 집중하는 구상을 넘어서 전체 국민이 관련성을 갖는 사회질서의 핵심적인 요소가 되었다. 그리고 최저생활뿐 아니라 전체 국민을 생활위험으로부터 보호하는 과제를 갖게 되었다. 이로써 헌법, 그리고 사회적 기본권이 사회보장법과 접촉하는 면(面)이 넓고 깊어졌다. 이에 헌법학은 사회보장법의 구조와 기능에 대한 이해가 깊어야 했다. 예컨대 소득재분배와 보충성의 원칙

128) 이 점에 대해서는 전광석, "사회적 기본권의 논의구조", 유럽헌법연구 제14호(2013), 176면 이하 참조. 이밖에 위 각주 34 참조.

129) 자유와 평등의 관계가 이와 같이 변화된 문제상황에 대해서는 예컨대 안경환, "평등권 50년 – 자유에서 평등의 논쟁으로", 헌법학연구 제4집 제1호(1988), 48면 이하 참조.

130) 이에 대해서는 아래 각주 191 참조.

131) 이에 대해서는 위 각주 29 참조.

132) 국민기초생활보장법에서 이념의 보편성과 규범 및 규범 집행의 한계에 대해서는 예컨대 전광석, "최저생활보장의 규범적 기초 – 헌법 및 관련 법제의 형성과 과제를 중심으로", 저스티스 제156호(2016), 69면 이하 참조.

의 구조와 기능을 밝히는 필요성에 대해서는 위에서 언급한 바 있다.[133] 또 사회보장법은 근시안적이고 단기적인 정치적 이해관계에 의하여 지배되는 문제를 극복하고, 합헌적·체계적으로 형성되기 위하여 필요한 기준을 헌법으로부터 얻기를 기대하게 되었다.

## 2. 국가목표규정과 구체적 기본권, 원칙규범과 규칙

1987년 헌법의 시대에 사회적 기본권의 성격에 관한 논의는 특히 헌법재판과 관련하여 실천적 의미를 갖게 되었다. 이에 관한 논의가 구체성을 갖게 되면서 기존에 프로그램의 성격과 규범적 성격, 그리고 추상적 권리와 구체적 권리의 성격은 어느 정도 상대화되었다. 1990년대에 기본권을 원칙규범으로 구성하는 시도가 나타났으며, 이는 사회적 기본권의 이해와 효력에도 영향을 미쳤다. 전체적으로 사회적 기본권에 대한 논의의 경향은 세 가지로 정리될 수 있다.

### (1) 국가목표규정과 기본권의 상대화

사회적 기본권을 국가목표규정으로 이해하는 견해에 따르면 '기본권'의 규정방식과 표현에도 불구하고 사회적 기본권이 주관적 공권으로 기능할 수 없으며, 오히려 객관적 규범으로서 국가, 특히 입법자에게 사회적 과제의 실현을 위임하는 규정이다.[134] 그런데 기본권의 규정 형식에 집착하여 사회적 기본권을 주관적 (추상적 혹은 구체적) 권리로 파악하고, 또 법원 혹은 헌법재판소에서 재판규범으로 적용하는 경우 이는 헌법이 예정하는 권한 배분에 위반되며, 또 법원의 기능적 한계를 벗어난다. 이 점은 사회적 기본권이 자유권적 기본권과 비교하여 규범적 및 현실적인 이유에서 효

133) 이에 대해서는 위 I.2.(2).2) 참조.

134) 이에 대해서는 예컨대 한수웅, "헌법소송을 통한 사회적 기본권 실현의 한계 – 법적 권리설로부터 결별", 인권과 정의(1997.1), 73면 이하; 한수웅, "사회복지의 헌법적 기초로서 사회적 기본권 – 사회적 기본권의 개념과 법적 성격을 중심으로", 헌법학연구 제18권 제4호(2012), 92면 이하 등 참조.

력이 제한적이라는 기존의 논리와 다르지 않았다. 국가목표규정은 추상적 권리설과 다르지 않다는 견해도 있었지만 엄밀히 보면 추상적 권리설은 국가목표규정과는 달리 궁극적으로는 구체적 권리, 즉 재판규범으로 기능하는 가능성을 모색한다는 점에서 차이가 있었다. 다만 사회적 기본권을 실현하는 데 있어서 입법재량이 넓기 때문에 일반적으로는 재판규범으로 기능하는 데 한계가 있다는 점을 인정하고 있다.

기본권의 성격을 부인하고 재판규범성을 배제하는 견해는 다음과 같은 문제에 대해서는 설명력이 제한적이었다.

첫째, 사회적 기본권의 권리의 성격을 부인하고 객관적 규범으로 이해하는 경우 헌법재판에 대한 기대가 순화되고, 헌법의 규범적 요청과 정책적 실현의 방법 및 가능성, 그리고 그 한계를 균형있게 논의할 수 있는 기반이 될 수 있다. 이는 기존에 추상적 권리설이 재판규범을 중심으로 구성되었다는 점을 고려하면 사회적 기본권이 실현되는 헌법구조를 충실하게 제시하는 장점이 있었다. 그러나 이러한 이해에 따르면 사회적 기본권에 관한 국가행위 및 부작위가 헌법재판에서 헌법소원심판의 대상이 될 수는 없으며, 이는 기본권에 우호적인 이론이 아니다. 사회적 기본권의 규범력이 제한적이라는 의미가 헌법재판에 의한 심사, 그리고 권리구제의 가능성을 배제하는 논리를 정당화할 수는 없기 때문이다.

둘째, 사회적 기본권을 국가목표규정으로 이해하는 입장에서도 사법심사의 가능성을 완전히 배제하고 있지는 않다. 사회적 기본권이 국가기관을 구속하는 유형을 (입법 및 행정에 대해서는) 행위규범과 (법원에 대해서는) 통제규범으로 나누고, 사회적 기본권이 통제규범으로 적용되는 경우에는 '최소한의 보장의 원칙'에 따른 명백성 통제에 그친다는 제한이 있을 뿐 재판규범성 자체를 부인하는 것은 아니다. 실제 이와 같은 구분은 헌법재판소의 생계보호기준에 관한 위헌확인소송에서 설시된 바 있다.[135] 그러나 이 경우 사회적 기본권이 사법심사의 기준이 될 수 없다는 입장은 부분적으로 포기된 것이다.

셋째, 사회적 기본권이 국가목표규정이라는 이유로 기본권의 성격이 없다는 입장은 헌법재판소의 실무와도 일치하지 않는다. 지금까지 헌법재판소는 헌법 제34조 등 사회적 기본권을 심사기준으로 적용하여 왔으며, 또 경우에 따라서는 사회적 기본권이 구체적 청구권의 근거가 될 수 있다는 입장을 밝힌 바 있다. 헌법재판소가 이와 같은 자신의 입장을 아직 구체화하지 않았지만 사회적 기본권의 권리로서의 성격은 유지되어 있는 것이다.[136]

### (2) 추상적 권리와 구체적 권리의 상대화

1980년대 이후, 특히 헌법재판소의 설립을 기점으로 하여 사회적 기본권을 구체적 권리로 구성하기 위한 다양한 시도가 있었다. 사회적 기본권이 기본적으로 추상적 권리의 성격을 가지며, 입법자를 수범자로 한다는 전제는 그대로 유지되었다. 이 점에서 아래에서 살펴보는 인권법의 입장과는 차이가 있었다.[137] 위에서 언급했듯이 추상적 권리설은 사회적 기본권을 실현하는 입법을 전혀 하지 않거나 명백히 불충분한 경우에는 헌법에 위반된다는 내용으로 전환될 가능성을 내포하고 있었다. 또 이를 심사하는 기관이 존재하지 않는다는 제도적 장애는 극복되었다. 이제 헌법재판을 통하여 법률에 대한 위헌심사가 가능해졌기 때문이다. 이 점에서 되돌아보면 당시 일반적이었던 추상적 권리와 구체적 권리의 구분은 이론적 가치가 있는 것은 아니었다.

사회적 기본권을 구체적 권리로 구성하는 방법은 소극적으로

135) 헌재 1997.5.29, 94헌마33, 9-1, 553면 이하 참조. 이밖에 위 각주 171 참조.
136) 헌재 1995.7.21, 93헌가14, 7-2, 30면 이하 참조. 실제 이에 관한 결정으로는 아래 각주 175 참조.
137) 아래 V.3. 참조.

제안되었다. 이는 '불완전한 구체적 권리설'로 이름이 붙여졌다.[138] 즉 헌법재판소가 직접 입법의 흠결을 보충하거나 입법을 대체할 수는 없지만 위헌확인과 입법촉구결정의 형태로 기능할 수 있다. 이로써 추상적 권리설과 구체적 권리설의 구분은 더 이상 의미가 없게 되었다. 다만 사회적 기본권이 구체적 권리로서 기능하기 위해서는 두 가지 작업이 보충되어야 했다.

첫째, 인간다운 생활을 할 권리 그 자체가 헌법심사의 기준이 되기에는 아직 규범 구조에 대한 이해가 명확하지 못했다. 1987년 헌법을 기준으로 보면 헌법 제34조 제1항이 사회적 기본권에 관한 총칙적 규정인가, 특별한 생활영역을 규율하는 독자적인 기본권인가에 대한 정리가 계속 미루어졌다. 그러나 대부분의 경우에 헌법 제34조를 사회보장의 권리를 중심으로 서술하였고, 또 일부 문헌은 특별한 보호영역을 갖는 사회적 기본권으로 이해하게 되었다.[139] 여전히 규정형식을 중시하는 입장도 공존하였다. 이에 따르면 헌법 제34조 제1항이 권리의 성격을 갖는 반면 제2항 이하의 규정은 국가목표규정이며, 따라서 헌법적 차원의 사회보장의 권리는 인정되지 않고, 이에 관한 헌법소원심판을 청구할 수 없다.[140] 그러나 이 경우 헌법 제34조 제1항의 보호범위에 관한 의문은 여전히 남는다. 헌법 제34조 제1항을 최저생활을 보장하는 권리로 축소하는 제안이 있었지만 이는 문언 및 체계적으로 무리가 있는 해석이었다.[141] 둘째, 헌법으로부터 구체적 권리의 실질적인 기준이 취득될 수 있어야 한다. 인간다운 생활을 할 권리, 혹은 사회보장

138) 권영성, 위 각주 59의 논문, 186면 이하 참조.

139) 예컨대 이덕연, 위 각주 113의 논문, 242면 이하; 이준일, "사회적 기본권", 헌법학연구 제10권 제1호(2004), 475면 이하; 전광석, "인간다운 생활을 할 권리의 실현구조", 고시계(1991.11), 96면 이하 등 참조.

140) 이러한 이해방법에 대해서는 정태호, 위 각주 83의 논문, 640면 이하; 김해원, "사회적 기본권에 대한 헌법재판소의 판단", 헌법재판연구 제2권 제2호(2015), 119면 등 참조.

141) 이에 대해서는 허영, 위 각주 79의 책, 340면; 홍성방, 위 각주 79의 논문, 42면 등 참조.

및 사회복지 그 자체가 실질적인 기준이 되어 헌법심사에 적용될 수는 없기 때문이다. 이 문제는 인간다운 최저생활이 물질적인 최소한을 보장하는가, 아니면 건강하고 문화적인 최저생활을 포함하는가 하는 논의로 진행되었다. 이에 관한 학설의 전개에 대해서는 아래에서 따로 보도록 한다.[142)]

기존에 문헌에서는 최저생활보장은 '건강하고 문화적인 최저한도의 생활'의 보장을 의미한다는 데 거의 의견이 일치하였다.[143)] 이에 비해서 최저생활보장의 유형을 '물질적인 최저생활'과 '사회경제생활의 최소한'으로 구분하는 입장이 처음부터 나타났다. 이는 일본 헌법에서 유래하는 '건강하고 문화적인 최저생활'(제25조 제1항)의 개념에서 벗어나서 최저생활의 조건 상황을 적절하게 표현하는 것이었다. 그러나 이해방법은 여전히 협소했다. 즉 사회경제적 생활의 최소한을 보장하는 것이 바람직하기는 하지만 이를 헌법적 권리에 포함시키는 것은 기본권 규정을 지나치게 확대해석한 것으로 보았다. 즉 물질적인 생활의 최소한을 넘는 사회경제생활의 보장은 개인이 자율적으로 실현하여야 하며, 이를 국가가 보장할 수 없다는 것이다.[144)] 그러나 이는 헌법이념적으로도, 또 헌법심사의 기준으로도 제34조에 대한 올바른 이해방법은 아니었다. 사회적 기본권은 개인적 이유로, 또는 불평등한 사회구조로 인하여 자유의 기회를 활용할 수 없는 상황을 보호하여야 한다. 그런데 위와 같은 견해는 자유권 그 자체에 의하여 최저한의 사회경제적 생활 및 참여의 기회가 보장된다는 (비현실적인) 가정을 하고 있기 때문이다. 이 점

---

142) 아래 V.4.(3)..2) 참조.

143) 예컨대 권영성, 헌법학원론(법문사, 1991), 492면 이하; 김철수, "생존권적 기본권의 법적 보장 – 사회보장에 관한 권리를 중심으로", 고시계(1987.9), 122면 이하 등 참조.

144) 허영, 위 각주 79의 책, 339면 이하; 홍성방, 위 각주 79의 논문, 42면 등 참조. 이밖에 이덕연, 위 각주 113의 논문, 246면 이하; 정태호, 위 각주 59의 논문, 567면 등 참조.

에 대해서는 헌법재판과 관련하여 아래에서 따로 서술한다.[145)]

### (3) 원칙규범과 규칙

1990년대 들어와서 사회적 기본권, 그리고 인간다운 생활을 할 권리의 효력과 관련하여 새로운 논리구조가 나타났다.[146)] 이러한 제안은 모두 독일의 기본권 이론을 전거(典據)로 하였다.[147)]

이에 따르면 (다른 기본권과 마찬가지로) 사회적 기본권은 원칙규범과 규칙의 성격을 공유한다. 원칙규범(Prinzip)으로서 사회적 기본권은 그 내용이 추상적이고 불확정하지만 그렇다고 헌법상 권리의 성격을 상실하는 것은 아니다. 사회적 기본권은 그 이념을 최적화(Optimierung)하는 과제를 내포하고 있으며, 이러한 과제 범주에 포섭되는 내용은 잠정적으로(prima facie) 사회적 기본권의 보호범위에 속한다. 잠정적 권리로서 사회적 기본권은 이익형량의 과정을 거쳐 최종적으로 규칙(Regel)으로서 구체적 권리의 성격을 보유하게 된다. 형량의 한 축은 사회적 보호의 필요싱이다. 최지생활 보장 및 주거의 권리, 진료를 받을 권리, 교육을 받을 권리 등이 사회적 보호의 필요성이 강한 기본권이다. 형량의 다른 축은 정책 및 재정 결정에 관한 헌법의 권한배분, 그리고 국가의 재정능력 등 사실적 상황 등이다. 이와 같은 형량의 단계는 사회적 기본권이 행위규범으로부터 통제규범으로 기능하는 효력단계와 유사하다. 이에 따르면 사회적 보호의 필요성이 강력하지만 이를 실현하는 데 작용하는 규범적 및 사실적 장애요소가 약한 경우에는 행위

145) 아래 V.4.(3).2) 참조.

146) 이에 관한 문헌으로는 예컨대 이준일, 위 각주 139의 논문, 462면 이하; 정태호, 위 각주 59의 논문, 539면 이하 등 참조. 부분적으로 이에 기초한 서술로는 이덕연, 위 각주 113의 논문, 241면 이하 참조.

147) Robert Alexy, Theorie der Grundrechte(Suhrkamp, 1986), 454면 이하 참조. 원칙규범과 규칙에 관한 우리 헌법학에서의 논의에 대해서는 예컨대 박진완, "규칙과 원리로서 기본권", 공법연구 제34집 제1호(2005), 273면 이하; 이준일, "'원칙'으로서의 기본권과 '비례성 명령'", 공법연구 제28집 제1호(1999), 79면 이하 등 참조.

규범과 통제규범의 차이가 없어지게 되어 원칙규범은 규칙으로 성격을 전환하게 된다.

독일 헌법은 기본권의 목록을 자유권에 한정하였고, 이에 이미 초기에 자유권의 효력을 확장하기 위하여 기본권을 객관적 원칙규범(Grundsatznorm)으로 구성하는 시도를 하였다.[148] 이는 1990년대 이후 우리 헌법학에도 영향을 미쳤다.[149] 독일에서 이 논의는 1980년대 이후 영미의 법이론에 영향을 받아 원칙규범과 규칙의 이중적 이해방법에 관한 논의로 발전하였다. 그러나 이를 수용하여 사회적 기본권의 효력을 강화 혹은 세분화하려는 시도는 실익이 있지 않았다.[150]

첫째, 사회적 기본권을 원칙규범으로 구성하는 시도는 사회적 기본권의 구체적 규범성을 부분적으로 인정하려는 데에 목적이 있었다. 그러나 이러한 목적 자체가 공허했다. 위에서 서술했듯이 사회적 기본권을 객관적 규범으로 이해하는 입장에서도 의도와는 달리 주관적 권리성을 완전히 부인하지는 않았으며, 또 이는 이미 일반적으로 인정되고 있었다. 둘째, 사회적 기본권의 이론을 재구성하기 위해서는 그 대상 자체가 명확하여야 한다. 헌법 제34조 제1항을 사회적 기본권의 일반 규정으로, 그리고 제34조 제2항 이하의 규정을 객관적 규범으로 이해하는 경우 이론이 적용될 여지가 없게 된다. 헌법 제34조 제1항을 인간다운 최저생활의 권리로

148) 독일에서 기본권의 이중적 성격에 관한 이론 전개 및 비판적 평가에 대해서는 예컨대 Ernst-Wolfgang Böckenförde, "Grundrechte als Grundsatznorm", Ernst-Wolfgang Böckenförde, Staat. Verfassung. Demokratie(Suhrkamp, 1991), 159면 이하 참조.

149) 이에 대해서는 이승우, "국가의 기본권 보호의무", 양승두교수 화갑기념논문집(1994), 1153면 이하; 전광석, "기본권의 객관적 성격과 헌법이론", 고시계(1992.11), 73면 이하; 정태호, "기본권 보호의무", 김남진교수 정년기념논문집(1997), 301면 이하 등 참조.

150) 이와 같은 시도에 대한 근본적인 비판에 대해서는 한수웅, "사회복지의 헌법적 기초로서 사회적 기본권 – 사회적 기본권의 개념과 법적 성격을 중심으로", 헌법학연구 제18권 제4호(2012), 549면 이하 참조.

한정하는 경우에는 잠정적인 권리의 개념을 통하여 보호의 범위를 넓히려고 했던 의도는 더 이상 실현될 수 없다. 셋째, 형량의 한 축은 사회적 보호의 필요성이다. 그러나 이는 이미 헌법의 해석을 통하여 도출될 수 있었다. 형량의 다른 축을 구성하는 정책, 재정부담 및 분담에 관하여 헌법이 예정하는 권한배분의 논리 역시 기존의 논의 범주를 벗어나지 않는다. 또 이 이론의 핵심적인 내용이라고 할 수 있는 사회적 기본권의 효력을 여러 단계로 유형화하는 시도는 지나치게 기교적이며, 실제 적용할 수 있는 이론이 되기 어렵다.

마지막으로 특히 최저생활보장의 권리와 근로의 권리에 관한 논리는 헌법에 대한 기대를 과소 혹은 과대평가하는 결과가 되었다. 최저생활보장의 권리에 있어서는 헌법 이념 및 기능, 그리고 기본권적 중요성을 고려하지 않고 원칙규범과 규칙 사이의 단계적 유형화에 편입하여 물질적인 최소한의 보장에 한하여 규칙으로 기능할 수 있다고 보았다.[151] 이는 헌법규범을 과소평가한 예에 해당한다. 근로의 권리는 반대의 예에 해당한다. 사회보장의 권리와는 달리 근로의 권리는 구조적으로 실현에 한계가 있다. 근로의 권리는 국가의 재정능력을 고려한 공적 의사결정의 대상이 아니라 시장의 능력과 의지에 의하여 그 실현 여부가 결정되기 때문이다. 이와 같은 구조적인 장애가 있기 때문에 근로의 권리가 구체적인 권리로 전환될 수는 없었다. 근로의 권리가 규칙으로 전환될 수 없으며, 이를 고용증진을 위한 객관적 규범으로 이해하는 경우에는 근로의 권리의 법적 성격에 새로운 영향을 미치는 것은 아니다.[152]

위와 같은 이유로 원칙규범과 규칙을 구분하고 규범력을 유형화하여 사회적 기본권의 효용성을 높이려는 시도는 실익이 없었고,

151) 정태호, 위 각주 59의 논문, 567면 참조. 이밖에 이덕연, 위 각주 113의 논문, 246면 이하 참조.

152) 이와 같은 이해 방법으로는 이준일, 위 각주 139의 논문, 478면 이하 참조.

또 지속적인 연구의 대상이 되지도 못했다.

### 3. 인권법에서 바라본 사회적 기본권

1990년대 이후 사회적 기본권은 인권법의 주요 주제가 되었다. 1966년 국제연합(UN)은 두 개의 인권규약, 즉 「정치적 및 시민적 권리에 관한 인권규약」과 「경제적·사회적 및 문화적 권리에 관한 인권규약」을 제정하였다. 이는 1948년 국제연합의 세계인권선언에 규범적 효력을 부여하여 인권의 보편성을 강화하기 위한 노력의 결산이었다. 그러나 국제연합은 후자의 규약이 개인에게 직접 효력을 가질 수 없으며, 조약당사국을 수범자로 한다는 한계를 인식하고 국제인권규약을 이원화하였다.[153] (국제)인권법은 이와 같은 이원적 구조에 의문을 제기하고 후자의 규약도 재판규범으로 적용될 수 있다는 이론구성에 주력하였다. 이는 우리나라에서 사회적 기본권의 효력을 강화하고 재판규범성을 긍정하며, 동시에 사회적 기본권의 헌법심사에 있어서 소극적인 헌법재판소를 비판하는 근거가 되었다.[154]

구체적인 논리는 다음과 같았다. 첫째, 자유권적 기본권과 사회적 기본권이 규범력에 있어서 근본적인 차이가 있다는 견해는 극복되었다. 즉 자유권적 기본권도 국가의 부작위뿐 아니라 적극적인 행위를 전제로 비로소 실현되며, 이 점에서 사회적 기본권과 다르지 않다. 다만 사회적 기본권은 적극적인 국가행위를 위하여 필요한 행정적 및 재정적 여건이 갖추어져야 하기 때문에 점진적으로

153) 사회권에 관한 국제협약의 이와 같은 특성에 대해서는 예컨대 전광석, 국제사회보장법론(법문사, 2002), 138면 이하 참조.

154) 이 점에 대해서는 예컨대 박찬운, "이 시대가 요구하는 헌법재판소의 인권철학; 사회권의 심사 강화를 위한 전제", 법과 사회 제52권(2016.8), 90면 이하; 박찬운, "국제인권법에서 바라본 사회권의 법적 성격 – 사회권에서의 국가의 의무를 중심으로", 인권과 정의, 제364권(2006.12), 110면 이하; 박찬운, "사회권의 성격과 사법구제 가능성 – 헌법재판에서의 사법구제 가능성을 중심으로", 법학논총(한양대) 제25집 제3호(2008), 31면 이하 등 참조.

실현되는 차이가 있을 뿐이다. 그러나 아직 이는 사회적 기본권의 효력에 대한 적극적인 논리는 아니었다. 둘째, 사회적 기본권이 국가의 최소핵심의무(minimum core obligation)를 내용으로 하는 경우에는 점진적인 실현의 한계는 극복될 수 있으며, 권리구제를 위한 재판규범으로 기능할 수 있다. 이는 기존의 헌법학에서의 논리와 유사하며, 새로운 논리라고 보기는 어렵다. 셋째, 비교헌법의 예로 남아공의 헌법재판소가 헌법을 직접 근거로 특히 주거권과 관련하여 구체적인 국가의 작위의무를 도출하였다는 점을 소개하였다.[155)]

인권법의 논리는 헌법학에서 사회적 기본권의 법적 성격과 효력을 재점검하는 계기가 되었다.[156)] 그러나 인권법이 기존의 헌법이론을 충실히 이해했다고 보이지는 않는다. 자유권적 기본권은 국가의 불개입(respect)을 통하여 목적을 달성하며, 국가의 적극적인 행위, 그리고 이에 필요한 재정능력 등이 자유권적 기본권의 실현에 영향을 미치지는 않는다. 개인이 이를 실제 행사하여 목적을 달성(fulfil)하는가의 여부는 기본권 정책의 문제일 수 있지만 기본권 그 자체의 과제는 아니다. 또 기본권을 제3자의 침해로부터 적극적으로 보호(protect)하는 과제는 기본적으로 입법권에 유보되어 있다는 한계가 있다.[157)] 인권법에서 자주 소개되었던 남아공 헌법의 주거권 규정은 독특한 예에 해당한다. 헌법이 직접 강제철거의 요건을 명확히 하고, 또 자의적인 퇴거를 금지하고 있기 때문이다

155) 남아공 헌법재판소의 결정에 대해서는 박찬운, "사회권의 성격과 사법구제 가능성 – 헌법재판에서의 사법구제 가능성을 중심으로", 법학논총(한양대) 제25집 제3호(2008), 32면 이하; 정영훈, 사회적 기본권 침해 여부의 심사기준에 관한 검토(헌법재판소 헌법재판연구원, 2016), 47면 이하 등 참조.

156) 인권법의 논리를 헌법학에 수용하는 시도에 대해서는 김종철, "한국 헌법과 사회적 평등 – 현황과 법적 쟁점", 헌법재판연구 제4권 제1호(2017), 236면 이하; 김하열, "기본권의 분류와 통합: 통합적 기본권론 시론(試論)", 헌법논총 제29집(2018) 237면 이하; 한상희, "사회권과 사법심사 – 여전히 '생성 중인 권리'의 복권을 위하여", 공법연구 제39집 제1호(2010), 93면 이하 등 참조.

157) 헌재 1997.1.16, 90헌마110등, 9-1, 120면 이하; 2008.12.26, 2008헌마419등, 20-2(하), 974면 이하; 2009.2.26, 2005헌마764등, 21-1(상), 177면 이하 등 참조.

(남아공 헌법 제26조 제3항).

인권법의 논리는 사회권의 효력을 강화하기 위한 시도였지만 기본권이론과 기본권정책을 구별하지 않는 한계가 있었다. 또 사회적 기본권은 현실적인 목표의 달성 여부가 기본권의 실현 여부를 판단하는 기준이며, 이 점이 자유권적 기본권과는 차이가 있다는 차이점을 인권법은 아직 이해하지 못했다. 헌법학이 이를 지적하는 데에도 소홀했다. 다만 인권법은 부분적으로 최소핵심의무의 논리를 제시하여 사회적 기본권의 규범력을 강화하는 방안을 제시하였으며, 헌법학은 구체적인 입법의무를 근거지울 수 있는 방법을 모색하였다.[158] 인권법의 논리가 사회적 기본권의 구체적 권리성을 강화하는 가능성에 대해서는 앞으로 조금 더 지켜보아야 한다.

### 4. 헌법재판과 사회적 기본권

#### (1) 소재의 재발견

1987년 이후 민주화의 시대에 헌법은 보편적 효력을 갖는 규범으로 인식되고, 또 기능하였다. 헌법재판소는 이러한 기대에 부응하여 과거 (정치적) 자유가 보장될 수 없었던 시대를 극복하는 기여를 하여 왔다.[159] 그러나 헌법 및 헌법재판이 사회경제적 영역으로 효력을 확대하여 개인에게 자유의 실현조건 및 사회적 참여의 기회를 보장하고 사회통합에 기여했는가에 대해서는 일반적으로 비판적이었다.[160] 사실 헌법이론적으로 보면 헌법재판에 의하여

158) 인권법의 이와 같은 노력에 대해서는 박찬운, "국제인권법에서 바라 본 사회권의 법적 성격 – 사회권에서의 국가의 의무를 중심으로", 인권과 정의 제364권(2006.12), 109면 이하 참조. 헌법학에 이를 반영하는 시도에 대해서는 김종철, 위 각주 156의 논문, 238면 참조.

159) 헌법재판소의 결정에 대한 전반적인 평가에 대해서는 예컨대 방승주, "헌법재판소의 입법자에 대한 통제의 범위와 강도 – 입법자의 형성의 자유와 그 한계에 대한 헌법재판소의 지난 20년간 판례를 중심으로", 공법연구 제37집 제2호(2008), 113면 이하 참조.

160) 인권법의 시각에 대해서는 위 각주 154 참조. 헌법학에서 비판적인 견해로는 예컨대 김해원, 위 각주 140의 논문, 113면 이하; 이준일, "사회적 기본권에 관

사회적 기본권이 실현되는 가능성은 제한적이라고 예상할 수 있었다.[161] 인간다운 생활 및 사회보장 등의 헌법 규정은 목표와 제도 및 제도 내용을 구체적으로 규율하고 있는 것은 아니며, 또 헌법이 이를 실현하기 위하여 필요한 조직 및 절차에 관한 규정을 직접 두고 있지는 않기 때문이다. 예컨대 장애인의 이동보호를 위하여 저상버스의 도입과 운행을 헌법이 직접 규정하거나 암시할 수 없으며, 건강보험의 조직을 작은 단위로 할 것인가, 전국적으로 단일조직이 운영하도록 할 것인가에 대한 지침을 헌법에서 추출할 수는 없었다.[162] 그 결과 심판대상인 사회보장법은 독자적으로 적시(適時)에 적합한 판단에 의하여 사회문제를 규율할 수 있어야 하며, 이에 대한 입법형성권이 인정되어야 하기 때문이다.[163]

그럼에도 불구하고 헌법재판소는 사회적 기본권에 관한 논의에 중요한 소재를 제공하였다. 기존에 헌법학은 일본의 일부 소송 및 이를 둘러싼 학설의 전개를 소개하는 데 주력했으며, 그 결과 헌법 이론과 헌법 규범, 헌법 규범과 법률, 그리고 법률과 현실의 문제 상황이 접점(接點)이 없이 공허한 상태로 있었다. 그런데 이제 헌법재판의 시대에 자연스럽게 사회적 기본권은 구체적인 문제 상황과 관련성을 갖게 되었다.

### (2) 규범구조에 대한 이해

헌법 제34조 인간다운 생활을 할 권리의 헌법적 위상이 아직

---

한 헌법재판소의 심사기준", 헌법재판연구 제2권 제2호(2015), 90면 이하; 한상희, 위 각주 156의 논문, 103면 이하 등 참조.

161) 이에 대해서는 예컨대 전광석, "복지국가와 헌법재판", 헌법학연구 제20권 제1호(2014), 338면 이하 참조.

162) 실체적 내용 및 조직에 관한 헌법심사의 예로는 예컨대 헌재 2002.12.18, 2002헌마52, 14-2, 904면 이하(장애인보호); 2000.6.29, 99헌마289, 12-1, 913면 이하(의료보험조직) 등 참조. 독일 헌법에서 사회보장 조직의 개방성과 이에 따르는 입법재량에 대해서는 BVerfGE 39, 314면 이하(건강보험); 36, 383(393)면(산재보험) 등 참조.

163) 위 각주 56 참조.

헌법재판에서 명쾌하게 정리되지는 않았지만 사회보장에 관한 법률의 심사기준은 헌법 제34조로 집중되었다. 실질적으로는 헌법 제34조가 사회보장에 관한 기본권으로 기능하게 된 셈이다. 이로써 1948년 헌법 제19조, 1962년 헌법 제30조, 그리고 현행 헌법 제34조의 이해에 있어서 사회적 기본권의 총칙적 규정의 성격을 벗어나서 독자적인 보호 범위가 구체화되었고, 그 결과 여기에 포섭되는 제도(사회보장)와의 불일치는 어느 정도 극복되었다. 산재보험법의 경우 초기에 헌법재판소는 제34조와 함께 헌법 제32조 제3항을 부수적으로 심사기준으로 하였지만 현재 이는 극복되었다.[164) ] 국가유공자보상에 대해서는 헌법 제32조 제6항이 헌법적 근거로 원용되었다. 그러나 헌법 제32조 제6항이 근로의 권리에 관한 규정이기 때문에 이는 올바른 이해방법은 아니었다. 또 이는 국가유공자보상이 사회보장의 성격을 갖는다는 헌법재판소의 입장과도 일치하지 않는다.[165)] 헌법 제34조의 각 항에 대한 이해는 아직 혼란스러운 상태에 있다. 다음과 같은 몇 가지 점에 대한 설명이 필요하다.

첫째, 사회보험법 규정에 대한 헌법심사의 기준으로 제34조 제1항과 함께 제5항 및 제6항이 빈번하게 적용되었다.[166)] 그러나 제5항은 최저생활보장의 권리에 관한 규정이며, 제6항은 일반적인 재해예방 및 보호에 관한 규정이기 때문에 사회보험에 특유하게 관

164) 이에 관한 초기 결정으로는 헌재 1996.8.29, 95헌바36, 8-2, 101면 이하 참조.

165) 국가유공자보상의 사회보장적 성격에 대해서는 예컨대 헌재 2010.5.27, 2009헌바49, 22-1(하), 252면; 2010.6.24, 2009헌바111, 22-1(하), 538면; 2012.5.31, 2011헌마241, 24-1(하), 684면 이하 등 참조. 이밖에 국가유공자보상의 법적 성격에 대해서 자세히는 전광석, "국가유공자보상에 대한 헌법적 보호의 가능성", 헌법학연구 제6권 제4호(2000), 119면 이하; 정영훈, 국가유공자보상·지원의 법률적 형성에 관한 헌법적 검토(헌법재판소 헌법재판연구원, 2016), 73면 이하 등 참조.

166) 전자의 예로는 헌재 2003.7.24, 2002헌바51, 15-2(상), 116면 이하 참조. 후자의 예로는 헌재 2003.7.24, 2002헌바51, 15-2(상), 116면; 2005.7.21, 2004헌바2, 17-2, 45면; 2005.11.24, 2004헌바97, 17-2, 437면 등 참조.

련된 조항이 아니다. 둘째, 헌법재판소는 헌법 제34조 제1항을 최저생활의 보장에 관한 권리, 즉 헌법재판소의 표현에 따르면 "인간의 존엄에 상응하는 최소한의 물질적인 생활의 유지에 필요한 급부를 요구할 수 있는 권리"로 이해하였다. 그리고 이는 최저생활보장뿐 아니라 사회보험법 및 사회보상법 규정에 대해서도 심사 기준이 되었다.[167] 그러나 최저생활보장에 관한 한 제34조 제5항이 특별한 규정이며, 사회보장에 관한 일반규정인 제34조 제1항을 심사기준으로 하는 경우 최저생활보장의 헌법이념, 그리고 헌법과 기본권의 기능적 중요성이 사회보장의 권리에 관한 일반 규정에 묻힐 우려가 있었다. 위에서 설명한 바와 같이 이는 규범구조적 모순이었다. 일반적인 규정인 헌법 제34조 제1항의 규범 내용이 협소해지기 때문이다.[168] 오히려 헌법 제34조 제2항 이하의 규정은 헌법 제34조 제1항을 구체화하는 예시적 규정이며, 제1항과 제2항 이하의 규정은 목적과 수단의 관계에 있다고 보는 것이 헌법 및 기본권에 우호적인 이해 방법이었다.[169]

### (3) 구체적 권리로 전환의 시도와 한계

#### 1) 일반론

이미 이전 시기에 사회적 기본권을 구체적 권리로 구성하는 시도는 헌법재판소의 시대에 와서 더욱 활발해졌다.[170] 이에 관한 논의는 최저생활보장에 관한 헌법소원심판을 전후(前後)하여 집중

167) 예컨대 헌재 2004.10.28, 2002헌마328, 16-2(하), 204면 이하(국민기초생활보장); 2009.11.26, 2007헌마734, 21-2(하), 595면(의료급여); 2003.5.15, 2002헌마90, 15-1, 600면 이하; 1995.7.21, 93헌가14, 7-2, 20면(이상 사회보상) 등 참조.

168) 위 각주 141 참조.

169) 이와 같은 취지의 결정으로는 헌재 1995.7.21, 93헌가14, 7-2, 20면; 2002.12.18, 2002헌마52, 14-2, 909면 등 참조.

170) 이에 대해서는 예컨대 권영성, 위 각주 59의 논문, 202면 이하; 김문현, "생존권적 기본권에 관한 헌법규정의 규범성 – 헌재 1997.5.29. 선고 94헌마33과 관련하여", 법학논집(이화여대) 제2권 제2호(1998), 11면 이하 등 참조.

적으로 이루어졌다.[171] 실제 사회적 기본권을 구체적 권리로 이해하는 방법은 적용 영역 및 그 내용과 관련하여 세분화되어야 했다.[172] 첫째, 사회적 기본권을 구체적 권리로 구성하는 영역은 주로 최저생활보장의 권리에 한정되었다. 부분적으로 근로의 권리, 주거권 등이 포함되었으나 근로의 권리의 경우 구체적 권리로 기능하는 데 규범구조적 장애가 있으며, 주거권에 관한 남아공 헌법의 예는 일반화될 수 없었다. 이 점에 대해서는 위에서 언급한 바 있다.[173] 둘째, 구체적 권리설은 이론적으로 보면 적극적 권리와 소극적 권리로 구분할 수 있다. 전자에 따르면 사회적 기본권을 근거로 직접, 즉 법률의 매개 없이 개인이 구체적 청구권을 행사할 수 있으며, 또 당해 사회적 기본권 규정이 재판규범으로 적용될 수 있다. 후자의 이해에 따르면 사회적 기본권을 실현하는 관련 입법이 전혀 존재하지 않거나 입법이 불충분한 경우에 위헌을 확인하거나 입법을 촉구하는 근거로서 기능할 수 있다.

헌법재판소는 사회보험청구권은 기본적으로 헌법상의 권리가 아니며, 따라서 헌법 제34조 제1항으로부터 구체적 청구권이 도출되지는 않는다고 보았다. 따라서 헌법을 근거로 직접 사회보험에 의한 보호를 청구하는 내용의 헌법소원은 모두 기각되었다.[174] 이는 사회적 기본권을 법률상의 권리로 격하시켰다는 비판을 받았지만 예상될 수 있는 헌법재판소의 태도였다. 사회보험은 특정한 사

171) 헌재 1997.5.29, 94헌마33, 9-1, 543면 이하 참조. 이밖에 헌재 2004.10.28, 2002헌마328, 16-2(하), 195면 이하; 2009.9.24, 2007헌마1092, 21-2(상), 765면 이하; 2009.11.26, 2007헌마734, 21-2(하), 576면 이하; 2011.3.31, 2009헌마617등, 23-1(상), 416면 이하; 2011.11.24, 2009헌마415, 23-2(하), 487면 이하; 2012.2.23, 2009헌바47, 24-1(상), 95면 이하; 2012.2.23, 2011헌마123, 24-1(상), 365면 이하; 2017.11.30, 2016헌마448, 29-2(하), 211면 이하 등 참조.

172) 이와 같은 문제제기에 대해서는 예컨대 김일환, "사회적 기본권의 법적 성격과 보호범위에 관한 고찰", 헌법학연구 제4권 제3호(1998), 134면 이하 참조.

173) 근로의 권리의 예에 대해서는 위 각주 59 참조. 남아공 헌법의 예에 대해서는 위 각주 155 참조.

174) 예컨대 헌재 2003.7.24, 2002헌바51, 15-2(상), 117면; 2004.11.25, 2002헌바52, 16-2(하), 306면 이하 등 참조.

회적 위험을 보험의 원리에 의하여 보호하며, 보험능력, 즉 보험료 납부능력이 있는 집단을 가입자로 하여 실시된다. 이때 보호되는 생활위험, 그리고 가입대상인 인적 범위를 헌법이 직접 결정할 수는 없기 때문이다.

이에 대한 유일한 예외가 경과실의 범죄행위의 경우에도 급여를 제한하는 의료보험법 규정이 의료보험수급권의 본질적인 내용을 침해한다는 이유로 헌법에 위반된다는 결정이었다.[175] 이는 의료보장을 충실히 하는 결과가 되었다. 그러나 중과실과 경과실에 따른 차별적 취급이 의료보험수급권의 본질적인 내용에 해당하는가, 그리고 이 쟁점이 헌법문제인가 하는 의문도 제기되었다.[176] 이밖에 헌법재판소는 헌법을 근거로 산재보험법에서 출퇴근 재해에 대한 보상청구권을 인정하는 취지의 헌법불합치결정을 하였다.[177] 다만 이 결정은 헌법 제34조가 아니라 평등권을 주된 논거로 하였다.[178] 출퇴근 행위가 업무의 전(前) 단계로서 업무와 밀접 불가분의 관계에 있고, 출퇴근 행위는 사실상 사용자가 정한 시각과 장소에 기속되기 때문에 사용자의 지배관리하에 있으며, 출퇴근 재해에 대한 사회적 보호의 필요성이 있다는 논리였다. 이 결정에서 헌법 및 사회보장법적인 논리의 타당성에 대해서는 의문이 있지만 산재보험법의 입법 개선을 가져왔다.

---

175) 헌재 2003.12.18, 2002헌바1, 15-2(하), 455면 참조.

176) 이와 같은 의문은 해당 결정의 반대의견에서 제기되었다. 헌재 2003.12.18, 2002헌바1, 15-2(하), 463면 이하 참조.

177) 헌재 2016.9.29, 2014헌바254, 28-2(상), 316면 이하 참조. 이 결정에 대해서 자세히는 전광석, "사회보장법에서 헌법문제와 입법정책 – 헌재 2016.9.29.결정, 2014헌바254를 중심으로 –", 법조 최신판례연구(2017.4), 426면 이하 참조. 이에 관한 후속결정으로는 헌재 2019.9.26, 2018헌바218등, 31-2(상), 298면 이하 참조. 기존에 헌법재판소는 동일한 규정에 대해서 각하 및 합헌의 결정을 한 바 있다. 헌재 1993.9.27, 93헌마45, 5-2, 362면 이하; 2013.9.26, 2012헌가16, 25-2(상), 630면 이하 등 참조.

178) 이밖에 평등을 심사기준으로 한 인용결정으로는 예컨대 헌재 2012.6.27, 2010헌마716, 24-2(하), 754면 이하 참조.

### 2) 최저생활보장의 권리

사회보험에 비해서 공공부조에서 구체적 권리설에 대한 기대는 컸다. 위에서 언급했듯이 기존의 구체적 권리설이 최저생활보장에 관한 권리를 중심으로 전개되었으며, 또 헌법재판소가 스스로 어느 정도 기대를 주었다. 헌법재판소는 이미 초기에 제34조 제1항이 일반적으로는 구체적인 권리의 근거가 될 수 없지만, 이로부터 "상황에 따라서는 인간의 존엄에 상응하는 최소한의 물질적인 생활의 유지에 필요한 급부를 요구할 수 있는 구체적인 권리"가 직접 도출될 수 있다고 하였기 때문이다.[179] 이에 사회적 기본권이 구체적 권리로 전환될 수 있는 계기가 되는 현실적 및 규범적 상황에 대한 논의가 필요했다.

1997년 최저생활보장에 관한 헌법소원심판 사건은 이에 관한 시험대가 되었다.[180] 그러나 이 결정에서 인간다운 생활을 할 권리가 재판규범으로 기능하는 데에는 한계가 있었으며, 심판청구는 기각되었다. 핵심논리는 다음과 같았다. 첫째, 최저생활보장의 권리는 가능한 한 최대한 보장하는 국가의 과제를 내포하고 있지만 이는 행위규범으로 입법부 및 행정부를 구속한다. 이에 비해서 사법심사에 적용되는 통제규범으로서 최저생활보장의 권리는 최소한으로 축소된다. 둘째, 행위규범과 달리 통제규범으로서 인간다운 최저생활은 건강하고 문화적인 생활에 이르지 않으며, 생계를 보호하기 위하여 객관적으로 필요한 최저한에 그친다. 셋째, 최저생활수준을 결정하는 데 입법재량이 넓게 인정된다. 즉 국가가 "생계보호에 관한 입법을 전혀 하지 않았든가 그 내용이 현저히 불합리하여 헌법상 용인될 수 있는 재량의 범위를 명백히 일탈한 경우에 한하여 헌법에 위반된다". 넷째, 최저생활을 보장하는 제도가 생활보호법의 생계보호에 한하지 않으며, 이밖에 생활이 곤란한 국민에 대

179) 헌재 1995.7.21, 93헌가14, 7-2, 31면 참조.

180) 헌재 1997.5.29, 94헌마33, 9-1, 543면 이하 참조.

한 다양한 지원과 보호, 부담 감면이 운영되고 있다. 이들 모두를 고려하여 최저생활이 보장되는가 여부를 평가하여야 하기 때문에 생활보호법의 생계보호급여의 수준이 최저생활을 유지하는 데 미달한다고 하여 곧 위헌의 판단을 할 수는 없다.

이 결정은 인간다운 생활을 할 권리를 구체적 권리로 인정하는 가능성을 열어 두었다는 점에서 긍정적인 의미가 있지만 결정의 논리, 그리고 결정 그 자체에 대해서는 부정적인 평가를 받았다.[181] 이는 몇 가지로 분류할 수 있다. 첫째, 사회적 기본권의 심사기준을 행위규범과 통제규범으로 분류하는 것 자체가 타당성이 없다.[182] 특히 통제규범을 형성하는 데 있어서 입법재량이 넓게 인정되기 때문에 구체적 권리의 성격을 부인하는 것과 다름이 없게 되었다.[183] 둘째, 헌법재판소가 최저생활보장의 권리를 심사하는 기준을 지나치게 협소하게 이해했다. 특히 헌법 제10조 인간의 존엄과 가치, 최저생활보장의 이념적·헌법기능적, 그리고 기본권적 중요성을 고려하면 물질적인 최소한을 넘어서 건강하고 문화적인 최저생활, 혹은 최소한의 사회경제적 조건을 헌법심사의 기준으로 적용하여야 했다.[184]

위와 같은 헌법재판소의 결정에 대한 비판은 타당했다. 보다 근본적으로는 다음과 같은 문제가 제기되어야 했다. 헌법재판소가 행위규범과 통제규범을 구분하고, 후자의 기준에 따른 사법심사에 있어서는 해당 규정의 규범력을 제한적으로 이해한 것 자체가 문제

---

181) 예컨대 김문현, 위 각주 170의 논문, 11면 이하, 14면; 김복기, "사회적 기본권의 법적 성격 – '인간다운 생활을 할 권리'를 중심으로", 사회보장법연구 제3권 제1호(2014), 125면 이하 등 참조.

182) 이에 비해서 이미 이 결정 이전에 행위규범과 통제규범을 구분하고 사법적 심사의 가능성을 부인하는 문헌으로는 한수웅, "헌법소송을 통한 사회적 기본권 실현의 한계 – 법적 권리설로부터 결별", 인권과 정의(1997.1), 79면 이하 참조.

183) 이에 대해서는 예컨대 김선택, "인간다운 생활을 할 권리의 헌법규범성 – 생활보호기준 결정; 헌법재판소 1997.5.29. 선고, 94헌마33 결정", 판례연구(고려대) 제9집(1998), 32면 이하; 이준일, 위 각주 160의 논문, 88면 이하 등 참조.

184) 같은 취지로는 예컨대 김선택, 위 각주 183의 논문, 36면 이하 참조.

는 아니었다. 통제규범으로 기능하는 최저생활보장의 기준은 헌법해석에 의하여 구체화될 수 있음에도 불구하고 헌법재판소가 이에 대한 판단을 입법부 및 행정부에 위임하여 직무를 방치했다는 비판이 있었다.[185] 그러나 이러한 문제보다는 헌법재판소가 헌법해석을 포기한 것이 핵심적인 문제였다. 이 점에서 보면 헌법재판소가 적용한 명백성 통제기준은 결코 사법자제(judicial self-restraint)를 의미하는 소극적인 기준이 아니다. 헌법재판소는 적극적으로 최저생활의 내용을 확정하고 이에 명백히 위반되는가의 여부를 결정하여야 하기 때문이다.[186] 이에 대해서는 아래에서 다시 설명한다. 나아가서 헌법재판을 위해서는 심판의 대상이 확정되어야 한다. 그런데 헌법재판소는 생계보호기준에 따른 조치 외에 최저생활을 보장하기 위한 그밖의 보호와 지원 및 부담 감면을 종합적으로 고려하여야 한다는 명제를 제시하는 데 그쳤다. 이로써 심판의 대상이 확정되지 않았으며, 이는 헌법심사가 포기되는 결과가 되었다.

최저생활보장에 관한 권리는 인간의 존엄과 가치를 실현하기 위하여 필요한 최소한의 조건과 기회를 개인의 권리로서 보장하여야 한다. 이때 비로소 개인은 우리 헌법의 인간상, 즉 '자기결정권을 가진 창의적이고 성숙한 개체'로서 사회에 편입되어 사회적 관련성을 갖는 인격체로 활동할 수 있다.[187] 최저생활을 보장하기 위한 구체적인 수준에 대한 결정은 입법적 혹은 행정적 결정에 유보된다. 그러나 적어도 범주적으로 보면 물질적인 최소한을 넘어서 사회경제적 생활의 최소한, 그리고 참여의 기회를 보장하여야 한

185) 이러한 비판으로는 한상희, 위 각주 156의 논문, 103면 참조.

186) 이 점에 대한 지적으로는 김선택, 위 각주 183의 논문, 34면 이하; 김문현, 위 각주 170의 논문, 12면; 전광석, "사회보장법과 헌법의 규범력", 사회보장법학 제7권 제1호(2018), 35면 이하 등 참조. 같은 사안에 있어서 독일 연방헌법재판소의 적극적인 심사의 예로는 BVerfGE 125, 250면 이하; 132, 169면 이하 등 참조.

187) 헌재 1998.5.28, 96헌가5, 10-1, 555면; 2002.10.31, 2002헌바50, 14-2, 390면; 2009.11.26, 2008헌바58등, 21-2(하), 530면 등 참조.

다.[188] 이미 1961년 제정된 생활보호법이 '건강하고 문화적인 최저생활'을 보장의 수준으로 제시하였고, 이 규정은 현행 국민기초생활보장법에도 그대로 유지되어 있다(법 제4조 제1항). 이와 같이 오랫동안 입법적으로 구체화된 내용은 사회적 기본권의 내용을 형성하게 되었다고 보아야 한다.

지금까지 헌법재판소는 사회적 기본권의 실현에 있어서 일반적으로 작용하는 규범적 및 현실적 장애를 최저생활보장에 관한 헌법심사에서도 그대로 반복하여 왔다. 그러나 최저생활보장의 권리에 있어서는 이와 같은 장애 요소가 동일하게 영향을 미치는 것은 아니다. 우선 예컨대 근로의 권리가 사용자의 자유권과 긴장관계 속에서 실현되는 규범적·구조적 장애가 최저생활보장의 권리에서는 나타나지 않는다. 최저생활보장의 권리에 있어서는 국가재정의 한계라는 현실적 문제는 헌법적 논거로서 비중이 낮다. 사회적 기본권의 실현에 적용되는 '가능성 유보'는 절대적인 논리가 아니며 재정 부담 및 재정 분배의 우선 순위에 관한 상대적인 문제이다. 또 최저생활을 모든 국민에게, 즉 평등하게 실현하는 과제는 절대적으로 중요하며, 이는 오히려 재정 부담 및 분배에 관한 결정을 견인하여야 하기 때문이다.[189]

## Ⅵ. 남겨진 과제 – 결론을 대신하여

1948년 헌법에 도입된 사회적 기본권은 경제질서에 관한 규정과 함께 헌법의 사회적 과제를 징표하였다. 그러나 되돌아보면 사회적 기본권의 담론은 공허했고, 또 혼란스러웠다, 여기에는 두 가지 원인이 있었다.

---

188) 같은 취지로는 김종철, 위 각주 156의 논문, 229면 이하 참조.

189) 최저생활보장의 헌법기능, 민주주의 및 기본권과의 관련성에 대해서는 예컨대 전광석, "사회적 불평등의 구조, 평등의 이념과 규범", 법학연구(연세대 법학연구원) 제28권 제3호(2018), 20면 이하 참조.

첫째, 무엇보다도 (1960년대 이전에는) 사회적 기본권이 논의되는 장(forum)이 전혀 존재하지 않았고, 또 (1960년대 이후에는) 사회보장법의 구체적인 소재가 헌법의 인식 범위에서 벗어나 있었고, 적어도 이를 적극적으로 헌법구조에 포섭하는 활동은 없었다. 이와 같이 사회적 기본권을 구체화하는 입법이 존재하지 않거나 주목을 받을 수 없었기 때문에 정치과정에서 사회적 기본권이 사회정책적 논리를 선도하거나 혹은 보완하는 역할을 할 수 없었다. 이 점에서 사회적 기본권에 관한 논의는 공허했다. 둘째, 이와 같이 사회보장의 규범과 현실이 사회적 기본권의 담론에 편입되지 못하는 상황에서 오랫동안 헌법학에서 비교법적 연구가 논의의 중심을 차지했다. 그러나 정치적 프로그램, 입법방침 혹은 입법위임 등 사회적 기본권의 성격에 관한 논의, 그리고 추상적 권리와 구체적 권리를 둘러싼 재판규범에 관한 논의는 사회적 기본권의 헌법적 기능 및 위상을 명확히 하지 못했다. 또 외국 헌법의 비동시적 규정이 비동시적으로 우리 헌법에 도입되면서 구조적 및 시대적 차이가 우리 헌법의 이해 및 해석에 충실히 반영되지 못했기 때문에 이에 관한 논의는 혼란스러웠다. 그만큼 사회적 기본권에 관한 헌법이론의 가치가 제한적이었다. 예컨대 사회적 기본권은 사회적 취약계층에 대한 최저생활을 보장하는 과제로 협소하게 이해되었으며, 민주주의 및 법치국가원리와 상호작용을 하면서 헌법질서를 형성하는 구조가 충실히 담론을 형성할 수 없었다. 실제 이들 이론들은 1987년 이후 헌법재판에 준거가 되지도 못했다.

1980년대 후반 이후 상황은 달라졌다. 경제사회적 영역에서 헌법의 과제가 주목을 받았고, 사회보장법이 보편화되면서 헌법과 법률, 그리고 헌법 현실이 접촉하는 면(面)이 넓어졌다. 공법관계에 편입되어 생활의 안정성을 유지하는 국민의 기대가 커졌지만 사회적 기본권의 기능에는 한계가 있었다. 구체적 및 추상적 보호의 필요성, 그리고 정책, 재정 부담 및 분담에 관한 결정은 기본적으로 입법권에 유보되어 있기 때문이다. 이와 같은 상황에서 사회적 기본권이 헌법적 의미를 유지하기 위해서는 다음과 같은 점이 주목을 받아야 한다.

첫째, 사회적 기본권은 평등의 이념과 연계되었을 때 실질적으로 자유를 보장하는 헌법의 기능에 기여할 수 있다. 평등은 실현구조의 복잡성은 별론으로 하고 적어도 이념적으로는 명확하기 때문에 이념적 지향이 개방적인 사회적 보호의 필요성을 판단하고 선도하는 기준이 된다.[190] 그리고 이러한 상호작용에 의하여 사회적 기본권의 실체적 내용이 안정적으로 형성되고, 핵심적인 내용에 대한 존속이 보장될 수 있다. 다만 평등은 이념적으로 명확하지만 실현구조는 법적 평등과 기회의 평등, 그리고 결과의 평등에 이르기까지 다양하다.[191] 개인의 추상적 및 구체적 상황, 그리고 정책목표에 따라서 평등의 실현구조를 선택하고 사회적 기본권의 핵심적인 요소로 편입할 것인가는 남겨진 과제이다.

둘째, 사회적 기본권과 평등의 상호작용에 있어서 법은 필수적인 매체이다. 사회적 보호의 필요와 차별에 관한 결정이 민주적 정당성을 갖기 위해서는, 그리고 법치국가원리에 의하여 안정적으로 보장되기 위해서는 법적 근거를 필요로 한다. 제도가 다원화되고, 또 변화할수록 기존의 체계 및 체계의 전환은 입법과정에서 공론화되고, 공법관계에 편입된 개인이 자신의 법적 지위를 알거나 예측할 수 있어야 하기 때문이다. 사회적 기본권이 입법적 구체화를 필요로 한다는 명제가 입법의 공백 혹은 비체계적인 입법을 정당화하는 것은 아니다.

셋째, 자유의 실질적인 조건을 보장하는 사회적 기본권은 새로

190) 장애인정책의 예에 대해서는 예컨대 전광석, "헌법과 장애인정책 – 복지와 평등의 이념적 보완관계를 중심으로", 헌법논총 제20집(2009), 413면 이하 참조.

191) 평등정책의 다양한 실현구조에 대해서는 예컨대 CHEON Kwang Seok, "Equlity-Oriented Policies(EOPs) in Korea", KLRI Journal of Law and Legislation Vol.8 No.1(2018), 176면 이하 참조.

운 차원에서 논의의 공간을 확보하여야 한다. 즉 사회적 기본권은 사회적 보호와 지원을 위한 국가작용을 견인하면서, 동시에 개인이 생활을 자율적으로 형성할 수 있도록 하여야 한다. 이를 위하여 국가의 사회적 과제는 다양한 층위에서 여러 제도가 협력하여 실현되어야 하며, 그만큼 국가의 사회적 과제는 확대되었다. 제도적으로 보면 자율적인 결정에 의하여 근로의 기회를 갖고 생활을 형성할 수 있도록 일반교육과 직업교육, 직장알선과 직장전환을 위한 재교육 등을 확대하고, 이와 같은 제도에 모든 국민이 평등하게 접근할 수 있어야 한다. 이와 같은 일반정책이 활성화될수록 평등을 실현하기 위한 보편적인 구조가 갖추어지고, 이와 같은 기반 위에서 개인의 구체적 상황을 보호하기 위한 개별적인 법률관계가 효율적으로 형성될 수 있다. 실질적으로 보면 개인생활에 구체적이고 직접적인 영향을 미치는 생활위험, 예컨대 최저생활보장, 저소득층의 의료보장 등의 문제에 사회적 기본권의 관심이 집중되어야 한다. 이들 문제는 주로 서비스지원을 필요로 하며, 이는 일반적으로 개별적인 법률관계에 편입되는 데 한계가 있다. 그리고 그만큼 정치과정에서 주목을 받기 어렵다. 정치적 프로그램으로서 사회적 기본권의 성격은 이와 같은 문제와 관련하여 강화되고 실질적인 의미를 가져야 한다.

# 사항색인

ㄴ

## 저자 소개

〔약　력〕

연세대학교 법과대학 및 동대학원(법학사, 법학석사)
독일 뮨헨대학교 법과대학(법학박사)
한림대학교 법학과 교수
헌법재판소 연구위원
헌법재판소 헌법재판연구원장
한국사회정책학회 회장, 한국헌법학회 회장, 한국사회보장법학회 회장, 한국헌법판례연구학회 회장, 한국공법학회 부회장
현재 연세대학교 법학전문대학원 교수

〔저　서〕

Das Recht der sozialen Sicherheit und seine verfassungsrechtlichen Rahmenbedingungen in der Bundesrepublik Deutschland und in der Republik Korea(Nomos, 1990)
복지국가의 기원(역)(교육과학사, 1992; 법문사, 2005)
사회보장법학(한림대출판부, 1993)
독일사회보장법론(법문사, 1994)
법학개론(공저)(박영사, 1995. 전정3판 2018)
환경오염의 법적 구제와 개선책(공저)(소화, 1996)
한국 가족정책의 이해(공저)(학지사, 1996)
한국사회보장법론(법문사, 1997; 제12판, 집현재, 2019)
한국의 노동법 개정과 노사관계(공저)(한국노동연구원, 2000)
헌법판례연구(법문사, 2000)
판례헌법(공저)(신조사, 2002)
국제사회보장법론(법문사, 2002)
독일사회보장법과 사회정책(박영사, 2008)
사회변화와 입법(공저)(오름, 2008)
한국사회와 장애인정책－복지와 차별금지－(편저)(인간과 복지, 2011)
지속가능성과 법학의 과제(편저)(연세대 출판부, 2012)
복지국가론－기원, 발전, 개편－(신조사, 2012)
한국헌법학의 개척자들(집현재, 2015)(대한민국 학술원 우수학술도서(2016) 선정)
사회보장법(신조사, 2011, 제6판, 2020)
한국사회보장법의 역사(집현재, 2019)
사회복지법연구(공저)(경인문화사, 2019)(세종도서 학술부문(2019) 선정)
연세의 법학자들(Ⅰ)(공저)(연세대 대학출판문화원, 2020)
헌법의 기초(집현재, 2016, 제3판 2021)
한국헌법론(법문사, 2004; 제16판, 집현재, 2021)

# 사회보장법과 헌법재판

2021년 3월 10일 초 판 인쇄
2021년 3월 17일 초 판 발행

저 자 전 광 석

발행인 위 호 준
발행처 도서출판 **집현재**
121-130 서울특별시 마포구 토정로 222
한국출판콘텐츠센터 417호
전화 (02)332-4922 Fax (02)3142-4922
홈페이지: www.jhjbook.co.kr
e-mail: jyp4922@naver.com

출판등록 2010년 10월 25일
등록번호 제105-91-57581호

정가 35,000원 ISBN 979-11-89295-31-8